Wandern auf Kreta

Praktische Tipps A–Z

Land und Leute

Westkreta

Zentralkreta

Ostkreta

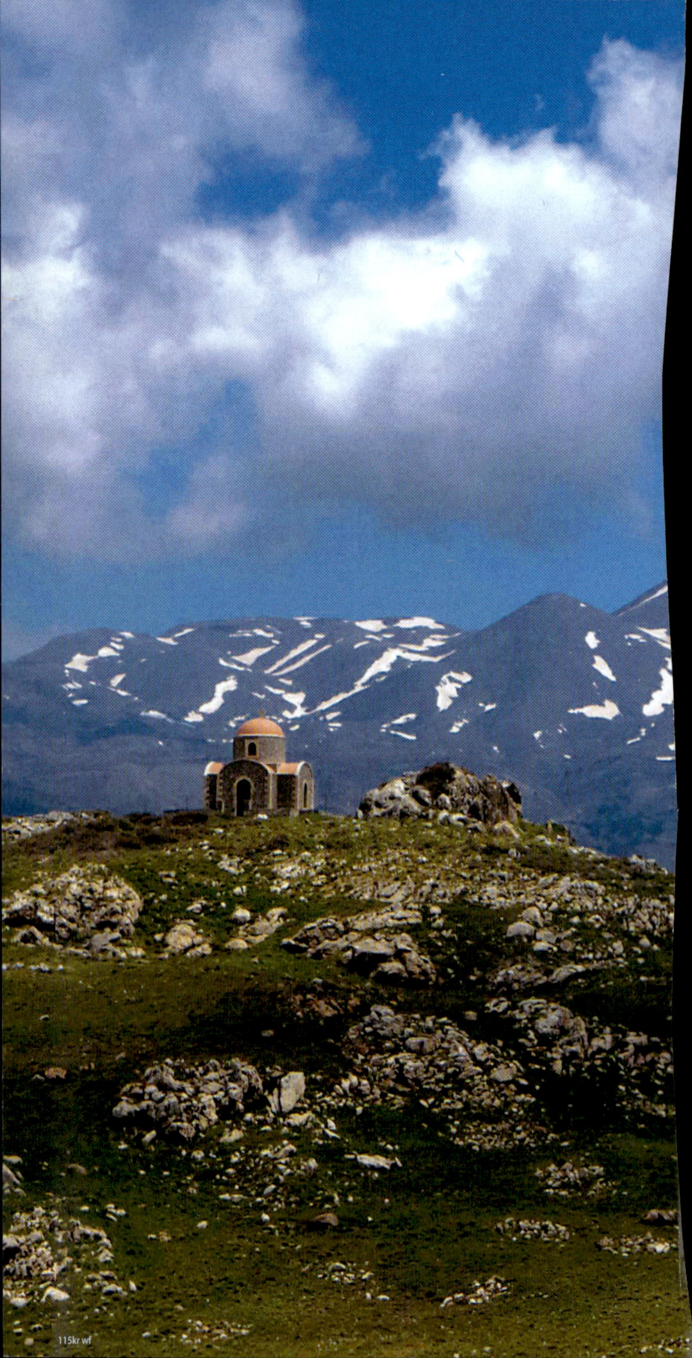
115kr wf

Wolfgang Fischer

Wanderführer Kreta

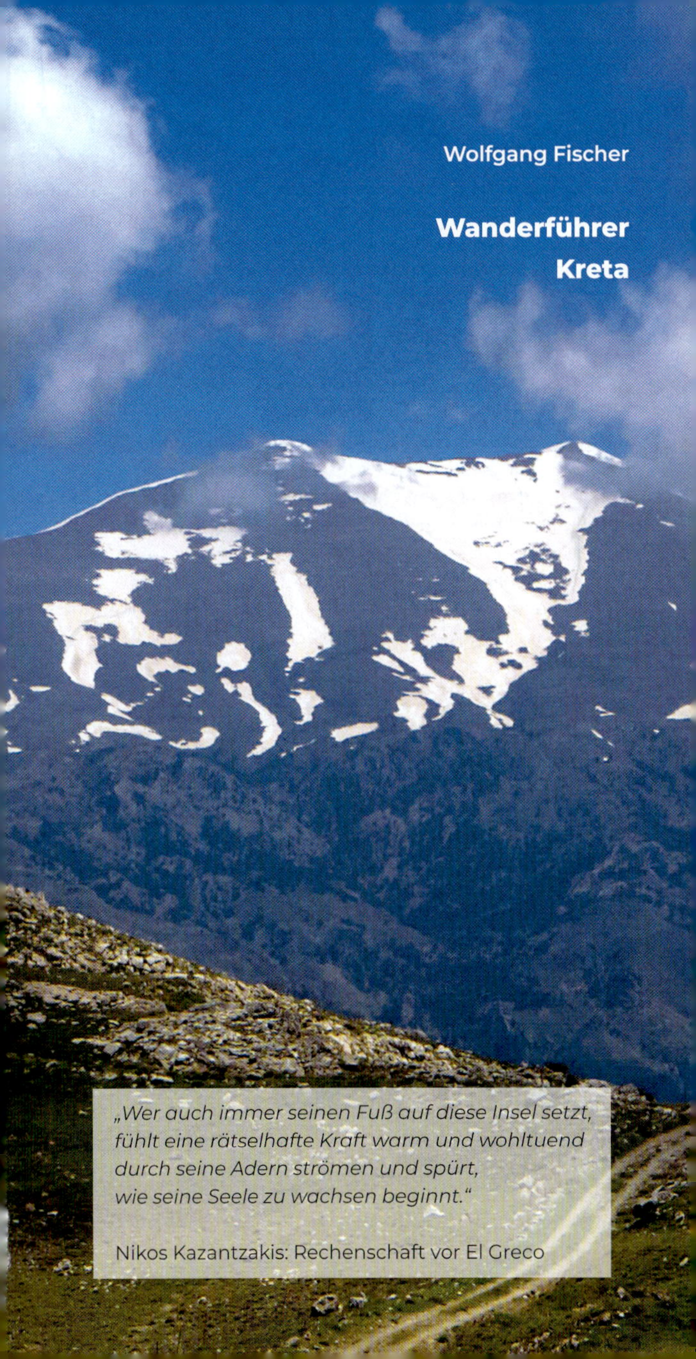

„Wer auch immer seinen Fuß auf diese Insel setzt, fühlt eine rätselhafte Kraft warm und wohltuend durch seine Adern strömen und spürt, wie seine Seele zu wachsen beginnt."

Nikos Kazantzakis: Rechenschaft vor El Greco

Vorwort

Als ein vom Meer umspültes Gebirge ist Kreta, die **größte griechische Insel,** ein Kontinent für sich. Sein Reiz liegt in der Vielfalt der Landschaftsformen: majestätische Bergregionen, atemberaubende Schluchten, grüne Flusstäler, abgelegene Höhlen, ursprüngliche Bergdörfer, kaum bewohnte Halbinseln, einsame Kapellen, lang gezogene Sandstrände und verschwiegene Buchten. Vor allem die hohen, schroffen Berge prägen die Insel durch das wechselnde Gesicht ihrer bis hinunter zur Küste ziehenden Hänge.

Weit südlich am **Libyschen Meer** gelegen, hat die Mittelmeerinsel ein besonders mildes und sonniges Klima – 300 Sonnentage im Jahr sprechen für sich. Vor allem im Frühjahr lädt die Insel mit einer unvergleichlich **üppigen Vegetation** zum Wandern ein. Aber auch der Hochsommer ermöglicht Touren in schattigen Schluchten oder an der Küste, wo sich zahlreiche **Badegelegenheiten** bieten. Der Herbst wiederum bringt stabiles mildes Wetter, begleitet von angenehmen Badetemperaturen.

Kreta ist von vielen Pfaden durchzogen, die früher die Dörfer verbanden und noch heute von Schafhirten benutzt werden. Es ist möglich, stundenlang zu wandern, ohne einer Menschenseele zu begegnen. So kann der passionierte Wanderer in abgelegene und touristisch unberührte Gebiete vorstoßen und die Insel für sich entdecken. Blumenwiesen und duftende Kräuter sprechen vor allem im Frühling die Sinne an. Nur das Summen der Bienen, das Rascheln huschender Eidechsen oder das Zirpen der Zikaden unterbricht die Stille, dazu die Glöckchen der Bergziegen. In den **Gebirgsdörfern** wird man alte Männer im Kafeníon und Großmütter beim Plaudern vor den Häusern antreffen. Neugierige Augen blicken dem Fremden nach. Hier, fernab der Küste, ist man in ein touristisch kaum erschlossenes Kreta eingetaucht.

Die Insel ist eine recht raue und wilde Region. Der Boden ist steinig und uneben, die Fußpfade oft sehr schmal. Kurze steile Stellen, an denen die Hände zu Hilfe genommen werden müssen, sind keine Seltenheit. Manchmal stellen auch Weidezäune fordernde Hindernisse dar. So sind Trittsicherheit und feste Schuhe mit Profil die besten Voraussetzungen für eine gelungene Wandertour.

Die Erosion grub zahlreiche **Schluchten** in den Kalkstein der Gebirge. In ihrer Unzugänglichkeit konnten sie sich meist eine ursprüngliche, üppige Vegetation bewahren. Ein reicher Baumbestand und leuchtender Oleander, steile Felswände und die Abgeschiedenheit dieser Klüfte schaffen eine besondere Atmosphäre, die immer wieder fasziniert.

In den niedrigen Lagen findet man fruchtbares Hügelland mit Weinfeldern, silbrig-grün schimmernden Olivenhainen und Zitrusplantagen. Das Weiß größerer und kleinerer Siedlungen ist über das Grün der Hänge und Senken hingetupft.

Das verzweigte, zuverlässige Busnetz und die Vielzahl der Unterkünfte ermöglichen es, problemlos zwischen verschiedenen Ausgangsorten für die Touren zu wechseln. Einladende Tavernen am Ende oder während der Touren und die Freundlichkeit der Inselbewohner erleichtern es dem Wanderer, sich die Insel zu Fuß zu erschließen. Die etwa 635.000 Kreter unterscheiden sich zwar von den Festlandgriechen in ihrem Stolz und Ehrbewusstsein, entstanden durch Jahrhunderte der Kämpfe mit Eroberern und der Tatsache, dass sich hier einst die **erste Hochkultur Europas** entwickelte; dennoch sind sie Fremden gegenüber sehr aufgeschlossen, ihre Hilfsbereitschaft zeigt sich oft in kleinen Dingen und Handreichungen.

Wandern auf Kretas alten Wegen und Pfaden bedeutet aber nicht nur Naturerleben, sondern auch ständige Begegnung mit den Jahrtausende alten Spuren einer bewegten Geschichte. Ausgrabungen aus minoischer Zeit, Ruinen antiker Städte, römische Mosaiken, venezianische Festungen und türkische Kastelle sind über die ganze Insel verstreut und bereichern das Wandererlebnis.

Das Buch entstand durch eine Auswahl der schönsten Touren aus den Wanderführern „Kreta – Der Westen" und „Kreta – Der Osten" (Reise Know-How Verlag). Alle Touren wurden für dieses Buch nochmals abgegangen, gegebenenfalls neu markiert und per GPS aufgezeichnet. Auf www.reise-know-how.de stehen die GPS-Tracks im gpx-Format zum kostenlosen Download bereit. Sie finden die Daten auf der Produktseite dieses Titels.

Viel Freude und Genuss beim Wandern auf Kreta!

Wolfgang Fischer

Inhalt

Wandern auf Kreta

Praktische Tipps A–Z

Land und Leute

Westkreta

Zentralkreta

Ostkreta

Anhang

Exkurse

Land und Leute

Westkreta

Zentralkreta

Ostkreta

Fünf Highlights auf Kreta

Palmenstrand von Préveli | Tour 18
Nach einem tief eingeschnittenen Canyon mündet der Fluss Megalopótamos von Palmen umsäumt bei diesem Traumstrand ins Libysche Meer. Eine Taverne und schattige Tamarisken machen die Badebucht perfekt.

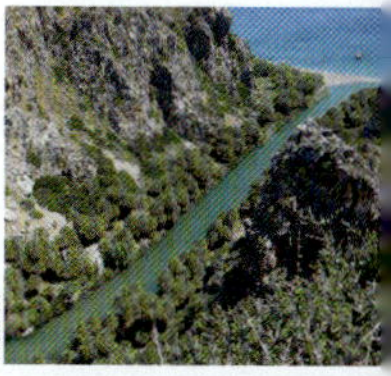
116kr wf

Lagune Bálos am Kap Tigáni | Tour 1
Auf der Halbinsel Gramvoúsa ist der Lagunenstrand Bálos mit Dünen und Muschel-Korallensand ein beliebtes Ausflugsziel. Das kreisrunde, felsige Kap Tigáni vollendet dieses einzigartige Postkartenmotiv.

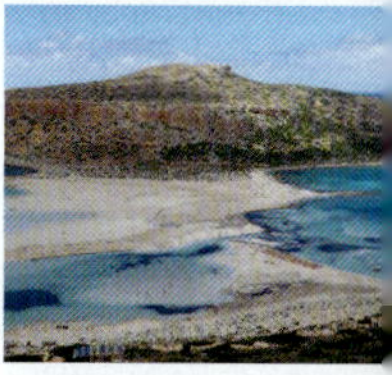
117kr wf

Kapelle Ágios Pávlos | Tour 11
Die dem Apostel Paulus geweihte Kapelle aus dem 11. Jahrhundert hat in einsamer Strandlage einen morbiden Charme. Eine urige Taverne mit kretischen Gerichten ist weit und breit das einzige menschliche Lebenszeichen.

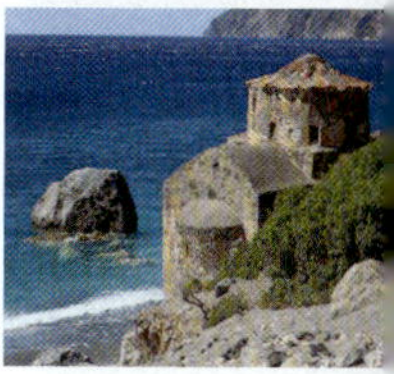
055kr wf

Mátala | Tour 26
Mátala wirkt wie eingezwängt zwischen Kalksandsteinfelsen, durchsetzt von Höhlen und Fjorden. Das ehemalige Hippie-Dorf ist auch bekannt für seinen feinsandigen Strand mit legendären Sonnenuntergängen.

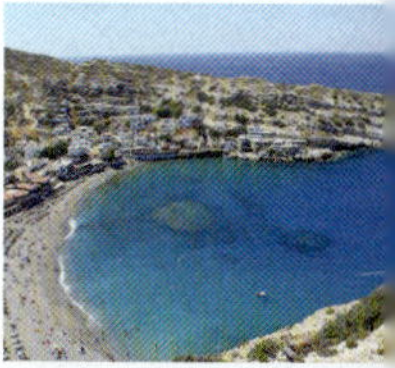
118kr wf

Canyoning bei Plakiás | Tour 17
An warmen Tagen verschaffen schattige Badebecken in einem Fluss über Plakiás angenehme Kühlung. Im Wasserlauf watend fordern und faszinieren Kletterstellen meist in oder neben kleinen Wasserfällen.

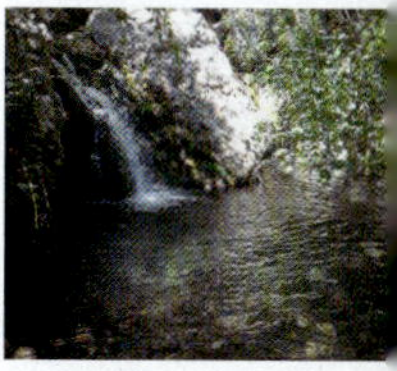
119kr wf

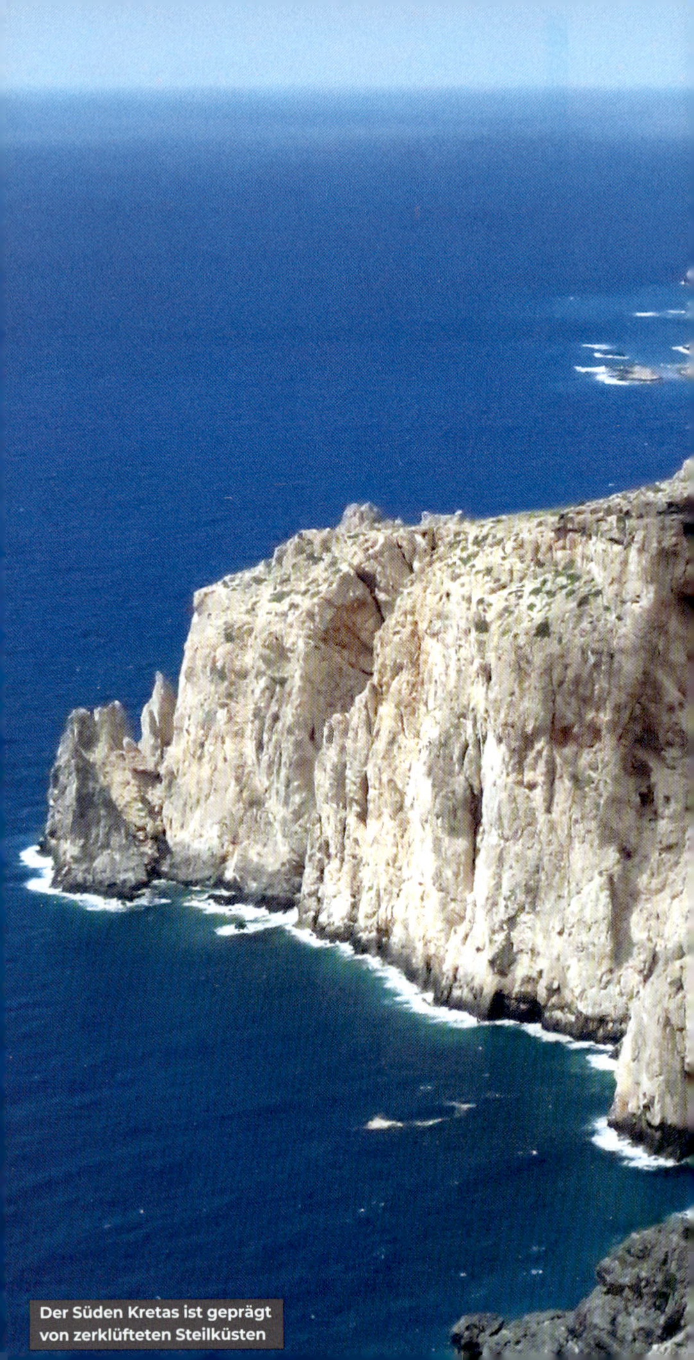

Der Süden Kretas ist geprägt von zerklüfteten Steilküsten

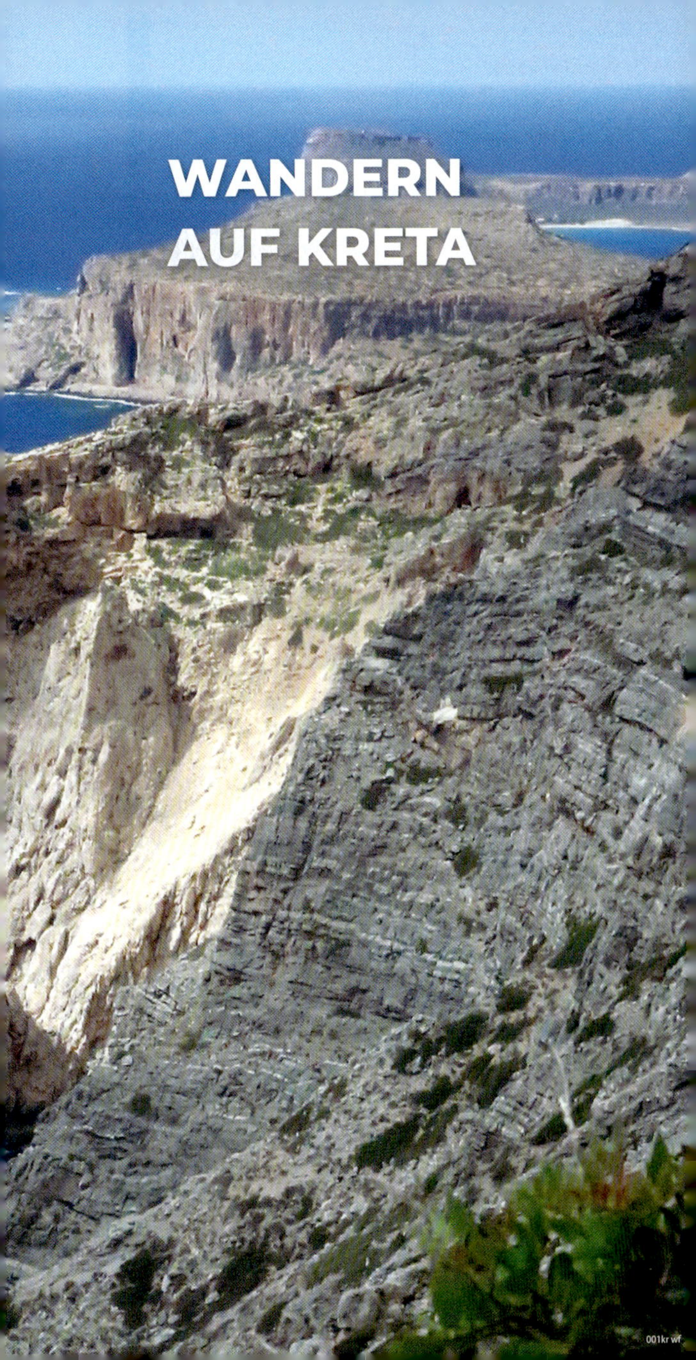

001kr wf

Wanderwege

Die kretischen Wanderrouten verlaufen auf ganz unterschiedlichen Belägen. In der Nähe von Dörfern und Ortschaften ist man zuweilen gezwungen, eine Strecke auf **Teer** oder **Asphalt** zurückzulegen. Das ist nicht erfreulich, aber unvermeidlich – und als Trost sei gesagt, dass es sich in aller Regel um Straßen handelt, die wenig oder kaum einmal befahren werden. Häufiger wandert man auf **Fahrwegen** oder **Pisten,** d.h. auf nicht asphaltierten Wegen in der Breite eines Fahrzeugs. Meist sind diese Wege holprig und mit Steinen, Schotter oder Geröll bedeckt; gelegentlich können sie auch betonierte Stellen oder kurze Teerabschnitte aufweisen.

Ein Erlebnis sind Wanderungen auf **Maultierpfaden** *(Kaldérími),* alten, mit Natursteinen belegten, manchmal mit Stützmauern befestigten Fußwegen, die traditionell als Verbindungswege zwischen Dörfern dienten oder auch zu wichtigen Kultivationsgebieten führten. Gelegentlich sind sie dort, wo sie Beschädigungen aufwiesen, in jüngerer Zeit mit Betonflecken ausgebessert worden. Schmaler und weniger gut ausgebaut sind **Pfade,** die etwa zu Feldern, Brunnen oder Nutzbauten, auf die Weide oder zu Pferchen führen. Eine Sonderform des Pfades ist der **Ziegenpfad,** eine bloße Spur meistens, schmal und nicht selten undeutlich, die an unpassierbaren Stellen mitten im Gelände enden kann (in den nachfolgend beschriebenen Wanderungen spielen Ziegenpfade entsprechend kaum eine Rolle).

Schließlich sind bei einigen Gebirgstouren oder auch in einsamen Schluchten, um es paradox zu formulieren, **weglose Wegstücke** zu bewältigen, nicht selten mit Handeinsatz. Markierungen und Steinmännchen (s.u.) helfen bei der Routenfindung.

Eine verlässliche **Ausschilderung** und **Wegmarkierung** wie etwa in den Alpen, wo Organisationen wie der Deutsche Alpenverein oder der Österreichische Alpenverein darüber wachen, gibt es auf Kreta nicht. Manche Routen sind mit roten (selten mit blauen) Punkten markiert. Zusätzlich weisen oft **Steinmännchen** den Weg, bestehend aus (manchmal kunstvoll) aufgeschichteten Steinen. Schwarz-gelbe Striche und Metalltafeln kennzeichnen den europäischen Fernwanderweg E4. Dieser quert Kreta von Westen nach Osten. Er ist allerdings unterschiedlich gut markiert und an einigen Stellen sogar unpassierbar. Einige der im Folgenden vorgestellten Touren benutzen Abschnitte dieses Fernwanderwegs.

Ein nicht zu unterschätzendes Augenmerk hat bei der Planung einer sommerlichen Tour stets den **Wasservorräten** zu gelten. Auf einigen Wanderungen beschweren sie – zumindest anfangs – den Tourenrucksack erheblich. Umso erfreulicher ist, dass **Quellwasser,** wo es denn verfügbar ist, während der Touren bedenkenlos getrunken werden kann.

023kr wf

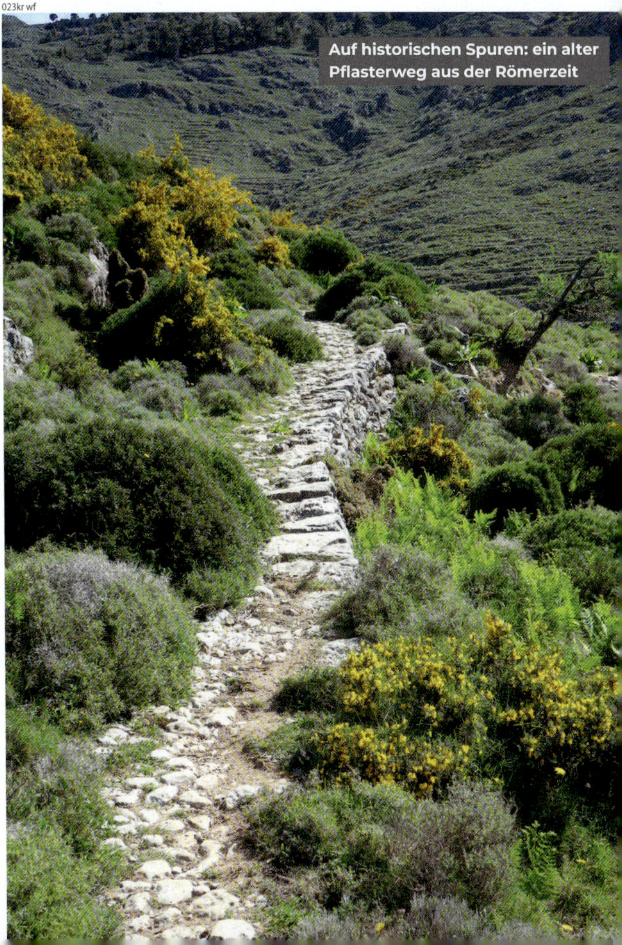

Auf historischen Spuren: ein alter Pflasterweg aus der Römerzeit

Ein Wort noch über **Zäune und Gatter:** Zur Abgrenzung von Weideflächen für Schafe und Ziegen werden auf Kreta Maschendraht- oder Gitterzäune verwendet, mit Gattern als Durchgängen. Solche Gatter lassen sich meist öffnen, indem provisorische Drahtschlingen oder Schnüre gelöst werden; manchmal genügt auch ein kräftiger Ruck, um das Gatter aus seiner Befestigung zu lösen. Wichtig: Jedes verschlossene Gatter ist nach Passieren wieder zu schließen! Naturgemäß werden Zäune gelegentlich neu abgesteckt; ihr Zug mag also gegenüber dem in den Touren beschriebenen da und dort anders ausfallen.

Der Verhütung eines **Waldbrands** dienen Regeln, denen sich jeder Wanderer streng unterwerfen sollte: Zigaretten gut ausdrücken und die Stummel nicht wegwerfen, kein Feuer im Freien entzünden und wegen des Brennglaseffekts keine Glasgegenstände wie Flaschen im Gelände zurücklassen. Dass man als naturverbundener Wanderer, auch wenn es manchmal lästig ist, die **Abfälle** wieder in den Rucksack packt (Plastiktüte mitführen!), versteht sich von selbst.

Nicht zu vergessen: Die **Früchte am Weg** dienen nicht der Erfrischung der Wanderer, sondern sind meist Teil einer kleinen, mühsam erwirtschafteten Ernte. Statt Obst einfach unterwegs zu pflücken, sollte es im Laden erstanden werden. An den Oliven hätte man wegen ihres bitteren Geschmacks ohnehin keine Freude; sie munden nur nach sachkundiger Verarbeitung.

Anforderungen

Anforderungen, wie sie in hochalpinem Gelände üblich sind, werden an den Wanderer auf Kreta nur ausnahmsweise gestellt. Schwindelfreiheit ist nur selten gefragt (und muss dann keine absolute Schwindelfreiheit sein), **Trittsicherheit** dagegen ist auf vielen Touren vonnöten. Die im vorliegenden Buch beschriebenen Wanderungen sind in der Regel keine bloßen Spaziergänge.

Zur besseren Einschätzung des **Schwierigkeitsgrads** einer Wanderung wurde jede Wanderung mit einer Farbe gekennzeichnet, dabei gelten folgende Kriterien:

LEICHT

Diese Wege sind entweder markiert oder von der Orientierung her leicht. Sie können mit gutem Schuhwerk von jedermann begangen werden. Die Gehzeit beträgt normalerweise bis 5 Std.

MITTELSCHWER

Diese Wanderungen erfordern eine gewisse Ausdauer und überall dort, wo keine Markierung vorhanden ist, Orientierungsvermögen. Die Gehzeit beträgt normalerweise bis 8 Std.

SCHWER

Diese Wanderungen erfordern Ausdauer und ein gutes Orientierungsvermögen. Die Gehzeit beträgt normalerweise bis 8 Std.

Gehzeiten

Die Zeitangaben enthalten nur die reine Gehzeit eines geübten Wanderers. Welche Zu- und Abschläge zur eigenen Gehzeit angebracht sind, sollte jeder selbst austesten. Neben der Gesamtgehzeit sind zur besseren Orientierung auch Zeiten für einzelne Etappen der Wanderung angegeben.

Ausrüstung

Ob Schotterpiste oder Maultierpfad, die kretischen Wege sind meist steinig, und manchmal kann dorniges Gestrüpp unbedeckten Beinen stark zusetzen. Bewährt hat sich deshalb eine **leichte lange Wanderhose** (eventuell abzippbar). Die Sonne brennt während der Hochsommermonate in schattenlosem Gelände unbarmherzig herab. Als Grundausrüstung empfehlen sich entsprechend **knöchelhohe feste Wanderschuhe** mit griffigem Profil und eine **Kopfbedeckung, Sonnenschutzmittel** und ein **ausreichender Trinkwasservorrat.** Da die wenigsten Wanderungen Einkehrmöglichkeiten bieten, gehört auch

Verpflegung in den Rucksack. Für Pausen in steinigem Gelände ist eine Wander-Sitzunterlage von Vorteil.

Natürlich ist es sinnvoll bei hohen Gebirgswanderungen eine **Wind- oder Faserpelzjacke** mitzuführen. In den Monaten April und Oktober sollte man zudem einen **leichten Regenschutz** (oder einen Regenschirm) mitführen. Ein **Kompass** kann hilfreich sein (man muss ihn allerdings auch zu bedienen wissen!); unbedingt sinnvoll für etwaige Notfälle sind eine **Trillerpfeife,** ein Handy (aber nicht überall Empfang!), ein **Multifunktionstaschenmesser** und eine **Taschenlampe.** Teleskopstöcke erweisen sich als nützlich bei der Bewältigung von Steilstellen. Pflaster und **Verbandszeug** für Notfälle sind von Vorteil.

Die **Gitterzäune** zur Abgrenzung von Weideflächen werden gelegentlich verlegt. Ein unüberwindbarer Zaun kann die gesamte Tour verhageln. Man hört hin und wieder von Wanderern, die für diesen Fall eine Kombizange zum Aufdrillen oder Durchzwicken von Verbindungsdrähten mitführen. Um Fairness zu wahren, sollten die Zaunelemente jedoch mit einer Schnur oder Schnürsenkeln wieder verbunden werden.

Gefahren im Gelände

Die Wanderungen dieses Führers führen einerseits in die Abgeschiedenheit menschenferner Schluchten und Berge, andererseits durch bearbeitete, nicht selten aber aufgegebene und im Verfall begriffene Kulturlandschaften. Gerade dort muss schon einmal mit unliebsamen Begegnungen gerechnet werden: Manche **Wachhunde** für Weidegebiete oder Schafställe sind in ihrer geifernden Angriffslust bzw. Verteidigungsbereitschaft nicht zu unterschätzen.

Tipp: Sie dürfen, wenn Sie von einem Wachhund „gestellt" werden, niemals versuchen im Laufschritt zu entkommen, dürfen das Tier auf keinen Fall mit Ihrem Wanderstock reizen, sondern müssen geduldig stehen bleiben, ohne den Hund anzublicken, und warten, bis er sich von selbst entfernt (was dauern kann) oder ein Hirte bzw. Schafzüchter hinzukommt, der den Hund zur Ordnung ruft.

Die meisten Unfälle und Notsituationen entstehen aber durch **Überschätzung der eigenen Kräfte** und **leichtsinni-**

ges Verhalten. Eine Mehrstundentour im sommerlichen Kreta ist nicht mit einem Sonntagsspaziergang im Fränkischen Wald zu verwechseln, sondern eine Unternehmung, für die man Grundkondition und Ausrüstung benötigt. Ist man schlecht gerüstet, setzt man sich unweigerlich Gefahren aus. Hat man zu wenig **Trinkwasser** mitgeführt, kann man unterwegs in größte Schwierigkeiten geraten, das Fehlen von Sonnencreme und von Kleidung, die Schultern, Arme und Beine bedeckt, kann einen **schweren Sonnenbrand** nach sich ziehen, eine fehlende Kopfbedeckung auf schattenlosen Pfaden nach einigen Stunden sogar einen **Sonnenstich.**

Manchmal sind es Kleinigkeiten, die sich unangenehm oder in der Folge sogar verhängnisvoll auswirken: Mit Sandalen geht man eben nicht auf eine längere Wanderung! Sind die Füße erst einmal wund gelaufen und nimmt das Wandertempo entsprechend ab, reicht plötzlich auch der mitgeführte Wasservorrat nicht mehr, schwinden die Kräfte rapide. Auch unterschätzen manche Wanderer auf Kreta den **Temperaturunterschied** zwischen Küste und Gipfel. Es mag ja seltsam anmuten, am Morgen unter heller Sonne warme Kleidung in den Tagesrucksack zu packen; einige Stunden später aber frösteln alle, die es bei einem T-Shirt belassen haben, im Gipfelwind und vermögen die Aussicht nicht mehr zu genießen, wie prachtvoll sie auch sein mag. **Erkältungen** und im schlimmsten Fall sogar **Unterkühlungen** sind die Folgen solch schlecht

029kr wf

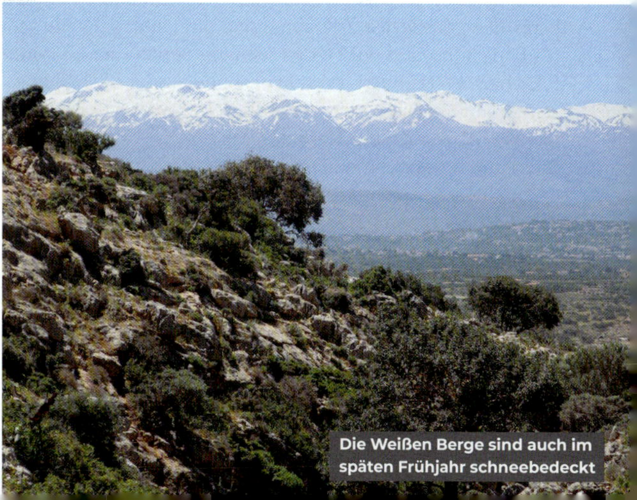

Die Weißen Berge sind auch im späten Frühjahr schneebedeckt

vorbereiteter Gipfeltouren. Auch eine andere Grundregel, dass man nämlich bei schlechtem **Wetter** (Gewitter, Nebel) nicht zu einer hohen Bergwanderung aufbricht, wird leider immer wieder in fahrlässiger Weise missachtet.

Auf einsame Touren gehen Sie am besten in Begleitung. Ist dies nicht möglich, müssen Sie die notwendigen **Sicherheitsvorkehrungen** umso entschiedener beachten. Dazu gehört, ein (stets aufgeladenes) Handy mitzuführen und alle wichtigen Telefonnummern (Hotel, mitreisende Freunde, Touristeninformation) für den Notfall darin zu speichern. Darüber hinaus sollten stets eine Trillerpfeife und eine Taschenlampe im Tagesrucksack mitgeführt werden.

Alarmsignal im Notfall

Binnen einer Minute sechs kurze Signale hintereinander mit einer Trillerpfeife oder Taschenlampe, dann eine Minute warten – und Wiederholung der Prozedur.

Reisezeit und Klima

Die kretische **Wandersaison** erstreckt sich von Anfang April bis Ende Oktober, wobei es im April noch ab und zu regnen kann. Die günstigsten Zeiträume sind das Frühjahr (Mitte Mai bis Ende Juni) und der Herbst (Anfang September bis Mitte Oktober). Im **Frühjahr** ist Kreta besonders grün, viele Blumen stehen in ihrer Blüte, und der Duft der Kräuter ist besonders intensiv. Aber auch der **Herbst** ist mit hohen Wassertemperaturen und bei abnehmenden Touristenzahlen zu empfehlen.

Vor allem im April und ab Mitte Oktober muss mit gelegentlichen **Regentagen** gerechnet werden. Der Zustand der Wege und Pfade (auch in den Schluchten) bleibt davon jedoch meist unberührt. Die **Samariá-Schlucht** ist allerdings nur von Anfang Mai bis Ende Oktober geöffnet, da vorher und nachher das Wasser zu hoch in der Schlucht steht. Bei und nach starken Regenfällen kann sie wegen Steinschlaggefahr auch während der Saison kurzfristig gesperrt sein.

Tagestemperatur in °C

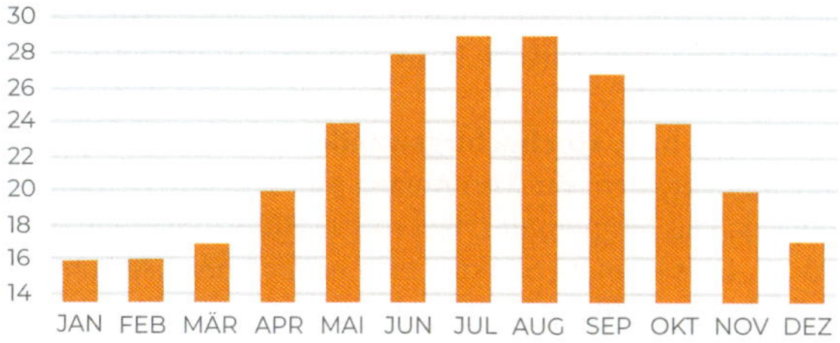

Wassertemperatur in °C

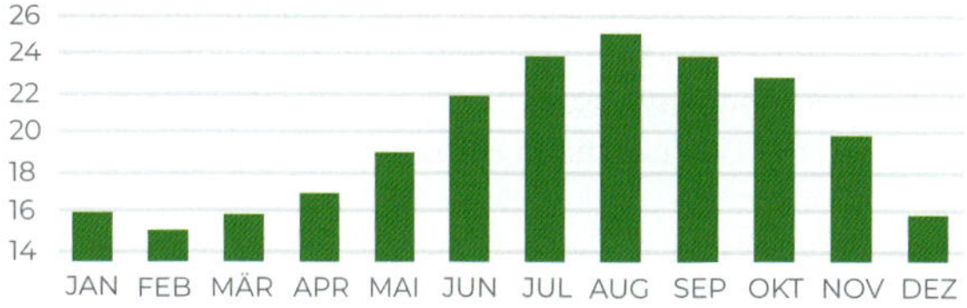

Sonnenstunden

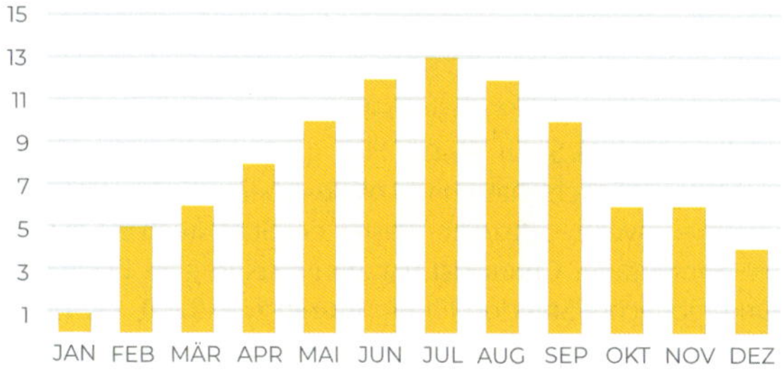

Regentage

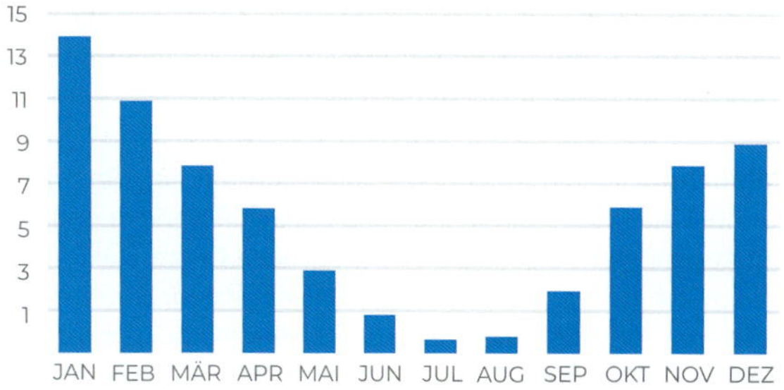

Im **Hochsommer** (Juli und August) können die Touren bei Windstille sehr schweißtreibend werden, in der Regel aber bringen eine gelegentliche Brise oder stärkerer Wind Abkühlung.

Gebirgs- bzw. Hochgebirgswanderungen sind aufgrund von Schneefeldern nur von Anfang Juni bis Ende November möglich. Die Temperatur sinkt pro 100 Höhenmeter um etwa 0,6 °C. Dies kann im Sommer eine willkommene Abkühlung bedeuten, im Frühling und Herbst jedoch, zumal bei Wind, mit empfindlicher Kälte verbunden sein.

In den **Wintermonaten,** zwischen November und März, ist es kühl auf Kreta, verbunden mit Regenfällen. In diesem Zeitraum ist die Mehrzahl der Unterkünfte geschlossen und in kleineren Orten wie Mátala, Soúgia und Léntas bestehen im Winter weder Einkaufs- noch Einkehrmöglichkeiten.

Standorte

Westkreta

Chaniá gilt mit seiner verwinkelten venezianischen Altstadt als die schönste Stadt Kretas. Hier gibt es zahlreiche Übernachtungsmöglichkeiten und Lokale – bei jedoch relativ hohem Preisniveau –, dazu im Westen der Stadt auch einen kleinen Sandstrand. Chaniá ist u.a. durch seine gute Busanbindung möglicher Standort für die **Touren 1, 2, 9, 10, 14, 15.**

Chóra Sfakíon („Sfakiá") ist ein ruhiger Ort und ein guter Standort für die **Touren 11–15.** Ein einladender Kiesstrand, die zerklüftete Steilküste, die Möglichkeit zu Ausflügen mit dem Schiff und das moderate Preisniveau von Unterkünften und Tavernen sprechen für Chóra Sfakíon.

Paleóchora ist ein lebendiges Städtchen mit langem Sandstrand. Gute Busverbindungen und der Schiffsverkehr entlang der zerklüfteten Südküste bis hinüber nach Chóra Sfakíon eröffnen zahlreiche Ausflugsmöglichkeiten. Paleóchora besitzt viele preisgünstige Unterkünfte und Tavernen und ist ein guter Standort für die **Touren 3–7.**

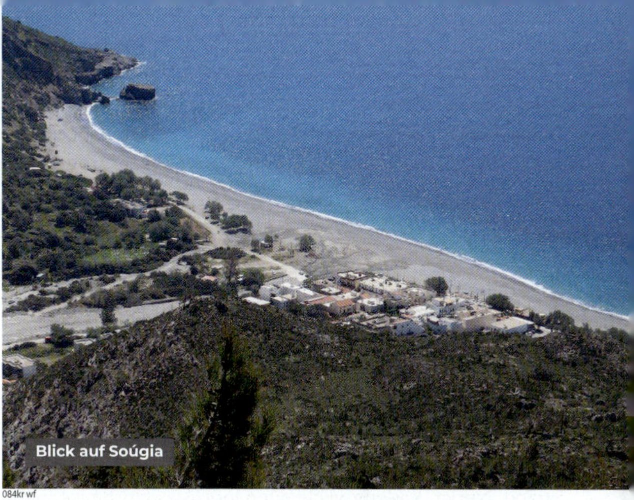

Blick auf Soúgia

084kr wf

Soúgia ist ein Ort mit großem Erholungspotenzial und zugleich exzellenten Wandermöglichkeiten. Das abgelegene Dorf mit seinem langen Sand-Kies-Strand liegt an der Mündung eines Trockenflussbetts am Rande der Weißen Berge. Es bietet Ruhe und gleichzeitig viele preiswerte Unterkünfte und Tavernen. Die guten Schiffsverbindungen ermöglichen Ausflüge entlang der Südküste. Soúgia ist idealer Standort für die **Touren 4–9.**

Zentralkreta

Iráklio ermöglicht ein kombiniertes Erlebnis von Kultur (die minoische Palastanlage von Knossos und das Archäologische Museum) und Natur (Touren ins Ída-Gebirge, insbesondere auf den Psiloritis, den höchsten Berg Kretas, **Tour 23**). Eine schöne Stadt ist es allerdings nicht, und der Besucher, der hier Quartier nimmt, sollte eine gewisse Gelassenheit gegenüber dem Verkehrslärm mitbringen. Das Preisniveau in Tavernen und Unterkünften ist höher als im übrigen Kreta. Alles in allem wird man Iráklio eher als Durchgangsstation nutzen denn als Standort für einen längeren Aufenthalt.

Léntas, ruhig, familiär und abgelegen, bietet – eingebettet in eine malerische Bergkulisse – die besten Voraussetzungen zur Erholung. Bademöglichkeiten eröffnen ein kleiner Sand-Kies-Strand am Ort und, 20 Gehminuten entfernt, ein längerer

Sandstrand (Dískos-Bucht). Es gibt zahlreiche preisgünstige und komfortable Unterkünfte. Léntas ist möglicher Ausgangspunkt für die **Touren 26–29.**

Mátala ist etwas touristischer als Léntas, Soúgia oder Chóra Sfakíon, hat aber mit seinen Höhlen und der Lage in einer Traumbucht mit ihren Sonnenuntergängen ein besonderes Flair. Baden ist nicht nur am Sandstrand beim Ort, sondern auch am kilometerlangen Kommós-Strand und am beschaulichen „Red Beach" möglich **(Tour 26).** Das Dorf besitzt zahlreiche Unterkünfte und Tavernen.

Plakiás liegt in einem weiten Talkessel an einem langen Sandstrand. Neben Bademöglichkeiten lockt das Dorf mit zahlreichen Ausflugsmöglichkeiten (z. B. zum Strand von Préveli). Zahlreiche Tavernen gruppieren sich am westlichen Strandende. Kleiner Schönheitsfehler: Plakiás ist wegen der nördlich gelegenen engen Kostifoú-Schlucht vor allem bei Nordwinden ein Windloch. Idealer Standort für die **Touren 16–20.**

Réthymno lohnt wegen seiner Altstadt, den verwinkelten Gassen und seiner Festung. Ein langer Sandstrand nach Osten hin bietet zudem unbegrenzte Bademöglichkeiten. Die Zahl der preisgünstigen Unterkünfte ist vor allem in der Hauptsaison begrenzt, das Preisniveau der Restaurants hoch. Ausweichmöglichkeiten sind die Jugendherberge und der Campingplatz „Elizabeth" (eine Oase der Ruhe am Strand). Verkehrsgünstig gelegen, ist Réthymno ein guter Standort für die **Touren 16–21.**

Ostkreta

Ágios Nikólaos ist ein reizvoller Standort für die **Touren 36–40.** Die heitere, entspannte Atmosphäre, die guten Busanbindungen – auch zu vielen Stränden am Golf von Mirabéllo, wie z. B. in Pláka, Ístro oder Pachiá Ámmos – und nicht zuletzt die große Zahl an günstigen Quartieren sprechen für einen längeren Aufenthalt. Besonderen Charme besitzen der mystisch wirkende Voulisméni-See und drei Stadtstrände. Dörfliche Beschaulichkeit darf man nicht erwarten und preisgünstige Tavernen sind dünn gesät.

Ierápetra besitzt als größte Stadt im Südosten gute Busverbindungen in den Osten, nach Mírtos und Ágios Nikólaos. Attraktive Strände im Osten, so z. B. der lange Strand in Koutsounári, der kleine Sandstrand in Férma und die hübsche Sandbucht vor Agía Fotiá sind nicht weit entfernt. Die Stadt selbst hat wenig zu bieten und wirkt im Vergleich zu Ágios Nikólaos eher blass, besitzt aber dafür den Vorteil eines günstigeren Preisgefüges. Idealer Standort für die **Touren 34, 35 und 38–40.**

Die **Lassíthi-Hochebene** ist Ausgangspunkt prachtvoller Wanderungen im Díkti-Massiv **(Touren 30–33).** Die meisten Besucher umrunden auf der Ringstraße einmal die Ebene, um die ländliche Atmosphäre zu genießen, die Zeushöhle in Psichró zu besuchen oder ein Schnäppchen bei den vielerorts angebotenen Webwaren zu machen. Aber gerade die Abendstimmung mit einem fantastischen Sternenhimmel in der klaren Bergluft und ein Tagesausklang in den von den Einheimischen besuchten Tavernen empfehlen die Lassíthi-Hochebene auch als Standort für den Wanderer. Nachteil: die seltenen Busverbindungen nach Iráklio. Auch darf, wer hier Quartier nimmt, kein größeres Angebot an Lokalen oder so etwas wie Nachtleben erwarten.

033kr wf

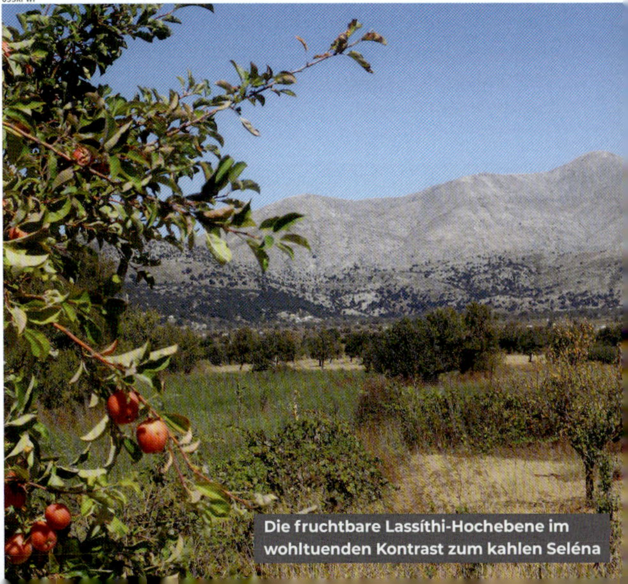

Die fruchtbare Lassíthi-Hochebene im wohltuenden Kontrast zum kahlen Seléna

Mírtos ist ein attraktives, sympathisches Dorf am Ausgang des breiten Tals der Sarakínas-Schlucht, eine empfehlenswerte Alternative zu Ierápetra. Der Ort hat ein noch ursprüngliches Flair. An der Strandpromenade und auch in „der zweiten Reihe" mehrere Tavernen. Gelegentlich auch Live-Musik. Der Sand-/Kiesstrand setzt sich von der Hafenpromenade noch einen Kilometer nach Westen fort. Ausreichend Übernachtungsmöglichkeiten werden geboten. Idealer Standort für die Touren **34, 35 und 38–40.**

Palékastro, eine Art Provinznest, hat sich angenehme Reste einer dörflichen Atmosphäre erhalten und liegt in der Nähe traumhafter Strände. Die verkehrsgünstige Position an den Buslinien Sitía - Vái und Sitía - Zákros ist ein weiterer Vorteil. Palékastro ist guter Ausgangspunkt für **Tour 41** zur minoischen Stadtanlage Káto Zákros. Es gibt im Ort zahlreiche preiswerte Unterkünfte, die sich sehen lassen können. Manchem mag der 2 km lange Weg zum nächsten Strand etwas mühselig erscheinen.

GPS-Nutzung

Im Internet gibt es kostenlose Karten, die auf dem GPS-Gerät installiert werden können; für Griechenland zum Download unter www.freizeitkarte-osm.de/garmin/de/weitere-laender.html und für den Balkan unter www.freizeitkarte-osm.de/garmin/de/regionen.html.

047kr wf

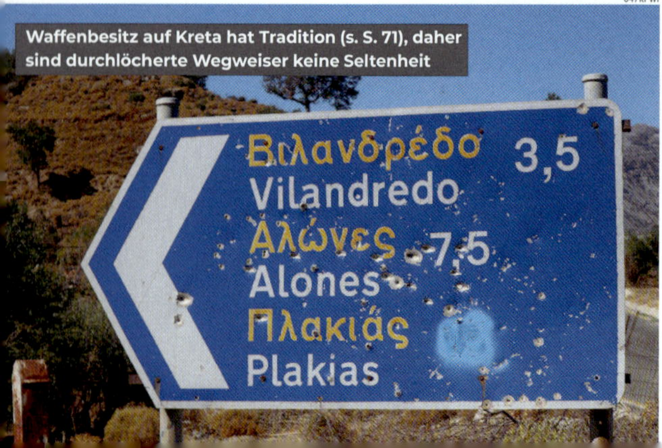

Waffenbesitz auf Kreta hat Tradition (s. S. 71), daher sind durchlöcherte Wegweiser keine Seltenheit

Karten

Karten im Maßstab 1:25.000 sind genauer als diejenigen mit größerem Maßstab. Alle Karten sind online bestellbar.

Straßenkarten

- **Kreta West,** Road Editions, 1:100.000 und **Kreta Ost,** Road Editions, 1:100.000. Genaue Karten von West- und Ostkreta mit Höhenlinien und Stadtplänen.
- **Kreta,** world mapping project™ im Reise Know-How Verlag, 1:140.000. Erfasst ganz Kreta, reiß- und wasserfest.

Wanderkarten

- **Kreta – Der Westen,** Harms-ic Touristikkarte, 1:100.000. Begleitende Wanderkarte für die Touren 1–29, mit diversen Stadtplänen.
- **Samaria – Soughia – Paleochora,** Anavasi, 1:30.000. Erfasst das Gebiet von Paleóchora bis einschließlich der Samariá-Schlucht, Touren 4–10.
- **Kissamos – Chania,** Karte 401, Kreta Road Editions – Nakas Road Cartography, 1:50.000. Für die Touren 1–3.
- **Lefka Ori – Sfakia/Pachnes,** Anavasi, Blatt 11.11 und 11.12, 1:25.000. Erfasst den Küstenabschnitt Sfakiá – Agía Rouméli, die südlichen sowie zentralen Weißen Berge, Touren 11–15.
- **Frangokastelo – Plakias,** Anavasi, 1:25.000. Touren 16, 17.
- **Psiloritis,** Anavasi, 1:30.000. Umfasst das Ída-Gebirge, Touren 22–25.
- **Asterousia – Phaistos,** Anavasi, 1:30.000. Erfasst die Asteroússia-Berge einschließlich Mátala, Touren 26–29.
- **Dikti – Selena,** Anavasi, 1:30.000. Umfasst die Lassíthi-Hochebene mit dem Díkti-Gebirge, Touren 30–34, 36 und 37.
- **Agios Nikolaos – Ierapetra,** Karte 405, Kreta Road Editions – Nakas Road Cartography, 1:50.000. Brauchbare Wanderkarte, die das Díkti-Gebirge umfasst, Touren 30–37.
- **Sitia – Zakros – Vai,** Karte 406, Kreta Road Editions – Nakas Road Cartography, 1:50.000. Brauchbare Wanderkarte, die das Thriptí- und Ornó-Gebirge abdeckt, Touren 38–41.
- **Zakros – Vai – Sitia,** Anavasi, 1:25.000. Für den äußersten Osten Kretas, Tour 41.

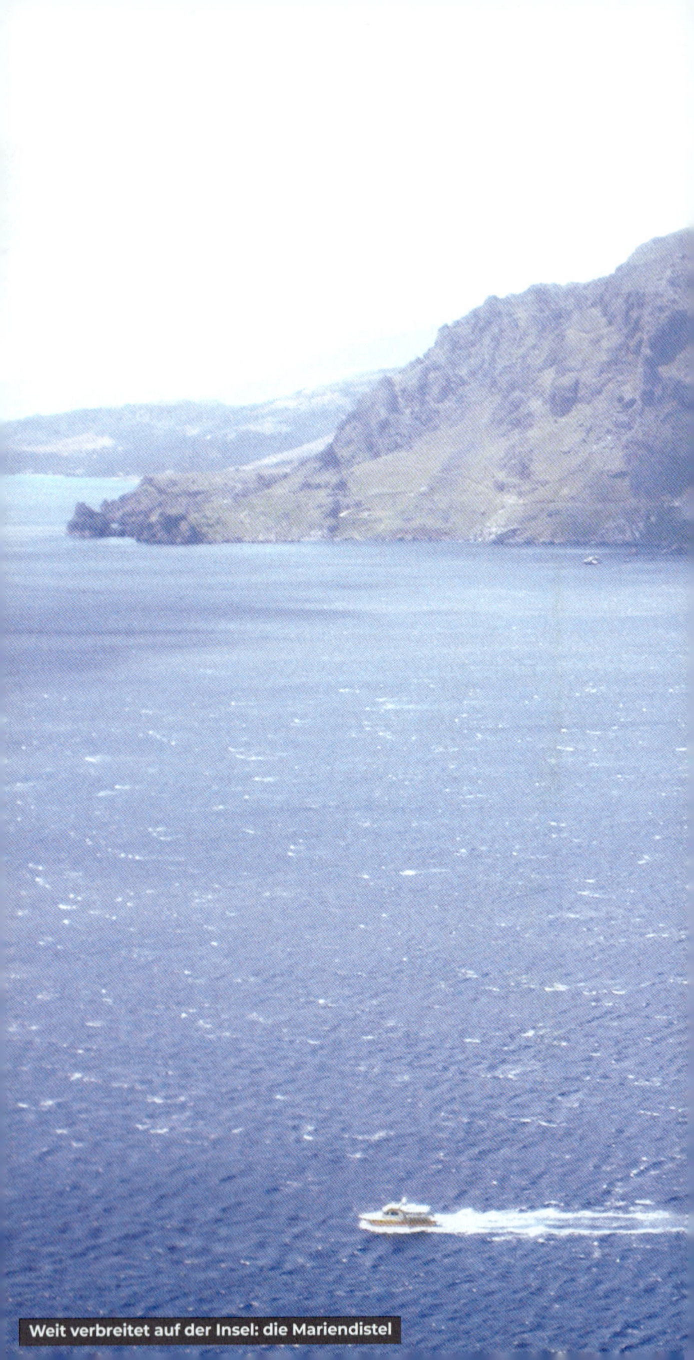

Weit verbreitet auf der Insel: die Mariendistel

PRAKTISCHE TIPPS A–Z

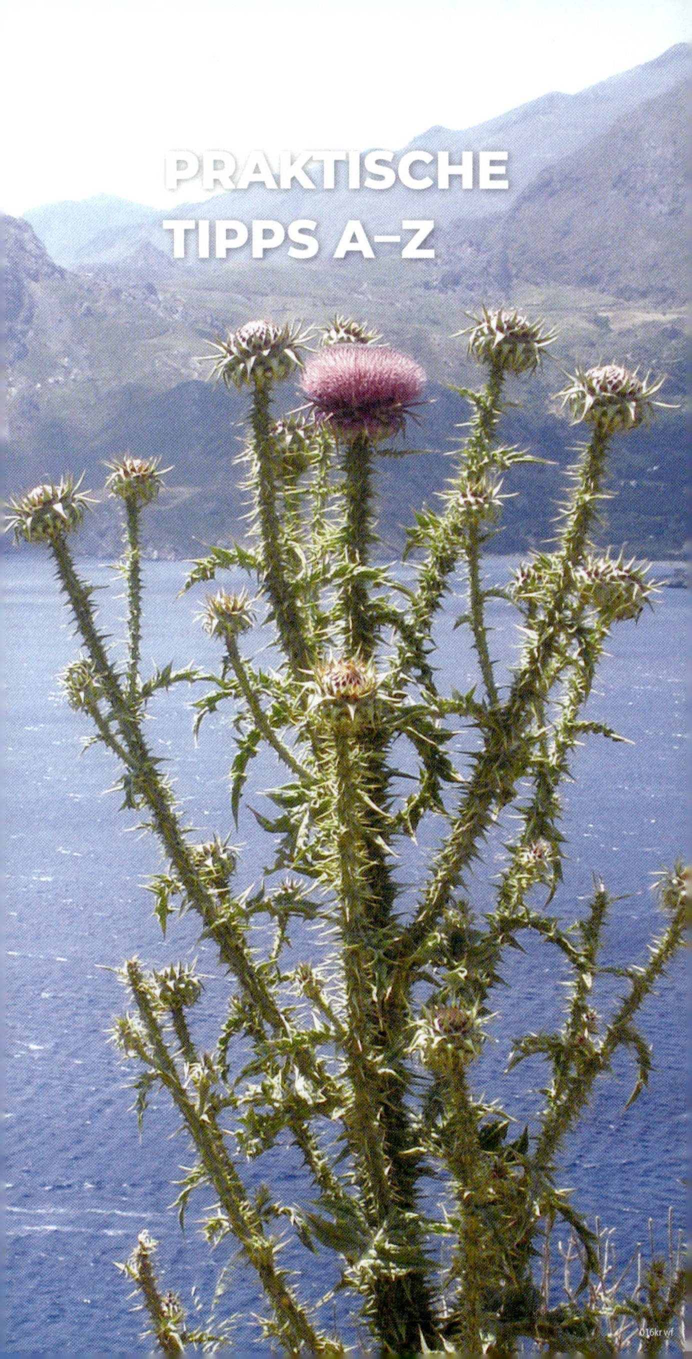

016kr wf

Anreise

Mit dem Flugzeug

Nonstopflüge nach Kreta werden in Deutschland, Österreich und der Schweiz von allen größeren Flughäfen angeboten. In Deutschland und Österreich hat man – abhängig von Stadt und Fluglinie – die Wahl zwischen dem Hauptflughafen **Iráklio** (Heraklion) und **Chaniá.** Aus der Schweiz starten nur Flüge nach Iráklio.

Zwischen November und März ist eine Kreta-Anreise mit dem Flugzeug fast ausschließlich mit Zwischenstopp in Athen oder Thessaloniki möglich.

Mit Flugzeug und Fähre

Zunächst Flug nach **Athen,** vom Flughafen fährt der Expressbus X96 in kurzen Zeitabständen in 1¼ Std. zum **Fährhafen Piräus.** Fähren von *ANEK Lines* und *MINOAEN Lines* verkehren täglich (nicht 25. Dezember) um 21 Uhr nach **Iráklio** oder **Chaniá.** Man ist jeweils etwa 9 Std. unterwegs. Weitere Infos unter www.ferries.gr.

Mit dem Auto

Die Anfahrt nach Piräus über den Balkan oder über Ungarn, Rumänien, Bulgarien ist nicht zu empfehlen (großer Aufwand mit Durchreise-Visa, hohen Maut-Gebühren, Gefahr von Unfällen). Sinnvoll kann bestenfalls die Anreise über **Italien** sein (Venedig, Ancona, Bari oder Brindisi). Weiter geht es von dort mit der **Autofähre** nach Pátras; anschließend Fahrt mit dem eigenen Fahrzeug nach Piräus und von dort Überfahrt nach Kreta.

Mit der Bahn

Anfahrt von Deutschland, Österreich oder der Schweiz bis Venedig, Ancona, Bari oder Brindisi. Beispiele: Frankfurt – Ancona (ca. 12 Std.), München - Venedig (ca. 7 Std.), Zürich - Ancona (ca. 9 Std.), Wien - Venedig (ca. 10 Std). Weiter mit der **Fähre** nach Pátras und mit dem **Bus** nach Piräus.

Baden

Die Küsten Kretas zeichnen sich durch gute Wasserqualität aus. An manchen Badestränden werden Liegestühle und Sonnenschirme vermietet.

Einkaufen

In allen größeren Ortschaften bzw. vom Tourismus geprägten Orten bestehen vielfältige Einkaufsmöglichkeiten. Es gibt Supermärkte aller Größen mit griechischen, kretischen und ausländischen Produkten, Obst- und Gemüseläden, Märkte, Bäckereien und Kioske für Dinge des täglichen Bedarfs. In Ágios Nikólaos, Iráklio und Ierápetra muss man sich auf überhöhte Preise einstellen.

015kr wf

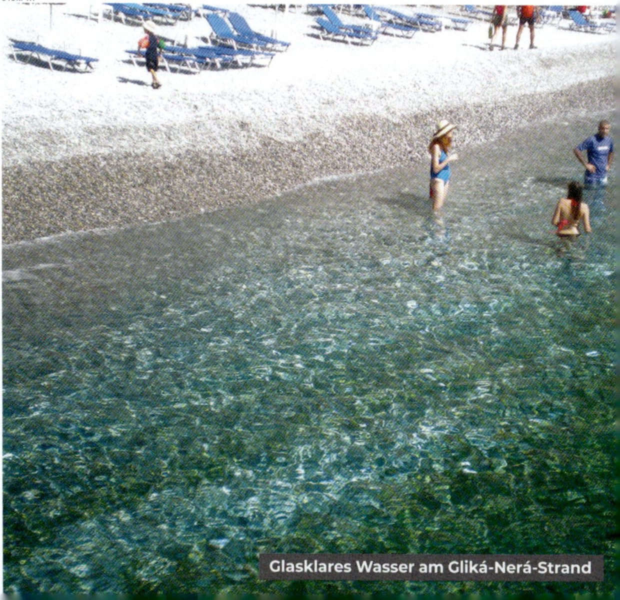

Glasklares Wasser am Gliká-Nerá-Strand

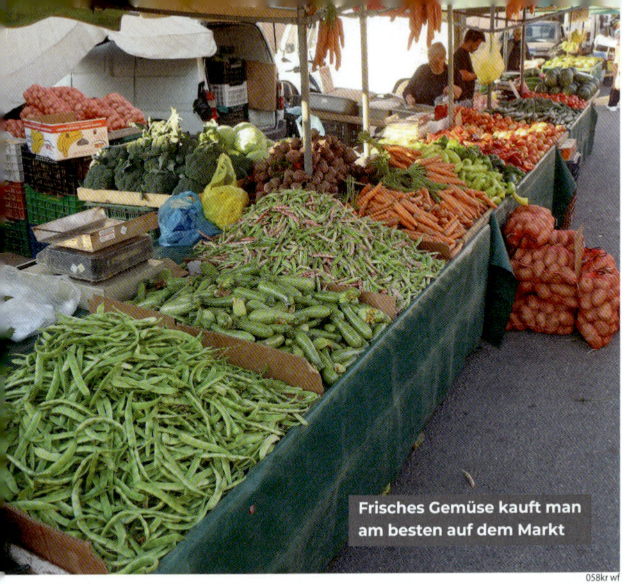

Frisches Gemüse kauft man am besten auf dem Markt

058kr wf

Essen und Trinken

Die **kretische Küche** gilt als eine der weltweit gesündesten. Untersuchungen der World Health Organisation (WHO) belegen, dass auf Kreta Herz-, Kreislauf- und Gefäßerkrankungen besonders selten sind, und führen diesen Umstand nicht zuletzt auf die Ernährungsweise zurück. Charakteristisch für Kretas Küche sind der Einsatz **hochwertigen Olivenöls,** der Verzicht auf „künstliche Zusätze" (z. B. Geschmacksverstärker, Aromastoffe etc.), **frisches Gemüse** und viele **Kräuter.** Hochwertiges Olivenöl erkennt man an seiner besonders zähflüssigen Konsistenz und der leicht grünlichen Farbe.

Gelegentlich wird man in die Küche geführt, vor allem um Fisch begutachten zu können, und mancherorts werden die angebotenen Gerichte auch in Vitrinen vor dem Lokal präsentiert. Gekühltes **Leitungswasser** *(neró tis vríssis)* gibt es auf Verlangen gratis. Empfehlenswert sind der preisgünstige, **offene Hauswein** (rot oder weiß) oder das herbe **griechische Bier** (Mýthos, Álpha, Fix).Der offene Hauswein ist meist leicht und wird in Karaffen *(misó kiló / éna kiló* = ein halber / ein Liter) serviert. Er ist häufig von hoher Qualität und deutlich günstiger als Flaschenwein. Offener Rotwein kann in manchen Gegenden aber auch recht kräftig sein und nach Sherry schmecken. Zu jeder Art von **Kaffee** wird ein Glas Wasser gereicht.

Zum Essen wird fast immer gegen einen Aufpreis *(Couvert)* **Weißbrot** serviert. Oft bekommt man mit der Rechnung einen **Rakí,** eine **Süßspeise** oder **Früchte.** In Griechenland ist es üblich, dass nur eine Person am Tisch die Rechnung begleicht. Beim Bezahlen nimmt man das Wechselgeld zunächst in Empfang und lässt beim Verlassen des Lokals ein **Trinkgeld** von 5 bis 10 % des Rechnungsbetrags auf dem Tisch zurück (siehe auch „Kleines kulinarisches Wörterbuch" im Anhang).

Feiertage

- **1. Januar:** Neujahr
- **6. Januar:** Fest der Theophanie
- **25. März:** Mariä Verkündigung und zugleich Unabhängigkeitstag
- **März / April:** Ostern
- **1. Mai:** Frühlingsfest
- **15. August:** Mariä Himmelfahrt
- **28. Oktober:** „Óchi"-Tag (der Tag, an dem die Griechen im Jahr 1940 „Nein" zur Kapitulationsaufforderung durch Italien sagten)
- **7.–9. November:** Kretischer Nationalfeiertag (im Gedenken an den heldenhaften Widerstand im Kloster Arkádi 1866)
- **25. / 26. Dezember:** Weihnachten

008kr wf

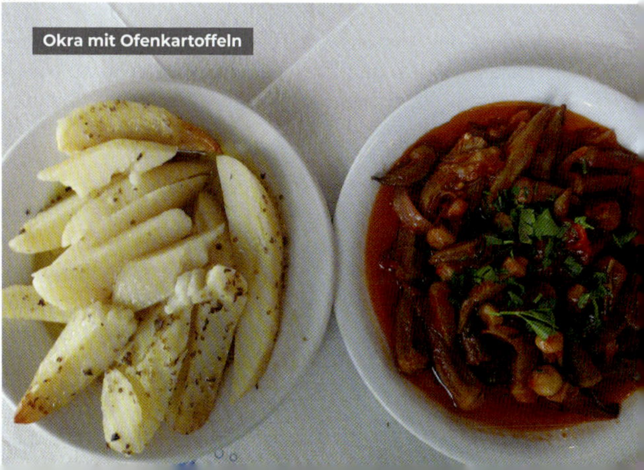

Okra mit Ofenkartoffeln

Informationen

Sehr gute Informationen findet man auf den Websites **www.kreta-impressionen.de** und **www.crete.tournet.gr** (auch auf Deutsch). Dort gibt es auch verschiedene Stadtpläne, die jedoch nur online einsehbar sind.

Kommunikation unterwegs

Kartentelefone sind kaum noch anzutreffen, **Telefonkarten** sind aber noch in manchen Kiosken erhältlich.

WLAN ist in fast allen Unterkünften und in vielen Lokalen verfügbar, oft auch in Fernbussen. In allen Städten, aber auch in kleineren Urlaubszentren, finden sich **Internetcafés.**

Vorwahlen		Notfallnummern	
● Schweiz	0041	● Notruf	112
● Österreich	0043	● Polizei	100
● Deutschland	0049	● Feuerwehr	199
● Griechenland	0030	● Erste Hilfe	166
		● Pannenhilfe	104

Notfälle

Bei **Verlust des Ausweises** müssen Sie eine Bestätigung bei der Polizei einholen und damit zum Konsulat in Iráklio fahren (bzw. als schweizerischer Staatsbürger sogar nach Athen reisen), dort wird gegen Gebühr ein Ersatzpapier für die Ausreise ausgestellt.

Bei **Verlust von EC- oder Kreditkarte** müssen Sie diese sofort telefonisch sperren lassen. In Banken, die die Firma der verlorenen Kreditkarte akzeptieren, kann man ein „Notfallgeld" erhalten. Postfilialen und bestimmte Banken bieten die Möglichkeit, sich über den sogenannten **Western Union Money Transfer** von einer Kontaktperson im Heimatland Geld überweisen zu lassen.

Tipp: Die Telefonnummern zur Sperrung von Karten, die Super-Pin des Handy und Kopien von Ausweis und Flugticket nicht nur mit sich führen, sondern sich selbst vorher von zu Hause als E-Mail zuschicken.

Öffnungszeiten

- **Banken:** Mo–Do 8–14 Uhr, Fr 8.30–13.30 Uhr
- **Kioske:** täglich meist bis nach Mitternacht geöffnet
- **Läden:** täglich 9–14 und 17–21 Uhr (in den städtischen Zentren So geschlossen)
- **Museen:** Di–So überwiegend vormittags, gelegentlich auch nachmittags
- **Post:** Mo–Fr 9–14 Uhr oder auch bis abends
- **Supermärkte:** täglich meist 8–19 Uhr oder länger (in den städtischen Zentren So geschlossen)

Sicherheit

Vorsicht vor Diebstahl ist geboten auf dem **Athener Flughafen** wie auch in den **Jugendherbergen.** Ansonsten ist man nach den Erfahrungen des Autors weithin ungefährdet.

027kr wf

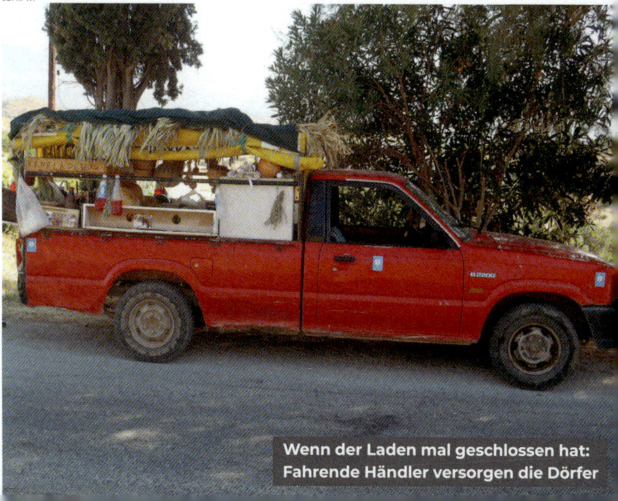

Wenn der Laden mal geschlossen hat: Fahrende Händler versorgen die Dörfer

Sprache

Neben dem **Neugriechischen** sprechen viele Kreter etwas **Englisch,** gelegentlich auch **Deutsch.** In kleineren Dörfern können jedoch ein paar griechische Ausdrücke sehr von Nutzen sein.

Betonte Silben werden im Griechischen durch einen Akzent gekennzeichnet. Die richtige **Betonung** ist ein wichtiges Element der korrekten Aussprache (siehe auch „Kleine Sprachhilfe" im Anhang).

Toiletten

Um verstopfte Abflussleitungen zu vermeiden, darf das **Toilettenpapier** generell nicht weggespült werden – dafür stehen Abfalleimer bereit. **Öffentliche Toiletten,** z. B. auf den Bushöfen, sind meist nicht im saubersten Zustand. Toilettenpapier ist mitunter nicht vorhanden.

009kr wf

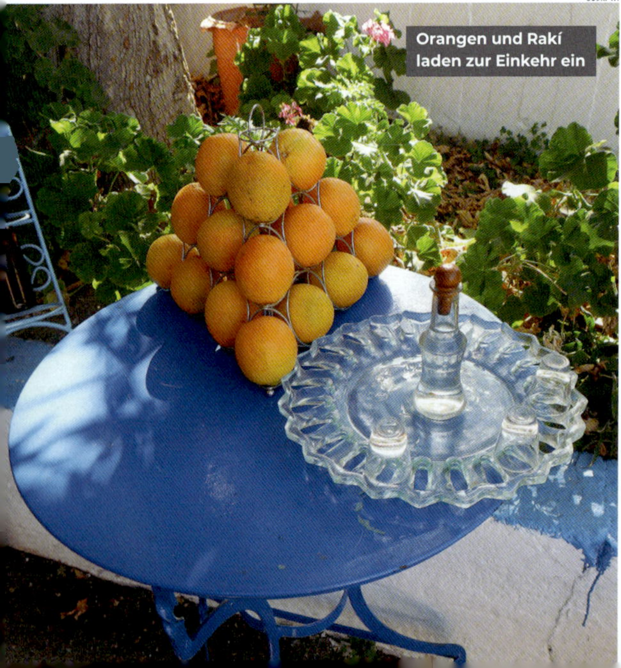

Orangen und Rakí laden zur Einkehr ein

Unterkunft

Es gibt unzählige Hotels, Ferienwohnungen und Privatzimmer auf Kreta. Die größeren **Hotels** der oberen Kategorien verteilen sich überwiegend entlang der Nordküste. **Jugendherbergen** finden sich in Réthymno und Iráklio, **Campingplätze** u. a. in Réthymno, Chaniá, Mátala, Paleóchora und Ierápetra. Wildes Zelten ist auf Kreta verboten.

Auch **private Unterkünfte** bieten dem Wanderer saubere, bescheiden möblierte Zimmer mit Dusche und WC, oft mit Kühlschrank und Klimaanlage. Privatvermieter werben meist mit „Rooms", „Rent Rooms" und „Rooms to let". Einzelzimmer sind selten. Meist werden **Doppelzimmer** (zu einem günstigeren Preis) als Einzelzimmer vermietet. Grundsätzlich sollte man das Zimmer vorab in Augenschein nehmen (Sauberkeit, Handtücher, Beleuchtung).

In der **Nebensaison** (April bis Mitte Juni und September, Oktober) ist das Preisniveau niedriger. Gerade in diesen Zeiträumen kann es sich lohnen, um den Preis zu handeln. Ab einer Aufenthaltsdauer von drei Nächten lässt sich häufig ein Nachlass erwirken. Die Preistafeln im Zimmer nennen den Maximalpreis, der tatsächlich verlangte liegt fast immer deutlich unter den angegebenen Sätzen. Gelegentlich wird gegen Aufpreis ein bescheidenes **Frühstück** angeboten.

Verkehrsmittel

Bus

Kreta besitzt ein dichtes **Busnetz** (Infos für Westkreta unter www.e-ktel.com, für Ostkreta unter www.ktelherlas.gr). Fast halbstündlich pendeln Busse zwischen Iráklio, Réthymno, Chaniá und Ágios Nikólaos an der **Nordküste.** Von diesen Städten verkehren Buslinien zur **Südküste.** Die Busse fahren im Allgemeinen sehr pünktlich ab. Als Richtmarke für den Fahrpreis gelten ca. 15 Cent pro Kilometer.

Wenn Sie unterwegs einem Bus zusteigen wollen, müssen Sie ein deutliches **Handzeichen** geben. Meist liegen aktuelle **Fahrpläne** in den Bushöfen aus. In vielen Orten zeigen Tafeln die aktuellen Abfahrtszeiten.

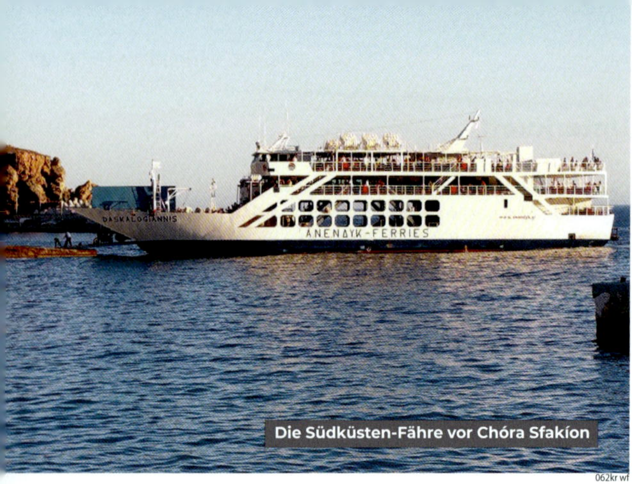

Die Südküsten-Fähre vor Chóra Sfakíon

062kr wf

Fähre

An der **Südküste** verkehren von April bis Ende Oktober Fähren der Gesellschaft ANENDYK zwischen Chóra Sfakíon, Loutró, Agía Rouméli, Soúgia und Paleóchora. Die Abfahrtszeiten und Preise sind in den jeweiligen Orten angeschlagen. Die Fähren sind überwiegend auch für den **Transport von Fahrzeugen** ausgelegt.

NEN Crete, eine weitere Gesellschaft, verkehrt seltener aber zu günstigeren Preisen. Nur **Personentransport.** Abfahrtszeiten und Preise unter www.nenkritis.gr.

Taxi

Eine Taxifahrt ist für eine Einzelperson ungefähr zehnmal so teuer wie die Busfahrt auf derselben Strecke. So ist ein Taxi nur dann eine echte Alternative, wenn mehrere Personen es benutzen – oder natürlich dort, wo das Ziel nicht anders zu erreichen ist.

Für **längere Strecken** kann vor Fahrtantritt der Preis vereinbart werden. Innerhalb einer Stadt kann das **Einschalten des Taxameters** verlangt werden. In Iráklio, Réthymno und Chaniá empfiehlt es sich, einen der **Taxi-Halteplätze** aufzusuchen, denn fahrende Taxis sind meist belegt und halten deshalb nicht auf Handzeichen. Alternativ: Die etwas teurere telefonische Bestellung. **Nacht- und Flughafenzuschlag** erhöhen den Preis.

Leihwagen

Die Preise sind stark saisonabhängig, für alle Leihfahrzeuge sinkt der Tagespreis mit der Anzahl der Miettage. Das **Mindestalter** des Fahrers beträgt 21 Jahre. Generell muss der **Führerschein,** wenn man ein Fahrzeug mieten möchte, älter als ein Jahr sein.

Online-Reservierungen sind den Vermietungen vor Ort vorzuziehen. Es ist bequem und transparent, lediglich eine **Kreditkarte** ist dafür notwendig. Es lohnt sich durchaus, die Angebote der verschiedenen Anbieter zu vergleichen. Am komfortabelsten ist es, das Fahrzeug am jeweiligen Flughafen zu reservieren. Lassen Sie sich bei der Abholung die Kontakt-Telefonnummer (z. B. für den Fall eines Motorschadens) auf dem Mietkontrakt markieren. Die Abgabe abweichend vom Abholort kann zu einem Aufpreis führen.

Die **kretischen Verleihe** vor Ort warten in der Regel mit günstigeren Angeboten auf als die internationalen Firmen, sind aber wiederum meist teurer als Online-Offerten – Handeln kann sich auszahlen. Die Mietsumme muss im Voraus entrichtet und manchmal der **Personalausweis** als Sicherheit hinterlegt werden. Reservierungen gegen Anzahlung sind möglich.

Motorisierte Zweiräder werden in allen größeren Orten verliehen, dazu auch **Fahrräder.** Helme können gratis mit ausgeliehen werden (auf Kreta besteht **Helmpflicht**). Elastische Riemen für das Gepäck werden auf Anfrage ausgegeben. Ein elektronischer Anlasser ist einem Kickstarter vorzuziehen.

Zeit

Griechenland ist der mitteleuropäischen Zeit (MEZ) ganzjährig eine Stunde voraus.

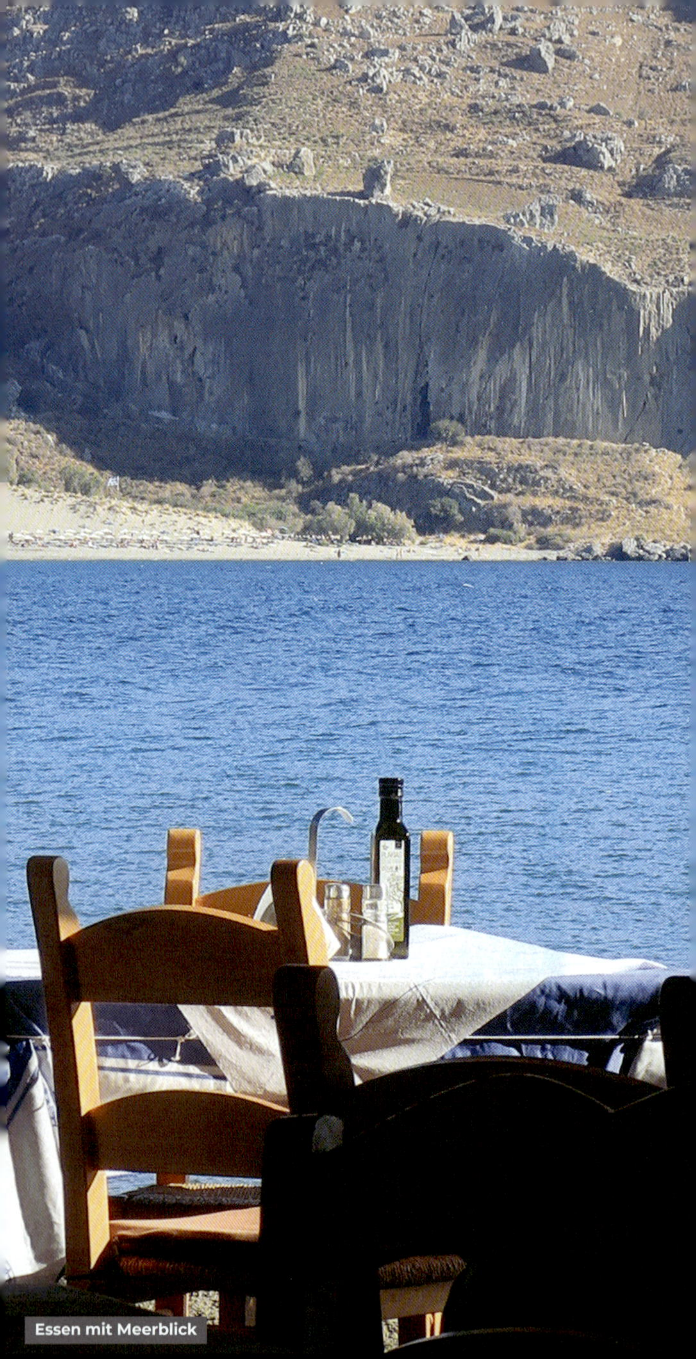

Essen mit Meerblick

LAND UND LEUTE

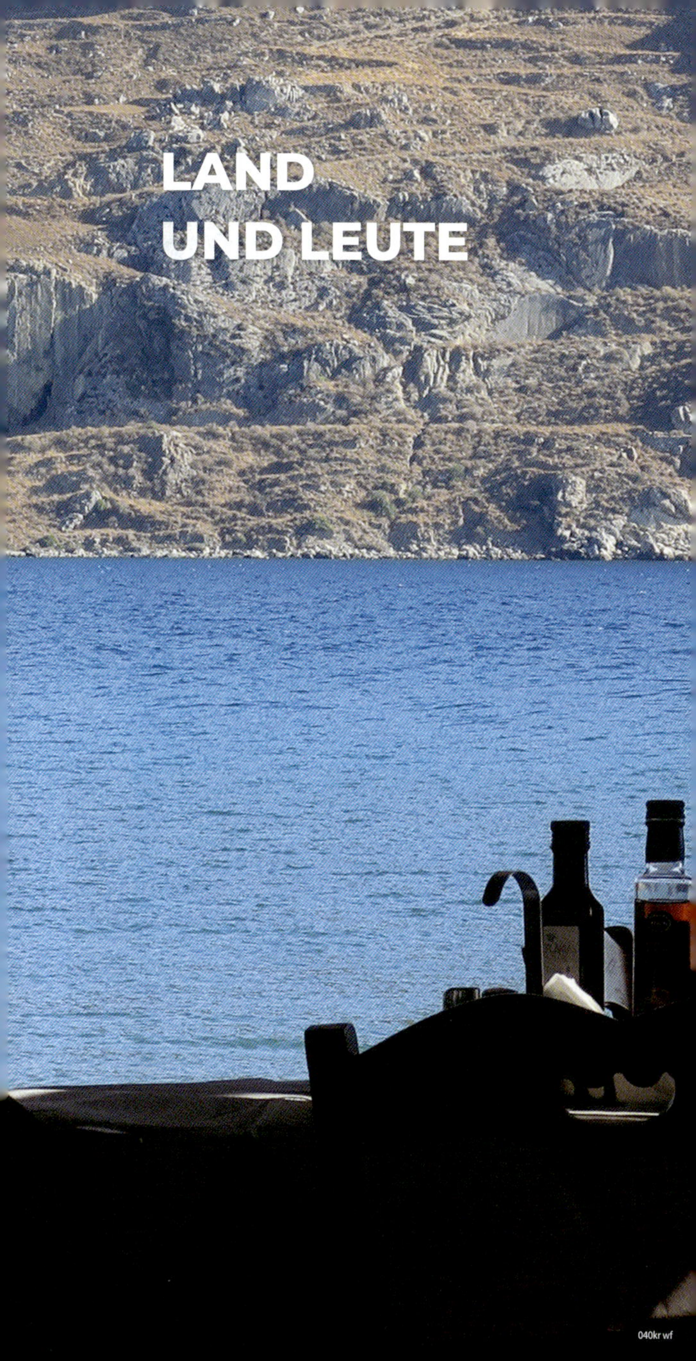

040kr wf

Geografie

Kreta – etwa 250 km lang und zwischen 18 und 55 km breit – dürfte aus der Satellitenperspektive wie ein Gebirge im Meer wirken. Die Insel entstand durch tektonische Verwerfungen in der Ägäis und gewann seine jetzige Form vor ungefähr 2 Millionen Jahren. Kreta liegt im Bereich der **südägäischen Erdbebenzone** und gehört zu den diesbezüglich am stärksten gefährdeten Regionen Europas. Die Erdbeben entstehen, grob gesprochen, durch das Absinken der afrikanischen Platte unter die eurasische Scholle südlich von Kreta und das kurzfristige Verhaken der Platten, die sich dann gewaltsam wieder Bewegungsfreiheit verschaffen. Westkreta hebt sich durchschnittlich um 2 bis 3 mm pro Jahr (dies erweist sich auch am Versanden von antiken Hafenstädten, so z. B. Phalasarna), hat sich in den letzten 13 Millionen Jahren an die 400 km nach Süden verschoben und wird in weiteren 10 Millionen Jahren auf den afrikanischen Kontinent stoßen.

Nach einem der größten Vulkanausbrüche in historischer Zeit (Insel Santorin im 17. Jh. v. Chr.) soll Ostkreta mit einer Zentimeter dicken geschlossenen Schicht aus Vulkanasche bedeckt gewesen sein.

053kr wf

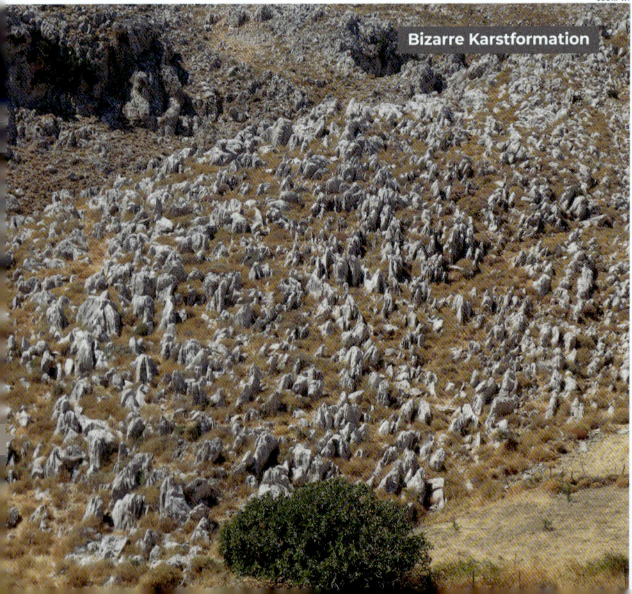

Bizarre Karstformation

Gestein

Kreta besteht aus mehreren sogenannten **Gesteinsstockwerken,** die im Laufe der Zeit durch Einbrüche, Verwitterung oder Überflutung verschoben und durcheinander gewürfelt wurden. Das unterste Stockwerk besteht aus Ablagerungen von **Plattenkalken** aus der Zeit der Trias (vor ca. 230 Millionen Jahren) und baut neben weiten Teilen der Weißen Berge das Ída-Gebirge, das Díkti-Massiv und das Thriptí-Gebirge auf. An den Flanken der Weißen Berge zeigen sich – zum zweiten Stockwerk gehörig – **Phyllite** und **Quarze.** Die heutige Landschaftsform entstand vor allem durch Verkarstung des (zum dritten Stockwerk gehörenden) **Kalksandsteins.** Der wasserlösliche Kalk wurde dabei durch Regenwasser aufgelöst, im Gestein bildeten sich scharfkantige Einbrüche heraus.

Im Zuge dieser Verkarstung entstanden in den Bergregionen unzählige, meist vertikale **Tropfsteinhöhlen.** Über 3500 sind auf Kreta erfasst, ebenso viele wie im gesamten übrigen Griechenland. Einige von ihnen wurden schon in der Antike als Kultstätten genutzt, z. B. die Kamáres-Höhle, ein reizvolles Wanderziel. Die Zeushöhle über der Lassíthi-Hochebene ist zu einer großen Touristenattraktion geworden. In der Gebirgsregion um den Páchnes wiederum schuf die Verkarstung **trichterförmige Mulden** (Dolinen) und ließ das einzigartige Bild einer Mondlandschaft entstehen.

Das fließende Wasser nach Schneeschmelze und Regenfällen formte im Lauf der Jahre zahlreiche **Schluchten,** die sich größtenteils im Zuge von Bergwanderungen erschließen lassen. Namentlich sind 128 Schluchten auf Kreta erfasst.

Hochebenen und Bergmassive

In den Bergen abgetragene und heruntergespülte Erde schuf auf Kreta mehrere fruchtbare **Hochebenen:** die Askífou-Hochebene nördlich von Chóra Sfakíon, die Omalós-Hochebene am Eingang der Samariá-Schlucht, die Nída-Hochebene am Fuß des Psiloritis und die Lassíthi-Hochebene westlich von Ágios Nikólaos. Dagegen entwickelte sich die weite Messará-Ebene südlich des Ída-Gebirges aus einer vorgeschichtlichen, tief eingeschnittenen Meeresbucht.

Vier **Bergmassive** gliedern das Inselinnere von Westen nach Osten: Die Weißen Berge (Lefká Óri) mit dem Páchnes (2452 m) südlich von Chaniá, das Ída-Massiv mit dem Psiloríitis (2456 m) südöstlich von Réthymno, das Díkti-Massiv mit dem Díkti (2148 m) westlich von Ágios Nikólaos und das Thriptí-Gebirge mit dem Aféndis Stavroménos (1476 m) südöstlich von Ágios Nikólaos. Darüber hinaus beherrschen die Asteroússia-Berge mit dem Kófinas (1231 m) im zentralen Süden die Steilküste östlich von Mátala. Gipfeltouren in diesen Gebirgen vermitteln vielfältige Eindrücke der kretischen Bergwelt. In niedrigen Lagen schuf die Erosion aus dem weicheren Kalkstein lehmige, rötliche Erde, die man während der Wanderungen auf einigen Pfaden antreffen kann.

Küste

An der **Südwestküste** Kretas fallen die Berge meist steil zum **Libyschen Meer** ab. Der Süden besitzt deshalb keine durchgehende West-Ost-Verbindung; vielmehr erschließen Stichstraßen die schwer zugänglichen Küstenorte von Norden her. Manche Dörfer (z.B. Agía Rouméli und Loutró) und manche Strände (z.B. die Mármara-Bucht, der Gliká-Nerá-Strand und die Domáta-Bucht) sind nur zu Fuß oder mit dem Schiff erreichbar. Die alten **Küstenpfade** scheinen zum Wandern wie geschaffen, und lückenlos kann die Küstenlinie des Südwes-

074kr wf

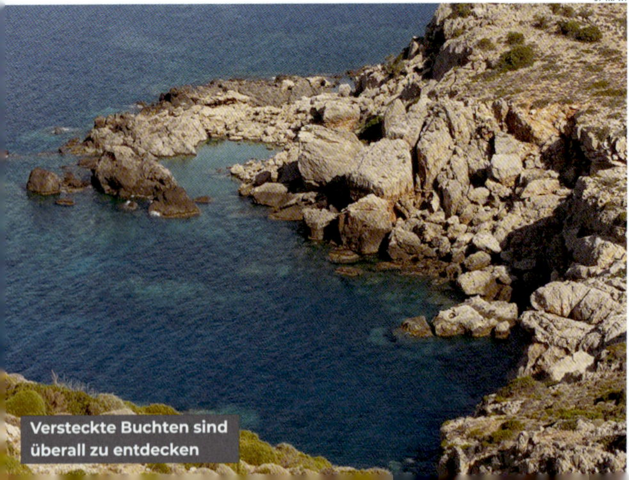

Versteckte Buchten sind überall zu entdecken

tens, sei es in einzelnen Touren, sei es auf einer mehrtägigen Weitwanderung, begangen werden.

Im kretischen **Norden** fallen die Gebirge flach zum **Ägäischen Meer** ab, und eine Schnellstraße verbindet Kastélli Kíssamos (im Westen) mit Ágios Nikólaos (im Osten). Im Nordwesten sind die Schluchten kürzer und weniger ausgeprägt, die Erhebungen und Höhenzüge niedriger – was nicht bedeutet, dass Touren im Hinterland von Réthymno und westlich von Chaniá nicht ebenfalls ihren hohen Reiz hätten.

Klima

Kreta besitzt im Grunde nur **zwei Jahreszeiten:** einen weitgehend trockenen Sommer und einen regnerisch-kühlen Winter. Die kurzen Übergangszeiten fallen in die Monate März und November. Mit insgesamt **300 Sonnentagen** im Jahr zählt Kreta zu den sonnenreichsten Inseln des Mittelmeers.

An der Südküste ist es 2 bis 3 Grad Celsius wärmer als im Norden, und der Osten Kretas ist weniger niederschlagsreich als der Westen.

In der kühlen Jahreszeit ziehen gelegentlich **Mittelmeerzyklone** von Nordwesten her gegen Kreta und regnen sich in den Weißen Bergen ab. Seltene Tiefdruckgebiete, die aus dem libyschen Raum anrücken, regnen sich wiederum an den Südhängen ab.

Der **Siróko** (Schirokko), ein heißer Südwind aus Libyen, kann im Frühjahr einsetzen. Er hält in der Regel mehrere Tage lang an und führt zuweilen rötlichen Staub und Sand aus der Sahara mit sich. Im Hochsommer bläst von Zeit zu Zeit der **Meltémi,** ein kühlender Nordwind, über die Insel; im Gebirge kann er zu starken Temperaturstürzen führen. Der **Vórias,** ebenfalls ein starker Nordwind, hält manchmal bis zu drei Tage an (s. a. Klimadiagramm im Kapitel „Wandern auf Kreta“).

Flora

Das heutige Landschaftsbild Westkretas zeigt sich geprägt durch eine Mischung aus Macchia bzw. Phrygana, einigen Waldgebieten, weiten landwirtschaftlich genutzten Flächen und Wiesen. Die Vegetationsgrenze liegt bei ca. 1700 m. Bis dort hinauf erstrecken sich karge Weideflächen. Auf Kreta existieren 210 endemische Pflanzenarten.

Sträucher und Blumen

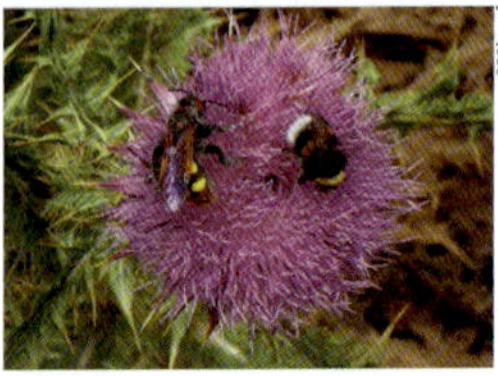

090kr wf

Macchia ist der Oberbegriff für verschiedene verkrüppelte Bäume und dornige Sträucher (z. B. Dornginster, Stechwinden, Mastix, Zwergölbaum, Kreuzdorn, Myrte, Wacholder und **Mariendistel**).

Zur **Phrygana,** einer Vegetationsform von Dürregebieten, die niedriger wächst als die Macchia, zählen kugelförmiges Niedergebüsch und Sträucher (z. B. Brandkraut, dornige Wolfsmilch, kleinblütige Zistrose, Kermeseiche, Steineiche und **Dornige Bibernelle**).

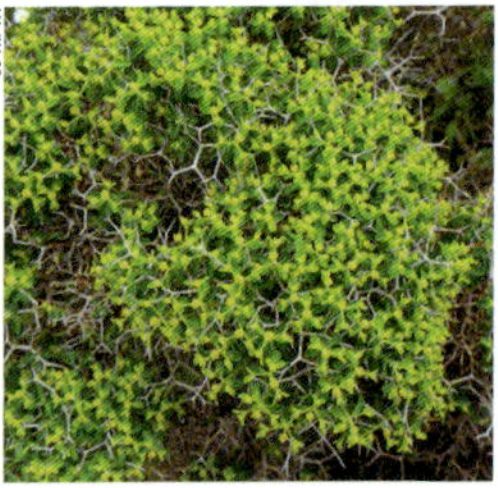

091kr wf

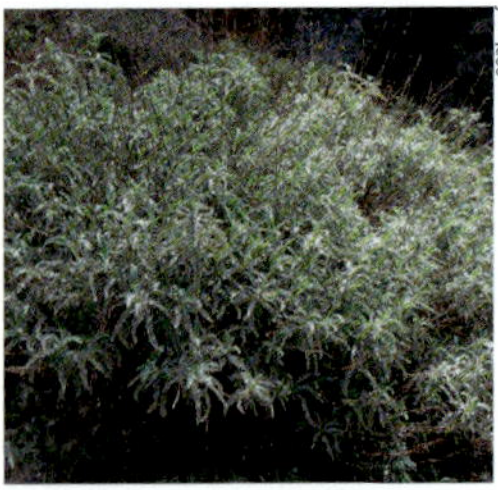

092kr wf

Kräuter (z. B. Oregano, **dreilappiger Salbei,** Thymian, Majoran, Basilikum, Bohnenkraut und Rosmarin) blühen und duften im Frühjahr an vielen Stellen der Phrygana, aber auch im Herbst geht noch ein würziger Geruch von den vertrockneten Kräuterbüschen aus.

Blumen (z. B. **Narzissen,** Kronenanemonen, Mohnblumen, Griechische Alpenveilchen und Schachblumen) bilden im Frühjahr bunte Blumenteppiche. Weite Verbreitung auf Kreta finden wilde Orchideen, etwa der Bienen-Ragwurz, das Knabenkraut oder der Violette Dingel;

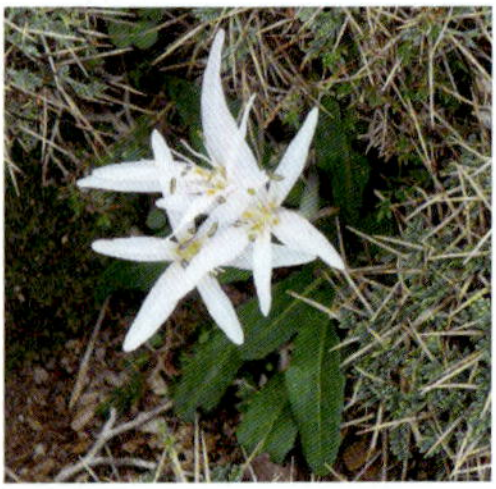

093kr wf

unter strengem Schutz steht die seltene Samaria-Riemenzunge, auch bekannt als Bocks-Orchis.

In Schluchten und ausgetrockneten Flussläufen gedeiht vor allem Oleander, in feuchten Abschnitten auch Schilf. Am Wegesrand trifft man nicht selten auf riesige Agaven (mit spitzen, langen, dornbewehrten Blättern, aus denen in der Blütezeit ein schlanker, meterhoher „Stamm" hervorragt), Mariendisteln, gelb blühenden Ginster, Farn und viele Pflanzen mehr.

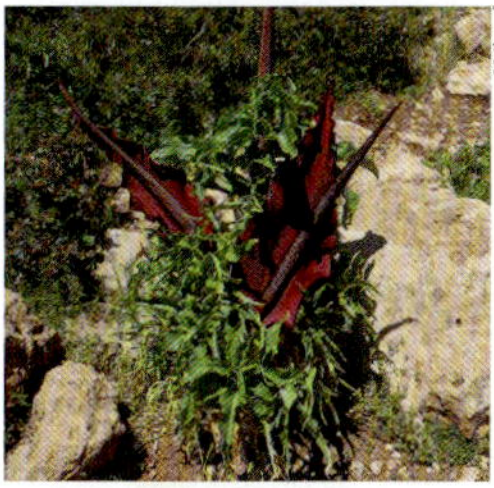

094kr wf

Einige **weitere Pflanzen:** der Feigenkaktus mit gelb-roten, süßen Früchten; der violett blühende Diktamos, aus dem ein weit verbreiteter Bergtee gewonnen wird; der dunkelrote, stark riechende **Drachenwurz;** das an Spinat erinnernde Chórta, auf den Speisekarten „Kretisches Wildgemüse" genannt; die im September blühende **Weiße Meerzwiebel;** der im Frühherbst in leuchtend blau blühende Mönchspfeffer. Bougainvillea und Hibiskus werden gern als Zierpflanzen eingesetzt. Leider sind die Früchte der kretischen Dattelpalme, wie sie z. B. am Strand von Préveli anzutreffen ist, ungenießbar.

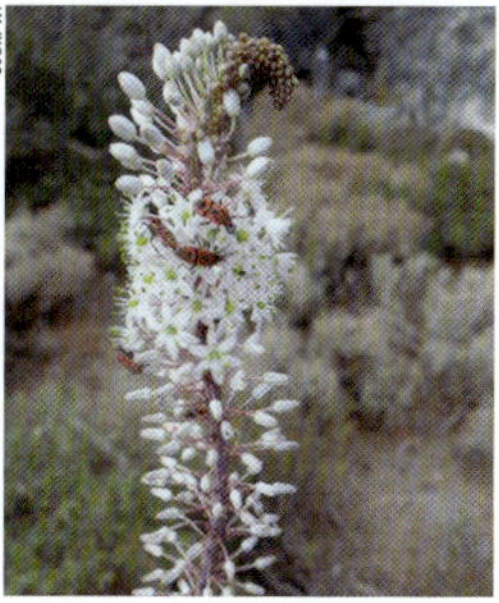

095kr wf

Bäume

Das heutige kretische Landschaftsbild mit seiner Macchia und Phrygana ist nicht zuletzt durch **massive Abholzung** in der Vergangenheit entstanden. Noch im Altertum bedeckten Urwälder aus Zypressen und Zedern Kreta. Für die erste Abholzung waren die Minoer verantwortlich, und zuletzt setzte während der türkischen Besatzungszeit ein regelrechter Kahlschlag ein (zur Gewinnung von Weideflächen und Bauholz). Heute sind nur noch 3 % der Fläche Kretas waldbedeckt. Meist handelt es sich dabei um schwer zugängliche Lagen wie etwa schluchtartige Täler – Paradebeispiel sind die Samariá-Schlucht und die Alm Selákano – und Steilhänge wie der Südhang des Aféndis Stavroménos und die Südflanke des Asteroússia-Gebirges. Trotz teilweise felsiger oder nur mit Dorngestrüpp bedeckter Berghänge erweckt Kreta dennoch einen eher grünen Eindruck: Immer wieder treten Kastanien, Aleppokiefern, Platanen und Zypressen an Berghängen und Flussläufen in Erscheinung. Nicht zuletzt vermitteln Millionen von Olivenbäumen, zumeist in Höhen unter 300 m wachsend, ein Bild von Fruchtbarkeit und landwirtschaftlicher Tüchtigkeit.

Die **Aleppokiefer** ist mit der Pinie verwandt und besitzt Nadeln von bis zu 15 cm Länge. Die Wuchsform der **Zypressen** kann von säulenartig bis (im Falle der Trauerzypresse) ausladend wechseln. **Platanen,** laubwerfend oder halbimmergrün, gedeihen oft an und in Flussläufen – die größte Platane der Insel lässt sich im Zuge von Tour 16 bewundern -, der **Kretische Ahorn** da und dort in den Bergen. Auch **Föhren** und **Kiefern** (z. B. die Kalabrische Kiefer) sind auf Kreta zu Hause.

Einige **weitere Baumarten,** die auf den Touren angetroffen werden: der immergrüne Eukalyptus, einer der größten Laubbäume auf Kreta; der kleinwüchsige Erdbeerbaum mit seinen weißen Blüten und roten Früchten mit rauer Oberfläche; Feigenbäume, die im Spätsommer blaue Früchte tragen; der von den Römern nach Kreta eingeführte Johannisbrotbaum mit länglichen, zunächst grünen, später dunklen Früchten, bestehend aus dem zuckerhaltigen Fruchtfleisch Carob, das z. B. zu Sirup verarbeitet wird. Der gedrungene **Maulbeerbaum** mit großen, Schatten spendenden Blättern wurde ursprünglich zur Seidenraupenzucht nach Europa eingeführt; seine rotsaftigen, schmackhaften Früchte erinnern ein wenig an Brombeeren. In Kroústas ist die Durchgangsstraße durch eine kuppelförmige Maulbeerbaum-Allee von der Sonne abgeschirmt. Tamarisken mit ihren schuppenförmigen Blättern werden gern als Windschutz oder Schattenspender an Stränden gepflanzt, da sie auch in salzhaltigem Boden gedeihen.

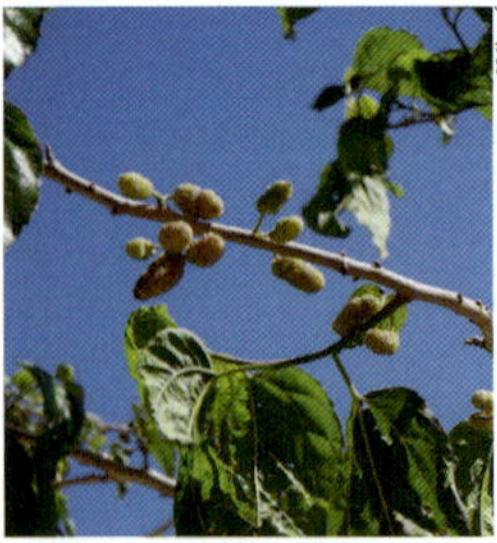

096kr wf

Der Lange Strand von Soúgia oder der Süßwasserstrand Gliká Nerá erfreuen sich nicht zuletzt wegen ihres schattigen Tamariskenbewuchses großer Beliebtheit. Die immergrüne **Steineiche** wächst in trockenen, steinigen Regionen, so etwa in der oberen Roúvas-Schlucht.

097kr wf

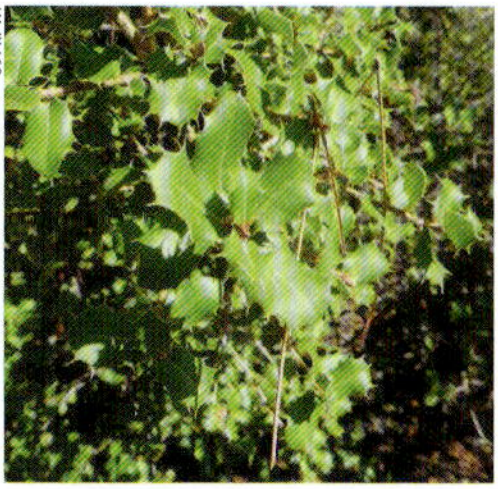

Nutzpflanzen

Mit über 30 Millionen Exemplaren ist der **Olivenbaum** die vorherrschende Kulturpflanze Kretas (30 % des gesamten Bestandes Griechenlands). Mit seinen silbrig-grünen Blättern und oft knorrigen Stämmen ist er fast überall auf der Insel anzutreffen. Eines der ältesten Exemplare lässt sich während Tour 39 bewundern.

098kr wf

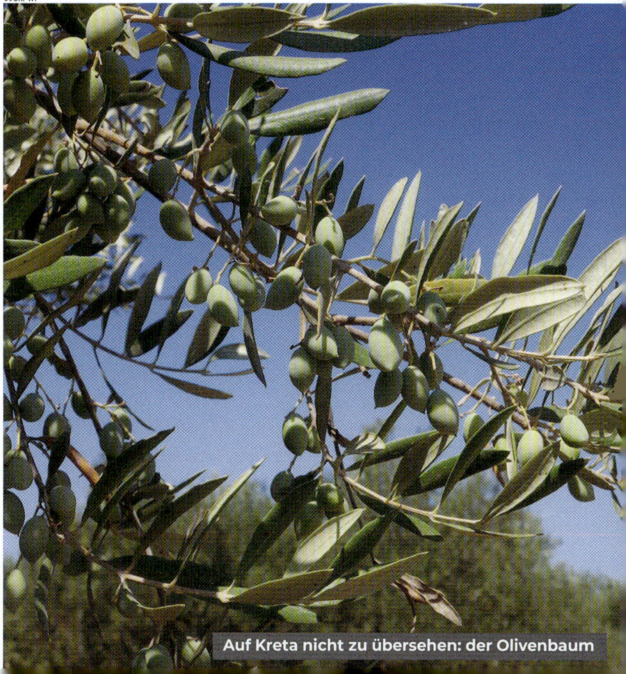

Auf Kreta nicht zu übersehen: der Olivenbaum

Die Bedeutung des Ölbaums

Der Olivenbaum ist eine der **ältesten Kulturpflanzen der Welt.** Auf Kreta werden Ölbäume seit etwa 3000 v. Chr. angebaut und seit etwa 2000 v. Chr. systematisch gezüchtet. Schon früh ahnte oder wusste man, dass der goldgrüne Saft der Oliven **stärkende Eigenschaften** aufweist, und so wurde er großzügig in den Thermen, den Gymnasien und den Stadien eingesetzt, als Massagemittel, aber auch bei der Wundbehandlung und als therapeutisches Mittel bei einer Vielzahl von körperlichen Beschwerden.

Im **religiösen Kultus** bestrich man die Statuen und Altare sowie (zuweilen) die Opfer mit Öl, und Öl wurde sowohl Göttern als auch Verstorbenen als Weihgabe dargeboten. In den Tempeln brannten geheiligte Öllämpchen. Solche Traditionen blieben auch im Christentum lebendig – was sich z. B. in der Letzten Ölung ausdrückt oder auch im Brauchtum des Ewigen Lichts.

Der **griechischen Mythologie** zufolge war es *Herakles*, der nach seinen Heldentaten den ersten wilden Ölbaum ins antike Olympia brachte und dort den Sieger eines Wettlaufs mit einem Kranz von Olivenblättern krönte. Später gewann die Göttin *Athena* den Streit mit *Poseidon* um den Namen der Stadt Athen und schenkte den Menschen einen Ölbaum als Symbol für Frieden, Weisheit und Wohlstand.

Zahlreiche archäologische Funde bezeugen die Hochschätzung des Ölbaums im **minoischen Kreta.** Wandmalereien (z. B. in Knossós), Werkzeuge und Inschriften deuten auf eine intensive Beschäftigung der frühen Kreter mit Produktion, Lagerung und Handel der Ölfrüchte hin. Schon auf antiken Vasenmalereien wird die Olivenernte dargestellt, bei der auch noch heute häufig – so wie vor über 2000 Jahren – die Früchte mit Stangen von den Bäumen geschlagen werden.

Auf den Ölbaum, Oliven und das Öl wird in vielen literarischen Werken von der Antike (z. B. *Homer, Platon, Euripides*) bis in die Neuzeit (z. B. *Kazantzakis*) Bezug genommen. **Sophokles** etwa schrieb ehrfurchtsvoll: „Ein Gewächs, nie alternd, sich selber entsprossen, der Stolz der heimischen Fluren …“.

In **Avocado-Plantagen** wird Öl für kosmetische Zwecke gewonnen. Die Frucht, ein Lorbeergewächs, stammt ursprünglich aus Mittelamerika und wird erst seit Anfang des 20. Jahrhunderts auch im Mittelmeergebiet kultiviert. Anbauschwerpunkte sind die Messará-Ebene und die Gegend um Réthymno und Argiroúpolis.

Die nur auf Kreta angebauten **kleinwüchsigen Bananen** zeichnen sich durch ihren aromatischen, süßlichen Geschmack aus. Sie werden überwiegend im Ostteil der Insel gezogen, vor allem bei Ierápetra, Keratókambos, Mírtos und Káto Zákros. Aber Ehre, wem Ehre gebührt – auch an der westlichen Südküste kann das Prachtexemplar einer palmenartigen Bananenstaude in der Míli-Schlucht bewundert werden.

Weintrauben wurden bereits während der minoischen Zeit angebaut; nahe Knossós hat man eine 4000 Jahre alte Weinpresse gefunden. Heute wachsen sie meist auf Terrassen in der Nähe von Dörfern, und zwar auf einer Fläche von etwa 900.000 Hektar. Ausgedehnte Weinfelder liegen z. B. oberhalb von Sfáka. Ein Drittel des Traubenertrags – gelbe, kernlose Sultaninentrauben, angebaut vor allem in Zentral- und Ostkreta –, wird nach der Ernte, die in der Regel Mitte August beginnt, in Kaliumsalz gebadet, getrocknet und exportiert, vor allem in Länder der Europäischen Union. Die restlichen zwei Drittel Trauben werden zu Wein verarbeitet. Die wichtigsten kretischen Weißweine sind der Peza und der Sitia, die wichtigsten Rotweine der Daphnes, der Archanes und wiederum der Sitia. Übrigens war das 16. Jahrhundert, als Kreta zum Seeimperium Venedigs gehörte, die größte Zeit des Weinexports – damals dominierten aber Traubensorten wie Malvasier und Muskateller. Von *Erhart Kästner* stammt die schöne Sentenz, erst im kretischen Wein lerne man die Kreter kennen, „denn der Wein bekennt immer mehr vom Land als die Zungen, selbst als die Zungen im Wein". Eine spezifisch griechische Weinbesonderheit ist der mit dem Harz der Aleppokiefer aromatisierte Retsína. Die alten Hellenen benutzten das Harz zur Abdichtung, um ihren Wein in Amphoren und Ziegenfellen zu sichern. Das beeinflusste nicht nur Geschmack und Aroma, sondern machte den Tropfen auch haltbarer. Um ein vergleichbares geschmackliches Ergebnis zu erzielen, wird dem Retsína heute während der Gärung bis zu 5 % gestückeltes Harz zugemengt und später wieder ausfiltriert.

Zitrusfrüchte, insbesondere Orangen, Zitronen und Mandarinen, werden überwiegend in der Region um Chaniá und an der Südküste, aber auch bei Ierápetra angebaut; sie blühen im Frühjahr und werden im Juli und Dezember geerntet. In den Mittelmeerraum wurden sie erstmals vor 2500 Jahren aus Asien eingeführt; ihr Anbau auf Kreta ist jedoch erst seit venezianischer Zeit belegt.

Andere Obstsorten wie z. B. Äpfel, Birnen, Pfirsiche, Kirschen, Mandeln, Walnüsse und Feigen haben nur lokale Bedeutung. Jedenfalls exportiert Kreta in größerem Umfang nur Olivenöl, Sultaninen, Gurken, Tomaten und Zitrusfrüchte.

Generell zum **Feldbau:** Die griechische und kretische Tradition der Realerbteilung hat die durchschnittliche landwirtschaftliche Betriebsgröße auf ca. 2,5 Hektar absinken lassen (der Großgrundbesitz wurde bereits durch die Landreform in den 1920er Jahren zerschlagen). Zudem liegen die Parzellen eines Eigentümers oft weit verstreut, und wegen der – wiederum traditionell begründeten – Abneigung, Land zu verkaufen (was noch immer als „Verrat" an der Familie und den Vorfahren gilt), ist es den Bauern fast unmöglich, ihren Landbesitz zu vergrößern. In der kleinbäuerlichen Bevölkerung findet man deshalb oft die Subsistenzwirtschaft vor, d. h. Selbstversorgung bei anderweitiger Erarbeitung des Lebensunterhaltes. Die Bauern sind überwiegend in Genossenschaften zusammengeschlossen; nur so wird angesichts der Zersplitterung des Landeigentums die Verwertung und Vermarktung insbesondere von Oliven und Wein im nationalen und europäischen Maßstab möglich.

Fauna

Durch die seit Millionen von Jahren bestehende Insellage fehlen auf Kreta einige Arten des Festlandes wie Wölfe, Wildschweine, Rehe, Hirsche, Gämsen, Steinböcke und Füchse – Tollwut ist deshalb bis jetzt noch nie aufgetreten. Die letzten Hirsche wurden bereits vor 6000 Jahren ausgerottet. Heute sind auf der Insel noch 35 Säugetierarten nachgewiesen. Am berühmtesten ist die endemische **Kretische Wildziege** (Bezoarziege), auch *Akrími* genannt und am auffällig gebogenen Gehörn der Männchen zu erkennen. Der Bestand ist stark ge-

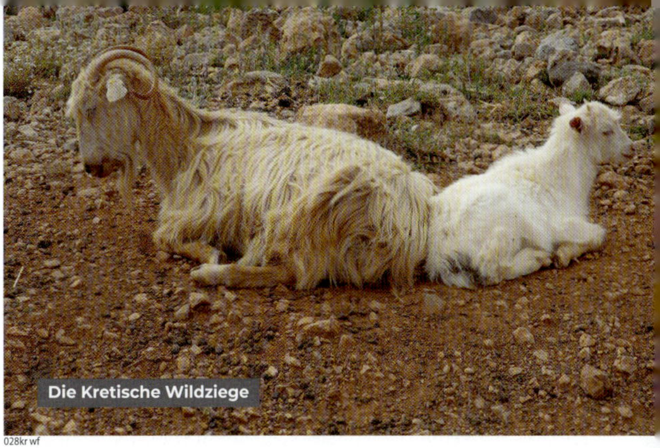

028kr wf

fährdet durch illegale Jagd und die Vermischung mit „normalen“ Ziegen. Deshalb wurde die Mehrzahl auf drei unbewohnte Felseninseln vor der Nordküste ausgesiedelt. Einige wenige Tiere leben noch im Nationalpark Samariá.

Schafe und vor allem **Ziegen** werden den Wanderer bis in die höchsten Bergregionen begleiten. Ca. 370.000 Tiere weiden auf Kreta, selbst an fast unzugänglichen Felswänden suchen sie Schmackhaftes aus der kargen Vegetation zu ergattern. Fast die Hälfte der Fläche Kretas dient heute als Weidefläche. Nach dem Schlachten der Lämmer kurz vor Ostern führen die Schäfer ihre Herden Anfang Juni in die Berge, um in den Schäfereien die Tiere zu melken und Käse herzustellen. Wegen des erhöhten Fleischbedarfs aufgrund des Tourismus steigt die Zahl der gehaltenen Tiere weiter.

Rinder werden wegen der aufwändigen Futterversorgung selten gehalten (ca. 18.000), und auch die Zahl der **Mastschweine** ist mit 86.000 eher gering. **Esel** und **Maultiere** sind in ländlichen, unwegsamen Regionen noch immer Transportmittel, auch wenn zunehmend Pick-ups das Bild bestimmen.

Neben den **Hirtenhunden,** die bei Schafherden und Schäfereien wachen, trifft man in Dörfern und Städten häufig auf verwilderte Katzen und streunende Hunde. Letztere können sehr anhänglich werden und versuchen nicht selten, sich einem Wanderer anzuschließen, zuweilen halbe Tage lang.

Von den **kleineren Säugern** sind viele nachtaktiv und man wird sie deshalb während der Touren kaum bemerken, so etwa den Steinmarder in verbuschtem oder felsigem Gelände oder den fuchsgroßen Kretischen Dachs, der im Süden Fels-, Gebirgs- und Küstenlandschaften bewohnt. Igel ruhen tagsüber in ihren Nestern, Siebenschläfer in Mauerritzen oder auf Bäumen. Aber vielleicht hat man das Glück, in dichter Vegetation einem Mauswiesel oder im Buschwerk der nur 3 cm langen Etruskerspitzmaus zu begegnen. Natürlich gibt es wie überall auch auf Kreta Ratten, aber eher in den Großstädten als entlang der Wanderwege.

Die überwiegend nachtaktiven **Fledermäuse** – 12 Arten leben auf Kreta – werden dem Wanderer selbst in der Kamáres-Höhle kaum auffallen. Generell ziehen sich die Insektenjäger tagsüber in Baumhöhlen, Felsspalten und Höhlen zurück und sind bei schlechtem Licht kaum zu erkennen.

In der Macchia und Phrygana, aber auch in den Olivenhainen und sogar in ausgesprochenen Kulturlandschaften wie der Lassíthi-Hochebene haben sich **stabile ökologische Systeme** herausgebildet – Lebensgemeinschaften, die vom Wanderer aber meist kaum wahrgenommen werden. In der Phrygana gehören z. B. Steinhühner, Stachelmäuse (eine spezifische kretische Spezies), die Smaragdeidechse oder auch die (ungefährliche) Katzennatter dazu, an Vögeln die Samtkopf-Grasmücke, die Blaumerle oder auch der auf dem Grund der Phrygana nistende Ortolan. In den Olivenhainen sind (allerdings in geringer Zahl) Feldhasen und Wildkaninchen heimisch, in großer Zahl Haussperlinge. In den Kultivationsgebieten steht es dagegen schlecht um größere Säuger, doch findet man hier z. B., da Wasser zur Verfügung steht, die Wechselkröte und den Laubfrosch, an Vögeln u. a. den hübschen Bienenfresser, die Feldlerche und den Gartenbaumläufer.

Vögel

Die reiche Vogelwelt Kretas wird jeden Naturliebhaber in ihren Bann ziehen. Es brüten insgesamt ca. 80 Arten von Vögeln, die man am besten während der Brutzeit am frühen Morgen beobachten kann. Am verbreitetsten sind Schwarzkehlchen, Stieglitze, Meisen und Buchfinken, in höheren Lagen auch Amseln und Blaumeisen.

Beliebte Rastplätze zahlreicher **Zugvögel,** darunter Pfeifente, Teichhuhn und einige Reiherarten, sind der Kournás-See, der Sumpf in Georgioúpolis, die Rodopoú-Halbinsel und der Geropótamos-Fluss, 1 km nördlich von Kalamáki.

Auf dem Weg zum Kófinas, dem Dijénis und in den Weißen Bergen lassen sich mit etwas Glück selten gewordene **Greifvögel** beobachten, z. B. Steinadler und Habichtsadler mit Spannweiten bis 180 cm. Der Kófinas ist zudem bevorzugtes Rückzugsgebiet des Wanderfalken. In den Weißen Bergen und in der Samariá-Schlucht kreisen des Öfteren Bart- und Gänsegeier, die mit einer Spannweite bis 280 cm größten Greifvögel Kretas. Am häufigsten wird man auf Touren aber die kleineren Mäusebussarde und Turmfalken beobachten können. An der Südküste zwischen Mátala und Léntas sind darüber hinaus noch einige Fischadler heimisch.

Ein Wort zur **Jagd:** In ganz Griechenland ist sie eine Art „Volkssport“, selbst in abgelegensten Regionen findet man verstreute Patronenhülsen. Die Wildvogelsaison dauert von Mitte August bis Ende Februar – und verstößt damit gegen die EU-Vogelschutzrichtlinie, die untersagt, Wildvögel während des Vogelzugs, der Jungenaufzucht oder der Balzzeit zu jagen. Zudem ist die Jagd in Schutzgebieten und auf bedrohte Tierarten verboten; dennoch ist der bereits stark dezimierte Bestand an Greifvögeln weiter durch illegale Jagd gefährdet.

Meerestiere

Das Mittelmeer insgesamt ist bekanntlich überfischt und auch auf Kreta steckt die Fischerei – mittlerweile erbringt sie nur noch 1 % des Sozialprodukts – in einer Dauerkrise. Die Fangflotten müssen immer weiter ausfahren und bedienen sich zur Steigerung der Erträge auch der illegalen Dynamitfischerei – wodurch die **Fischbestände** nur noch schneller dezimiert werden. Zum Fang gehören vor allem Sardinen, Schnauzenbrassen, Tintenfische und Makrelen. Dagegen gehen Goldbrassen, Meeräschen, Schwertfisch, Seezunge und Seehecht nur noch selten ins Netz und werden mittlerweile schon aus dem Ausland importiert. In Zarós kann man auf dem Weg nach Kamáres in einem von mehreren Forellenlokalen Station machen. Wegen des reichlich fließenden Wassers entstand hier die einzige Forellenzucht auf Kreta. Gelegentlich lassen sich während der Schiffspassage entlang der Südküste noch **Delfine,** insbesondere Große Tümmler beobachten. Die Mönchsrobbe scheint leider mittlerweile ausgerottet.

Reptilien

Keinen Mangel gibt es dagegen an Reptilien, vor allem **Eidechsen,** die an Sonnentagen flink vor dem herannahenden Wanderer ins Unterholz flüchten. Meist ist es die kleine graue Mauereidechse, die in bewachsenen Mauerspalten ihrer Insektenbeute auflauert, sich aber gern auf den Pfaden oder auch auf Felsplatten sonnt. Seltener ist die grünliche, sehr viel größere Riesen-Smaragdeidechse, und kaum einmal wird man den nachtaktiven bräunlichen Mauergecko antreffen, der an Dorfgemäuern, aber auch an Felsen oder auf der Rinde von knorrigen Olivenbäumen „klebt".

Es existieren drei Arten von landgebundenen **Schlangen,** die aber sämtlich für den Menschen ungefährlich sind: in Tief- und Hügellagen die Leopardnatter mit rötlichen Flecken auf dem Rücken, am Boden oder im Gebüsch die gelblich-braune Balkan-Zornnatter sowie die Europäische Katzennatter mit dunklen Flecken am Rücken. Diese Tiere sind sehr scheu und reagieren fluchtartig auf Bodenerschütterung. Gefährdet sind sie, wenn sie sich auf einsamen Teerstraßen sonnen und durch den harten Untergrund das Anrollen eines Wagens nicht wahrnehmen. Am Kournás-See bei Georgioúpolis ist die Würfelnatter heimisch, eine ausgezeichnete Taucherin (bis 20 Min.) mit dunklen Würfelmustern am Rücken.

Meeresschildkröten von der Art *Caretta caretta* legen u. a. am Kommós-Strand bei Mátala und am Strand östlich von Réthymno zwischen Juni und August ihre Eier ab – an die 100 pro Tier – und vergraben sie nachts in bis zu 45 cm tiefen

075kr wf

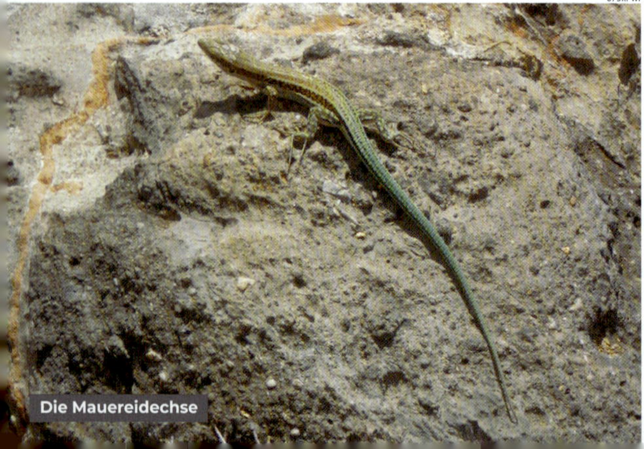

Die Mauereidechse

Sandgruben. Aus den Gelegen schlüpfen nach 55 Tagen die Jungen, die nachts den Weg zum Wasser finden müssen. Die kretischen Bestände der Meeresschildkröte sind mittlerweile drastisch zurückgegangen, nicht zuletzt durch Störungen an den Eiablageplätzen. Die Weibchen können bei der Eiablage und die ausgeschlüpften Jungtiere auf dem Weg ins Meer durch den Menschen empfindlich irritiert werden. An den von der *Caretta caretta* bevorzugten Küstenabschnitten sollten Sie deshalb auf keinen Fall nachts entlanggehen. Im Wasser sind die bis zu 130 kg schweren Tiere kaum einmal zu beobachten, da sie nur kurz zum Luftschnappen auftauchen, um dann für Minuten wieder unter Wasser zu verschwinden. Dem Autor gelang es nur ein einziges Mal, eine Wasserschildkröte zu Gesicht zu bekommen und zwar vor Léntas. Die Kaspische Wasserschildkröte lebt am Geropótamos nördlich von Kalamáki und an der Mündung des Almirós bei Georgioúpolis.

Insekten und Spinnentiere

Insekten werden den Wanderer auf Schritt und Tritt begleiten, sei es, dass eine Libelle vorbeischießt, summende Bienen sich in Blüten am Wegrand tummeln oder ein Schmetterling auffliegt. Allein 45 **Schmetterlingsarten** sind auf Kreta bekannt. Am weitesten verbreitet ist der gelbe, schwarz gemusterte Kreta-Osterluzeifalter, der sich von März bis Juni besonders in der Gegend um Plakiás tummelt. Dem braunen Würfelfalter, gemustert mit weißen Punkten, begegnet man bis auf 900 m Höhe. Eine typisch mediterrane Schmetterlingsart ist der dem mitteleuropäischen Zitronenfalter ähnliche Kleopatrafalter. Der Wanderer wird aber auch verschiedene Kohlweißlinge, den farbenprächtigen Admiral mit seiner schwarz-weiß gepunkteten Vorderflügelspitze und einer roten Binde auf schwarzem Grund und – bis auf 1500 m Höhe – auch den gelben Postillon antreffen. Die Distelfalter, bräunlich mit weißen und schwarzen Punkten, bevorzugen, wie es der Name schon sagt, blühende Disteln.

Heuschrecken existieren in verschiedenen Größen und Farben. Als Grasfresser halten sie sich auf Wiesen, Äckern oder im Unterholz auf. Hier seien exemplarisch nur die grüne Mittelmeer-Turmschrecke und die braune Wanderheuschrecke erwähnt. Die gut getarnte grünlich-braune Gottesanbeterin (eine Insekten fressende Fangheuschrecke) lauert in „Gebetshaltung" an Baumstämmen oder in Wiesen ihrem Opfer auf.

Käfer: In Olivenplantagen findet sich der sogenannte „Maiwurm", ein Ölkäfer, dazu der als Baumschädling gefürchtete Rüsselkäfer. Der rötlich-braune Nashornkäfer und der grünlich schimmernde, bis zu 3 cm lange Große Rosenkäfer halten sich gern in Eichenbeständen auf, die kugeligen Mistkäfer in erdreichen, bewaldeten Regionen.

Skorpione sind nachtaktiv und halten sich in trockenen, vegetationsarmen Gebieten meist unter Steinen verborgen. Der schwarze Linneskorpion vermag mit seinem Stachel kaum die menschliche Haut zu durchdringen, der Stich des gelblichen Aristotelesskorpions kann jedoch schmerzhaft sein. Linderung verschaffen heißes Wasser oder ein heißer Stein auf der Stichstelle, da sich das eiweißhaltige Gift bei Hitze zersetzt.

Bienenstöcke findet man oft an den entlegensten Stellen, denn Feldblumen, Wildkräuter und Nadelbäume bieten optimalen Lebensraum für die Honigbienen. Am weitesten verbreitet ist der Bergkräuter-Honig (mit starkem Geschmack nach Thymian). Der Thymian-Honig von Anópolis gilt als besonders schmackhaft (s. Exkurs „Kretischer Honig"). Gerade in ländlichen Gebieten ist die Imkerei eine traditionelle Erwerbsquelle und nahezu jedes Dorf besitzt einen eigenen Imker. Der Weiler Mélisses leitet sogar seinen Namen von Mélissa, im Deutschen Biene, ab.

Das laute Gezirp der perfekt getarnten **Zikaden** dominiert im Sommer. Sie erzeugen den Schall durch ein besonderes Trommelorgan am Hinterleib. Da sie von flüssiger Nahrung abhängig sind, stechen sie bestimmte Pflanzenteile an, um sie mit einem Rüssel auszusaugen.

063kr wf

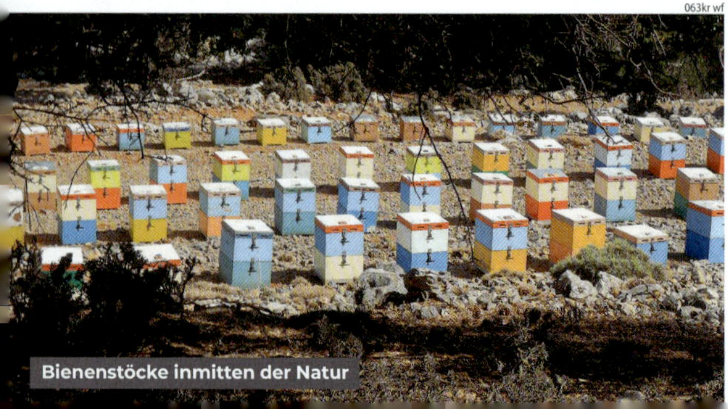

Bienenstöcke inmitten der Natur

Mythologie

Kreta ist eines der geschichtsträchtigsten Gebiete Europas: Als geografischer Kreuzungspunkt im Mittelmeerraum war die Insel Ziel für Eroberer aus Kleinasien, Arabien und Italien. Vor allem während der glanzvollen **minoischen Zeit,** als sich die erste europäische Hochkultur entwickelte, wurden zahlreiche Mythen geboren.

Die **griechische Götterwelt** spiegelte ausgewogen das Dasein in all seinen Aspekten wider. In ihr fanden die Menschen der Antike all das, was sie als irdischen Abglanz auch in sich selbst verspürten. So kamen nicht nur Freude und Glück von den Göttern, sondern auch Wahnsinn, Verblendung und Untergang – der antike Mensch konnte auch im religiösen Sinne Erhebendes und Bedrückendes gleichermaßen erfahren.

Nach den altgriechischen Mythen soll „Gottvater" **Zeus** in der **Höhle Diktéon Ándron** in Ostkreta geboren und in der Idéon-Höhle am Fuß des Psilorítis aufgewachsen sein (s. Exkurs „Wo Zeus geboren wurde"). *Zeus* war – in den mythischen Urzeiten, von denen u. a. *Hesiod* und *Homer* berichten – der inzestuöse Sohn des Titanen *Kronos* und der Kronos-Schwester *Rhea.* Nun war dem *Kronos* aber prophezeit worden, er werde durch die Hand eines seiner Kinder untergehen, und dies war eine Prophezeiung, die er nicht leicht nahm, hatte er selbst doch seinen Vater *Uranos* nach einer Gewalttat in der Herrschaft abgelöst. So verschlang er seine Sprösslinge, kaum dass *Rhea* sie ihm geboren hatte. Die eindrucksvollste neuzeitliche Darstellung dieses archaisch-barbarischen Vorgangs hat uns bekanntlich *Goya* geschenkt. Als das sechste Kind zur Welt kam – *Zeus* eben –, täuschte *Rhea* ihren Bruder jedoch und wickelte statt des Neugeborenen einen Stein in die Windeln – und *Kronos* würgte auch dieses vermeintliche Menschenbündel hinunter. Das göttliche Kind soll die Mutter danach in einer Grotte im kretischen Ída-Gebirge verborgen haben, wo es, genährt durch die Milch der Ziege (oder Nymphe) *Amalthea,* heranwuchs. Und natürlich vollstreckte der herangewachsene *Zeus* jene ominöse Prophezeiung, stürzte mit Hilfe seiner Geschwister – die *Kronos* nach Gabe eines Brechmittels wieder ausgespien hatte – den Vater und die ihm zur Seite stehenden Titanen und trat die olympische Herrschaft an.

Auch der **Name unseres Kontinents** entstammt dem griechischen Mythos, der *Zeus* zum Stammvater der ersten Europäer erhebt: Als junger Mann verliebte sich *Zeus* in die schöne Prinzessin *Europa* aus Phönikien, entführte sie in Stiergestalt nach Kreta, feierte mit ihr unter einer heiligen Platane bei Gortyn Hochzeit und zeugte mit ihr u. a. den *Minos,* auf den die Herrschaftslinie der Minoer zurückgeführt wurde. Die **Entführung der Europa** war übrigens schon seit dem 6. Jh. v. Chr. ein beliebtes Motiv der griechischen Vasenmalerei, taucht später aber auch in den Wandmalereien von Pompeji oder in den Mosaiken von Antiochia auf. Interessant ist vielleicht noch, dass der „gewindelte Stein", der *Kronos* statt des neugeborenen *Zeus* untergeschoben wurde, mitsamt den Zeus-Geschwistern herausgewürgt, nach Delphi gelangte und dort als „Nabel der Welt" höchste kultische Verehrung genoss.

Geschichte Kretas

Ca. 6000–2600 v. Chr.

In der **Jungsteinzeit** gelangen die ersten Siedler nach Kreta, vermutlich aus dem anatolischen Raum. Sie leben zunächst in Wohnhöhlen, später in Behausungen aus Lehm und ernähren sich von der Jagd und Fischerei. Steinidole und handgeformte Keramik sind ihre Hinterlassenschaften.

2600–2000 v. Chr.

Vorpalastzeit. Anfänge der Kupfer- und Bronzeverarbeitung und Einführung der Töpferscheibe. Beginn der minoischen Kultur, es entstehen ein spezialisiertes Handwerk und erste größere Siedlungen.

2000–1450 v. Chr.

Ältere und jüngere Palastzeit. Die Minoer entwickeln Herrschaftszentren, errichten u. a. die Paläste von Knossós (bei Iráklio) und Festós (bei Mátala) und besitzen die Seeherrschaft über die Ägäis. Die Paläste und kulturellen Relikte bezeugen einen hoch entwickelten Lebensstil. Trotz mehrerer Naturkatastrophen wächst die Bevölkerungszahl, überall entstehen neue Dörfer. Ausstrahlung der minoischen Kultur auf den gesamten ägäischen Raum und die kleinasiatische Küste.

1400–1100 v. Chr.

Nachpalastzeit oder **Mykenische Periode.** Verdrängung und Versklavung der Minoer durch mykenische Einwanderer vom Festland. Einführung der griechischen Sprache.

1100–800 v. Chr.

Dunkle Periode. Vom Peloponnes her wandern griechische Dorer nach Kreta ein. Bronze wird durch Eisen ersetzt. Über die unterworfene bäuerliche Bevölkerung herrscht ein dorischer Kriegeradel. Verlagerung der Städte in das Landesinnere. Es entstehen starre Verfassungs- und Gesetzesordnungen.

800–Mitte 330 v. Chr.

Zeit der kretischen Stadtstaaten, die **Kriege** untereinander führen. Kreta wird zur wichtigen Handelsstation zwischen dem östlichen (Phönikien) und dem westlichen Mittelmeerraum. Geldwirtschaft beginnt den Warenaustausch zu ersetzen. In den Perserkriegen wie auch im Peloponnesischen

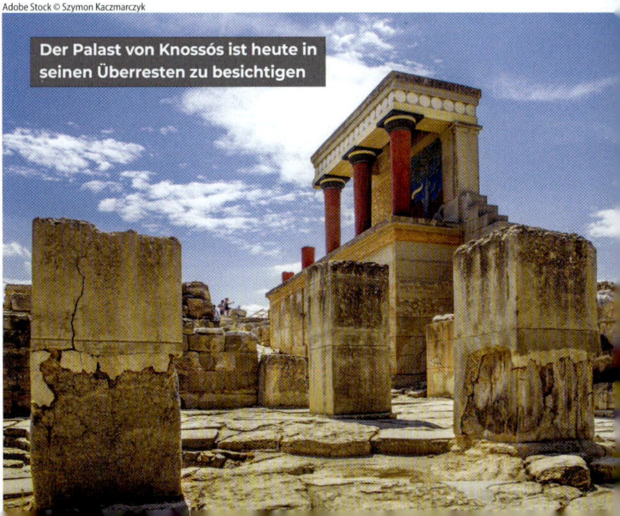

Der Palast von Knossós ist heute in seinen Überresten zu besichtigen

Krieg ist Kreta im Wesentlichen nur Beobachter, denn die verfeindeten Kleinstaaten der Insel vermögen sich auf keine einheitliche Position zu verständigen.

330–1. Jh. v. Chr.

Hellenistische Zeit. Die innerkretischen Konflikte werden durch die hellenistischen Mächte (Antigoniden, Ptolemäer) genutzt, welche die strategisch gelegene Insel unter ihren Einfluss zu bringen suchen. Kretische Söldner stehen als Bogenschützen und Militärtaktiker im Dienst auswärtiger Mächte. Durch das Piratenwesen vor den Küsten der Insel verschlechtert sich der Ruf der Kreter in der antiken Welt.

67 v. Chr.–395 n. Chr.

Römische Epoche. 67 v. Chr. von römischen Truppen unter *Quintus Caecilius Metellus* erobert, wird Kreta in der Folge Teil der neuen Doppelprovinz Creta et Cyrenae (die Kreta und den nordlibyschen Raum zusammenschließt), zur neuen Provinzhauptstadt avanciert Gortyn. Als römische Provinz erlebt Kreta Frieden, Stabilität und wirtschaftliche Blüte. Das Christentum findet Eingang, seit der Apostel *Paulus* 58/59 n. Chr. Kreta besucht und seinen Begleiter *Titus* zum ersten Bischof der Insel macht. Im Zuge der diokletianischen Reformen (3. Jh. n. Chr.) wird das spätantike Kreta zur eigenständigen Provinz des alternden römischen Reiches erhoben.

395–ca. 826

Erste byzantinische Epoche. Kreta gehört zur byzantinischen Diözese Macedonia. Ausbreitung des Christentums und Errichtung vieler Kirchen. Angriffe der Wandalen (457) und der Slawen (623) bleiben ohne größere Folgen.

ca. 826–961

Nicht so die Eroberung unter *Abu Hafis,* einem aus Cordoba vertriebenen Araber, der sich mit seinen Truppen auf Kreta einnistet und ein Emirat errichtet. **Niedergang der Insel** und Zerstörung vieler frühchristlicher Bauten. Kreta wird zum

Stützpunkt arabischer Seeräuber im ägäischen Raum und zu einer Gefahr für die byzantinische Seefahrt, in Iráklion blüht für eineinhalb Jahrhunderte der Sklavenhandel, an der Nordküste entsteht als neues arabisches Zentrum Rabat al-Khandaq („Grabenburg").

961–1204

Zweite byzantinische Eroberung unter dem Feldherrn (und späteren Kaiser) *Nikephoros Phokas*. Byzantinische Missionare versuchen das Christentum zu stärken, das in der arabischen Periode stark an Einfluss verloren hat. Byzantinische Adelsfamilien aus der Hauptstadt Konstantinopel, aber auch Einwanderer aus Europa und vor allem aus Armenien siedeln sich auf Kreta an, das nun wieder an Bedeutung als Handelszentrum gewinnt.

1204–1669

Venezianische Epoche. Nach der lateinischen Eroberung Konstantinopels wird Kreta im Geheimvertrag von Adrianopel den Venezianern zugesprochen, die die Insel den dort 1206 gelandeten Genuesen in einem Krieg (bis 1212) entreißen und den „Regno di Candia" errichten. Ansiedlung zahlreicher Venezianer und grausame Fremdherrschaft über die altansässige Bevölkerung. Mehrere, durch den einheimischen Adel geführte Aufstände bringen eine Besserung der Lage und eine Annäherung der Bevölkerungsteile. Kretas Bedeutung als Handelszentrum im östlichen Mittelmeerraum erreicht ihren Höhepunkt. Die Insel verwandelt sich im 15./16. Jh., von den Venezianern gefördert, in einen einzigen großen Weingarten. Nach dem Fall Konstantinopels (1453) wird sie zudem zum Rückzugsgebiet byzantinischer Intellektueller und Künstler („Kretische Schule") und bringt einen El Greco hervor. Zugleich wird die osmanische Einschnürung immer enger (1645 Eroberung von Chaniá, ab 1648 Belagerung von Iráklion).

1669–1898

Die **Türken auf Kreta.** Trotz aller Versuche der Venezianer gelingt es den Osmanen, Kreta Zug um Zug zu erobern, und

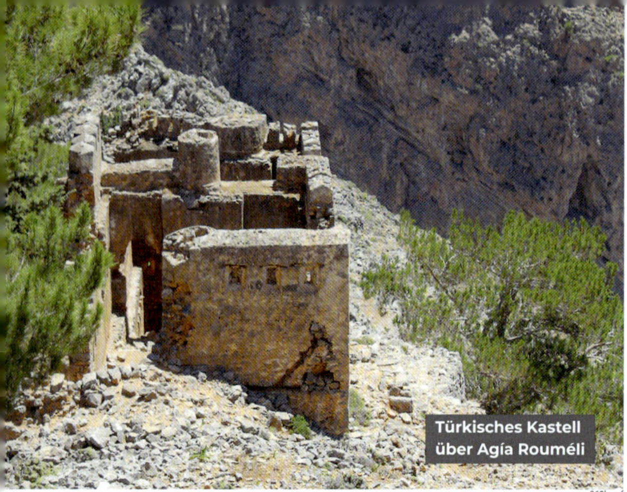

068kr wf

nach einem Friedensvertrag im Jahre 1671 verbleiben den Venezianer nur noch einige Festungen als Stützpunkte. Das osmanische Kreta wird in die Herrschaftszonen dreier Paschas aufgeteilt. Umwandlung etlicher katholischer Kirchen in Moscheen. Widerstandskämpfe und Racheakte bestimmen fortan das Verhältnis zwischen Kretern und Besatzern, der Aufstand von 1770/71 scheitert an der großen zahlenmäßigen Überlegenheit der osmanischen Truppen. Die griechische Unabhängigkeitsbewegung erfasst ab 1821 auch Kreta und wird von den Türken mit Massakern beantwortet. Auch nach der Unabhängigkeit Griechenlands (1827) bleibt Kreta besetzt. Für zehn Jahre (1830–1840) steht es unter der Herrschaft eines ägyptischen Paschas, dann wird es wieder osmanische Provinz. Der blutige Verteidigungskampf um das Kloster Arkádi (1866; s. Exkurs „Tragischer Widerstandskampf im Kloster Arkádi) fällt in eine Zeit wachsender Spannungen, die sich im Aufstand von 1896 entladen. 1898 müssen die Türken – der Osmanensultan gilt inzwischen als „Kranker Mann am Bosporus“ – auf Druck der Großmächte Kreta räumen.

1898–1913

Autonomie. Kreta erhält eine Selbstverwaltung, wird aber zunächst noch nicht Teil Griechenlands, sondern Prinz *Georg von Griechenland* unterstellt, der als Hochkommissar für die Großmächte agiert. Der aus Chaniá stammende Rechtsanwalt *Eleftherios Venezolos* betreibt die „Enosis“, den Anschluss an

Griechenland, und putscht 1905 gegen den Hochkommissar (als dessen Justizminister er bis dahin fungiert hat). Aber erst acht Jahre später, am 17. Mai 1913, rückt Kreta nach den Balkankriegen in den griechischen Staatsverband ein. In der Autonomiezeit zieht der wirtschaftliche und kulturelle Aufschwung der Insel zahlreiche ausgewanderte Kreter zurück in die alte Heimat.

1913–1945

Die **Zeit der Weltkriege.** *Eleftherios Venezolos,* jetzt griechischer Premierminister, tritt 1916 dem Krieg gegen die „Mittelmächte" bei, weil er sich den Gewinn des osmanischen Westkleinasiens erhofft, wo starke griechische Bevölkerungsgruppen leben. Nach dem Desaster der griechischen Armee und dem Sieg *Atatürks* kommt es zum sogenannten „Bevölkerungsaustausch". Die auf Kreta siedelnden türkischstämmigen Familien (mehr als 20.000 Menschen) werden ins türkische Kleinasien ausgesiedelt, von dort wiederum gelangen über 30.000 Griechen (darunter nur wenige Kreter) nach Kreta.

Im Zweiten Weltkrieg wird die Insel nach Unterzeichnung eines griechisch-britischen Bündnisabkommens (Oktober 1940) See- und Luftwaffenstützpunkt *Churchills.* Als Nazi-Deutschland im April 1941 in Griechenland einfällt, flüchtet die griechische Regierung nach Kreta. Die folgende Bombardierung kretischer Städte durch *Görings* Luftwaffe führt im Mai 1941 („Schlacht um Kreta") zu schweren Zerstörungen, und während die Insel von deutschen Fallschirmspringern eingenommen wird, muss die griechische Regierung noch einmal fliehen: diesmal durch die Samariá-Schlucht zur Südküste, wo sie ein britisches Schiff aufnimmt und nach Ägypten bringt. Während der dreijährigen deutschen Besatzung können sich die Briten (und australische bzw. neuseeländische Truppenkontingente) nicht halten, die Kreter selbst führen einen erbitterten Widerstandskampf gegen die deutschen Besatzer, die mit Massakern und Dorfzerstörungen reagieren.

1945 bis zur Gegenwart

Kreta, wie ganz Griechenland, wird zunächst in einen Bürgerkrieg hineingezogen, der sich schon im Widerstandskampf ab

1941 angekündigt hat. Kommunistisch orientierte Partisanen und ein bürgerlich-monarchistischer Widerstandsflügel konkurrieren um die Staatsmacht. Durch Intervention Großbritanniens wird die Linke ausgeschaltet, und 1952 etabliert sich Griechenland als „konstitutionelle Monarchie" und als Nato-Mitglied. Eine Militärdiktatur (1967–1974) scheitert, als sie Zypern dem griechischen Staatswesen einzuverleiben sucht. 1975 wird daraufhin per Volksentscheid die Monarchie abgeschafft, wobei das „linke" Kreta besonders entschieden (über 90 % der Wähler) für die **Republik** eintritt. Wirtschaftlich erlebt Kreta einen Aufschwung. Seit der Aufnahme Griechenlands in die EG (1981) gewinnt der Export von landwirtschaftlichen Produkten zunehmend an Bedeutung. Mit EU-Fördermitteln wird heute der Ausbau von Infrastruktur, Landwirtschaft und Bildung vorangetrieben, und Kreta gehört – dem stillen Verfall vieler Dörfer zum Trotz – zu den wohlhabendsten Regionen Griechenlands. Nicht zuletzt lebt die Insel von den Fremden, die sie viele Jahrhunderte lang bekämpfte ...

Verwaltung

Mitsamt den umliegenden kleinen Inseln bildet Kreta eine eigenständige **Verwaltungsregion,** eine von 13 in Griechenland. Diese Verwaltungsregion ist unterteilt in die vier **Präfekturen** Chaniá, Réthymno, Iráklio mit den gleichnamigen Städten und die Präfektur Lassíthi mit der Stadt Ágios Nikólaos. Diese Präfekturen wiederum sind in insgesamt 20 weitere Distrikte, die so genannten Eparchien, unterteilt, diese wiederum in 68 **Stadtgemeinden** und vier **Landgemeinden.** Hauptstadt der Insel ist seit 1972 Iráklio, nachdem es vorher jahrhundertelang Chaniá war.

Bevölkerung

Mit insgesamt nur ca. 635.000 Einwohnern und 76 Ew. pro km² (Gesamtgriechenland: 81 Ew. pro km²) ist Kreta relativ dünn besiedelt. Mehr als 40 % der Bevölkerung leben in den größeren Städten wie der Hauptstadt Iráklio (200.000 Ew.), Chaniá (knapp 70.000 Ew.) und Réthymno (34.000 Ew.). Weite Bereiche der Insel sind menschenleer, denn auf Kreta scheint die **Landflucht** aus den Bergdörfern, die auch eine Art Höhenflucht ist, nicht mehr aufzuhalten. Während einiger Touren wandert man durch fast ausgestorbene Dörfer, wie z. B. Píkris, Koustojérako oder Kapedianá, in denen man meistens nur noch Alte antrifft. Manche Orte hatten früher einmal 300 bis 400 Bewohner, heute sind es nur noch 30 bis 40. Viele Gebäude verfallen, die Fensterläden sind verriegelt und die Gärten verwildern. In Metaxohóri zeigt sogar die Friedhofskapelle klaffende Risse. Die Jugend ist in die Städte bzw. in die Touristenzentren abgewandert, um sich dort den Lebensunterhalt zu verdienen. Neuere Zahlen über die Landflucht liegen nicht vor, doch dürfte sich der Rückgang der ländlichen Bevölkerung – im Zeitraum von 1961 bis 1991 von 64 % auf 46 % (bei Zunahme der städtischen Einwohnerzahl von 27 % auf 41 %) – in den letzten Jahren fortgesetzt haben. Seit der Finanzkrise 2010 hat sie sich zumindest verlangsamt, da sich jüngere Leute wieder wegen möglicher Eigenversorgung aufs Land zurückziehen.

Das **Durchschnittsalter** und die **Lebenserwartung** liegen auf Kreta höher als auf dem Festland und in den Industrieländern. Die sprichwörtliche Langlebigkeit der Kreter wird vor allem auf die gesunde Ernährung mit einem hohen Konsum von Olivenöl zurückgeführt (durchschnittlich 31 l pro Jahr). Studien ergaben eine signifikant niedrigere Häufigkeit von Arteriosklerose und Herzinfarkten.

Wirtschaft

Industrie ist auf Kreta nur in kleinem Maßstab in der Umgebung von Iráklio vorhanden. Lediglich 20 % der Kreter sind in diesem wirtschaftlichen Sektor beschäftigt. Die Hälfte der Bevölkerung arbeitet in der **Landwirtschaft** und in der **Viehzucht,** ein knappes Drittel im **Dienstleistungssektor,** insbesondere in der Tourismusbranche.

Die **Löhne** in Kreta sind im Durchschnitt niedriger als im deutschsprachigen Raum (so verdient z. B. eine Lehrerin ca. 1200 Euro netto, eine Verkäuferin ca. 600 Euro). Die Preise für einheimische Lebensmittel sind dafür zwar etwas niedriger, nicht aber für Importe (Autos, Haushaltsgeräte etc.). Zwischen den Ballungsräumen im Norden und den wenig besiedelten Bergregionen herrscht ein erhebliches **Wohlstandsgefälle.** Die OECD erwartet, dass die Arbeitslosigkeit in Griechenland im Jahr 2021 auf 20,4 % steigen wird. Die Jugendarbeitslosigkeit erreichte 2019 den EU-Höchstwert von 35 %. Auch Kreta konnte sich diesem Sog nicht entziehen, wenn auch die Quoten um wenige Prozentpunkte darunter liegen. Kreta genießt mit Gesamtgriechenland nominell alle sozialen Absicherungen eines Wohlfahrtsstaates, doch ist das **Rentenniveau** niedrig, die Altersarmut groß, gerade in den Dörfern (wo den Kleinbauern ab dem 65. Lebensjahr gerade einmal 125 Euro als Grundrente gezahlt werden). **Schwarzarbeit** – sie gilt auf Kreta als „Kavaliersdelikt" – ist in touristisch erschlossenen Gebieten weit verbreitet. Unterkünfte werden ohne entsprechende Lizenz vermietet, dem Fiskus niedrigere Besucherzahlen und Gästequoten angegeben, als es den Tatsachen entspricht. Die Steuerehrlichkeit hat sich allerdings mittlerweile wegen verschärften Kontrollen verbessert.

Umweltschutz

Umweltbewusstsein ist leider keine kretische Tugend. Getränke fast ausschließlich in Plastikflaschen und Dosen, wilde Mülldeponien, im Grünen abgestellte Autowracks und ein ausufernder Ausbau von Straßen und Wirtschaftswegen selbst in abgelegensten Gegenden (oft mit EU-Geldern gefördert) sprechen hier eine deutliche Sprache. Zumindest das Abbrennen von Müll in der freien Natur ist aber in den letzten Jahren deutlich zurückgegangen – die Waldbrandgefahr ist zu groß.

Trotz seines Wasserreichtums sinkt Kretas **Grundwasserspiegel** beständig. Hauptursache ist der Tourismus mit ca. 30 Millionen Besuchern pro Jahr, davon ca. 20 % Deutsche. Die Tourismus-Schwerpunkte liegen an der Nordküste, z. B. westlich von Chaniá, östlich von Réthymno und Iráklio. Zahlen belegen, dass Touristen in Hotelanlagen 3- bis 7-mal mehr Wasser verbrauchen als die einheimische Bevölkerung. Aber auch der zunehmende Bewässerungsfeldbau, der immer neue Brunnen und Reservoirs erfordert, trägt zu der problematischen Entwicklung bei. Auch die Anzapfung des Kournás-Sees könnte in Zukunft bedenklich werden. In manchen Ge-

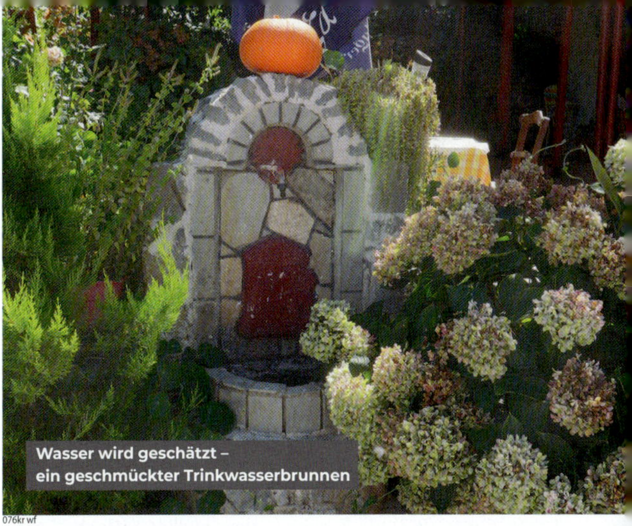

Wasser wird geschätzt – ein geschmückter Trinkwasserbrunnen

076kr wf

bieten muss das Wasser bereits aus mehr als 500 m Tiefe hochgepumpt werden – allein die Olivenplantagen werden in den trockenen Jahreszeiten mit Millionen von Kubikmetern Trinkwasser bewässert.

Die **klimatischen Verhältnisse** bedingen zudem kurze und heftige Regenfälle im Winter. Wegen des Fehlens größerer Waldbestände – Wiederaufforstungsmaßnahmen kommen nur schleppend voran – kann der von Erosion ausgehöhlte Boden die sturzbachartigen Niederschläge nicht aufnehmen, und das Wasser fließt sehr schnell ab. Noch vor 15–20 Jahren brauchte das Wasser im Durchschnitt einen Tag, um vom Niederschlagsort an die Küste zu gelangen. Heute sind es nur noch ca. 6 Stunden.

Traditionen

Kulturell hält die **griechisch-orthodoxe Kirche** auf Kreta die alten Traditionen hoch. Sie ist eine halbautonome Volkskirche, die dem griechisch-orthodoxen Patriarchat von Konstantinopel untersteht. Ihre Vertreter sind die volksverbundenen Priester *(Papás)*. Diese haben keine wissenschaftliche Ausbildung durchlaufen, sondern müssen nur Kurse in Liturgie (z. B. Kirchengesänge) nachweisen und dürfen keiner Klostergemeinschaft angehören. Nur wenn sie in der kirchlichen Hierarchie aufsteigen möchten, müssen sie ein Theologiestudium absolvieren. Die *Papás* sind in der Regel verheiratet, leben meist mit im Dorf und üben dort eine Vorbildfunktion aus. Da sie von der Kirche nur geringe Zuwendungen erhalten, bestellen sie auch Felder oder halten Nutztiere. Zusätzlich werden sie von den Einheimischen in ihrem jeweiligen Sprengel mit klingender Münze oder in Naturalien unterstützt. Die Kreter sind wie die Festlandgriechen sehr gläubig – kaum jemand wird aus der Kirche austreten, schon gar nicht in Kleinstädten oder Dörfern.

Feste aus kirchlichem Anlass oder an Jahrestagen von Heiligen bieten willkommenen Anlass zu ausgiebigen Feiern. Noch vor Weihnachten und Mariä Himmelfahrt ist **Ostern** das bedeutendste kirchliche Fest. Die Vorbereitungen hierzu beginnen wie auf dem Festland mit Hausputz, Fasten und täglichen Gottesdiensten bereits in der „Heiligen Woche" nach Palmsonntag. Kreter vom Festland und aus dem Ausland strömen in ihre Heimatdörfer zu den Familien. Nach großen Prozessionen am Karfreitag wird am Karsamstag gekocht und gebacken. Mitternacht ist schließlich der Höhepunkt des Osterfestes erreicht, wenn in der Auferstehungsmesse die Gläubigen mit dem Ruf „Christós anésti" (Christus ist auferstanden) ihre Kerzen anzünden.

Während die Kirche sich in Kultur und Alltag behauptet – ablesbar etwa an den reich besuchten Kirchweihfesten –, gehören andere Traditionen mehr und mehr der Vergangenheit an: Die traditionelle **Großfamilie** ist, wie im übrigen Europa, der Kleinfamilie gewichen, so wie mit dem Massentourismus auch die früher gepflegte, ja geradezu als „heilige Pflicht" betrachtete **Gastfreundschaft** nur noch abseits des Tourismus anzutreffen ist, wo Fremde nicht nur als zahlungskräftige Kundschaft angesehen werden.

Männer in **typischen Trachten** sind immer seltener anzutreffen. Charakteristisch sind bzw. waren weite, mit einem Tuch gegürtete schwarze Pumphosen *(vrákas),* hohe Schaftstiefel und ein schwarzes Fransentuch, welches um den Kopf gebunden wird. Hielt der Betreffende auf sich, baumelte über der Brust an einer Silberkette eine Taschenuhr. Die Frauen trugen über weißen Baumwollhosen einen Rock und eine Schürze, dazu über weitärmligen Blusen eine knapp geschnittene bestickte Weste. Das Haupthaar war mit einem Tuch zusammengebunden. Immerhin: Viele Bauern und Hirten benutzen auch heute noch den aus hartem, buckligem Olivenholz geschnitzten Spazier- oder Wanderstock *(katsoúna)*.

Zu den positiven Aspekten des Traditionsverlustes gehört, dass die noch vor einigen Jahrzehnten übliche **Blutrache** der Vergangenheit angehört. Im Gegenteil, verfeindete Sippen bemühen sich heute sogar darum, durch Heirat Ausgleich und Versöhnung zu schaffen. Was umso beruhigender ist, als der **Waffenbesitz** auf Kreta weiterhin Tradition hat und der Erwerb eines Waffenscheines eher als Formalität angesehen wird. Die Hälfte der ca. 1,5 Millionen illegalen Waffen in Griechenland wird auf Kreta vermutet. Viele Jahrhunderte mussten sich die Bewohner gegen Eindringlinge verteidigen, und so ist Waffenbesitz von jeher ein Zeichen von Stärke und Wehrhaftigkeit und gilt als Statussymbol. Das Bergdorf Anógia rühmt sich z. B. mehrere Versuche der Polizei, illegale Haschischplantagen aufzuspüren, mit Schusswechseln erfolgreich abgewehrt zu haben. Bei größeren Festen, vor allem bei Hochzeitsfeiern, wird auch heute noch gerne in die Luft geschossen, und nicht selten kann der Kreta-Besucher von Schüssen durchsiebte Ortsschilder „bewundern", so z. B. am Ortsrand von Anópolis (s. Foto S. 26).

Die **Rolle der Frau** hat sich gewandelt. Das traditionelle Gesellschaftsmodell, welches die Aufgaben der Frau auf Haushalt, Feldarbeit und Kindererziehung beschränkte, ist vor allem in den kretischen Städten der Gleichberechtigung gewichen. Mädchen erhalten heute eine Schul- oder Universitätsausbildung und streben einen Beruf an.

Dass sich innerhalb des gesellschaftlichen und mentalen Wandels dennoch gewisse Traditionsreste und Refugien bewahren konnten, mögen zwei Beispiele zeigen. Erhalten hat sich z. B. die alte Sitte des **Flanierens** *(vólta)*: Familien oder eine Gruppe von Mädchen schreiten in größeren Orten gern auf und ab, um sich selbst zu präsentieren und Blicke auf andere zu werfen. Und dann das **Kafeníon.** Auf Kreta wie auch im übrigen Griechenland ist es geradezu eine Institution. In größeren Orten verbringen in den meist spartanisch eingerichteten Räumen ältere Männer oft schweigend, manchmal aber auch lebhaft diskutierend oder Távli spielend, viele Stunden. Man kommt leicht mit der älteren Generation oder einkehrenden Bauern in einem Dorfkafeníon, wie z. B. in Kroústas oder auf der Alm Thriptí, ins Gespräch, da man den ausländischen Besucher hier noch neugierig und offen betrachtet. Wildfremden Leuten wird höfliche und herzliche Aufmerksamkeit entgegengebracht, und auch ohne griechische Sprachkenntnis funktioniert die Verständigung erstaunlich gut. Eine Einladung zu einem Rakí oder Oúzo ist nicht selten. Versuchen Sie nie, sich sofort für eine Einladung zu revanchieren oder gar selbst die Rechnung zu begleichen. Sie werden erfolglos bleiben – und allein das Bemühen kommt fast einer Beleidigung nahe.

Denn trotz aller Traditionsverluste in Gesellschaft und Familie gibt es bestimmte Konstanten kretischer **Mentalität.** Zu nennen ist z. B. das stark ausgeprägte Ehrgefühl, das sich auch in kleinen Dingen zeigen kann, wie in dem unverrückbaren Willen, die Rechnung im Lokal zu zahlen. Zu nennen ist auch der kretische Freiheitswille. Anordnungen aus Athen werden stets nur widerwillig befolgt, und private Auseinandersetzungen löst man möglichst untereinander, ohne irgendein Staatsorgan einzuschalten. Sogar das oft gehörte „sigá sigá" (immer langsam) lässt sich als Losung gegen Fremdbestimmung, als Auflehnung gegen das Diktat der Uhr interpretieren. Die Lebensfreude und Geselligkeit der Kreter ist allgegenwärtig – ein gemeinsames Essen mit Familie und Freunden in einer einfachen Taverne gerät oft zu einem ausgelassenen Fest.

002kr wf

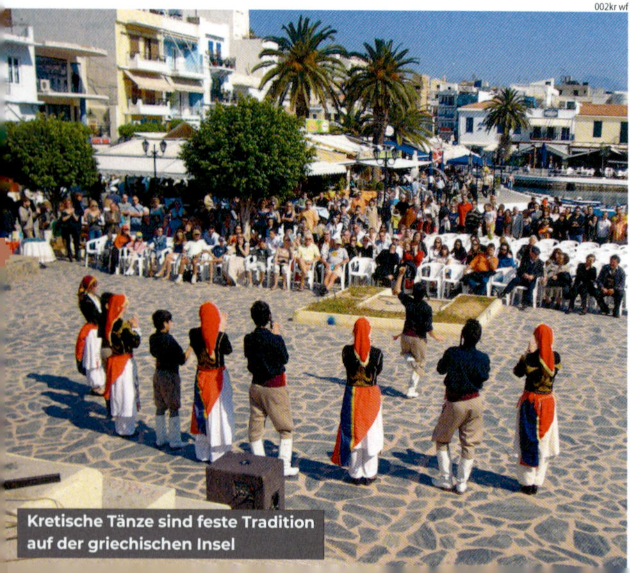

Kretische Tänze sind feste Tradition auf der griechischen Insel

Kretische Musik, kretische Tänze

Kretische Musik ist wesentlich **temperamentvoller** als die des griechischen Festlands. Vor allem im Tanz drücken die Kreter Gefühle und ihren Seelenzustand aus. Im Vordergrund steht die Freude an der Musik, so wird meist in **Gruppen** getanzt. Orientalisch anmutende Melodiesequenzen wiederholen sich, manchmal monoton, aber auch mit zunehmendem Tempo und gesteigerter Intensität.

Das klassische Instrument der kretischen Volksmusik ist die **Lyra.** Das dreisaitige Streichinstrument mit seinem birnenförmigen Korpus wird beim Spielen vertikal auf das linke Knie aufgestützt, vor dem Körper gehalten und mit einem Bogen gestrichen. Das zweite klassische Instrument ist die **Bouzouki** mit acht oder sechs Saiten. Sowohl als Solo- als auch als Begleitinstrument gehören schließlich noch die **Mandoline** und die **kretische Laute** zu den traditionellen Instrumenten der Inselmusik.

Die Lebendigkeit und Vielfalt der kretischen Musikinstrumente kann man erleben, wenn man an einem der **Volksmusikabende** teilnimmt – die Kreter treffen sich dazu zum Essen und anschließendem Tanz in den sogenannten „Krítika Kéntra", die es außerhalb vieler Städte gibt – oder das Glück hat, Gast einer dörflichen Feier zu sein.

Die wichtigsten kretischen Tänze: **Sirtós** ist ein schneller Reigentanz im 7/8 Takt, von dem es in Griechenland unzählige Varianten gibt. Die kretische Form ist der **Chaniótikos Syrtós.** Männer und Frauen tanzen dabei in offener Kreisform und halten sich in Schulterhöhe an den Händen. Der erste Tänzer führt im Kreis über den Tanzplatz. Der berühmte **Sirtáki** ist eine stark vereinfachte Variante des Sirtós. Es ist ein Kunsttanz, der in der Reihe getanzt wird, wobei die Beteiligten ihre Arme über die Schultern der Nachbarn legen. Der bekannteste kretische Tanz ist der feurige **Pentozális** (Fünfschritttanz), dessen Ursprung angeblich bis in minoische Zeit zurückreicht. Der Tanz, bei dem sich die Teilnehmer in einem offenen Kreis an den Schultern fassen, beginnt sehr langsam, endet aber meist wild und ungezügelt. Der einzige Paartanz ist der **Soústa.** Er hat seinen Ursprung in Réthymno und wird gern auf Hochzeiten getanzt. Sein erotischer Ursprung ist bis heute erkennbar.

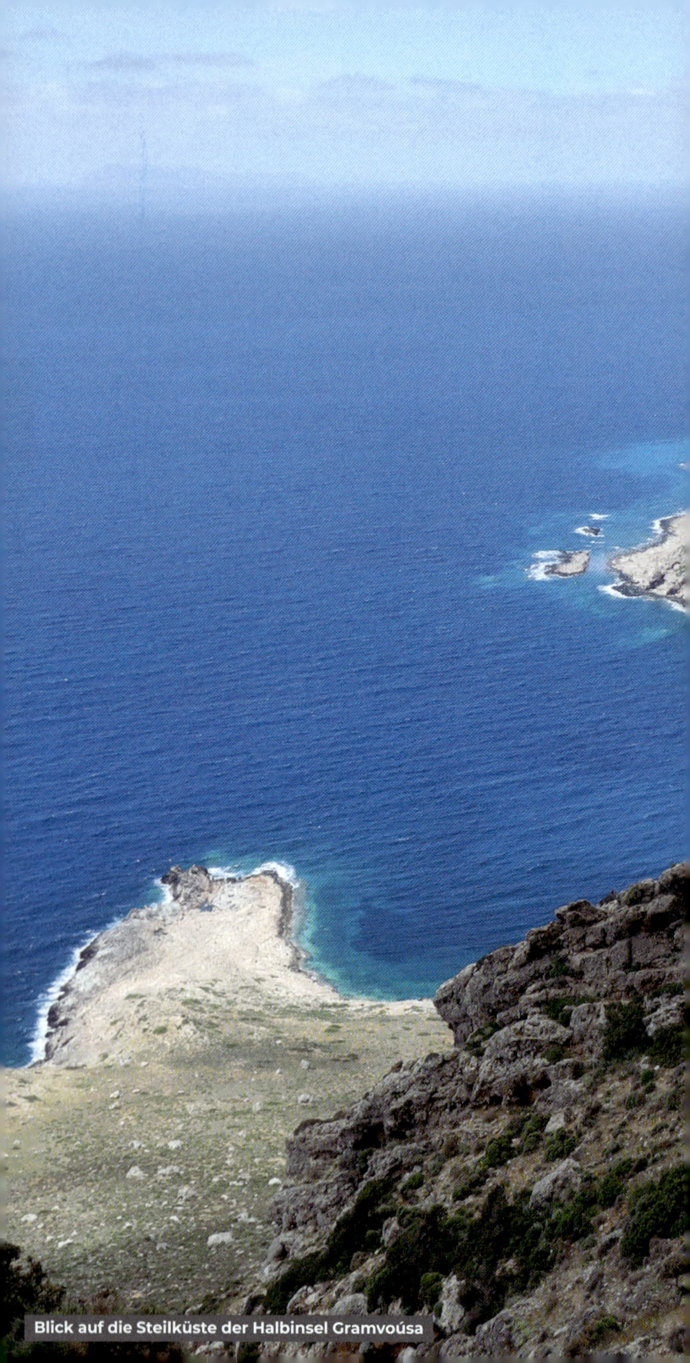

Blick auf die Steilküste der Halbinsel Gramvoúsa

WESTKRETA

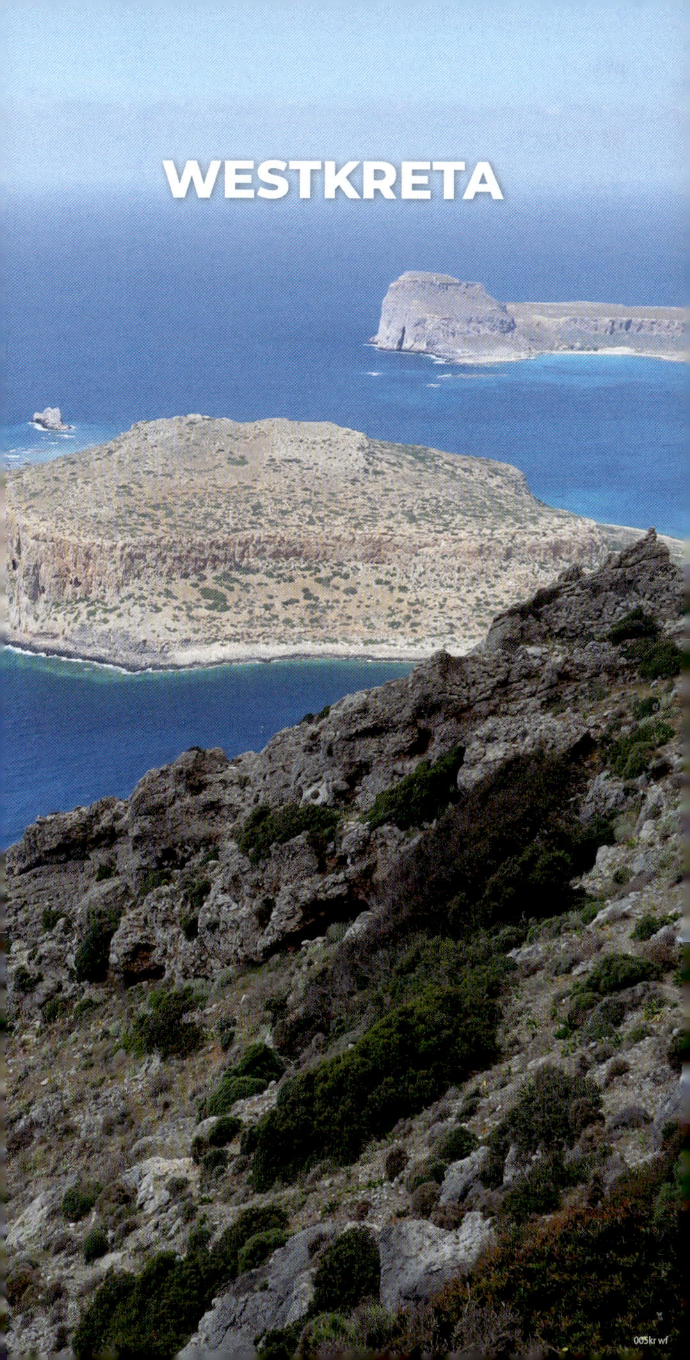

Tour 1

Auf der Halbinsel Gramvoúsa – Felsenküste und „Piratenbucht"

Inmitten feinsandiger Dünen geht der Blick über das flache, in allen nur erdenklichen Blautönen schimmernde Meer zum kreisförmigen Kap Tigáni.

Diese Wanderung auf der gebirgigen Halbinsel Gramvoúsa (höchste Erhebung ist der Geroskínos mit 762 m) führt zu einer der schönsten Lagunen Kretas, einer wohl einzigartigen **Natursehenswürdigkeit.** Am Ende der Tour lockt ein Bad am **Strand von Falásarna.**

007kr wf

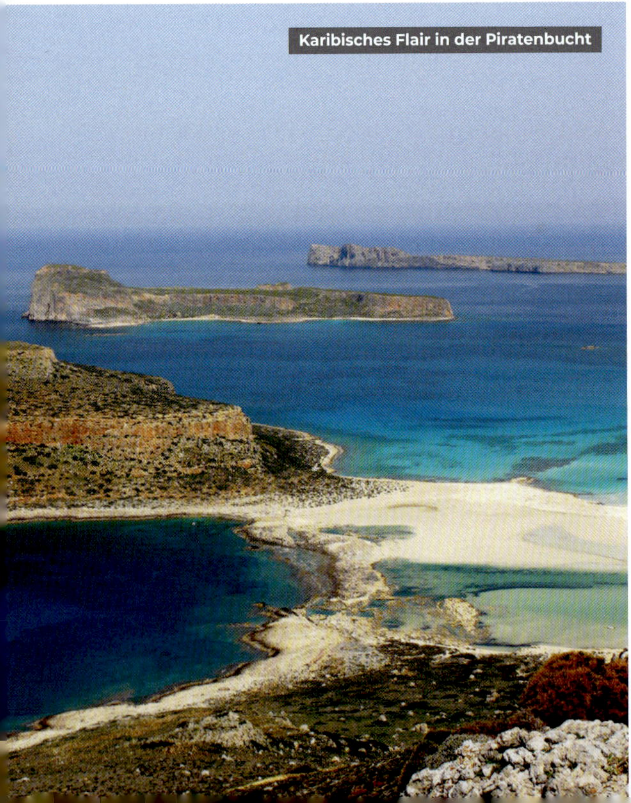

Karibisches Flair in der Piratenbucht

Kurze Informationsübersicht

Länge: 19,5 km
Gehzeit: ca. 6 ¾ Std.
Auf-/Abstieg: je 890 m
SCHWER

Ausgangspunkt: Balos Beach Hotel, 1 km nördlich von Kaliviáni
Wegeigenschaften: deutliche Wege und Pfade, einige steile Passagen vor der Felsscharte, markiert mit blauen oder roten Punkten kurz nach der „Piratenbucht", vorher unmarkiert
Einkehrmöglichkeiten: ab Mai bis Mitte Oktober Imbissbude vor der „Piratenbucht"; Tavernen in Falásarna am Endpunkt der Tour
Bademöglichkeiten: Bucht von Tigáni Bálos und Strand von Falásarna
Anfahrt: Bus von Chaniá nach Kastélli Kíssamos um 6.30 Uhr, Fahrzeit ca. 1 Std., 35 km. Taxi von Kastélli (am Bushof) bis Kaliviáni (Balos Beach Hotel), ca. 10 km.
Rückfahrt: Bus von Falásarna nach Chaniá um 16.45 Uhr (Mo–Fr), Fahrzeit 1 ½ Std., 45 km; alternativ Taxi nach Kastélli, ca. 15 km, Tel. 694 5875303.

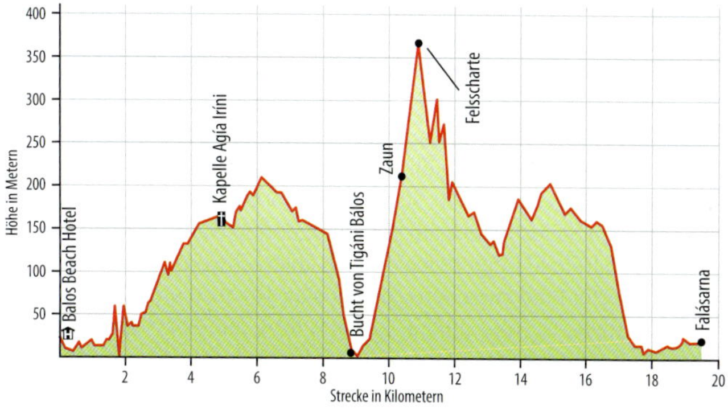

Wegbeschreibung

Beim **Balos Beach Hotel (1),** etwa 1 km nördlich von Kaliviáni, beginnt die Wanderung auf knapp 10 m Höhe. Hier zieht sich ein Schotterweg ohne große Steigungen die Ostküste der Halbinsel Gramvoúsa entlang nach Norden. Links wird man von den Ausläufern des zentralen Gebirges der Halbinsel begleitet, rechts eröffnen sich immer wieder weite Blicke auf die Steilküste. Nach knapp 1 Std. nimmt der Weg etwas Abstand von der immer steiler abfallenden Küste – Indiz dafür, dass man sich der einsam gelegenen **Kapelle Agía Iríni (2)** nähert. Hinweis: Ein in Stein gefasster Brunnen liegt links unterhalb der Kapelle (Höhe ca. 180 m), versteckt zwischen Oleander und Johannisbrotbäumen. **1 ¼ Std.**

Gut 15 Min. nach der Kapelle erreicht man eine Passhöhe (ca. 240 m) mit einem Betongebäude, wiederum 20 Min. später einen Parkplatz mit einem Imbissstand (ca. 175 m). Am Rand des Parkplatzes setzt ein Pfad nach Westen ein, der nach gut 5 Min. in gepflasterte Stufen übergeht. Hier bietet sich ein überwältigender Ausblick auf die Lagune zwischen Gramvoúsa und dem Kap Tigáni (Akrotíri Tigáni). Die Türkisschattierungen des seichten Wassers in der Bucht Tigáni Bálos und das leuchtende Weiß des feinen Korallen-, Muschel- und Schneckensandes lassen an die Karibik denken. Tigáni bedeutet übrigens soviel wie Bratpfanne – der Name trägt der Rundform des Kaps und seiner stielförmigen Verbindung zum Festland Rechnung. Im Norden erkennt man die Inseln Ímeri Gramvoúsa und Ágria Gramvoúsa. Ímeri Gramvoúsa besitzt Ruinen einer venezianischen Festung, die später auch von Piraten als Unterschlupf genutzt wurde (daher „Piratenbucht"). 10 Min. später erreicht man die **Bucht von Tigáni Bálos (3),** deren Reize auch aus der Nähe beeindrucken. **ca. 2 ¼ Std.**

Nach Südwesten gewandt geht es den Strand entlang und nach 200 m links bergauf zu einem breiten Dünenstreifen – diesem folgt man nach Süden bergwärts (in Richtung eines rötlichen Sandstreifens am vorausliegenden Hang). Nach dem roten Sandfeld beginnt leicht nach links schwenkend ein blau markierter Pfad zwischen Stechginster, Thymian und Dorniger Bibernelle. Er stößt auf ca. 220 m Höhe auf einen **Zaun (4)** mit Durchgang, ca. 50 m von einem 10 m hohen Felsabbruch entfernt. **2 ½ Std.**

Tour 01

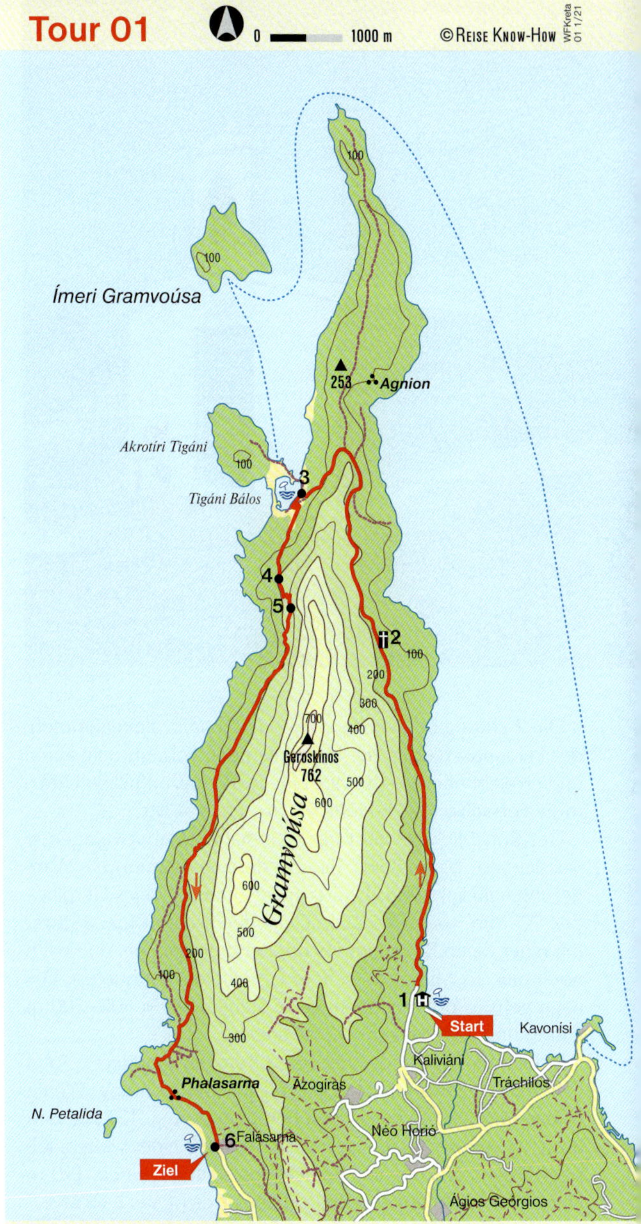

1 Balos Beach Hotel
2 Kapelle Agía Iríni
3 Bucht Tigáni Bálos
4 Zaun
5 U-förmige Felsscharte
6 Falásarna

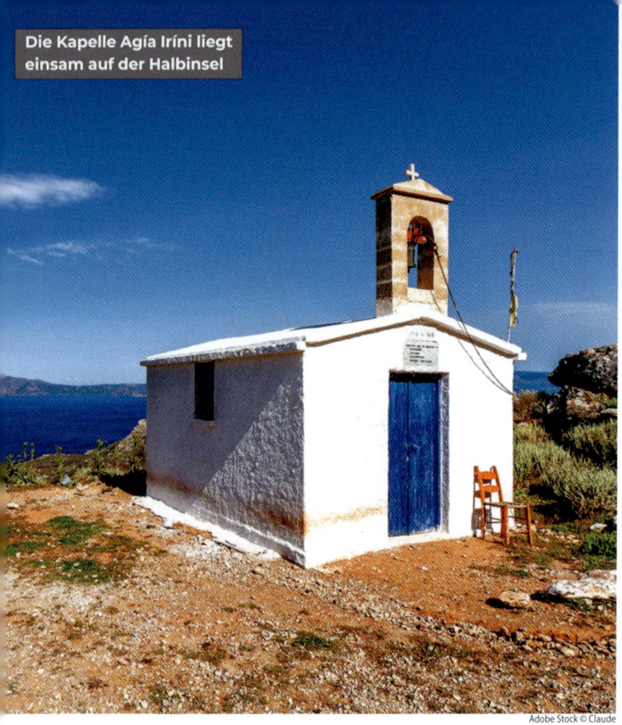

Die Kapelle Agía Iríni liegt einsam auf der Halbinsel

Adobe Stock © Claude

Die Richtung beibehaltend, wandert man in alpin anmutender Felslandschaft immer rechts von den Felsabbruchkanten und erreicht nach ca. 20 Min. eine markante, auffällige **U-förmige Felsscharte (5)** (Höhe 370 m). **ca. 3 ¼ Std.**

Der Rückblick gewährt noch einmal eine überwältigende Aussicht auf Tigáni Bálos. Jenseits der Scharte führt die Wanderung halb links und abwärts in die Querung eines Geröllfeldes. 15 Min. später wird ein Geländeeinschnitt (ca. 255 m) mit einer tiefen Bucht am oberen Rand umgangen, und nach nochmals 15 Min. sind weitere Geröllfelder zu queren. Danach geht es ohne nennenswerte Steigungen in 600–700 m Entfernung vom Meer die Küste entlang.

In leichtem Anstieg – mit roten Punkten markiert – folgt man nun weiter der Küstenlinie in südlicher Richtung. Wenig später wird ein trockenes Bachbett gequert (ca. 125 m), und etwa 10 Min. später wandert man oberhalb einer weiten, felsigen Bucht. Nach einem letzten Einschnitt ist auf ca. 190 m Höhe eine leicht abgeschrägte Ebene erreicht. **ca. 5 ½ Std.**

Das antike Phalasarna

Phalasarna diente in vorchristlicher Zeit als Hafen von Polyrrhenia, der ältesten dorischen Siedlung auf Kreta südlich von Kastélli Kíssamos. Nach einer tektonischen Küstenanhebung um ca. 6,50 m musste die Hafenstadt aufgegeben werden – die Reste des antiken Hafens liegen heute ca. 100 m landeinwärts. Mauerreste, eine Sitzbadewanne, ein Brunnenschacht und die Ruine eines Rundturms gehören zu den erhaltenen Relikten.

Allmählich geht es leicht bergab – in der Ferne lassen sich bereits die Gewächshäuser am Ende des Strandes von Falásarna ausmachen. Eine halbe Stunde nach der Ebene führt der Weg in einem weiten Bogen im Uhrzeigersinn abwärts in Richtung eines markanten Felsenkaps an der Küste und man folgt nach einem Schafspferch mit Scherstelle dem hier einsetzenden Schotterweg (Höhe ca. 15 m). Bei der nächsten spitzen Gabelung geht es halbrechts, kurz darauf sind dann rechts die Reste des antiken Phalasarna erreicht.

Etwas weiter südlich, rechts vom Fahrweg, sieht man einen steinernen Thron, linker Hand unter Olivenbäumen einen Sarkophag. Auf der Akropolis zeichnen sich die Grundmauern von Tempeln und öffentlichen Gebäuden ab.

Nach einer Linkskurve passiert man das ehemalige Kassenhäuschen der antiken Stätte. Noch gut 15 Min. durch Olivenhaine (zwischendurch Blicke auf den Strand von Falásarna), dann erreicht man an einem großen Platz des modernen **Falásarna (6)** zwei Tavernen und einen Minimarkt. Hier fährt auch der Bus nach Chaniá ab. Nördlich der Tavernen geht es zum weiten, einladenden Sandstrand. **6 ¾ Std.**

Tour 2
Vom Kloster Gouvernéto über das Kloster Katholikó nach Stavrós –
Zwei Klöster und eine enge Schlucht

Ein bewohntes Kloster, ein verlassenes Felsenkloster und ein bizarrer Meereseinschnitt liegen idyllisch in absoluter Einsamkeit.

Der Norden der Halbinsel Akrotíri lässt sich auf versteckten Pfaden in einer **zerklüfteten Bergwelt** erkunden. Ein Pflasterweg führt vom ummauerten Kloster Gouvernéto zu einem **verborgenen Fjord.** Am Ende der Tour weckt ein Badeort – Schauplatz des weltberühmten Films „Aléxis Sórbas" von 1964 – Erinnerungen an einige unvergesslichen Szenen.

004kr wf

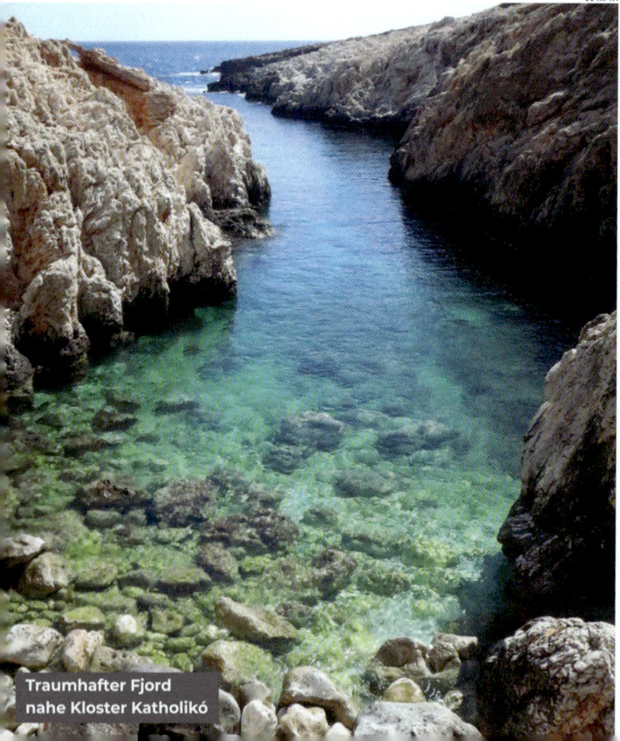

Traumhafter Fjord nahe Kloster Katholikó

Kurze Informationsübersicht

Länge: 9 km
Gehzeit: ca. 3 Std.
Auf-/Abstieg: 240 m / 500 m
LEICHT

Ausgangspunkt: Kloster Gouvernéto
Wegeigenschaften: deutliche Pfade mit moderater Steigung, markiert mit blauen Punkten ab Kloster Katholikó
Einkehrmöglichkeiten: Tavernen und Cafés in Stavrós; mein Tipp: Taverne *Mama's Place* mit einer Bildergaliere von Szenen aus dem Film „Aléxis Sórbas"
Bademöglichkeiten: Fjord in der Nähe des Klosters Katholikó und Strand von Stavrós
Anfahrt: Flughafenbus von Chaniá zum Airport, Fahrzeit 30 Min., 12 km. Taxi vom Flughafen zum Kloster Gouvernéto, ca. 10 km.
Rückfahrt: Bus von Stavrós nach Chaniá um 17.30 Uhr, Fahrzeit 30 Min., 15 km.

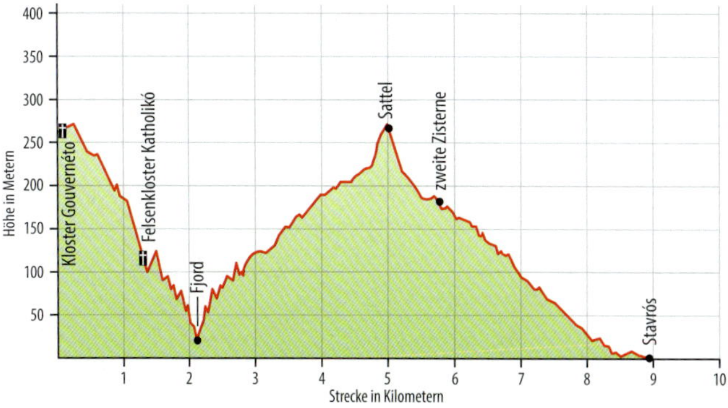

Wegbeschreibung

Vom Platz vor der Umzäunung von **Kloster Gouvernéto (1)** auf 290 m Höhe betritt man das Klosterareal durch ein kleines Tor. Der folgende Pflasterweg führt an der Klosterpforte vorbei durch das hintere Ausgangstor. Nach einem Kriegerdenkmal führt eine Schotterstraße abwärts und geht in einen gepflasterten Weg über. Bald steht rechts eine kleine Kapelle neben der sogenannten „Bärenhöhle“. In der Mitte dieser dunklen Tropfsteingrotte erhebt sich ein großer, bärenförmiger Stalagmit, der möglicherweise schon in der Antike kultische Funktion besaß. **10 Min.**

Der Pflasterweg senkt sich nun in einen wilden Canyon hinab und endet nach einigen Stufen am verlassenen **Felsenkloster Katholikó (2)** (70 m). Das Kloster wurde im 12. Jh. gegründet und gilt als das älteste der Insel. Im 16. Jh. wurde es aufgrund von Piratenüberfällen verlassen und weiter oben durch einen Neubau ersetzt (Kloster Gouvernéto). Der Platz neben der malerischen Brücke ist aufgrund der senkrechten Felswände schattig und angenehm kühl – eine gute Gelegenheit für eine Rast. Kurz vor dem Kloster passiert man den Eingang einer Höhle, in der ein Eremit namens *Johannes* Ende des 10./Anfang des 11. Jh. gelebt haben soll. **ca. 30 Min.**

Zwischen der Klostermauer und einer Ruine führt ein kurzes Pfadstück hinab zur Brücke. Hier bietet sich ein lohnenswerter Abstecher zur Küste an. Über einen gut begehbaren

Tour 02

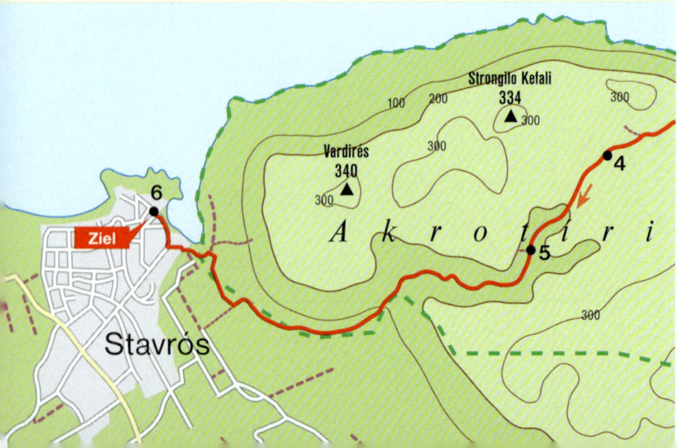

Alexis Sorbas

In Stavrós und anderen Orten auf Kreta wurde 1964 der Film „Alexis Zorbas“ mit *Anthony Quinn* gedreht, einer der **erfolgreichsten Filme** aller Zeiten. Die Handlung basiert auf dem gleichnamigen Roman des kretischen Schriftstellers *Nikos Katzantzakis* (1883–1957). Alexis hält sich weder an Regeln noch Moral und weckt im Zuschauer die Sehnsucht nach einem freien, selbstbestimmten Leben. Die Erzählung ist traurig, wehmütig und leidenschaftlich.

Nikos Katzantzakis ist auf der südlichen Bastion der Stadtmauer von Iráklio begraben. Die von ihm zu Lebzeiten gewählte Grabinschrift in seiner eigenen Handschrift lautet: „Ich erhoffe nichts. Ich fürchte nichts. Ich bin frei.“

Der Kameramann *Walter Lassally* (1926–2017) gewann 1965 den **Oskar** für seine subtile Schwarzweiß-Kameraführung. Er lebte anschließend in Stavrós, dem Ort seines großen Erfolges.

Mikis Theodorakis (geb. 1925), der die Filmmusik zu „Alexis Zorbas“ schuf, gilt als der bekannteste griechische Komponist des 20. Jahrhunderts. Da *Anthony Quinn* kein allzu guter Tänzer war, entwickelte er zusammen mit dem Regisseur *Michael Cacoyannis* aus dem Sírtos, einem klassischen griechischen Kreistanz, den „kleinen Sírtos“, den **Sirtáki,** mit einfacheren Schrittfolgen.

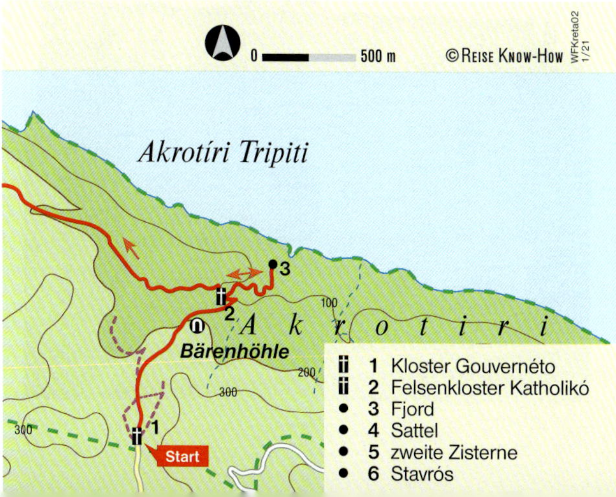

Westkreta

Kloster Gouvernéto

Das Kloster der „Muttergottes zu den Engeln" wurde im 16. Jh. erbaut. Mit seinen wehrhaften, kastellartigen Mauern, die an venezianische Befestigungswerke erinnern, steht es isoliert auf einem steinigen Platz mit freiem Blick in alle Richtungen. 1821 wurde es von den **osmanischen Besatzern** zerstört und erst Mitte des letzten Jahrhunderts wieder restauriert. Heute leben nur noch wenige Mönche und ein Abt im Kloster. Im anmutigen **Innenhof** mit einem gepflegten Garten erhebt sich die Klosterkirche, geweiht der „Allerheiligen Gottesmutter" *(Panagía Theotókos)*, mit einer reich verzierten Fassade. Treppen führen auf allen Seiten des Hofs zu den Mönchszellen.

Jedes Jahr findet am 7. Oktober das **Fest des heiligen Johannes** statt, bei dem die Gläubigen nach einem festlichen Gottesdienst mit dem Bischof von Chaniá zur Höhle des Eremiten in Katholikó pilgern. Übrigens zog sich jener *Johannes* erst in den letzten Lebensjahren in seine **Einsiedlerhöhle** zurück, zuvor war er im Nordwesten Kretas als Missionar tätig.

012kr wf

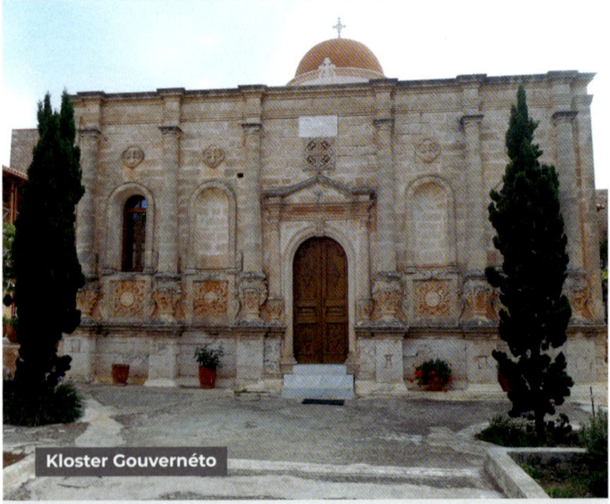

Kloster Gouvernéto

Pfad im wild romantischen Canyon gelangt man in 15 Min. zu einem **Fjord (3)** mit türkisfarbenem Wasser. **ca. 45 Min.**

Auf dem gleichen Weg zurück wird die Brücke unterquert und es geht die schmale Schlucht über Felsen und Steine aufwärts. Ca. 20 Min nach der Brücke wird ein Trockenbett nach links ignoriert. Steineichen, Mastix, Johannisbrotbäume und im Frühjahr riesige Drachenwurz-Exemplare vermitteln ein ursprüngliches Naturerlebnis. Gut 20 Min. später wird der Canyon zum Trockenbett. Ein rötlich gefärbter Pfad führt über eine kleine Ebene in einem leichten Rechtsschwenk aus dem Einschnitt heraus. Hier bestechen im Frühjahr herrliche Zistrosen. Wenig später führt ein blau markierter Pfad nach links aufwärts. Über diesen Pfad erreicht man in knapp 10 Min. einen **Sattel (4)** (270 m). **ca. 1 ¾ Std.**

Der Aufstieg wird durch einen beeindruckenden Blick in ein weites Tal belohnt. Man kann im Talgrund schön den weiteren Pfadverlauf erkennen. 10 Min. später passiert man eine erste alte Zisterne aus Naturstein und ein paar Minuten später auf ca. 180 m Höhe eine **zweite Zisterne (5). ca. 2 Std.**

Abstecher

Hier lohnt ein kurzer Gang zur **Kapelle Ágios Geórgios.** Man verlässt dazu den Hauptweg nach rechts auf einem ansteigenden, undeutlichen Pfad in Richtung einiger Mauerreste. Nach nur 3 Min. steht man vor der von Bäumen beschatteten und von einem Holzkreuz überragten Höhlenkirche. Die Ruinen lassen auf eine frühere Klosteranlage schließen.

Umgeben von Steineichen, Drachenwurz und im Frühjahr gelb blühendem Ginster geht es weiter sanft bergab. Meist wandert man im Bachbett, manchmal etwas oberhalb. 30 Min. nach der letzten Zisterne verlässt der Pfad den Einschnitt nach rechts auf einem breiten steinigen Weg.

Nahe Stavrós, 50 m nach einem Linksschwenk, führt ein blau markierter Pfad nach rechts vom Hauptweg fort und endet nach 300 m rechterhand eines schmucken Anwesens. Nach 100 m nach links auf der Zufahrtsstraße quert man nach rechts ein flaches Trockenbett vor dem Strand, hält sich kurz links und geht rechts noch ein kurzes Stück ins Zentrum von **Stavrós (6)** mit Strandzugang und der Bushaltestelle. **3 Std.**

Tour 3

Vom „Kríos-Beach“ nach Elafonísi –

Zu einem einzigartigen Sandstrand

Diese Küstenwanderung ist einzigartig auf Kreta. Verborgene Badebuchten mit faszinierenden Felsformationen, feinsandige Dünen und ein seltener Zedern-Wacholderwald machen schon den Weg zum Ziel.

Schon nach einer halben Stunde hat man das Ziel vor Augen – die **malerische Lagune** mit der **Sandinsel Elafonísi** neben dem meist sanft zum Meer abfallenden äußersten Südwestzipfel Kretas. Die stillen **Badebuchten** unterwegs stehen im wohltuenden Kontrast zum legendären, aber auch viel besuchten Lagunenstrand aus feinem Muschelsand.

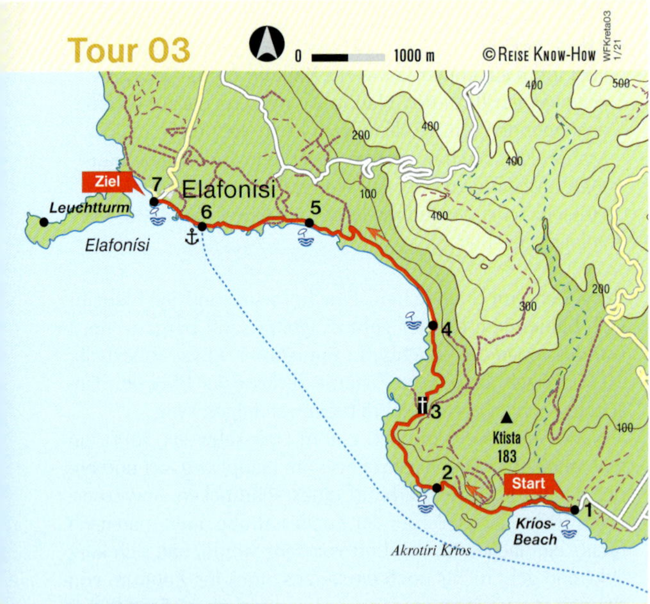

1 Abzweig Kríos-Beach
2 Bucht mit bizarren Felsformationen
3 Kapelle Ágios Ioánnis
4 Sandstrand
5 Badebucht
6 Schiffsanlegestelle
7 Strand von Elafonísi

Kurze Informationsübersicht

Länge: 9,9 km
Gehzeit: ca. 3 ¼ Std.
Auf-/Abstieg: je 220 m
MITTELSCHWER

Ausgangspunkt: Zufahrt zum Kríos-Beach
Wegeigenschaften: angenehme Pfade ohne große Höhenunterschiede, der kurze Abstieg zur Kiesbucht ist relativ steil, E4-Markierung, rote Punkte und Steinmännchen
Einkehrmöglichkeiten: Imbissbude am Strand von Elafonísi, vom Parkplatz erreicht man über eine Schotterstraße in 10 Min. einen Minimarkt und die Tavernen *Panorama* (Tel. 28220 61548) und *Elafonisi* (Tel. 28220 61274), beide bieten auch Unterkunft.
Bademöglichkeiten: Kríos-Beach, Buchten an den Wanderpunkten 2 und 5, Sandstrand an Wanderpunkt 4 und Strand von Elafonísi
Anfahrt: Taxi von Paleóchora zum „Kríos-Beach", 10 km. Das Taxibüro *Psarakis* befindet sich nahe der Schiffsanlegestelle, Tel. 28230 41128 oder 697 2726149.
Rückfahrt: Schiff nach Paleóchora um 16 Uhr, Preis 10 Euro. Das Ticket ist früh in Paleóchora im Reisebüro *Selino Travel* zu lösen. Die Agentur befindet sich nahe der Schiffsanlegestelle, Tel. 28230 42272.

Westkreta

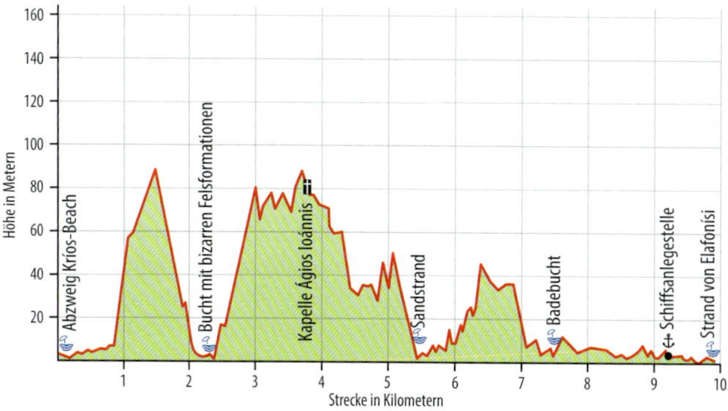

Wegbeschreibung

Das Taxi hält am **Abzweig zum Kríos-Beach (1).** Man folgt der schmalen Straße zur Bucht und geht nach ca. 10 Min. den Kiesstrand entlang. Ab einem E4-Pfosten geht es ein paar Meter über Felsen hinweg. So gelangt man, 15 Min. nach dem Abzweig, zu einer kleinen Badebucht. Am anderen Ende der Bucht weist ein E4-Pfeil nach rechts zu einem durch Salbei und Stechginster aufwärts ziehenden Pfad. Dieser verläuft bald unterhalb einer Schotterstraße. Wenig später, bei einem Sattel, stößt er auf den hier ca. 90 m hohen Fahrweg. **30 Min.**

Die Insel Elafonísi mit ihrem vorgelagerten weißen Strand ist von hier das erste Mal zu erblicken. Etwa 100 m weiter geht es bei einer Gabelung nach links/abwärts. Der Fahrweg wird kurz darauf zu einem Pfad, der sich absenkt zu einer **Bucht mit bizarren Felsformationen (2).** **ca. 45 Min.**

Nach 5 Min. in der Bucht – der Pfad verläuft unweit des Meeres – folgen ein viertelstündiger Aufstieg zwischen Tamarisken und Steineichen auf eine Höhe von ca. 100 m und ein ebener Abschnitt in offenem Gelände, der an der **Kapelle Ágios Ioánnis (3)** (ca. 85 m) vorbeiführt. **1 ¼ Std.**

In weiten Bögen verläuft der Pfad nun etwas oberhalb der Küste, ehe er, 30 Min. nach der Kapelle, schließlich steil abfällt zu einem **Sandstrand (4).** **1 ¾ Std.**

Der Weg führt knapp oberhalb des Strandes entlang, geht aufwärts und führt ca. 30 Min. später links in einem steilen Bachbett hinab zu einer Kiesbucht. Nach 10 Min. parallel zur Küste stößt man auf eine einladende **Badebucht (5).** **2 ½ Std.**

Der teilweise undeutliche sandige Pfad führt kurz darauf durch einen kleinen Zedernwacholderwald – immer in ca. 100 m Entfernung zur Küste. Da die E4-Schilder an den Bäumen manchmal weit auseinander liegen, sollte man sich nicht zu weit vom Meer entfernen. Nach einer weiteren Kiesbucht geht es für ca. 5 Min. über Sand weiter, ehe der Pfad in kargem Gelände festen Untergrund erreicht. Wenig später quert er durch ein Gatter einen Zaun nahe am Meer. **ca. 2 ¾ Std.**

Nach 10 Min. passiert man die **Schiffsanlegestelle (6),** an der später das Boot nach Paleóchora wartet. Achtung: Vorher nicht den Steinmännchen folgen, sondern auf den E4-Pfosten zuhalten. Am Anleger beginnt ein breiter Pfad, der direkt zum **Strand von Elafonísi (7)** führt. **3 ¼ Std.**

Sandparadies Elafonísi

Die Insel Elafonísi entstand durch **Anschwemmungen** zwischen einem Felskamm vor der Küste und dem Festland. Sie erstreckt sich mit durchschnittlich 250 m Breite auf 1,5 km Länge südwestlich ins offene Meer. Vom feinen Sandstrand aus lässt sich die nahe Insel durch das kniehohe **türkisblaue Wasser** der Lagune watend erreichen. Über die Südostseite gelangt man bis zur Spitze der Insel. Vom 37 m hohen Felskamm bietet sich ein wunderbarer Ausblick auf die Küste und die Insel.

Elafonísi steht heute unter **Naturschutz,** ist Brutplatz der **Meeresschildkröte** *Caretta caretta* und Rastplatz für die **Zugvögel** auf ihrem Flug von Europa nach Afrika. Die empfindlichen, von Strand-Grasnelken bewachsenen Dünen dürfen nicht betreten werden.

Der von Tamarisken begrenzte **Sandstrand** von Elafonísi – durch winzige Muschelsplitter rötlich gefärbt – gehört sicher zu den schönsten der Insel Kreta. Früher als Geheimtipp gehandelt, wird er heute tagsüber von zahlreichen Sonnenanbetern belagert. Ab 16 Uhr leert sich der Strand, dann lässt sich die frühere Atmosphäre ungebundenen Robinson-Daseins zumindest erahnen.

Adobe Stock © Patryk Kosmider

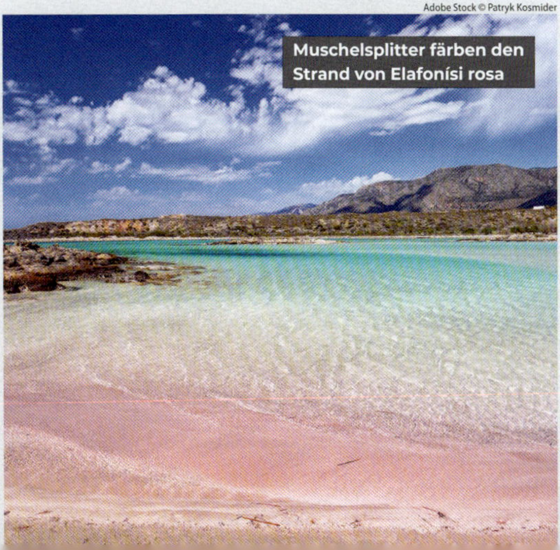

Muschelsplitter färben den Strand von Elafonísi rosa

Westkreta

Tour 4
Von Soúgia nach Paleóchora –
Badebuchten und antike Ruinen

2000 Jahre alte Mosaiken nahe einer einsamen Badebucht lassen die Vergangenheit aufleben. Die schmale Landzunge mit Paleóchora hebt sich die letzten drei Stunden pittoresk von der Steilküste ab.

Diese abwechslungsreiche und wenig anstrengende Wanderung entlang der **felsigen Südküste** Westkretas führt durch das **antike Lissós** und bietet nach dem **Kap Flomés** einige Bademöglichkeiten und eine Strandtaverne. Das lebendige Städtchen **Paleóchora** lädt zum Bummeln und Baden ein.

052kr wf

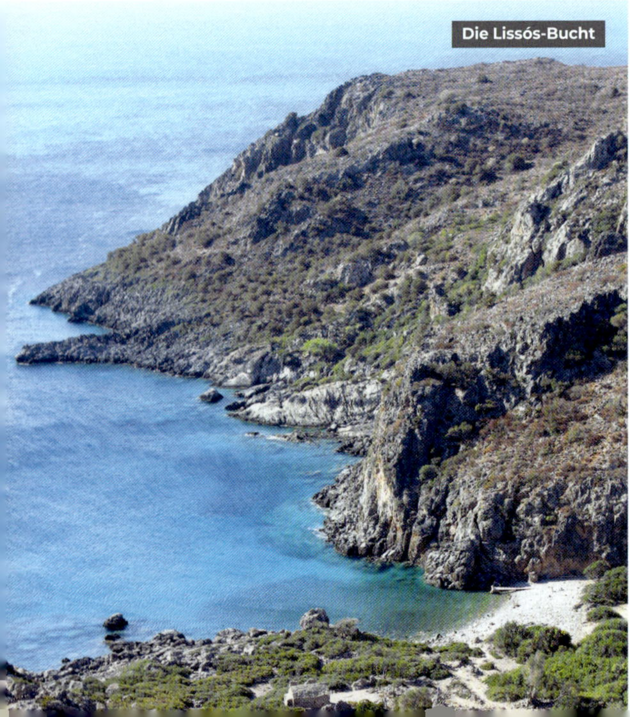

Die Lissós-Bucht

Kurze Informationsübersicht

Länge: 14,2 km
Gehzeit: ca. 4 ½ Std.
Auf-/Abstieg: je 480 m
MITTELSCHWER

Ausgangspunkt: Soúgia
Wegeigenschaften: deutliche Pfade mit unterschiedlichen Steigungen und ebene Schotterwege, E4-Markierungen
Einkehrmöglichkeiten: schattige, urige Taverne am Anídri-Strand
Bademöglichkeiten: Strand von Soúgia, Bucht von Lissós, Bucht an Wanderpunkt 5 und der breite Sandstrand von Anídri
Anfahrt: Bei Standort Paleóchora: Fähre von Paleóchora nach Soúgia um 8.30 Uhr, in der Saison Bus von Paleóchora um 13 und 17 Uhr
Rückfahrt: Rückkehr von Soúgia am nächsten Tag um 8.30 Uhr mit der Fähre oder abends mit dem Taxi (ca. 30 km)

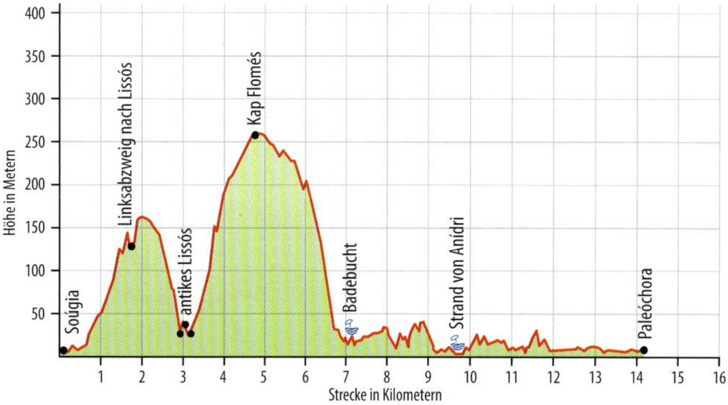

Wegbeschreibung

Vom Zentrum in **Soúgia (1)** führt die Strandpromenade nach Westen in Richtung Schiffsanlegestelle. Unmittelbar vorher halb rechts halten zum kleinen Fischerhafen (E4-Markierung an einem Strommasten). Nach einem Gatter und einer Schautafel betritt man die Lissós-Schlucht. **10 Min.**

Vor allem im Frühsommer sind prächtige Oleanderbüsche zu bewundern, wie sie vorzugsweise in ausgetrockneten Bächen gedeihen. Kiefern und Steineichen spenden Schatten. Nach 20 Min. folgt der schönste Abschnitt der Schlucht. Überhängende Wände aus rötlich-grauem Fels bilden hier einen schmalen Durchgang. Ein paar Minuten später, auf etwa 95 m Höhe, liegt der **Linksabzweig nach Lissós (2). ca. 30 Min.**

Der markierte E4-Pfad führt schattig unter Kiefern in Serpentinen aufwärts aus der Schlucht heraus. Nach gut 10 Min. beginnt ein Plateau (ca. 150 m) mit Macchia, Kiefern und Johannisbrotbäumen, und noch einmal gut 10 Min. später eröffnet sich auf ca. 120 m Höhe unvermittelt ein fantastischer Ausblick in die weite Bucht von Lissós. Der Pfad schlängelt sich jetzt in engen Serpentinen zwischen Olivenbäumen steil bergab. Nach knapp 15 Min. Abstieg ist, ca. 25 m hoch, das **antike Lissós (3)** erreicht. Der Asklepios-Tempel liegt rechts auf einer Terrasse hinter einem Zaun. Nach Besichtigung des Tempels führt vom Ausgang halbrechts ein Pfad zur byzantinischen Kapelle. Linkerhand befindet sich 50 m entfernt ein schattiger Picknickplatz mit einer Quelle. **ca. 1 ¼ Std.**

Tour 04

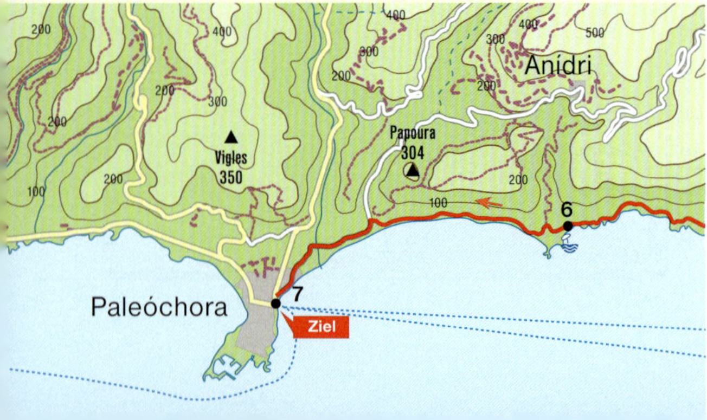

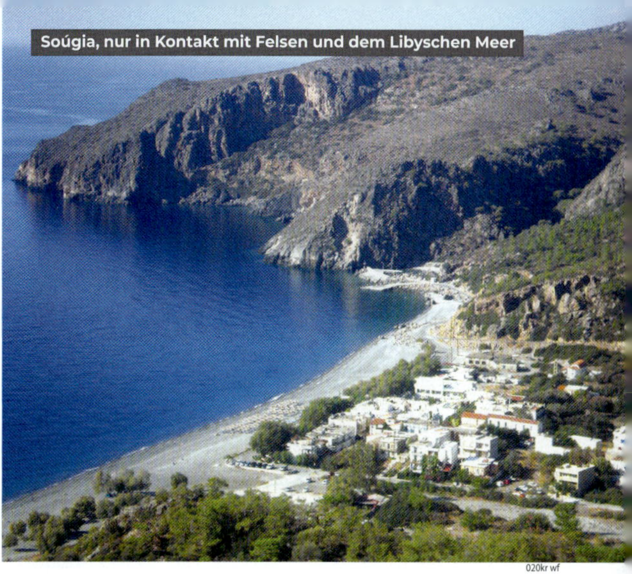
Soúgia, nur in Kontakt mit Felsen und dem Libyschen Meer

020kr wf

Abstecher

Wer die **Bucht von Lissós** besuchen will, benutzt ab der Quelle einen beschilderten Pfad in Richtung Küste. Das klare Wasser des schattenlosen Kiesstrandes lockt zu einem Bad vor dem weiteren Anstieg. Hin und zurück benötigt man ca. 15 Min. für den Abstecher.

Man verlässt den Platz der Beschilderung nach Paleóchora folgend. Er schlängelt sich bald in Serpentinen steil aufwärts. Nach einem Wacholderwald führt er nach knapp 45 Min.

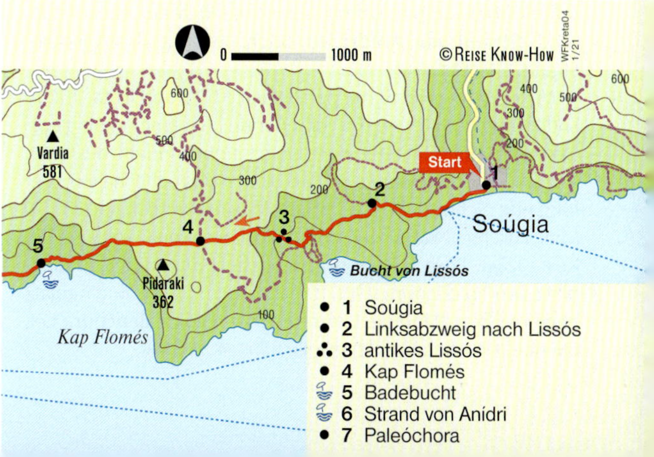

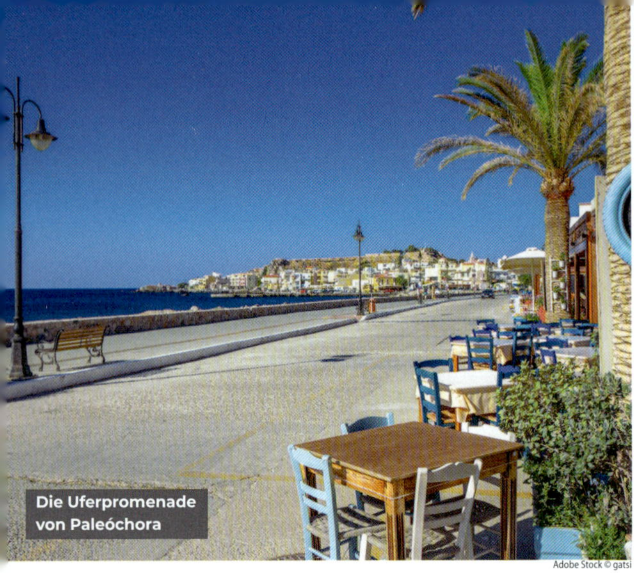
Die Uferpromenade von Paleóchora

Adobe Stock © gatsi

(von Lissós) über eine Hochebene und erreicht gut 10 Min. später mit etwa 260 m den höchsten Punkt am **Kap Flomés (4).** ca. 2 Std.

Der Pfad überquert eine Schotterstraße und wird zum Erdfahrweg. Dieser verengt sich wenig später wieder zum Pfad und senkt sich allmählich in Richtung Küste. Die faszinierende Steilküste und das ferne Paleóchora ziehen immer wieder die Aufmerksamkeit auf sich. Knapp 45 Min. nach Kap Flomés passiert man eine kleine **Badebucht (5).** 2 ¾ Std.

Der Pfad verläuft im Folgenden auf ca. 20 m Höhe ziemlich eben und parallel zur Küste. Nach einem zehnminütigen Abschnitt über Klippen öffnet sich schließlich der einladende, weite **Strand von Anídri (6),** auch bekannt als Gyaliskári-Strand. 3 ½ Std.

Weiter geht es im Sand, parallel zur Küste und in ca. 100 m Entfernung zum Meer. Am Strandende liegt eine empfehlenswerte, schattige Taverne. Kurz nach einem E4-Pfahl muss man sich bei einer Gabelung im Parkplatz halb rechts halten. Der folgende Schotterweg Richtung Westen wird nach ca. 30 Min. zur Teerstraße, der man halb links weiter entlang der Küste folgt. Etwa 5 Min. später passiert man den Campingplatz von Paleóchora. Gut 10 Min. nach dem Campingplatz beginnt linker Hand die Uferpromenade von **Paleóchora (7),** die direkt zur Schiffsanlegestelle führt. 4 ½ Std.

Das antike Lissós

Die in der dorischen Epoche gegründete Hafenstadt Lissos *(Lissós)* war bis in die griechische und römische Zeit vor allem für ihre **Heilquelle** berühmt. Am besten erhalten ist heute ein frühhellenistischer **Tempel,** der *Asklepios* – dem griechischen Gott der Heilkunst – geweiht war. Mauerreste aus Steinquadern umfassen ein in der römischen Zeit verlegtes **Fußbodenmosaik** aus dem 1. Jh. mit geometrischen Formen und Tierdarstellungen aus mehrfarbigen Steinen. Daneben ein gut erhaltenes Becken mit einer Bodenöffnung für flüssige Opfergaben. Neben Säulenresten lassen sich auch griechische **Inschriften** auf einem Sandsteinblock entdecken. An der abwärts führenden Treppe entspringt eine – auch heute noch ergiebige – Quelle. Etwa 100 m entfernt fügt sich eine byzantinische **Kapelle** mit Freskenresten harmonisch in das Bild.

030kr wf

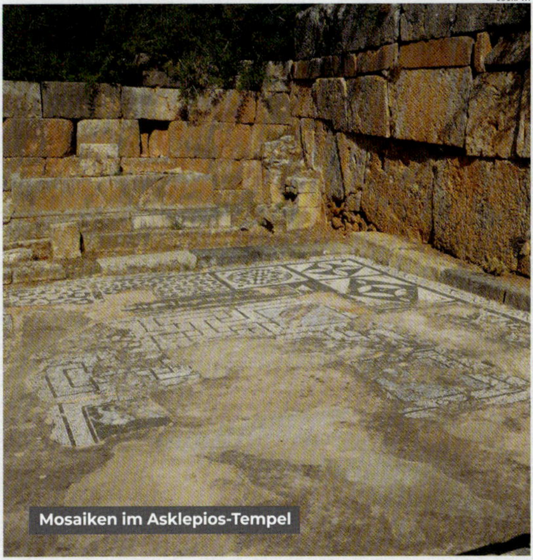

Mosaiken im Asklepios-Tempel

Tour 5

Im Hinterland von Soúgia –

Zu einem Aussichtspunkt hoch über der Küste

Die unberührte Felslandschaft jenseits von Soúgia besticht durch stille Abgeschiedenheit und einen alten, neu entdeckten Pfad durch unberührte Natur.

Diese reizvolle Rundwanderung führt nach einer schattigen **Schluchtpassage** durch eine ländlich geprägte **Hügellandschaft** und bietet herrliche **Meerblicke,** vor allem von einem etwa 320 m hoch gelegenen Aussichtspunkt.

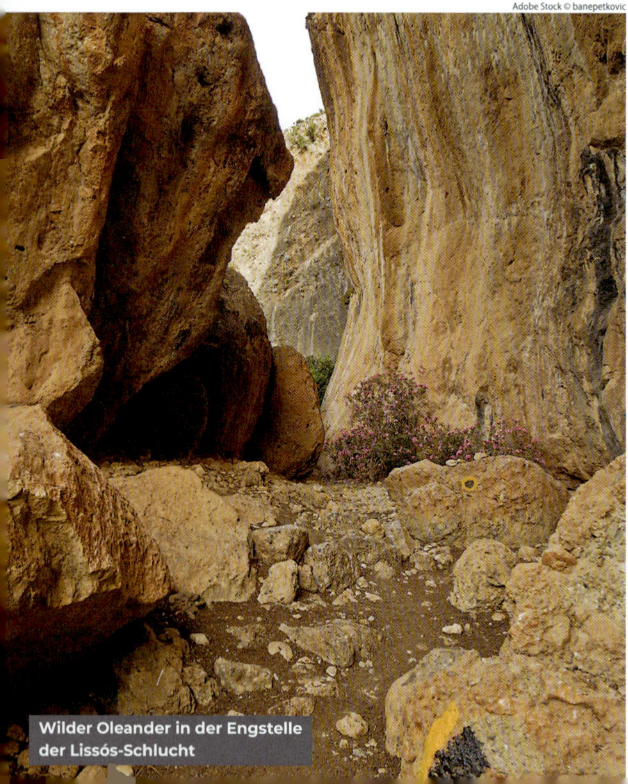

Wilder Oleander in der Engstelle der Lissós-Schlucht

Kurze Informationsübersicht

Länge: 7,2 km
Gehzeit: ca. 3 Std.
Auf-/Abstieg: je 370 m
MITTELSCHWER

Ausgangspunkt: Soúgia
Wegeigenschaften: ursprüngliche, neu entdeckte Pfade, gelegentlich auch steil, E4-Markierung zu Beginn der Lissós-Schlucht, im Folgenden durchgehend markiert mit roten Punkten und Steinmännchen
Einkehrmöglichkeiten: zahlreiche Tavernen in Soúgia
Bademöglichkeiten: Strand von Soúgia
Anfahrt: Fähre von Paleóchora nach Soúgia um 8.30 Uhr
Rückfahrt: Fähre von Soúgia nach Paleóchora um 18.30 Uhr

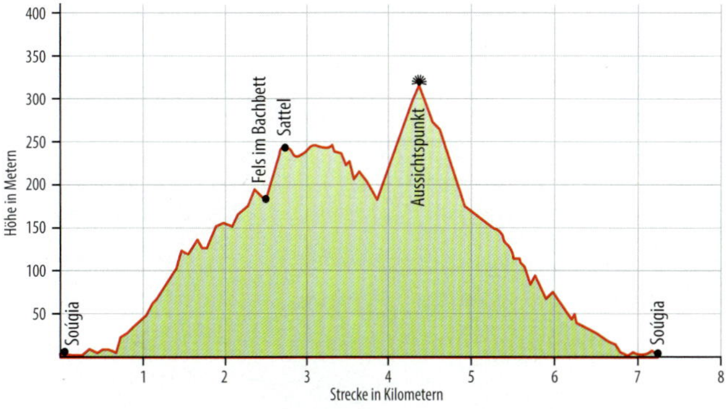

Wegbeschreibung

Im Zentrum von **Soúgia (1)** folgt man der Strandpromenade nach Westen in Richtung Schiffsanlegestelle. Unmittelbar vorher halb rechts halten zum kleinen Fischerhafen (E4-Markierung an einem Strommast), durch ein Gatter und nach ca. 10 Min. betritt man die Lissós-Schlucht. Nun führt ein trockenes Flussbett aufwärts. Den Linksabzweig des markierten E4-Pfads (Höhe ca. 95 m) nach Lissós ignorierend, folgt man weiter geradeaus der Schlucht. **ca. 30 Min.**

Nach weiteren 20 Min. weitet sich die Schlucht und wenig später verlässt man, inzwischen ca. 175 m hoch, halb rechts/aufwärts das Bachbett (rote Markierungen) vor einem großen, einzelnen **Felsen in der Mitte des Bachbetts (2).** **ca. 1 Std.**

Der schmale Pfad führt nach einem Rechts-Links-Schwenk parallel zu einem Felskamm ziemlich steil bergauf in Richtung

084kr wf

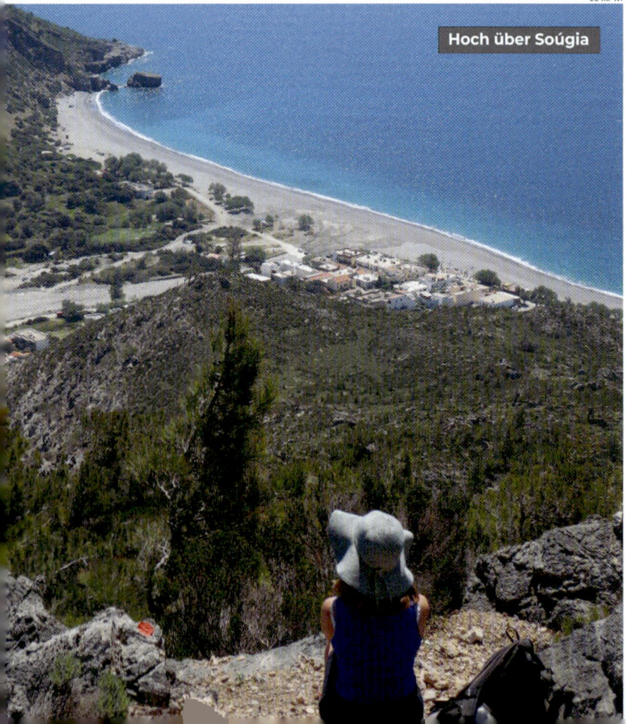

Hoch über Soúgia

Nordosten und erreicht am Ende des Felsabbruchs auf ca. 250 m Höhe einen **Sattel (3).** ca. 1 ¼ Std.

Man geht leicht bergab und schwenkt nun allmählich nach Osten. Gut 15 Min. später stößt man auf ein kleines Trockenbachbett (ca. 230 m), geht in ihm wenige Meter nach rechts und verlässt es wieder nach links, also nach Südosten. Es bieten sich herrliche Ausblicke auf Meer und Küste. Der weitgehend ebene Pfad endet bei einem breiten Weg (ca. 200 m), der leicht bergab nach Osten führt. ca. 1 ¾ Std.

Erneut beeindruckt die Aussicht auf die Steilküste westlich von Soúgia. Kurz darauf – bei einem Wegknick nach rechts – führt ein schmaler Pfad scharf nach links, also nach Nordwesten, zu einem wunderschönen Aussichtspunkt. Ein Steinmännchen und eine rote Markierung bezeichnen diesen Abzweig. Wer auf den Aussichtspunkt verzichten möchte, bleibt auf dem Fahrweg und geht rechts/abwärts.

Es geht steil und geradlinig bergauf zwischen niedrigen Steineichen und Kiefern. Nach 5 Min. zeigt sich der Pfad auf beiden Seiten von Felsgruppen begrenzt. Nach einem leichten Linksschwenk und einem flachen Abschnitt steigt man mit leichtem Rechtseinschlag (nordöstlich) ziemlich steil quer ei-

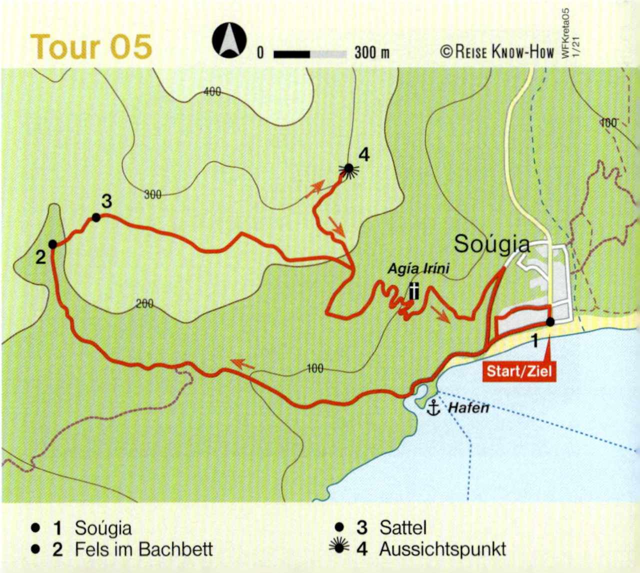

Kirchen und Kapellen

Auf Kreta existieren heute **über 3000 Kirchen und Kapellen.** Regelmäßige Messen finden nur in den Dorf- und Gemeindekirchen statt. Die Gläubigen sitzen oder stehen während des neunzigminütigen Gottesdienstes im Kirchenraum, Männer und Frauen getrennt.

Im Gegensatz dazu werden die sogenannten **Stifterkirchen,** über die ganze Insel verstreut, nur zum persönlichen Gebet besucht. Es handelt sich meist um **Einraumkapellen,** deren Bau und Ausstattung von Gläubigen finanziert wurden. Einmal im Jahr findet zum Kirchweihfest eine feierliche Messe statt. In den Bergregionen ist gelegentlich eine **Zisterne** integriert. Zudem dürfen Kapellen im Notfall auch als Unterschlupf genutzt werden (z. B. die Gipfelkapelle des Psiloritis).

Oft sieht man kleine **Miniaturkapellen** (Ikonostasen) am Straßenrand. Es sind Kirchenmodelle mit Ikonen und einer Öllampe, die das „Ewige Licht" symbolisiert. Sie sollen an glimpflich oder tödlich verlaufene Unfälle erinnern. In abgelegenem Gelände dienen sie auch als Wegweiser zu einer Kapelle.

031kr wf

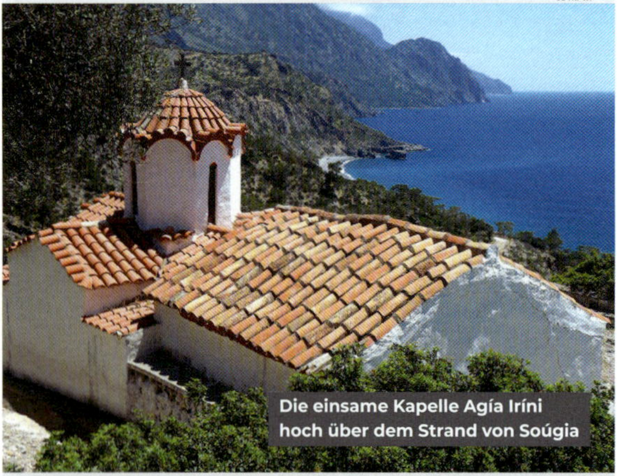

Die einsame Kapelle Agía Iríni hoch über dem Strand von Soúgia

nen Hang hinauf. Gut 20 Min. nach Beginn des Pfades, kurz bevor er abschüssig wird, geht es dann wenige Meter halb links bergab zu einem **Aussichtspunkt (4)** (ca. 320 m) bei einer Gruppe von schwarzen Felsen. Hier eröffnet sich ein fantastischer Ausblick auf Soúgia und das vorgelagerte Tal mit der Zufahrtsstraße. **ca. 2 Std.**

Nun zurück. Nach 15 oder 20 Min. Abstieg - der Pfad mündet wieder in den überwachsenen Fahrweg - geht man geradeaus bergab, also nach Süden, und kurz darauf in einem Linksbogen nach Osten. Der absinkende Weg wird auf ca. 155 m Höhe zu einem schmalen, steinigen Pfad. Soúgia kommt in Sichtweite. Der Pfad geht in einen breiten Fahrweg über, der in Serpentinen abwärts führt.

Abstecher

Etwa 5 Min. später kann man links, ca. 85 m hoch, die **Kapelle Agía Iríni** besuchen. Der Besuch lohnt sich wegen des schönen Blicks auf den Strand von Soúgia. Tief unten sieht man den Schiffsanleger und im Nordosten die kahlen Hänge des Psiláfi-Massivs.

Nach knapp 10 Min. biegt vom Fahrweg scharf rechts eine asphaltierte Umgehungsstraße von Soúgia ab. An der Strandpromenade nach links und vor einer verfallenen Ölfabrik sofort nochmals links zur Dorfkirche Ágios Panteleímonas halten. Am Friedhof vorbei verlässt man das Areal durch das Haupttor und ist wenig später wieder im Zentrum von **Soúgia (1). ca. 3 Std.**

Tour 6

Von Agía Iríni nach Soúgia –

Von Schlucht zu Schlucht

Die Wildheit und Abgelegenheit der mit gewaltigen Felsbrocken gespickten **Iríni-Schlucht** und der kiefernbestandenen, nahezu unbekannten, steilen **Fígou-Schlucht** am Rande des **Psiláfi-Massivs** machen diese Tour zu einem Erlebnis.

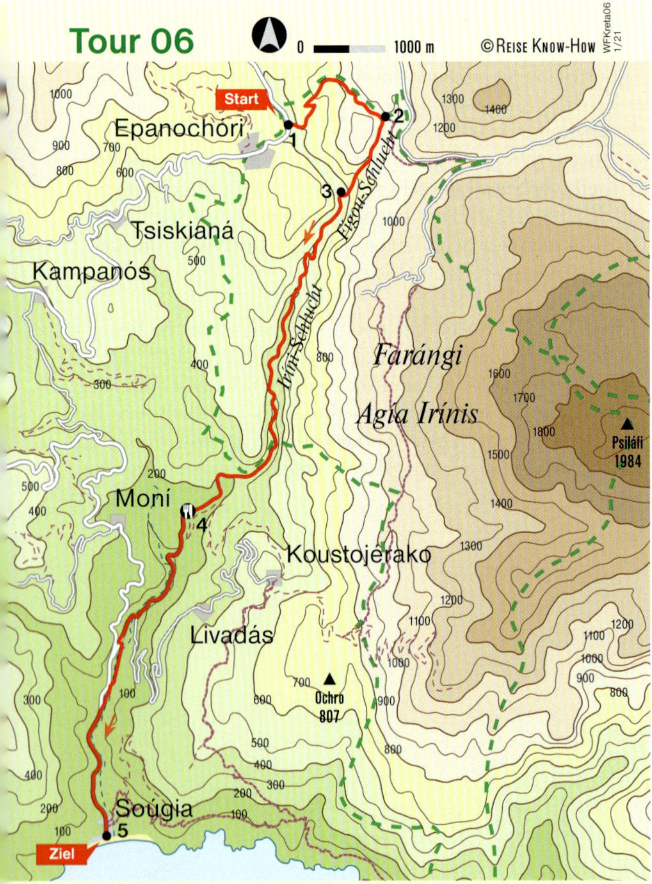

- 1 Agía Iríni
- 2 Rechts-Abzweig zur Fígou-Schlucht
- 3 Iríni-Schlucht
- 4 Taverne Oasis
- 5 Soúgia

Kurze Informationsübersicht

Länge: 14,3 km
Gehzeit: ca. 4 ½ Std.
Auf-/Abstieg: 450 m / 1040 m
LEICHT

Ausgangspunkt: Bushaltestelle am Eingang der Iríni-Schlucht
Wegeigenschaften: zu Beginn ein gepflasterter, breiter Pfad aus römischer Zeit, in den Schluchten gut begehbare und gesicherte Pfade, am Ende der Wanderung ebene Wege und kurze Asphaltabschnitte, E4-Markierungen bis zur Fígou-Schlucht und in der Iríni-Schlucht, im ausgetrockneten Flussbett vor Soúgia auch rote Punkte
Einkehrmöglichkeiten: Taverne *Oasis* am Ausgang der Iríni-Schlucht
Bademöglichkeiten: Strand von Soúgia
Anfahrt: Bus von Soúgia nach Chaniá um 7 Uhr (Mo–Sa) bzw. 12 Uhr (So), Ausstieg „Iríni“, Fahrzeit 45 Min., ca. 20 km

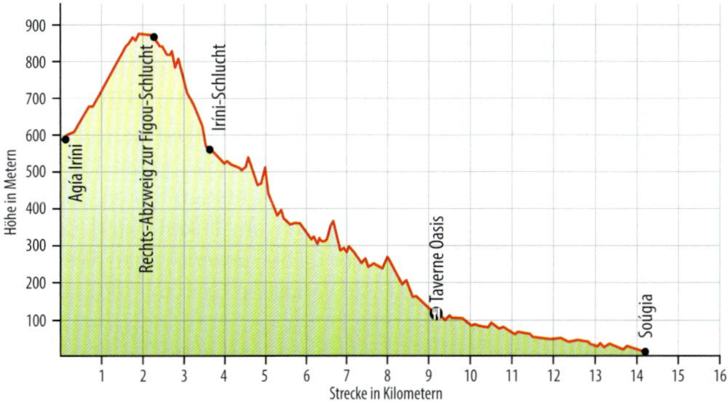

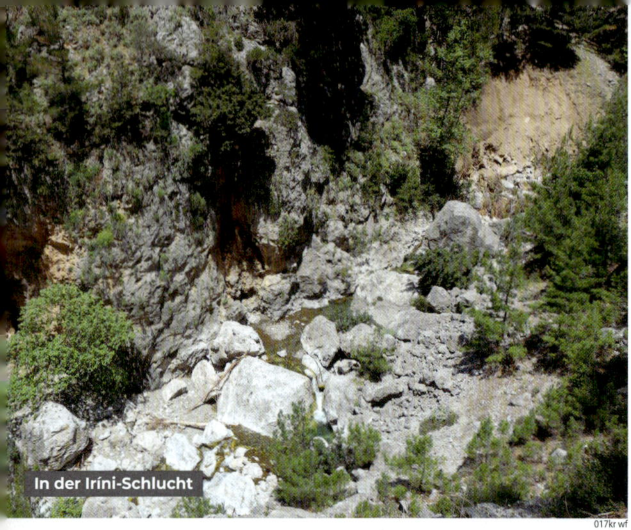

In der Iríni-Schlucht

017kr wf

Wegbeschreibung

Man verlässt kurz vor **Agía Iríni (1)** an der ca. 600 m hoch gelegenen Haltestelle den Bus und schlägt wenige Meter links des Iríni-Abstiegs einen Betonweg ein, der bergab führt (siehe auch Wegvariante unten). Nach Überquerung einer alten Brücke geht es nach links (entlang eines Bachbetts), ca. 50 m weiter nach rechts (vom Bachbett weg). Nach weiteren ca. 50 m geht es bei einer Gabelung (Baum, E4-Markierung) rechts und man passiert ein Gatter. Der alte Pflasterweg aus der Römerzeit, der hier einsetzt, führt nun, anfänglich unter Kiefern, ca. 50 Min. bergauf bis auf eine Höhe von ca. 900 m, danach rund 5 Min. bergab bis zum etwa 870 m hoch gelegenen **Rechts-Abzweig zur Fígou-Schlucht (2).** **ca. 1 Std.**

Hier rechts abwärts gehen. Nach gut 20 Min. erreicht der schattige Pfad inmitten von Steineichen, Kiefern und Zypressen das Bachbett der Fígou-Schlucht. Nun verläuft er in Serpentinen teilweise im Schluchtgrund, teilweise etwas oberhalb. Die Wände ragen gelegentlich zu beiden Seiten über 100 m empor. Man geht schließlich am linken Rand der Schlucht und passiert nach einer halben Stunde einen Wegweiser zur Höhle Chirótripa. Auf verfallene Gemäuer (Ruinen einer alten Fluchtsiedlung, die kretischen Aufständischen in der Osmanenzeit zum Rückzug diente) folgt auf ca. 560 m die Einmündung in die **Iríni-Schlucht (3).** **ca. 1 ½ Std.**

Wegvariante

Abstieg von Agía Iríni direkt in die Iríni-Schlucht: Man folgt an der Bushaltestelle neben einer Schautafel dem Betonweg abwärts. Etwa 200 m später – nach einer Cafeteria – beginnt ein steiniger Pfad, der entlang eines Bachlaufs unter Schatten spendenden Zypressen und Platanen verläuft. Nach 10 Min. wird der Bach überquert, und nach insgesamt 15 Min. passiert man die Einmündung der **Iríni-Schlucht (3).** Nun geht es weiter mit der Hauptroute.

Schluchtabwärts passiert man in der Folge mehrere Wasserstellen, zwei WC und Picknickplätze. Später verläuft der weiterhin absteigende Pfad am Rand zweier gewaltiger Felsabbrüche, bis er schließlich, hier noch ca. 175 m hoch, die engste Stelle der Schlucht erreicht. Anmerkung: 2019 war die Fortsetzung nach der Engstelle durch Steinschlag unmöglich, es wurde aber eine Umgehung konstruiert. **ca. 3 ¼ Std.**

Die Iríni-Kluft weitet sich zum Ende hin. 15 Min. nach der engsten Stelle verlässt man sie bei der **Taverne Oasis (4)** nach links. **ca. 3 ½ Std.**

Ab der Taverne (Höhe ca. 120 m) folgt man einer kleinen Teerstraße, überquert nach gut 20 Min. eine Brücke (ca. 70 m), und biegt nach weiteren etwa 200 m bei einem Müllplatz auf einen Schotterweg links ins Flussbett ein. Nach wenigen Metern verläuft der Weg nach rechts zu einem schwach ausgeprägten, aber rot markierten Weg im Trockenbett, dem man folgt. Nach knapp 20 Min. führt der Weg aus dem Flussbett zur Asphaltstraße und man erreicht **Soúgia (5). 4 ½ Std.**

018kr wf

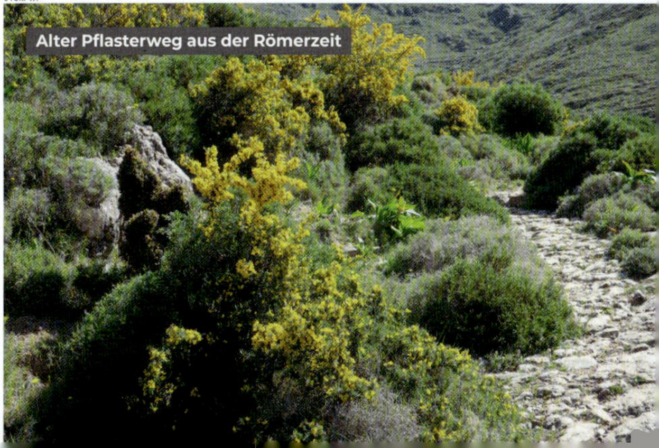

Alter Pflasterweg aus der Römerzeit

Westkreta

Tour 7

Von Koustojérako über die Kapelle Profítis Ilías nach Soúgia –

Aussichtspunkt über der südlichen Steilküste

Diese einsame Tour in den südlichen Ausläufern der Weißen Berge verbindet ein Bergdorf mit einer mythischen Höhle und zwei völlig unterschiedlichen Kapellen.

Das nur noch spärlich bewohnte **Bergdorf Koustojérako** gibt bereits einen Vorgeschmack auf die Abgeschiedenheit der versteckten Pfade. Nach den lohnenswerten Abstechern zur dunklen **Polífimos-Höhle** und zur **Kapelle Ágios Antónios** mit sehenswerten Wandmalereien bietet die exponierten **Kapelle Profítis Ilías** wohltuend weite Ausblicke auf die Küste nach Westen und Osten.

056kr wf

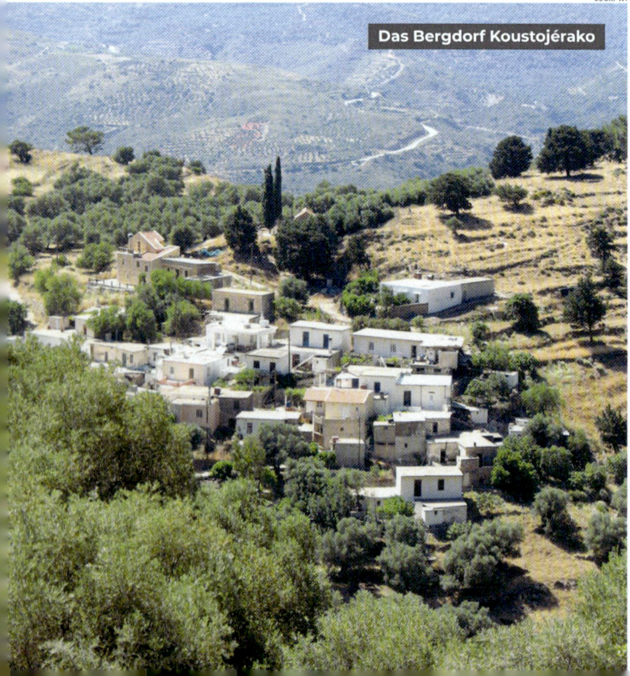

Das Bergdorf Koustojérako

Kurze Informationsübersicht

Länge: 16,8 km
Gehzeit: ca. 7 ¼ Std.
Auf-/Abstieg: 660 m / 1160 m
MITTELSCHWER

Ausgangspunkt: Dorfplatz von Koustojérako
Wegeigenschaften: ausgeprägte Bergpfade, blau-weiß markiert bis zur Küste, E4-Markierung auf dem Küstenpfad
Einkehrmöglichkeiten: Café in Koustojérako (Tipp: Eine geruhsame Einkehr an einem anderen Tag lohnt wegen *Maria,* der freundlichen Besitzerin, und der herrlichen Stille)
Bademöglichkeiten: Bucht bei Wanderpunkt 5 und Strand von Soúgia
Anfahrt: Taxi von Soúgia nach Koustojérako, ca. 7 km, Tel. 697 2370480, 697 7745160 oder 694 5476499

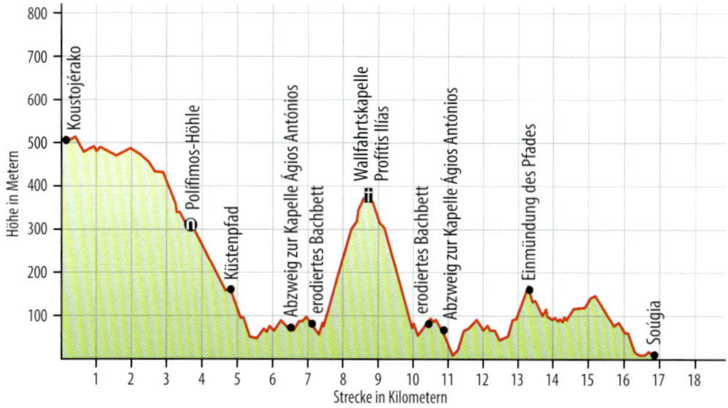

Wegbeschreibung

Vom Dorfplatz in **Koustojérako (1)** in 515 m Höhe führt ein Beton-Schotterweg nach Süden an einem empfehlenswerten Café vorbei. Das Schild „Cave of Cyclope“ weist zusätzlich den Weg. Nach 45 Min. beginnt links ein blau-weiß markierter Pfad in Richtung Küste. Er verläuft durch unberührte, verwilderte Bergwelt mit Kiefern, Dornengewächsen und der dominierenden Weißen Meerzwiebel. Nach 30 Min. führt der Rechtsabzweig zur nahen **Polífimos-Höhle (2),** ca. 310 m hoch. **1 ¼ Std.**

Es geht zurück zum Abzweig und weiter Richtung Küste. 30 Min. nach der Höhle trifft man – 160 m hoch – auf den **Küstenpfad (3)** Soúgia – Agía Rouméli, dem weiter nach Westen gefolgt wird. **1 ¾ Std.**

Wenig später senkt sich ein alter gepflasterter Maultierpfad abwärts in das üppig grüne Tal und man erreicht nach wenigen Minuten auf ca. 80 m Höhe das ausgetrocknete Bachbett. Diesem wird rechts auf einem deutlichen Pfad gefolgt, der nach ca. 5 Min. aus dem schmalen Tal herausführt und wieder entlang der Küste verläuft. Linker Hand befinden sich bald schroffe, rötliche Felsen mit einigen kleineren Höhlen. Etwas

Griechische Mythologie

Homer beschreibt in seinem **Epos Odyssee** die Zyklopen, ein Volk von Riesen. **Polífimos,** der Sohn des *Poseidon* und der Nymphe *Toosa* war das Oberhaupt dieses Volkes. Er war riesengroß, bärenstark und hatte nur ein Auge in der Mitte seiner Stirn. Der einäugige Riese war Schafhirte und hauste in einer schaurigen Höhle. Als der schiffbrüchige **Odysseus** mit seinen Gefährten dort Zuflucht suchte, so berichtet *Homer,* nahm *Polífimos* sie gefangen und fraß einige seiner Männer. Um diesem Schicksal zu entgehen, machte *Odysseus* ihn betrunken, rammte ihm einen brennenden Pfahl ins Auge und entkam.

Im Museum von Eleusis in Attika ist eine **Amphore** aus dem Jahr 650 v. Chr. ausgestellt, auf der die **Blendung des Polífimos** dargestellt ist. Die **Höhle des Polífimos** soll sich in den Bergen bei Soúgia befunden haben.

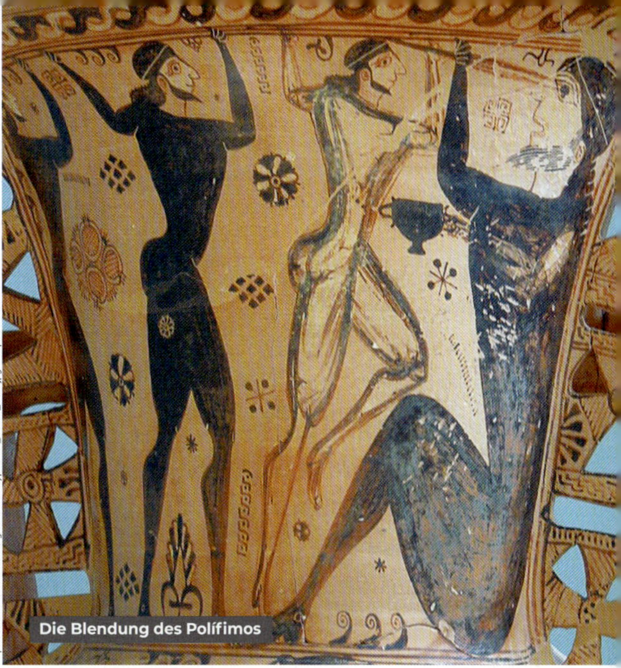

Die Blendung des Polífimos

https://commons.wikimedia.org/wiki/File:Polyphemus_Eleusis_2630.jpg © Napoleon Vier

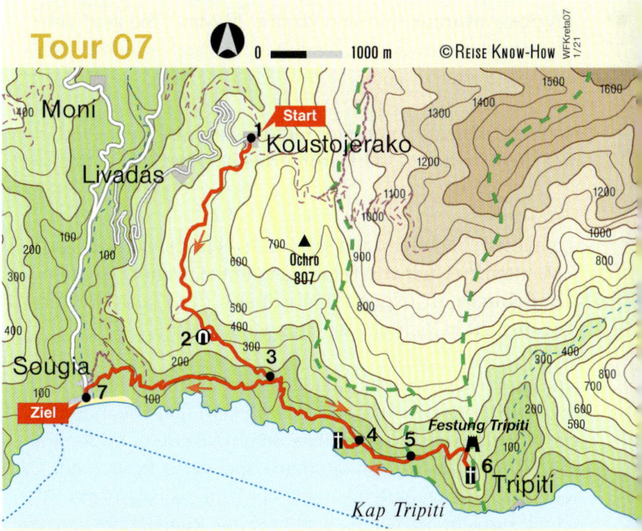

- ● 1 Koustojérako
- ⓘ 2 Polífimos-Höhle
- ● 3 Küstenpfad
- ● 4 Abzweig zur Kapelle Ágios Antónios
- ● 5 erodiertes Bachbett
- 6 Wallfahrtskapelle Profítis Ilías
- ● 7 Soúgia

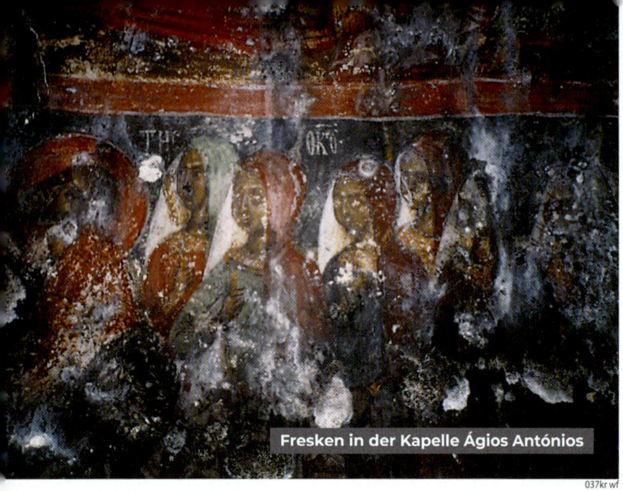

Fresken in der Kapelle Ágios Antónios

037kr wf

weiter öffnet sich der Blick auf eine weite Bucht mit der Kapelle Ágios Antónios. 15 Min. später, ca. 50 m vor einem Geröllfeld, folgt ein **Pfadabzweig (4)** auf 70 m Höhe. Hier geradeaus halten. **ca. 2 ¾ Std.**

Abstecher
An diesem Abzweig führt ein Weg hinunter zur **Kapelle Ágios Antónios** (hin und zurück 20 Min.). Sie liegt einsam in der schwarzen, zerklüfteten Felsbucht und bietet sehenswerte Fresken.

Nach der Passage mehrerer Geröllfelder quert der Pfad ein hier ca. 60 m hohes, stark **erodiertes Bachbett (5). 3 Std.**

Abstecher
In diesem Bachbett kann man nach rechts binnen weniger Minuten zu einer von Felsen gerahmten, wunderschönen **Badebucht** absteigen. Man hält sich dazu kurz vor der Küste links in Richtung einer hohen Felswand.

Der Hauptpfad wendet sich kurz nach dem Bachbett nach links und zieht ziemlich steil unter Kiefern und Oleander aufwärts. Unterwegs markiert eine Betonsäule den Ort der antiken Stadt Pikilassos, von der heute aber keine Reste mehr zu sehen sind. Nach einem kurzen, der Sonne ausgesetzten Abschnitt erreicht man einen Sattel mit den Ruinen der venezianischen Festung Trípiti (ca. 305 m). **3 ¾ Std.**

Zur **Wallfahrtskapelle Profítis Ilías (6)** geht es vom Sattel bergauf nach Süden, vorbei an der Festung. Nach gut 10 Min. ist die Kapelle (ca. 370 m) erreicht. Von hier hat man herrliche Ausblicke auf die Steilküste in beide Richtungen. **4 Std.**

Es geht zurück wie auf dem Hinweg bis zur Einmündung des **Küstenpfades (3)** von der Polífimos-Höhle. Hier links halten. Wenig später ist der höchste Punkt (ca. 160 m) vor Soúgia erreicht. Nun geht man leicht bergab an einem mächtigen rötlich-grauen Felsen vorbei. Nach kurzem Anstieg endet der Pfad bei einem steinigen Weg, dem man, die Richtung haltend, einige Meter bis zu einem Plateau (ca. 150 m) auf einem Bergrücken folgt. **ca. 6 ¾ Std.**

Hier auf einem ebenen Schotterweg rechts halten. Man lässt nach ca. 100 m einen Abzweig nach rechts außer Acht, folgt dem Fahrweg in Serpentinen bergab und kann die wunderschönen Ausblicke auf Soúgia mit seinem langen, vorgelagerten Strand wirken lassen. Nach 15 Min. hält man sich bei einer T-Gabelung rechts und folgt kurz darauf bei Steinmännchen einem schmalen Pfad nach links/abwärts. Ein bald einsetzender Maultierpfad führt die verbleibenden Höhenmeter zum breiten Flusstal von **Soúgia (7)** hinab. Man überquert es nach Passage zweier kleinerer Gebäude und ist ein paar Minuten später im Dorf. **7 ¼ Std.**

003kr wf

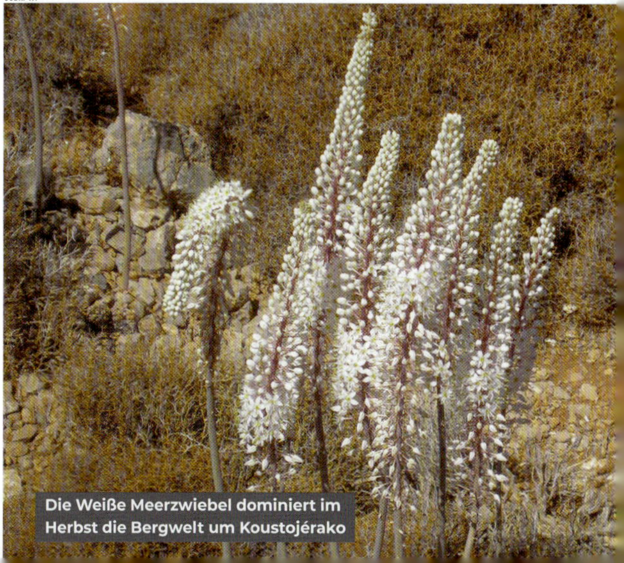

Die Weiße Meerzwiebel dominiert im Herbst die Bergwelt um Koustojérako

Tour 8
Von Soúgia nach Agía Rouméli –
Entlang der Steilküste des Südens

Lange Anstiege hoch über der wilden Steilküste am Fuß der Weißen Berge wechseln mit Abstiegen hinunter zu wunderbaren, zudem einsamen Buchten.

Diese konditionell fordernde Tour gilt zu recht als die „Königin" aller Tageswanderungen auf Kreta. Mehrere Tavernen laden in Agía Rouméli zur Einkehr ein, der weite **Sandstrand** verlockt zu einem erfrischenden Bad. Zwei Supermärkte und das Tickethäuschen befinden sich in der Ortsmitte.

038kr wf

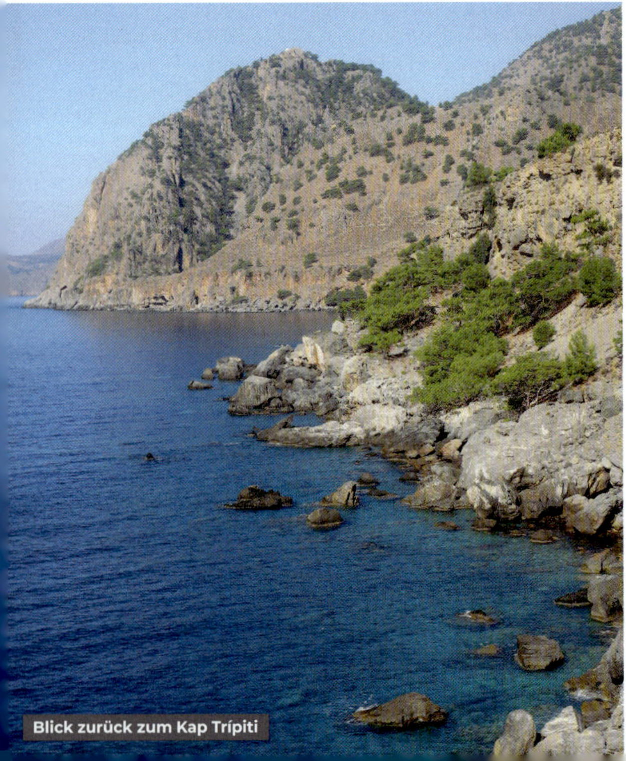

Blick zurück zum Kap Trípiti

Kurze Informationsübersicht

Länge: 18,4 km
Gehzeit: ca. 8 ¼ Std.
Auf-/Abstieg: je 1200 m
SCHWER

Ausgangspunkt: Soúgia
Wegeigenschaften: Küstenpfad, gelegentlich schmal und mit Geröll bedeckt, E4-Markierung, gelegentlich markiert mit Steinmännchen; Achtung: wenig Schatten, ausdrücklich hier der Hinweis, genügend Wasser mitzunehmen (ca. 4–5 Liter pro Person)
Einkehrmöglichkeiten: Tavernen, Cafés und Pensionen in Agía Rouméli
Bademöglichkeiten: Strand von Soúgia, Trípiti-Bucht, Sendóni-Strand, Domáta-Strand und Strand von Agía Rouméli
Rückfahrt: Fähre nach Soúgia und Paleóchora um 17.30 Uhr. Agía Rouméli bietet alternativ auch zahlreiche Unterkünfte, nach Ablegen der Fähren kehrt im Dorf wohltuende Ruhe ein.

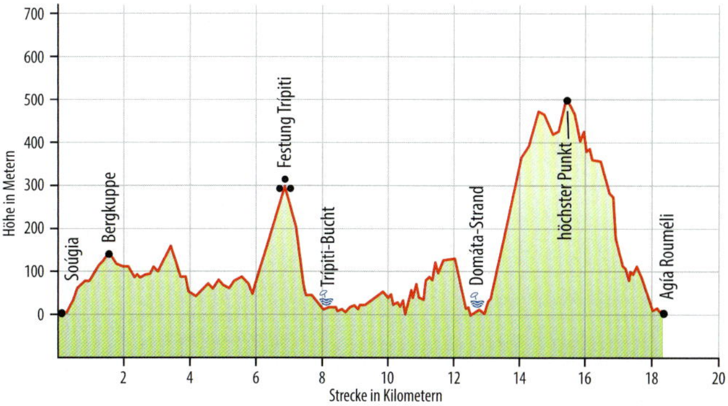

Wegbeschreibung

Am östlichen Ende der Strandpromenade von **Soúgia (1)** folgt man der schmalen Betonstraße direkt am Flussbett nordwärts (siehe auch Wegvariante unten). Beim Tavernenschild „Polifimos“ erblickt man auf der anderen Seite des Kiesbetts ein allein stehendes Wohnhaus. Der ausgetrocknete Fluss wird in nordöstlicher Richtung direkt auf das Haus zu gequert. Unmittelbar links vor dem Einfahrtstor geht es direkt am Zaun entlang. Der Weg wird sogleich deutlicher und E4-Markierungen zeichnen einen alten Eselspfad aufwärts zu einer Schotterstraße (Steinmännchen) auf ca. 55 m Höhe aus. **ca. 10 Min.**

Die Straße führt nach rechts/bergauf und es geht ca. 50 m später nach einer Linkskurve bei einer Gabelung links. Der Fahrweg zieht erst gemächlich, dann etwas steiler in Serpentinen aufwärts. Immer wieder hat man wunderschöne Ausblicke auf Soúgia. Nach knapp 20 Min. wird ein Linksabzweig ignoriert. Wo die Schotterstraße, etwa 100 m weiter, auf einer **Bergkuppe (2)** (ca. 150 m) einen Linksbogen macht und leicht bergab verläuft, eröffnet sich eine weite Aussicht auf die malerische, zerklüftete Küste und das Kap Trípiti mit der Kapelle Profítis Ilías. Ca. 30 m weiter beginnt, bezeichnet durch Steinmännchen, ein Pfad, der bald parallel zur Küste verläuft. **30 Min.**

Nach knapp 45 Min. zwischen niedrigen Kiefern, Macchia und Steineichen erheben sich links rötlich-graue Felsen,

Tour 08

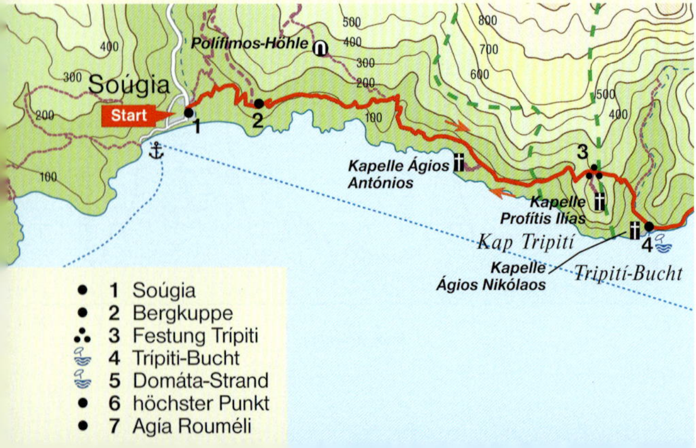

durchsetzt mit kleineren Höhlen. 10 Min. später (Höhe ca. 160 m) senkt sich ein alter gepflasterter Eselspfad abwärts in das üppig grüne Tal und man erreicht nach wenigen Minuten auf ca. 90 m Höhe das ausgetrocknete Bachbett. **ca. 1 ½ Std.**

Man folgt ihm rechts auf einem deutlichen Pfad, der nach ca. 5 Min. aus dem schmalen Tal herausführt und wieder entlang der Küste verläuft. Linker Hand erheben sich bald schroffe, rötliche Felsen mit einigen kleineren Höhlen. Etwas weiter öffnet sich der Blick auf eine weite Bucht mit der Kapelle Ágios Antónios. Nach der Passage mehrerer Geröllfelder quert der Pfad ein hier gut 50 m hohes, stark erodiertes Bachbett. **2 ¼ Std.**

Der Hauptpfad wendet sich kurz nach dem Bachbett nach links und zieht ziemlich steil unter Kiefern und Oleander aufwärts. Unterwegs markiert eine Betonsäule den Ort der antiken Stadt Pikilassos, von der heute aber keine Reste mehr zu sehen sind. Nach einem kurzen, der Sonne ausgesetzten Abschnitt erreicht man einen Sattel mit den Ruinen der venezianisch-türkischen **Festung Trípiti (3)** (ca. 305 m). **ca. 2 ¾ Std.**

Der Pfad führt vom Sattel in Serpentinen steil bergab und ist nun wieder häufiger mit Steinmännchen und E4-Tafeln markiert. Ca. 5 Min. später lässt sich die breite Trípiti-Schlucht das erste Mal erkennen. Sie hat ihren Ursprung am Sattel vor dem Gíngilos (s. Tour 10). Nach einem kurzen Wegstück über ein Geröllfeld erreicht man gut 30 Min. nach der Festung den Schluchtgrund (ca. 50 m). Rechts abwärts gelangt man in we-

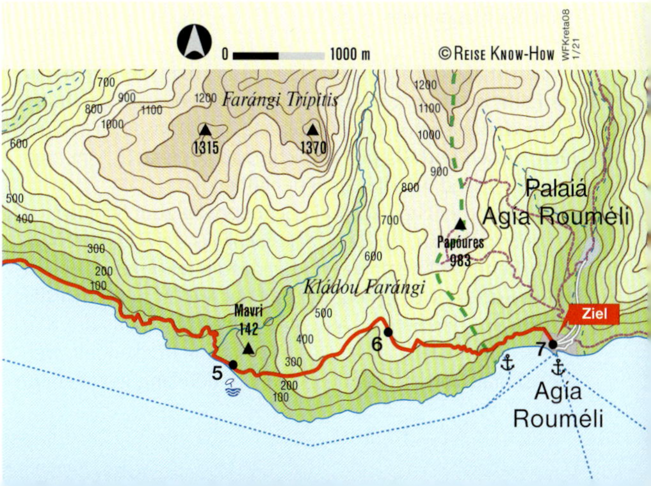

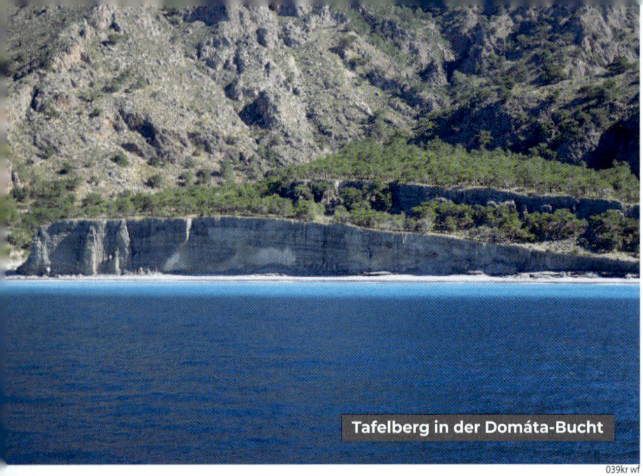

Tafelberg in der Domáta-Bucht

nigen Minuten zur Mündung der Schlucht nahe der **Trípiti-Bucht (4).** An diesem idyllischen Ort schmiegt sich die kleine Kapelle Ágios Nikólaos an die Felswand. Schattige Plätzchen laden zur Rast, die felsige Bucht zum Bad ein. Gelegentlich wollen hungrige Ziegen am Picknick teilhaben. **ca. 3 ½ Std.**

Wegvariante

Mit dem Schiff von Soúgia zur **Trípiti-Bucht (4).** Das Boot von *Yannis* fährt täglich um 8.30 Uhr vom kleinen Hafen im Westen von Soúgia aus, Preis 10 Euro. Die Tour verkürzt sich damit um fast 3 ½ Std. Auch eine vorzeitige Rückkehr mit *Yannis* vom Domáta-Strand ist möglich (Tel. 697 3220472 oder 698 5976206). Ab hier geht es weiter mit der Hauptroute.

Je nach Stärke der Meeresbrandung kann man die Tour direkt am Ende der Bucht nach Osten fortsetzen oder geschützt durch das Felsentor bei der Kapelle. Über ausgewaschene, wilde Felsen und Klippen erreicht man in etwa 15 Min. den Sendóni-Strand mit einigen Hirtenhütten.

Am Strand entlang setzt ein Schotterweg zum Schiffsanleger der Bucht ein, der aber bald halblinks aufwärts auf dem gut gekennzeichneten E4-Pfad verlassen wird. Nach einem ersten Kap geht es erneut bergauf zur 140 m hohen westlichen Wand des breiten, ausgetrockneten Flussbetts der Kládou-Schlucht. Der Pfad senkt sich hinab ins Trockenbett, welches schräg abwärts gequert wird, um den lang gezogenen, feinkiesigen **Domáta-Strand (5)** zu erreichen. Er wird dominiert durch einen einzigartigen zweistöckigen Tafelberg, begrenzt durch 30 m hohe Kieswände. **5 ½ Std.**

Am östlichen Strandende setzt sich der E4-Pfad fort. Der anstrengendste Abschnitt mit 550 m Aufstieg steht jetzt bevor. Beachten Sie dabei die Markierungen und lassen Sie sich nicht verleiten, den vermeintlich leichteren Weg parallel zur Küste zu gehen. Nach einer knappen Stunde erreicht man einen ersten Kamm auf ca. 450 m Höhe. Der Pfad quert zwischen Schatten spendenden Kiefern nach einer Ebene einen Einschnitt und führt zum **höchsten Punkt (6)** der Wanderung (ca. 500 m). **7 Std.**

Es geht jetzt ständig zwischen niedrigen Bäumen und Macchia abwärts. Bei guter Sicht wird gelegentlich im Südosten der Blick zu den Paximádia-Inseln (s. Exkurs bei Tour 18) und sogar zum Kap Líthino frei. Der Pfad senkt sich schließlich geröllig am Rande eines rechts verlaufenden Felskamms in Serpentinen steil in Richtung Küste. Malerisch lugt alsbald das ferne Agía Rouméli zwischen den Kiefern hervor. Das letzte Stück verläuft auf der ca. 100 m hohen Abbruchkante zum lang gezogenen Strand von Agía Rouméli entlang. Einige bizarre Höhlen linker Hand deuten schließlich das Ende der Tour an. Nach letztem Abstieg erreicht man nach einem Zauntor die ersten Häuser von **Agía Rouméli (7). 8 ¼ Std.**

Westkreta

042kr wf

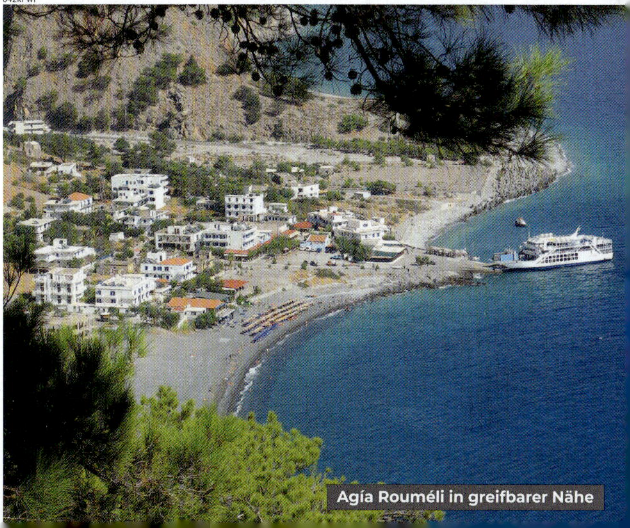

Agía Rouméli in greifbarer Nähe

Tour 9
Durch die Samariá-Schlucht nach Agía Rouméli –
Kretas berühmteste Schlucht

Senkrechte Felswände mit einmaligen Felsschichtungen, Engstellen und reicher Baumbestand erwarten den Wanderer.

Zweifellos hat der Ruhm der Samariá-Schlucht an der Südflanke der **Weißen Berge** den Kreta-Tourismus gefördert – und umgekehrt. Beginnt man den Abstieg vor 8.30 Uhr, kann man aber auch heute noch eine der längsten Schluchten Europas in Ruhe genießen. Das Dörfchen **Agía Rouméli** lebt vom Schlucht-Tourismus, besteht fast ausschließlich aus Tavernen, Läden und Pensionen und ist nur auf dem Wasserweg (oder eben zu Fuß) erreichbar. Eine alte türkisch-osmanische **Festung** thront majestätisch über dem Dorf. Der **Strand** westlich der Schiffsanlegestelle lädt nach der Wanderung zum Baden ein. Nach Abfahrt der letzten Schiffe herrscht am Abend eine ruhige Stimmung.

043kr wf

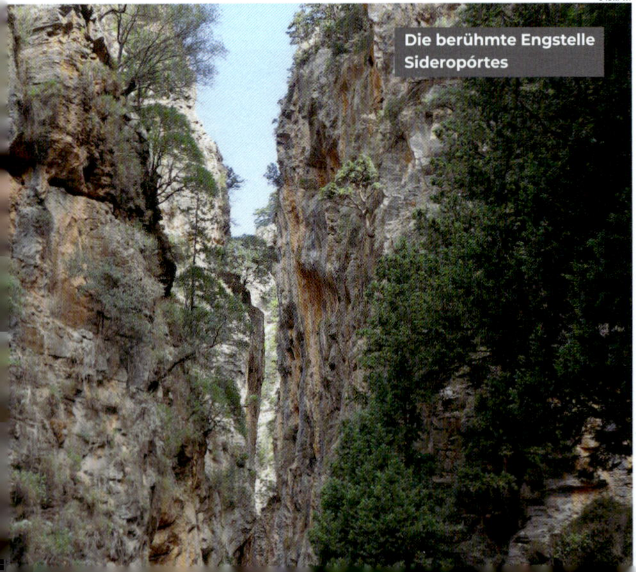

Die berühmte Engstelle Sideropórtes

Kurze Informationsübersicht

Länge: 14 km
Gehzeit: ca. 4 ½ Std.
Auf-/Abstieg: 60 m / 1300 m
LEICHT

Ausgangspunkt: Eingang zur Schlucht am südlichen Rand der Omalós-Hochebene
Wegeigenschaften: sicher angelegte Pfade
Einkehrmöglichkeiten: Selbstbedienungslokal am Parkplatz vor dem Schluchteingang; Tavernen, Cafés und Pensionen in Agía Rouméli. An mehreren Stellen in der Schlucht ist Trinkwasser aus Wasserhähnen abfüllbar.
Bademöglichkeiten: Strand von Agía Rouméli
Anfahrt: Bus von Chaniá nach Omalós um 7.30 Uhr oder 8.30 Uhr (wegen der vielen Wandertouristen, die ab 8.30/ 9 Uhr unterwegs sind, ist der Frühbus vorzuziehen), Fahrzeit 1 Std., 40 km. Bus von Soúgia nach Omalós um 7 Uhr (Mo–Sa), Fahrzeit ca. 1 ½ Std., 35 km. Bus von Paleóchora nach Omalós um 6.15 Uhr (Mo–Sa), Fahrzeit ca. 2 Std., 45 km.

Für die Wegvariante (siehe unten) mit einer Fähre von Paleóchora, Soúgia oder Chóra Sfakíon nach Agía Rouméli.
Rückfahrt: Fähre von Agía Rouméli nach Chóra Sfakíon um 17.30 Uhr, mit dem Bus um 19 Uhr weiter nach Chaniá. Die Fähre zurück nach Soúgia und Paleóchora legt ebenfalls um 17.30 Uhr von Agía Rouméli ab.

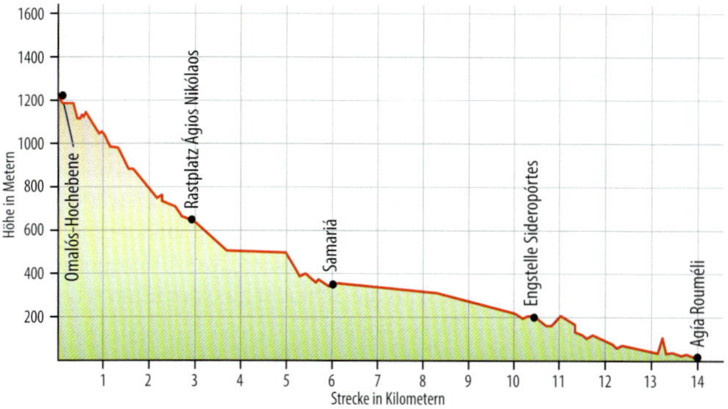

Westkreta

Wegbeschreibung

Der Bus hält nahe einer Cafeteria beim Parkplatz am Rand der **Omalós-Hochebene (1),** kurz vor dem Eingang zur Schlucht (ca. 1240 m). Nach dem Kauf der Eintrittskarte (5 Euro; sie muss am Schluchtende wieder abgegeben, also aufbewahrt werden) geht es auf einem gut angelegten Stufenpfad zwischen Kiefern und Zypressen in Serpentinen steil bergab in die Schlucht, die auf der anderen Seite durch den mächtigen, schroffen Gíngilos überragt wird. Nach gut 30 Min. erreicht man die erste Quelle am Rastplatz „Neroutziko" (1089 m) und 20 Min. später den Schluchtgrund (ca. 900 m). **ca. 1 Std.**

Kurz darauf findet man erneut Trinkwasser. Ein trocken liegendes Bachbett wird im Folgenden mehrere Male gequert. Nach gut 15 Min. lädt ein weitläufiger **Rastplatz (2)** (ca. 650 m) mit einer 300 Jahre alten Zypresse nahe der schlichten Kapelle Ágios Nikólaos zu einer Pause ein. **1 ¼ Std.**

In der Schlucht fließt das Wasser mal oberirdisch, mal unterirdisch, ein typisches Karstphänomen. Der im Schluchtgrund plätschernde Bach wird während der nächsten 20 Min. unter Schatten spendenden Zypressen und Platanen mehrere Male überquert. 10 Min. nach dem Rastplatz „Vrissi" fließt der Bach unterirdisch. Nach einem weiteren Rastplatz mit Trinkwasser wandert man etwas oberhalb des jetzt trockenen Bachbetts und 10 Min. später wird ein breites Trockenbett gequert, welches von rechts einmündet. Nach einer kurzen Weile am Haupt-Flussbett führt links eine Brücke zum verlassenen Dorf **Samariá (3)** auf ca. 340 m Höhe. Hier findet sich heute unter Platanen, Mandel- und Olivenbäumen ein schattiger Rastplatz mit einer Quelle, dazu eine Erste-Hilfe-Station in einem restaurierten Natursteinhaus. **ca. 2 ¼ Std.**

Der Pfad setzt sich rechts des Baches fort und überquert ihn auf einer Holzbrücke. Kurz nach der Trinkwasserstelle „Persika" folgt die erste Engstelle. Die Schlucht bleibt auch anschließend sehr schmal und wird von ca. 100 m hohen Felswänden begrenzt. 30 Min. später wandert man schattig links des jetzt wieder Wasser führenden Bachbetts. Nach zwei Überquerungen auf Behelfsbrücken wird die Schlucht zu einer Klamm und der Pfad zieht oberhalb des wilden Flusses dahin. Nach einem letzten Rastplatz erblickt man die **berühmte Engstelle (4),** die „Eisernen Pforten" *(Sideropórtes).* **ca. 3 ¾ Std.**

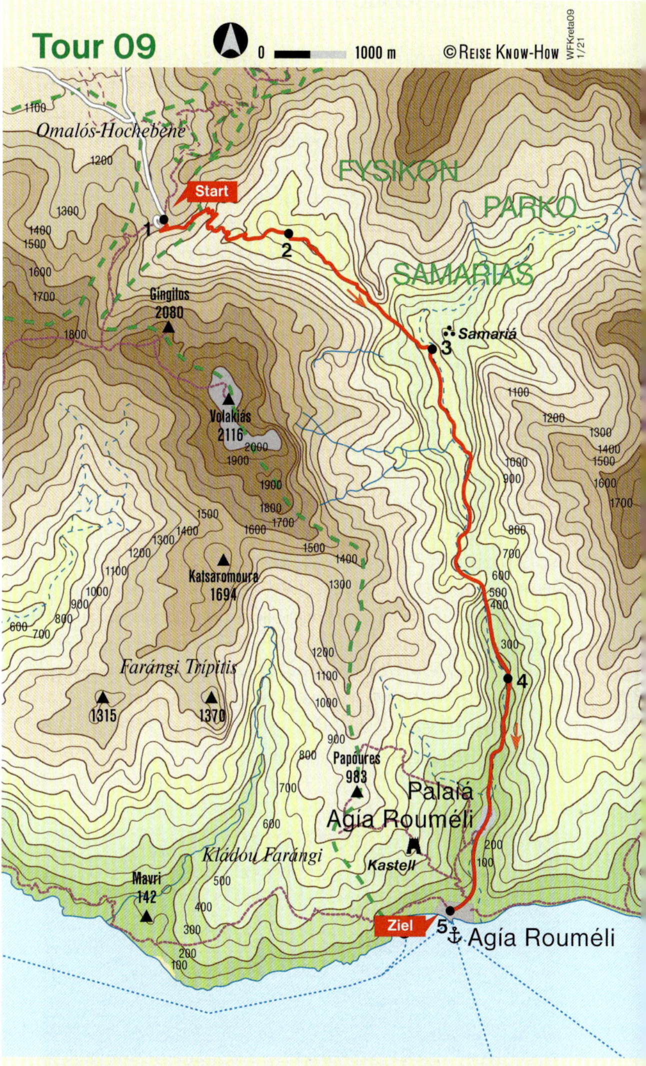

- 1 Omalós-Hochebene
- 2 Rastplatz Ágios Nikólaos
- 3 Samariá
- 4 Engstelle Sideropórtes
- 5 Agía Rouméli

Die Samariá-Schlucht

Die Samariá-Schlucht ist mit ca. 16 km Länge eine der bedeutendsten Schluchten Europas. Sie zieht sich von einem Sattel unterhalb des mächtigen **Gíngilos** von ca. 1700 m bis nach Agía Rouméli am **Libyschen Meer.** An der engsten Stelle ist sie gerade 3 m breit und wird von senkrecht emporragenden Felswänden begrenzt. Die Schlucht wurde 1962 zum **Nationalpark** erklärt, um den reichen Baumbestand und seltene Tierarten zu schützen. So nistet hier heute über die Hälfte der 51 Vogelarten der Weißen Berge, und die kretische Wildziege *(Akrími)* konnte sich im Schluchtgebiet vor dem Aussterben retten. Auch einige endemische Pflanzenarten und wilde Orchideen gedeihen zwischen den teils **bizarr geformten Felswänden.** Während des Abstiegs durch die ganzjährig Wasser führende Schlucht spenden Platanen, Kiefern und uralte Zypressen Schatten.

Die Samariá-Schlucht war immer wieder von strategischer Bedeutung. Während der **Osmanenzeit** diente sie als Stützpunkt für die kretischen Rebellen. Im Jahr 1700 vermochten 200 Aufständische eine mehrfach überlegene türkische Truppe an der Engstelle Sideropórtes aufzuhalten und erst 1866 konnte die Schlucht von den Osmanen eingenommen werden. Während des **Zweiten Weltkriegs** flüchtete die griechische Regierung auf diesem Weg hinunter zur Südküste, um sich auf britischen Schiffen nach Ägypten in Sicherheit zu bringen.

044kr wf

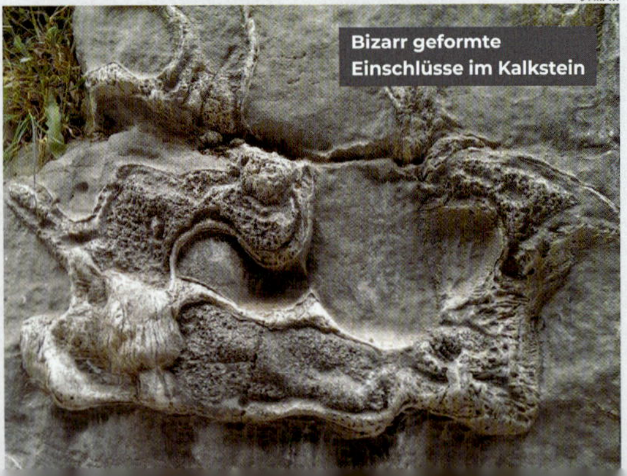

Bizarr geformte Einschlüsse im Kalkstein

Wegvariante

Von Agía Rouméli zur Engstelle Sideropórtes und zurück: Von der Schiffsanlegestelle den schmalen gepflasterten Betonweg zwischen den Tavernen landeinwärts einschlagen. Am Supermarkt ein Rechts-Links-Schwenk und nach 300 m bei einer T-Gabelung rechts halten. Wenig später geht es halb links den gepflasterten Weg zwischen Kiefern aufwärts. Nach knapp 20 Min. passiert man bei einer alten Brücke die malerische Kapelle Agía Triáda (ca. 60 m), und nach weiteren 10 Min. durch das verfallene, alte Agía Rouméli ist das Kassenhäuschen erreicht (Eintrittsgebühr 5 Euro).

Der Talfluss wird in der Folge mehrere Male auf Behelfsbrücken überquert, und nach knapp 30 Min. kann die **berühmte Engstelle (4),** die „Eisernen Pforten" *(Sideropórtes),* bewundert werden (ca. 130 m). 200 m weiter liegt ein schattiger Picknickplatz mit WC und Trinkwasserquellen. **1 Std.** Nun geht es weiter mit der Hauptroute.

Die Felswände sind an dieser Stelle bis auf 3 m zusammengerückt und ragen, teilweise überhängend, mehrere 100 m in die Höhe. Nach der Engstelle geht es gemächlich oberhalb des plätschernden Flusses bergab. Er wird noch mehrmals auf Behelfsbrücken überquert, und nach 15 Min. signalisieren auf ca. 70 m Höhe ein Kassenhäuschen (Abgabe der Eintrittskarte) und eine Cafeteria das Ende der Schlucht.

Auf einem Fahrweg geht es nun durch die Ruinen des alten Agía Rouméli (1952 durch ein Hochwasser zerstört). Ca. 10 Min. weiter, jenseits einer alten Brücke, passiert man die malerische Kapelle Agía Triáda. Nach weiteren 10 Min. bei einer Gabelung rechts den Tavernenschildern folgen. Kurz darauf ist das erste Lokal (Taverne *Pachnes* in schattiger Lage, kretische Küche) zu finden. Der Hauptweg führt wenig später nach links (auch am Ticketschalter beim Supermarkt vorbei) zum Schiffsanleger von **Agía Rouméli (5). 4 ½ Std.**

Tour 10

Von der Omalós-Hochebene auf den Gíngilos –

Felsturm mit Panoramablick

Der von der Omalós-Hochebene weithin sichtbare Felsturm des Gíngilos scheint unbezwingbar und ist doch einer der attraktivsten Zweitausender der Weißen Berge.

Diese Tour fasziniert durch die bizarren, durch Verkarstung geschaffenen **Gesteinsformen** der westlichen **Weißen Berge.** Ein besonderer Punkt unterhalb des Gipfels ist ein Sattel, der den Ausgangspunkt der berühmten Samariá-Schlucht und der Trípiti-Schlucht markiert.

041kr wf

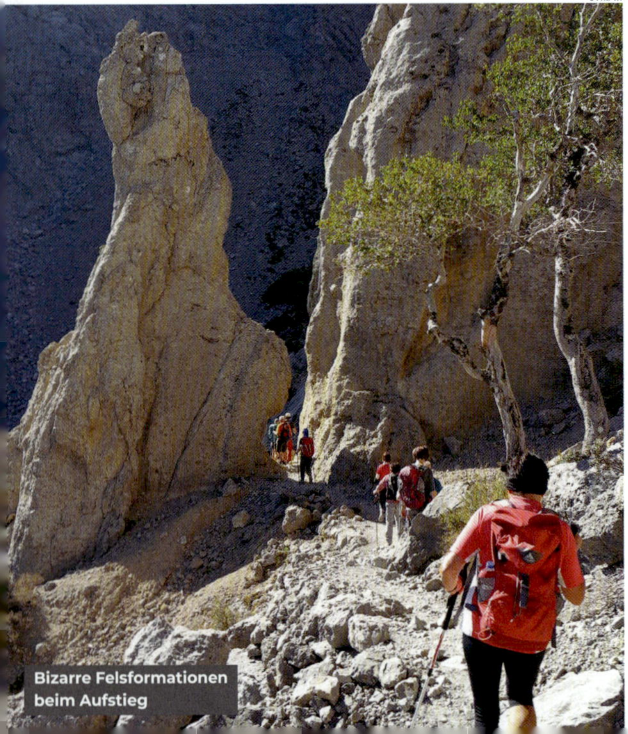

Bizarre Felsformationen beim Aufstieg

Kurze Informationsübersicht

Länge: 8,6 km
Gehzeit: ca. 4 ½ Std.
Auf-/Abstieg: je 855 m
SCHWER

Ausgangspunkt: Eingang zur Samariá-Schlucht am Ende der Stichstraße vom südlichen Rand der Omalós-Hochebene
Wegeigenschaften: Fels- und Geröllpfade, vom Sattel bis zum Gipfel müssen gelegentlich die Hände zur Hilfe genommen werden, bis zum Sattel E4-Markierungen, vom Sattel bis zum Gipfel markiert mit roten und gelben Punkten sowie Steinmännchen
Einkehrmöglichkeiten: Restaurant kurz vor Ende der Tour
Bademöglichkeiten: keine
Anfahrt: Bus von Chaniá nach Omalós um 6.15, 7.30 oder 8.30 Uhr, Fahrzeit 1 Std., 35 km; Bus von Soúgia um 7 Uhr
Rückfahrt: Bus von Omalós nach Chaniá um 15 Uhr; Bus nach Soúgia um ca. 14.45 Uhr, er passiert den südlichen Rand der Omalós-Hochebene, fährt also nicht bis zum Schlucht-Eingang

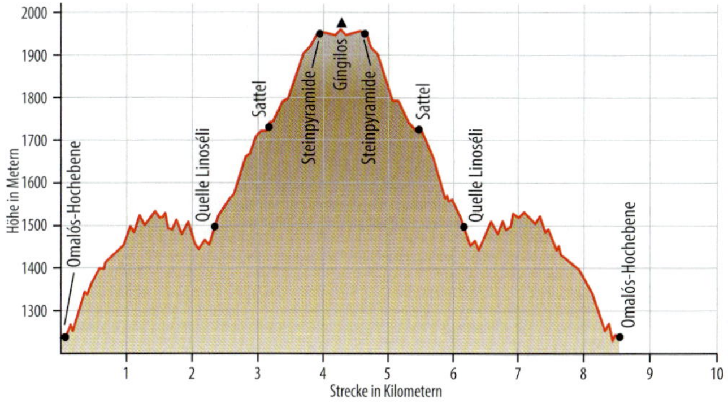

Wegbeschreibung

Der Bus hält am Rand der **Omalós-Hochebene (1)** am Parkplatz kurz vor dem Eingang zur Samariá-Schlucht bei einem Selbstbedienungsrestaurant (ca. 1230 m). Rechter Hand vom Schluchteingang (E4-Schild) beginnt ein steiniger Pfad mit Geländer aufwärts an einem Restaurant vorbei. Er führt mit E4-Markierungen in Serpentinen hinauf zu einem Kessel auf ca. 1500 m Höhe. Halb rechts befinden sich die Ausläufer des Psiláfi-Massivs und geradeaus ein Sattel (er trennt die Trípiti-Schlucht von der Samariá-Schlucht). **ca. 45 Min.**

Der Pfad ebnet sich nun vorübergehend ein und senkt sich sodann zwischen Felstürmen leicht abwärts zu einem bizarren Felsdurchbruch, der an einen Torbogen erinnert. Wenig später erreicht man auf knapp 1500 m Höhe die **Quelle Linoséli (2). ca. 1 Std.**

In kahler Felsenkulisse zieht der Pfad danach in Serpentinen steil aufwärts zu einem **Sattel (3)** auf ca. 1720 m Höhe. Geradeaus ist ein Ausläufer der Trípiti-Schlucht zu sehen. Man kann von hier einen fantastischen Ausblick in Richtung der Weißen Berge und auf das Meer im Süden und Norden genießen. **ca. 1 ¾ Std.**

Nach rechts verläuft der markierte E4-Pfad weiter nach Koustojérako. Es geht jedoch nach links und man wandert bergauf in Richtung Gipfel. Zunächst hält man auf ein Warnschild zu (Steinmännchen und rote Punkte), nach 50 m dann halb rechts. Die Schachthöhle neben dem Schild wird somit unterhalb umgangen und stellt keine Gefahr mehr dar.

Der Pfad wird nun ziemlich steil und gelegentlich müssen die Hände zu Hilfe genommen werden. Schließlich führt er über Felsplatten fast eben zum ersten Gipfelplateau mit einer

Vor einigen Jahren noch querte der Aufstieg den ca. 60 m tiefen Schacht neben dem **Warnschild** etwas oberhalb. Das kostete zwei Menschen das Leben, als sie auf abschüssigem Geröll abrutschten. Zwei **Gedenktafeln** zeugen von den tödlichen Unfällen. Ein Blick in diese offene Schachthöhle ist jedoch ungefährlich und lohnt wegen der schönen **Stalaktiten.**

Steinpyramide (4). Etwa 1975 m ist man hier hoch. Im Osten erkennt man den eigentlichen Gíngilos-Gipfel, markiert mit einer Stange (der Rest des einstigen Gipfelkreuzes). **2 ¼ Std.**

15 Min. lang muss man jetzt über spitze, mit Spalten durchsetzte Felsen hinweg, wobei zwei Mulden umrundet werden. Auf 1980 m Höhe (nach topografischer Karte) ist endlich der Gipfel des **Gíngilos (5)** erreicht. Hier eröffnet sich ein wunderbarer Rundblick: im Norden tief unten die Omalós-Hochebene und in der Ferne das Kretische Meer, im Nordosten die Kallergi-Schutzhütte, im Osten die Weißen Berge, im Westen das Psiláfi-Massiv, im Süden das Libysche Meer und im Südosten der Volakiás (2116 m) sowie die Insel Gávdos. **2 ½ Std.**

Für den Abstieg muss man zwei Stunden veranschlagen. Dann ist man auf der **Omalós-Hochebene (1)** zurück am Parkplatz bzw. an der Bushaltestelle mit dem Selbstbedienungsrestaurant. **4 ½ Std.**

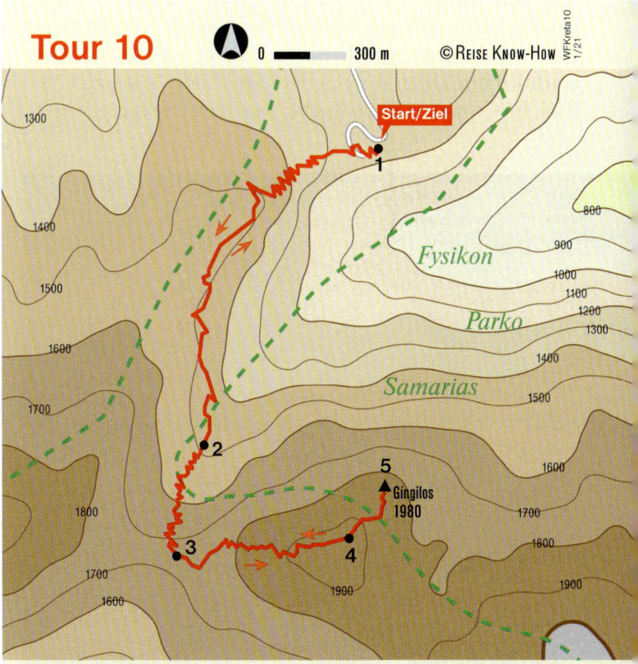

- ● 1 Omalós-Hochebene
- ● 2 Quelle Linoséli
- ● 3 Sattel
- ● 4 Steinpyramide
- ▲ 5 Gíngilos

Tour 11
Von Chóra Sfakíon über Loutró nach Agía Rouméli –
Traumhafte Südküste

Diese Tour erschließt einen der imposantesten Küstenabschnitte des Südens auf einem wildromantischen Pfad, der faszinierende Ausblicke bietet und zahlreiche Badebuchten berührt.

Noch vor 30 Jahren bestand Loutró, damals ein Geheimtipp für Kretareisende, gerade einmal aus zwei primitiven Tavernen, einer handvoll Gebäude und einem kleinen Betonkai. Heute findet man einen gepflegten Ort vor, der mit seinen weiß gekalkten Häusern und blauen Fensterläden ganz auf Tourismus ausgerichtet ist. Die größeren Unterkünfte (kleine Hotels) lassen sich pauschal buchen, und es werden Liegestühle und Boote verliehen. Noch heute ist das **autofreie Loutró** – erreichbar nur mit dem Schiff oder eben zu Fuß – dank seiner **malerischen Bucht** allemal einen Besuch wert.

046kr wf

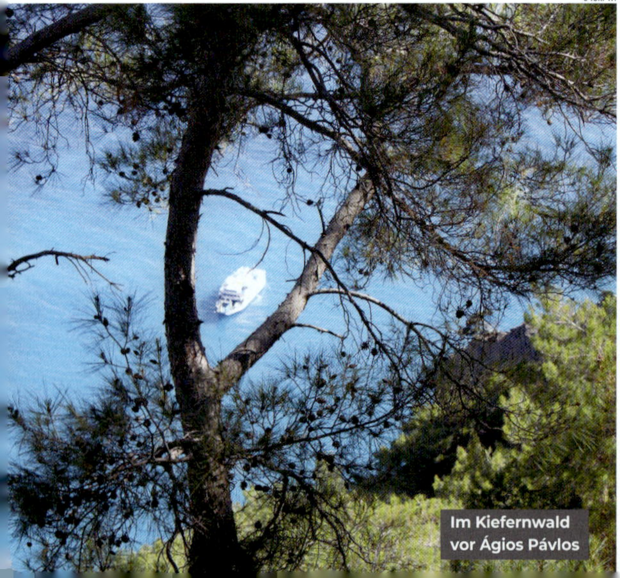

Im Kiefernwald vor Ágios Pávlos

Karte auf S. 132

Kurze Informationsübersicht

Länge: 20,5 km
Gehzeit: ca. 6 ½ Std.
Auf-/Abstieg: je 560 m
MITTELSCHWER

Ausgangspunkt: Hafenpromenade von Chóra Sfakíon
Wegeigenschaften: felsiger, teils gerölliger Küstenpfad, E4-Markierung oder markiert mit blauen Punkten
Einkehrmöglichkeiten: Tavernen in Loutró, am Líkos-Strand, in der Mármara-Bucht und – mein Tipp – bei der Kapelle Ágios Pávlos
Bademöglichkeiten: Badebucht Gliká Nerá, Líkos-Bucht, Mármara-Bucht, Strand bei Wanderpunkt 5 und Strand von Agía Rouméli
Anfahrt: Bus von Chaniá nach Chóra Sfakíon um 8.30 Uhr, Fahrzeit ca. 1 ¾ Std., 53 km.
Rückfahrt: Fähre nach Chóra Sfakíon um 17.30 Uhr, nach Chaniá weiter mit dem Bus um 19 Uhr (er wartet auf das Schiff).

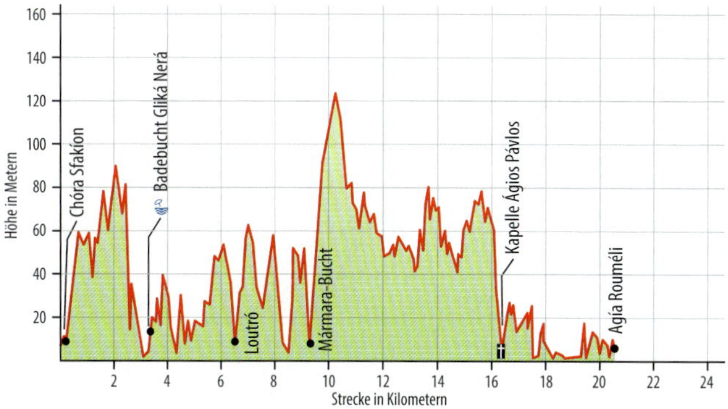

Wegbeschreibung

Man folgt der kurzen Hafenpromenade von **Chóra Sfakíon (1)** nach Westen. Nach dem Restaurant *Lefka Ori* führt ein breiter Betonweg nach rechts, also nach Norden. Nach einem kurzen Anstieg geht es an einer Kreuzung über die Stufen linker Hand nach oben. Ein enger Weg – teils betoniert, teils gepflastert – schlängelt sich bis zur Asphaltstraße Chóra Sfakíon – Anópolis hinauf. Dem Asphalt nach links folgend erwarten einen wunderschöne Ausblicke auf Chóra Sfakíon und die Steilküste bis Loutró. In einer Spitzkehre überquert man nach weiteren 10 Min. die Mündung der Ilíngas-Schlucht oberhalb einer malerischen Badebucht. In einer scharfen Rechtskurve verlässt man auf ca. 120 m Höhe die Asphaltstraße. Hinter der Leitplanke setzt geradeaus ein schmaler Geröllpfad (E4-Schild) ein. **ca. 30 Min.**

Er führt in steilen Serpentinen abwärts und schließlich über Felsen bis zur weiten **Badebucht Gliká Nerá (2)** mit Süßwasserquellen. **ca. 1 ¼ Std.**

Nach einer provisorischen Taverne am anderen Ende der Bucht zieht der Pfad stufenartig bergauf. Etwa 10 Min. später passiert man die Kapelle Ágios Stavrós und kurz darauf kommt erstmals Loutró in Sicht. Der Pfad verläuft meist etwas oberhalb der malerischen Küstenlinie und führt auf Höhe der ersten Häuser von **Loutró (3)** hinab zur Promenade. **2 Std.**

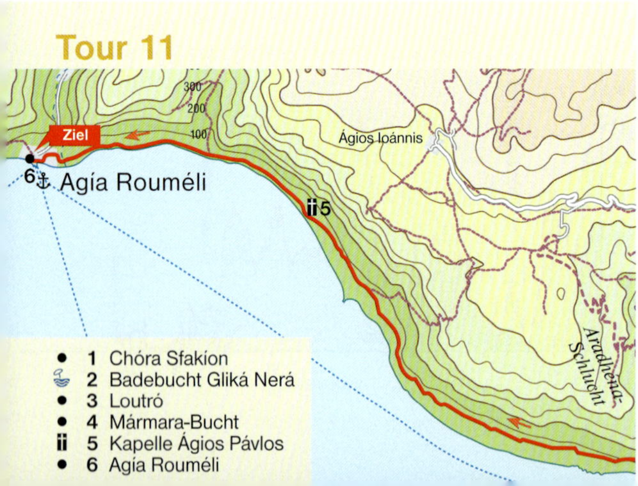

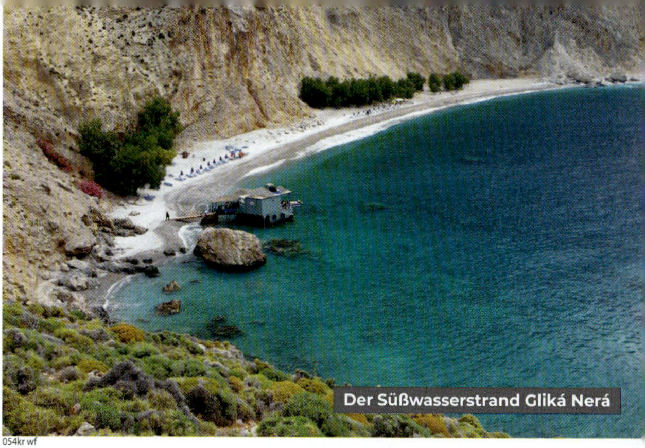

054kr wf

Vom Kiosk in der Mitte der Bucht von Loutró geht man in Richtung Minimarkt (Schild), kurz vor dem Laden bei einer Gabelung dann links. Nach dem letzten Haus passiert man bei einem E4-Schild ein Gatter. Etwa 10 Min. nach Loutró befindet sich links eine verfallene venezianische Festung (Höhe ca. 65 m) mit mittelalterlich anmutenden Rundtürmen. Man folgt dem Wegweiser nach rechts in Richtung Phönix (oder Finix). Begleitet von Johannisbrotbäumen passiert man knapp 10 Min. später die Bucht von Phönix (mit Unterkunft und Taverne), steigt aber nicht zu dieser ab. Kurz darauf muss eine Schotterstraße überquert werden. Am Hinweisschild „Restaurant Phönix" vorbei führt der Pfad wenig später mit blauen Markierungen und E4-Zeichen abwärts. Nach ein paar Minu-

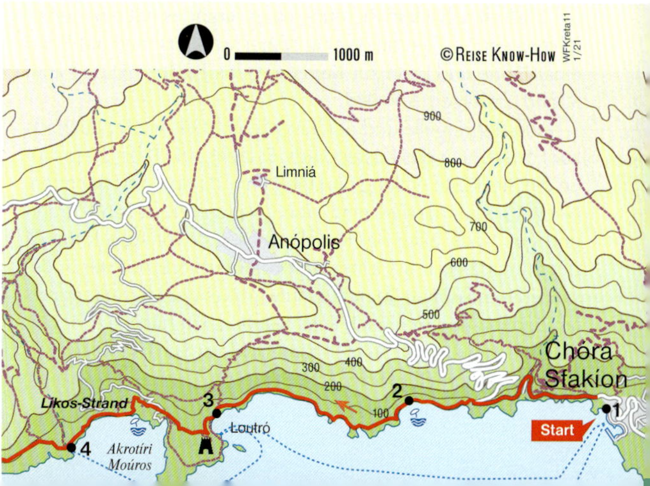

ten wird ein erstes Haus passiert, unmittelbar vor dem nächsten hält man sich links und steigt zwischen Gebäuden ab zur Strandtaverne *Nikos Restaurant* in der Líkos-Bucht.

Den Strand entlang geht es nach der Taverne *Akrogiali* und einem letzten Haus zu einer kleinen Sandbucht. Hier steigt man bei einem E4-Pfosten kurz steil durch Felsgelände an bis auf ca. 35 m Höhe, passiert eine größere Höhle in der Felswand und kann einmal mehr die herrliche Aussicht auf die Steilküste genießen. Knapp 10 Min. später lässt man den Wegabzweig nach Livanianá unbeachtet und erreicht wenig später die **Mármara-Bucht (4).** **3 Std.**

Die schmale Bucht mit Kies-Sand-Strand – sie bildet den Ausgang der Arádhena-Schlucht (s. Tour 13) – ist von Marmorfelsen gerahmt und ideal zum Sonnen und Baden geeignet. Etwas oberhalb liegt eine kleine Taverne mit einfachen Gerichten und schönem Blick auf die Bucht. Auf der anderen Seite der Bucht, ca. 100 m vom Wasser entfernt, führt ein befestigter Pfad scharf nach links/aufwärts, vorbei an einer Kapelle. Ein herrlicher Rückblick auf die Festung über Loutró und die Steilküste ist von hier möglich. Es geht in der Folge bergauf, bergab die Küste entlang – wobei erst eine Stunde nach der Mármara-Bucht ein mächtiger Olivenbaum das erste Mal kurz Schatten spendet. Der Pfad führt im Weiteren vorbei an Höhlen, auffälligen Felsformationen, Sand-Kies-Buchten und später, hier ca. 60 m hoch, durch einen schattigen Kiefernwald. 15 Min. später bleibt rechts der Abzweig nach Ágios Ioánnis (ca. 80 m) liegen und nach weiteren 15 Min. senkt sich der Pfad allmählich in Richtung eines Strandes mit einer empfehlenswerten Taverne. Wenig später wandert man am Rand einer Düne und kann zur **Kapelle Ágios Pávlos (5)** und zum Strand absteigen. **5 ¼ Std.**

Nach der Kapelle und der Taverne geht es wieder aufwärts zur Fortsetzung des Küstenpfads. Er zieht auf 20 bis 30 m Höhe die Steilküste entlang und bietet nur da und dort Schatten. Nach 15 Min. passiert man einen weiteren Kies-Sand-Strand und gut 1 Std. nach der Kapelle wird kurz vor Agía Rouméli der Samariá-Fluss auf einer Brücke überquert. Auf der anderen Seite muss man 50 m flussaufwärts an der Ufermauer entlang gehen und sich nach links wenden. Ein hübscher Betonweg mit eingelegten Steinen führt bald zur Schiffsanlegestelle von **Agía Rouméli (6).** **ca. 6 ½ Std.**

Kapelle Ágios Pávlos

Die kleine Kapelle mit **Wandmalereien** im Inneren wurde im 11. Jh. zu Ehren des Apostels *Paulus* erbaut, der bei seiner Reise nach Rom hier (oder in Phoenix) angelegt haben soll. Mit dem Wasser der **Quelle,** die auch heute noch unter der Kapelle fließt, soll er die ersten Christen getauft haben. Die Quelle mündet am Strand, wo man – bohrt oder gräbt man kleine Löcher in den Sand – mit etwas Glück **Trinkwasser** gewinnen kann.

055kr wf

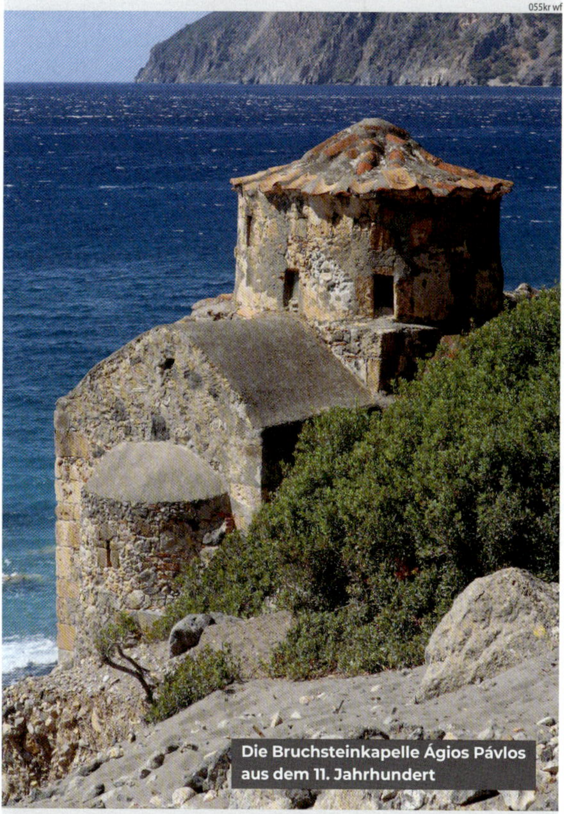

Die Bruchsteinkapelle Ágios Pávlos aus dem 11. Jahrhundert

Tour 12

Die Besteigung des Páchnes – Auf den zweithöchsten Berg Kretas

Die völlig kahlen Mulden und Nebengipfel fügen sich zu einer grau-schwarzen Mondlandschaft mit verwirrend vielen Gipfeln über 2000 m und vermitteln das Gefühl, fernab jeder Zivilisation zu sein.

Selbst erfahrene Alpinisten zeigen sich beeindruckt vom spektakulären **Gebirgspanorama** um den Páchnes, dem höchsten Berg der Weißen Berge. Die letzten 20 Min. der Anfahrt sind ein visuelles Erlebnis – eine unbeschreiblich zerklüftete und formenreiche **Felslandschaft** zieht die Blicke auf sich. Wie auch später im Zuge der eigentlichen Wanderung lassen sich weite und tiefe **Krater** ausmachen, sämtlich durch Erosion entstanden. Das bei der Anfahrt zu passierende Straßendorf Anópolis hat eine kriegerische Geschichte: als Zentrum des kretischen Widerstands wurde das Dorf 1365 von den Venezianern, 1867 ein weiteres Mal von den Osmanen niedergebrannt.

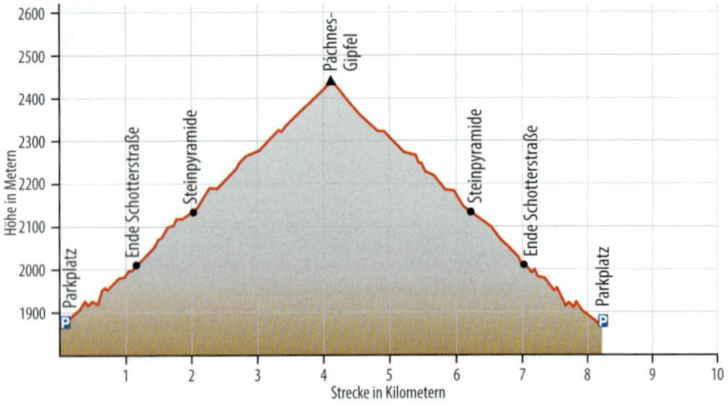

Kurze Informationsübersicht

Länge: 8,2 km
Gehzeit: ca. 3 Std.
Auf-/Abstieg: je 550 m
MITTELSCHWER

Ausgangspunkt: ebene Parkfläche auf 1875 m Höhe; Hinweis: Das Klima kann sehr rau sein (starke Winde, Kälte), die Temperatur am Gipfel ist um 15 °C niedriger als an der Küste. Schneefelder sind bis Anfang Juni möglich, in diesem Fall müssen die letzten 2 km der Anfahrt eventuell zu Fuß zurückgelegt werden.
Wegeigenschaften: felsige, schattenlose Pfade mit nur wenigen Steilstellen, markiert mit Steinmännchen oder rot-weißen Markierungen
Einkehrmöglichkeiten: keine
Bademöglichkeiten: keine
Anfahrt: Mit einem geländetauglichen Wagen (oder Motorrad) von Chóra Sfakíon zunächst in Richtung Anópolis (Straßenabzweig etwa 100 m oberhalb des Busparkplatzes von Chóra Sfakíon). Auf einer Serpentinenstraße mit überwältigenden Ausblicken auf Chóra Sfakíon werden die ersten Häuser von Anópolis nach knapp 30 Min. erreicht. Weiter bis ans andere (westliche) Dorfende, wobei die Platía (mit dem Denkmal des Freiheitskämpfers *Daskalojánnis*) passiert wird.

Hier beginnt die eigentliche Anfahrt. Etwa 100 m weiter bei einer Taverne halb rechts halten (nicht nach Arádhena!). 1,2 km nach dem Dorfplatz von Anópolis auf der schmalen Asphaltstraße bei einer Gabelung halb links halten. Die Teerstraße wird zur Schotterpiste. Nach 2,3 km geht es bei der nächsten Gabelung einen breiten Fahrweg nach rechts. 2,7 km später wird eine Abzweigmöglichkeit nach links ignoriert. Die Schotterpiste wird zusehends steiler. Nach 9,1 km bei einer Gabelung links halten. Nach gut 1 ¼ Std. Fahrzeit ist schließlich eine Senke (ca. 1875 m) erreicht. Die graue Schotterpiste wird an dieser Stelle (16 km) zu einem ockerfarbenen Fahrweg. Rechts dient hier eine ebene Fläche als Parkplatz.
Rückfahrt: wie Anfahrt in umgekehrter Reihenfolge

Wegbeschreibung

Vom **Parkplatz (1)** auf ca. 1890 m Höhe geht es die Anfahrtspiste weiter aufwärts und man kann in Ruhe die verschiedenen Gesteinsfarben der einzigartigen Steinwüste betrachten. Schließlich folgt das **Straßenende (2)** auf ca. 2020 m Höhe. **25 Min.**

Hier setzt nach ein paar Stufen ein Pfad ein, der über schwarze Felsen nach Nordwesten zieht (rot-weiße Markierungen und Steinmännchen zur Orientierung). Etwa 20 Min. nach Ende der Schotterstraße passiert man in einigen Metern Entfernung zwei offene Schäfer-Schutzhütten, bekannt als *Roussié*. Nahe der zweiten Hütte führt bei einer Gabelung halb links an einer großen **Steinpyramide (3)** ein Pfad aufwärts (ca. 2135 m). **45 Min.**

Die Pfadspur verläuft nun, mit Steinmännchen markiert, über Schotter immer grob in Richtung Westen. So weit das Auge reicht ist man umgeben von weiß-gelben Gipfeln mit Höhen über 2100 m. Die sanften Formen der kahlen Berge erinnern an Wüstendünen. Der Slogan der Kreter: „Der Psiloritis zeigt sich, der Páchnes versteckt sich" bewahrheitet sich sogar in diesen Höhen, denn der breite Gipfel ist zunächst noch verdeckt, liegt aber knapp 30 Min. nach der Steinpyramide unverkennbar vor einem. Die letzten 10 Min. führt der Aufstiegspfad fast geradlinig entlang der Ostflanke des **Páchnes (4)** bis zum höchsten Punkt (2453 m), geschmückt mit einem provisorischen Holzkreuz. Das Panorama ist überwältigend. Der Weitblick erfasst die umliegenden Gipfel der Weißen Berge, das Libysche Meer im Süden (mit den Inseln Gávdos und Gavdopoúla) und das Kretische Meer im Norden (mit der Halbinsel Rodopoú). Bei guter Sicht ist im Osten sogar der 66 km entfernte Psiloritis (2456 m) zu erkennen. Beim Blättern im Gipfelbuch kann man die Eindrücke und Erfahrungen anderer Wanderer teilen. **ca. 1 ¾ Std.**

Der Rückweg erfolgt auf der Anstiegsroute; nach knapp 1 ½ Std. ist der **Parkplatz (1)** erreicht. **ca. 3 Std.**

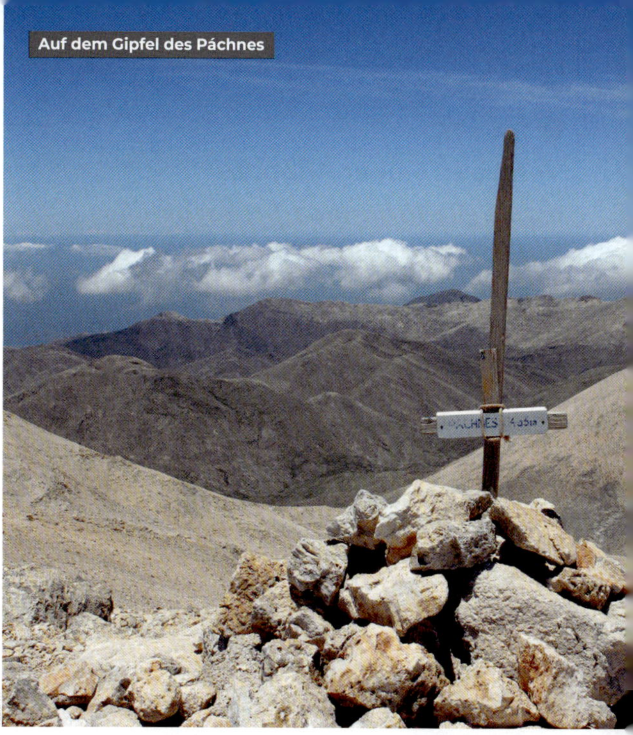

Auf dem Gipfel des Páchnes

022kr wf

Tour 12

0 500 m ©Reise Know-How WFKreta12 1/21

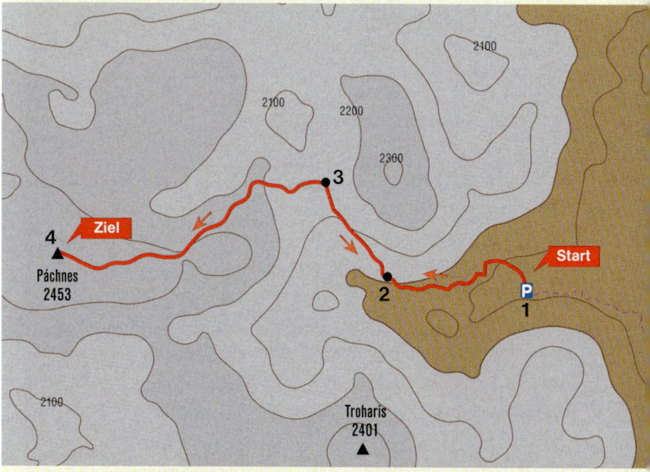

- P 1 Parkplatz
- ● 2 Ende Schotterstraße
- ● 3 Steinpyramide
- ▲ 4 Páchnes-Gipfel

Tour 13
Von Loutró über Anópolis durch die Arádhena-Schlucht –
Ein Bergdorf, eine Schlucht, eine Bucht

Eine atemberaubende Brückenkonstruktion fasziniert auf dieser Wanderung ebenso wie ein durch Blutrache ausgestorbenes Dorf.

Den Gegensatz zur Wildheit der **Arádhena-Schlucht** bildet die wildromantische **Mármara-Bucht** am Schluchtausgang. **Anópolis** ist ein langgezogenes Straßendorf mit kriegerischer Geschichte: Als Zentrum des kretischen Widerstands wurde Anópolis 1365 von den Venezianern, 1867 ein weiteres Mal von den Osmanen niedergebrannt.

085kr wf

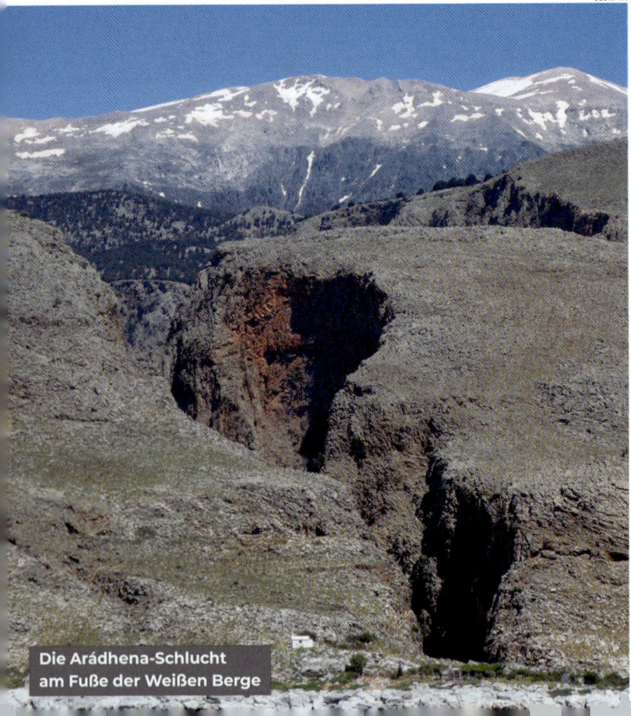

Die Arádhena-Schlucht am Fuße der Weißen Berge

Kurze Informationsübersicht

Länge: 16,2 km
Gehzeit: ca. 5 ¾ Std.
Auf-/Abstieg: je 1030 m
MITTELSCHWER

Ausgangspunkt: Loutró
Wegeigenschaften: abwechslungsreiche, deutliche Berg- und Schluchtpfade, gelb markiert beim Aufstieg zur Kapelle Ekateríni, markiert mit Steinmännchen und roten Punkten in der Schlucht, E4-Markierung an der Küste
Einkehrmöglichkeiten: Tavernen in Anópolis, Loutró und am Líkos-Strand, sowie – mein Tipp – eine Taverne in der Mármara-Bucht
Bademöglichkeiten: Strand von Loutró, Mármara-Bucht, Líkos-Strand
Anfahrt: Fähre von Chóra Sfakíon nach Loutró um 10.30 Uhr, Fahrzeit 20 Min.
Rückfahrt: Fähre von Loutró nach Chóra Sfakíon um 18 Uhr

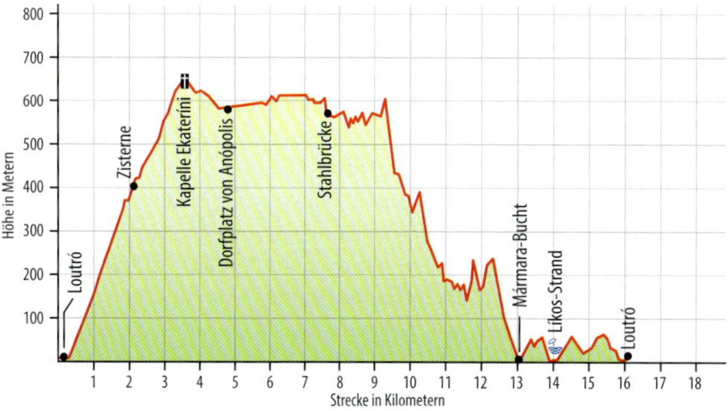

Wegbeschreibung

Von der Anlegestelle in **Loutró (1)** spaziert man nach Osten die hübsche Promenade entlang. Nach dem kurzen Strand zweigt vor der Taverne *Kyma* links eine kleine Gasse ein. Es geht ein paar Stufen aufwärts und vor „Oasis-Rooms" auf einem Pfad scharf nach rechts. Nach einem Metalltor zweigt man vom Küstenpfad nach links aufwärts ab. In Serpentinen gewinnt man rasch an Höhe und kann rückblickend die Ausblicke auf Lotró genießen. Nach gut 1 Std. stößt der Pfad auf einen steinigen Fahrweg. Man folgt ihm für gut 10 Min. nach links aufwärts. Bei einer **Zisterne (2)** aus Natursteinen beginnt ein steiler Serpentinenpfad (490 m). **1 ¼ Std.**

Malerisch ruhen die Paximádia-Inseln nordöstlich im Libyschen Meer, weiter in der Ferne thront der Kófinas (s. Tour 28) mit seinem markanten Kegel. Das Etappenziel, die exponierte Kapelle Agía Ekateríni, rückt ebenfalls in den Blick. Nach einem Metalltor führt der Pfad die letzten Meter zur **Kapelle (3)** empor, ca. 660 m hoch. Hier bietet sich eine kurze Rast an, um die Blicke auf die Weißen Berge, die Ebene von Anópolis und das tief liegende Loutó zu genießen. **1 ¾ Std.**

Beim Abstieg geht es ein kurzes Stück auf dem gleichen Weg zurück. Noch vor Erreichen des Parkplatzes gabelt sich der Weg und man wendet sich nach links. Der Fußweg führt zur Asphaltstraße, der man bis zum **Dorfplatz von Anópolis (4)** mit der empfehlenswerten Taverne *O Plátanos* und einem Denkmal des Freiheitskämpfers *Jánnis Daskalojánnis* folgt (Höhe 580 m). **ca. 2 Std.**

Vor der Taverne die Straße nach links nehmen und dem Abzweig nach Arádhena folgen. Nach ca. 800 m biegt man vor der Kapelle Ágios Dimítrios mit einem schmucken Friedhof unter riesigen Steineichen links in einen Teerweg ab, der sich

Der Freiheitskämpfer *Jánnis Daskalojánnis*, geboren in Anópolis, wehrte 1770 in der Samariá-Schlucht eine türkische Übermacht ab, weshalb er später in Iráklio zur Strafe bei lebendigem Leibe gehäutet wurde.

Ein Gerücht besagt, dass in der Sfakiá bis heute die **Blutrache** geübt werde.

nach 300 m zu einem gepflasterten Pfad verschmälert. Nach einem Rechtsschwenk durchwandert man eine einsame, spärlich bewachsene Hügellandschaft. Der Pflasterweg quert einen Feldweg und erreicht entlang einer Bruchsteinmauer wieder die Straße nach Arádhena. Man folgt ihr nach links. Rechts schiebt sich das verlassene Dorf Arádhena ins Blickfeld und nach einem kurzen Stück abwärts überquert die Straße, ca. 570 m hoch, auf einer halsbrecherischen **Stahlbrücke (5)** die Schlucht. **ca. 2 ¾ Std.**

Auf der anderen Seite der Brücke führt vor einem Kiosk rechts ein Pfad abwärts ins alte, verlassene Arádhena (hier

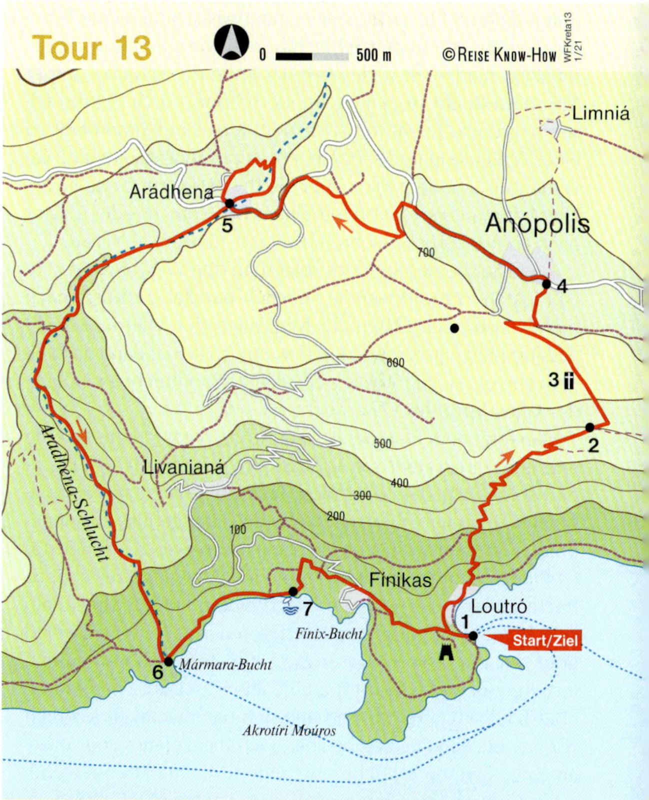

- 1 Loutró
- 2 Zisterne
- 3 Kapelle Ekateríni
- 4 Dorfplatz von Anópolis
- 5 Stahlbrücke
- 6 Mármara-Bucht
- 7 Líkos-Strand

markiert mit roten Punkten und Pfeilen). Rote Pfeile führen zum Pfad, der in etwa zehnminütigem Abstieg hinunter in den Schluchtgrund führt. Rechts/bergab haltend, unterquert man nun die faszinierende Brücke, die sich schwarz gegen den Himmel abhebt. Nach wenigen Minuten hat man die Wahl, am rechten Schluchtrand auf einem etwas rutschigen Schotterpfad zu wandern oder – wesentlich spannender – in der Schlucht zu bleiben und über Stahlleitern weiter abzusteigen. Gelegentlich müssen vorher auch die Hände zur Hilfe genommen werden. Hinweis: Dieser Variante ist bei starkem Wind oder nach Regenfällen abzuraten.

Wieder in der Schlucht geht es nun auf felsigem Boden durch dichten Oleander weiter meerwärts. Senkrechte Wände, die den fast ebenen Schluchtboden wie einen Canyon begrenzen, markieren schließlich das Ende der Schlucht an der **Mármara-Bucht (6).** Diese wunderschöne, durch Marmorfelsen begrenzte Bucht mit schmalem Kies-Sand-Strand lädt zu einer Abkühlung im Meer ein, etwas oberhalb bietet eine Taverne (mit schönem Blick über die Bucht) kleine Gerichte an. Hier hat man die Option mit einem Boot um 16 oder 17 Uhr nach Loutró zurückzukehren (Fahrzeit 15 Min.). **4 ¾ Std.**

Am Ostende des Strandes setzt man den Weg bergauf zum E4-Pfosten fort und wandert danach parallel zur Küste nach rechts, also nach Osten. 15 Min. nach der Mármara-Bucht passiert man eine große Höhle, wenig später ist dann nach einem kurzen, steilen Abstieg eine kleine Sandbucht am Beginn des **Líkos-Strandes (7)** erreicht. **ca. 5 Std.**

Man folgt dem Pfad parallel zur Küste, passiert eine Taverne und geht direkt über die Terrasse der Taverne *Akrogiali.* Unmittelbar nach der folgenden Taverne *(Nikos)* führen zwischen Gebäuden Stufen nach oben. Weiter geht es auf einem Beton-/Schotterweg. Vor einer Linkskurve setzt wieder der E4-Pfad ein. Im Folgenden werden alle Abzweige zur Phönix-Bucht außer Acht gelassen. Nach einem kurzen Stück halb links bergauf (Schotterweg) setzt sich der malerische E4-Pfad über der Bucht von Phönix zwischen Johannisbrotbäumen fort. Kurz darauf passiert man die alte venezianische Festung über Loutró (ca. 65 m) und hält sich nach wenigen Minuten Abstieg bei einer Gabelung links. Durch ein Gatter und vorbei an einer Taverne erreicht man, einen Minimarkt passierend, schließlich die Strandpromenade von **Loutró (1). 5 ¾ Std.**

Das verlassene Arádhena

Arádhena ist ein malerischer **Ruinenort** direkt am steil abfallenden Rand zur gleichnamigen Schlucht. Das Dorf wurde nach einer **Blutrachen-Fehde** vor ca. 60 Jahren aus Angst vor weiterem Blutvergießen von seinen Bewohnern verlassen. Im verfallenen Ort lassen sich noch alte Mahlwerke und Zisternen zwischen den rötlichen Häusern entdecken. Eine aus antiken Steinen erbaute Kreuzkuppelkirche aus dem 14. Jh. bezeugt die frühere Bedeutung von Arádhena.

Die Schwindel erregende **Brücke** entstand auf private Initiative einer reichen Familie aus Ágios Ioánnis und bietet faszinierende Blicke in die hier 110 m tiefe **Arádhena-Schlucht.** Grobe Holzplanken bilden den Brückenboden, und zwischen den Ritzen lässt sich der Schluchtgrund erkennen. Es erstaunt, dass die Brücke die Fahrzeuge trägt, die sich gelegentlich mit hallendem Getöse über die lockeren Holzbohlen wagen.

057kr wf

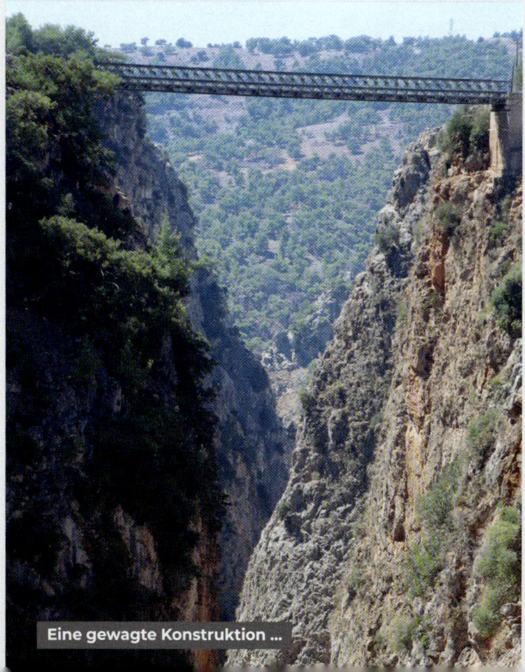

Eine gewagte Konstruktion ...

Tour 14

Von Chóra Sfakíon durch die Ilíngas-Schlucht nach Anópolis – Eine wilde Schlucht am Fuß der Weißen Berge

Eine unberührte, wilde Schlucht vermittelt das Gefühl völliger Abgeschiedenheit. Nach dem steilen, kurzen Anstieg ist es ein Genuss, die Blicke auf die fruchtbaren Ebenen vor der Küste und zu den Weißen Bergen schweifen zu lassen.

Die weitgehend unbekannte **Ilíngas-Schlucht** ist für sportliche Naturliebhaber wie geschaffen. Eine Einkehr oder Übernachtung im **Bergdorf Anópolis** rundet diese abenteuerliche Tour ab.

060kr wf

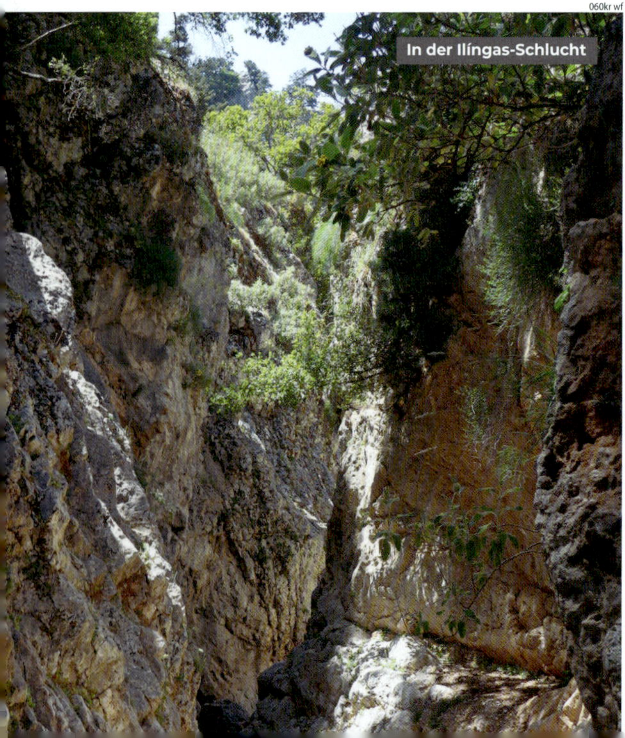

In der Ilíngas-Schlucht

Kurze Informationsübersicht

Länge: 15 km
Gehzeit: ca. 5 ¾ Std.
Auf-/Abstieg: 1040 m / 470 m
SCHWER

Ausgangspunkt: Hafenpromenade in Chóra Sfakíon
Wegeigenschaften: Maultierpfade bis zum Schluchtgrund, in der Schlucht zwei imposante Kletterstellen, sonst grober Kies im Trockenbett ohne nennenswerte Steigung, nach dem Ausstieg über einen alten Pfad einfache Schotterwege, markiert mit Steinmännchen bis in die Ilíngas-Schlucht und mit roten Punkten aus der Schlucht heraus
Einkehrmöglichkeiten: in Anópolis z. B. die einladende Taverne *O Plátanos* (mit Zimmervermietung) am Denkmal des *Daskalojánnis,* in der Taverne ist auch der schmackhafte Thymianhonig aus der Umgebung erhältlich
Bademöglichkeiten: keine
Rückfahrt: Taxi nach Chóra Sfakíon, 10 km, Tel. 697 269 0139; mit etwas Glück ergibt sich auch eine Mitfahrgelegenheit mit Gästen der Taverne. Alternativ Übernachtung und mit dem Frühbus zurück (Abfahrtszeit in der Taverne erfragen)

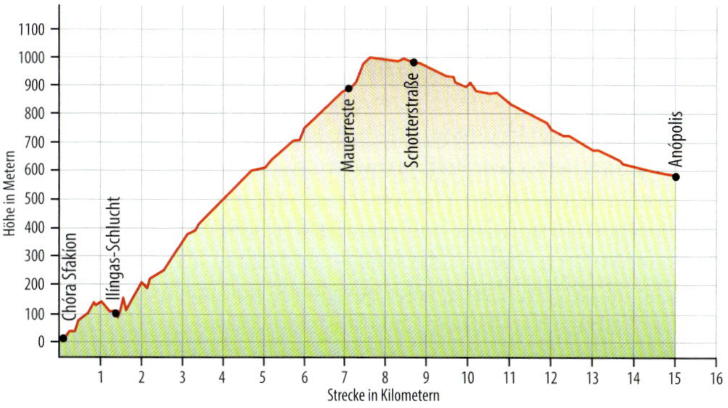

Wegbeschreibung

Man folgt der kurzen Hafenpromenade **Chóra Sfakíons (1)** nach Westen. Nach dem Restaurant *Lefka Ori* biegt ein breiter Betonweg nach rechts, also nach Norden ab. Nach einem kurzen Anstieg geht es an einer Kreuzung über die Stufen linker Hand nach oben. Ein enger Weg, teils betoniert, teils gepflastert, schlängelt sich bis zur Asphaltstraße Chóra Sfakíon – Anópolis hinauf. Man folgt ihr ca. 100 m nach links (Osten), bis ein mit Geröll bedeckter Pfad, bezeichnet durch einen blauen Pfeil, halb rechts den Hang hinaufzieht. **10 Min.**

Der teilweise gepflasterte Pfad stößt nach 15 Min. auf eine Schotterstraße, der man nach links im Anstieg folgt. Eine bald darauf folgende scharfe Rechtsgabelung wird ignoriert. Wenig später – vor einer Linkskehre – wird dann rechts nach Norden wieder auf einen Pfad abgebogen. **30 Min.**

Dieser Pfad zieht sich binnen 10 Min. in die breite, hier 90 m hohe **Ilíngas-Schlucht (2)** hinab, wobei es die letzten Meter bei Steinmännchen über die Böschung steil abwärts geht. Der Schlucht danach nach Norden bergauf folgen. Nicht die Steigung kostet Kraft, sondern der nachgiebige Kies auf dem Schluchtboden. Für die Anstrengung wird man belohnt durch Schluchteinsamkeit, faszinierende Engstellen und ausgewaschene Felswände. Unterwegs wird eine erste zweistufige Steilstelle (jeweils ca. 2,50 m hoch) durch Zuhilfenahme der Hände auf der linken Schluchtseite überwunden (Steinmännchen), eine weitere wird rechts umgangen (Steinmännchen). Eine links einmündende Nebenschlucht wird ignoriert und nach gut 3 Std. in der Schlucht – 100 m vor der Kapelle Tímios Stavrós am linken Schluchtrand – erkennt man links **Mauerreste (3).** Etwa 880 m ist man hier hoch. **3 ¾ Std.**

Unmittelbar vor den Mauerrelikten wird die Schlucht verlassen (rote Markierungen) und halb links, also in nordwestlicher Richtung, ein Geröllfeld erstiegen. Nach ca. 100 m setzt ein schmaler, markierter Pfad ein. Er verläuft gut 10 Min. schattig durch Wald aufwärts und mündet schließlich in einen steinigen Weg (ca. 960 m), der weitgehend eben einen weiten Bogen im Gegenuhrzeigersinn beschreibt. Kurz nach einer Viehtränke biegt man bei einem verrosteten Wegweiser, ca. 980 m hoch, nach links (Süden) ein in die breite **Schotterstraße (4)** nach Anópolis. **ca. 4 ¼ Std.**

Wenig später erkennt man rechter Hand in der Ferne bereits einige Häuser von Anópolis. Die Schotterstraße führt in gut 1 ½ Std. in weiten Kehren abwärts (Abzweigungen bergauf werden ignoriert). In der letzten halben Stunde verläuft sie durch Kiefernwälder, in denen immer wieder Bienenstöcke zu sehen sind, die den berühmten Honig von Anópolis liefern. Zuletzt passiert man die Abzweigung nach Arádhena und erreicht nach ein oder zwei weiteren Minuten den etwa 580 m hohen Dorfplatz von **Anópolis (5)** mit dem Denkmal des Freiheitskämpfers *Daskalojánnis*. **5 ¾ Std.**

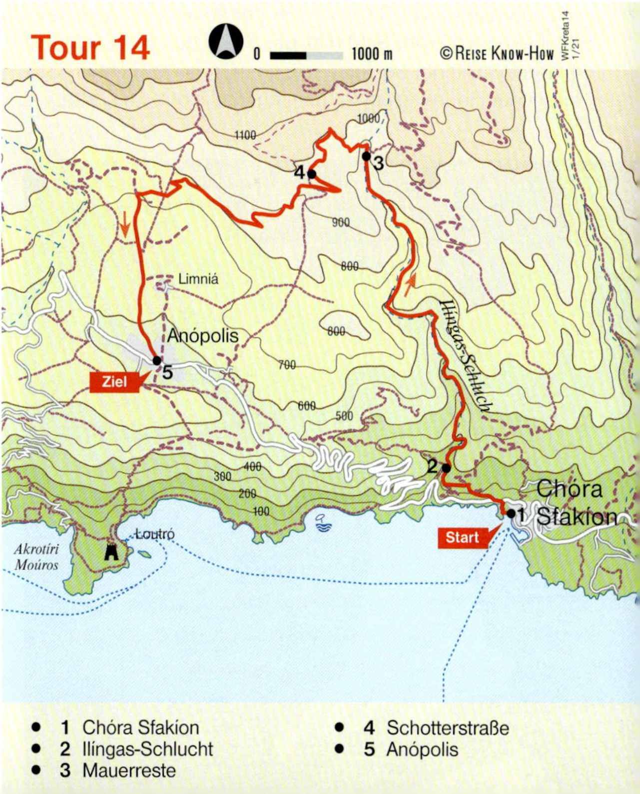

Tour 15
Durch die Ímbros-Schlucht nach Chóra Sfakíon –
Schluchtwände zum Greifen nahe

Ein Geheimtipp ist die ausgesprochen reizvolle Ímbros-Schlucht mit ihren Engstellen längst nicht mehr. Dennoch bleibt sie eine attraktive Alternative zu der Samariá-Schlucht.

Die Ímbros-Schlucht diente schon vor Jahrhunderten als Rückzugsgebiet und Fluchtweg der kretischen Widerstandskämpfer. Später schuf sie die Verbindung von der **Südküste** hinauf zur **Askífou-Hochebene.** Die Pflasterung des ehemaligen Maultierpfades ist teilweise noch gut erhalten. Im Mai 1941 flüchteten nach der **Schlacht um Kreta** durch die Schlucht Tausende alliierter Soldaten u.a. von Chaniá in Richtung Sfakiá, in der Hoffnung auf Rettung durch die britische Flotte.

011kr wf

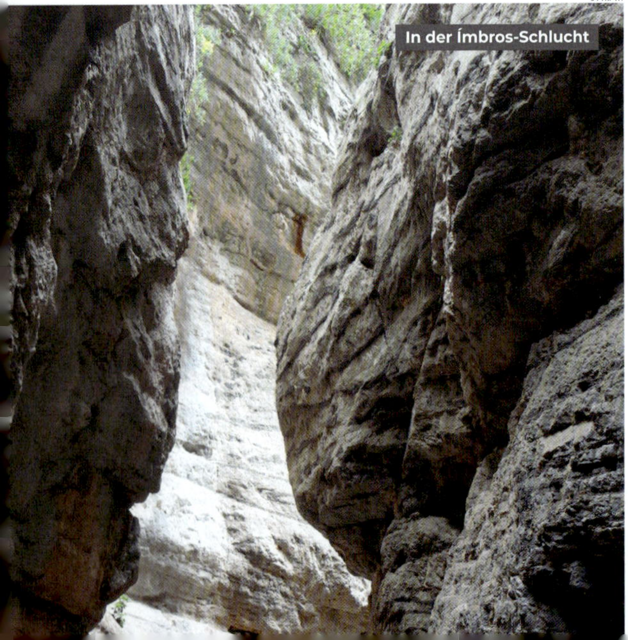

In der Ímbros-Schlucht

Kurze Informationsübersicht

Länge: 10,8 km
Gehzeit: ca. 3 Std.
Auf-/Abstieg: 110 m / 880 m
MITTELSCHWER

Ausgangspunkt: Taverne *Ímbros Village* in Ímbros
Wegeigenschaften: leicht begehbar, auf dem Rückweg nach Chóra Sfakíon ein kurzes steiles Pfadstück hinab in die Sfakianó-Schlucht, während der letzten 45 Min. gelegentlich markiert mit Steinmännchen und roten Punkten
Einkehrmöglichkeiten: Tavernen am Ausgang der Ímbros-Schlucht (mein Tipp: Taverne *Imbros Gorge*) und in Komitádes
Bademöglichkeiten: keine
Anfahrt: Bus von Chóra Sfakíon nach Chaniá um 7 und 11 Uhr, Fahrzeit bis Ímbros ca. 30 Min., 15 km. Alternativ Bus von Chaniá nach Chóra Sfakíon um 8.30 und 11 Uhr, Fahrzeit bis Ímbros 1 ¼ Std., 50 km
Rückfahrt: Bus von Chóra Sfakíon nach Chaniá um 17.30 und 19 Uhr

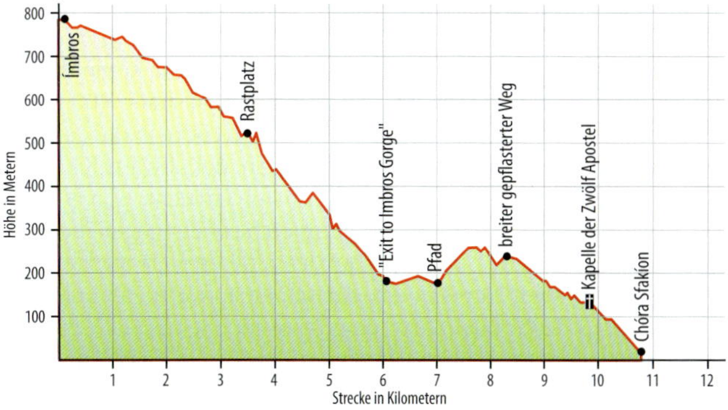

Wegbeschreibung

Die Busse von Chóra Sfakíon und Chaniá halten in **Ímbros (1)** bei der Einstiegsstelle in die Schlucht nahe der Taverne *Imbros Village* auf ca. 780 m Höhe. Man folgt dem Wegweiser hinab ins Tal und erreicht nach knapp 15 Min. das Kassenhäuschen, das den geringfügigen Eintritt regelt und überwacht. Das Tal bekommt in der Folge mehr und mehr den Charakter einer Kluft. Die Ímbros-Schlucht wird nicht ohne Grund als Miniaturausgabe der Samariá-Schlucht bezeichnet – zwar ist sie kurz und wenig anstrengend, doch weist sie hoch emporragende Wände und faszinierende Engstellen auf. Eine davon ist gerade einmal 1,60 m breit.

Es geht stetig abwärts. Orientierungsprobleme gibt es in der Kluft nicht. Wenig später folgt ein **Rastplatz (2)** auf 510 m Höhe mit Trinkwasser und WC. **ca. 1 Std.**

Erst auf ca. 180 m Höhe verlässt man die Schlucht nach rechts, und zwar bei den Schildern zu den Tavernen *Dionysos, Imbros Gorge* und **Exit to Imbros Gorge (3).** Beim nächsten Abzweig hält man sich nochmals rechts in Richtung der Taverne *Imbros Gorge*. Wenige Meter nach der Taverne rechts der Asphaltstraße nach Komitádes folgen. Jenseits des Orts (ca. 175 m) nach einer scharfen Linkskurve und kurz nach einem Strommast muss man dann halb rechts in einen schmalen **Pfad (4)** einbiegen (rote Markierung). **ca. 1 ¾ Std.**

Er führt rot markiert unter Olivenbäumen zunächst in Serpentinen, später in oder am Rande eines Einschnitts aufwärts. Wenig später verlässt man den Einschnitt nach links (rechts eine Stallung) und trifft auf die Zufahrtsstraße nach Chóra Sfakíon. **ca. 2 Std.**

Ein schöner Rückblick auf das malerisch gelegene Kommitádes ist hier zu genießen. Man folgt der Asphaltstraße 400 m nach rechts und schwenkt bei einer breiten Lücke in der Leitplanke halb links in einen Schotterweg ein, der abwärts führt. Vor einem liegt das breite Tal der Sfakianó-Schlucht.

Nächstes Ziel ist der große Schafspferch auf der gegenüberliegenden Talseite. Deutlich ist auf der anderen Seite auch ein befestigter Weg zu erkennen, der schräg aufwärts zieht und später aus der Schlucht bzw. dem Tal wieder herausführt.

Man wendet sich bald nach dem Abzweig bei einer eingezäunten Viehtränke (Höhe ca. 250 m) nach links, geht parallel

Tour 15

0 500 m ©Reise Know-How WFKreta15 1/21

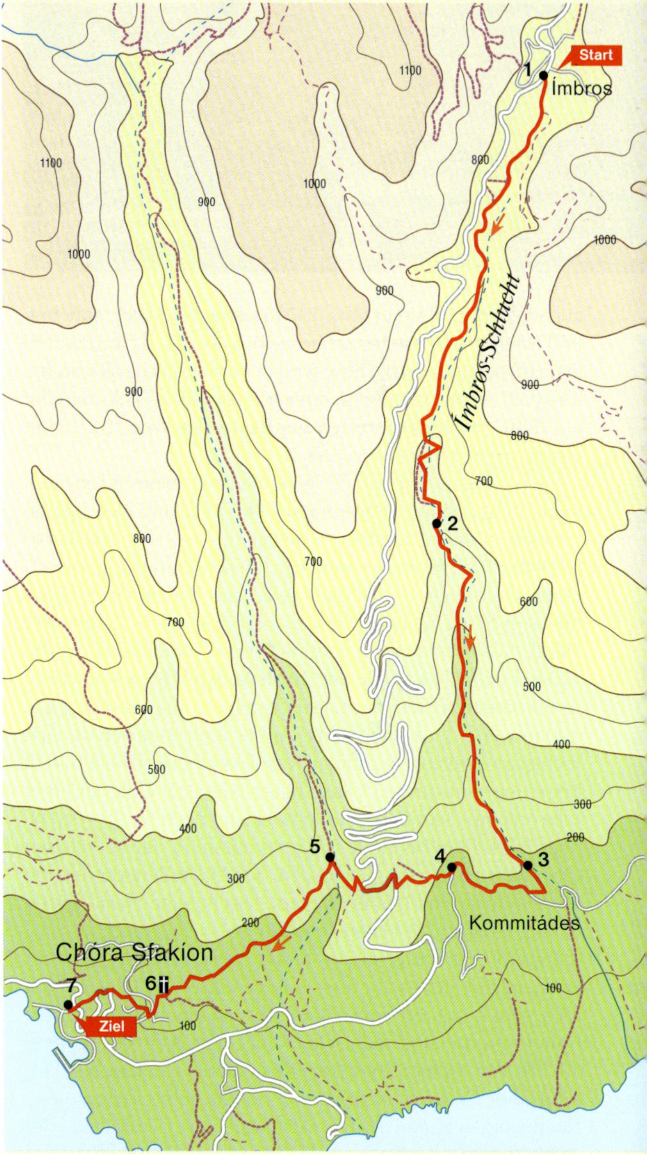

- 1 Ímbros
- 2 Rastplatz
- 3 "Exit to Imbros Gorge"
- 4 Pfad
- 5 breiter gepflasterter Weg
- 6 Kapelle der Zwölf Apostel
- 7 Chóra Sfakíon

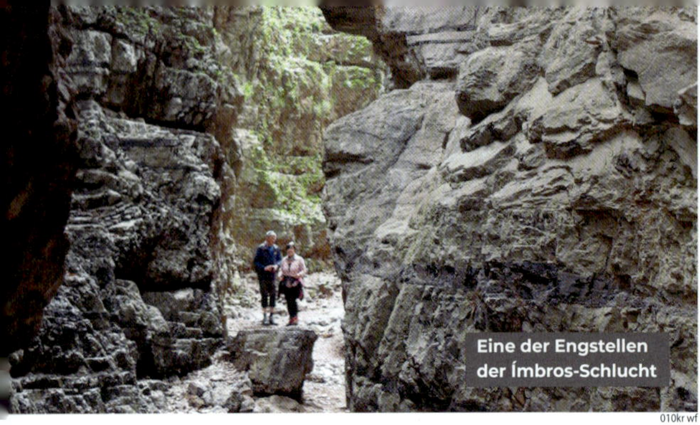

Eine der Engstellen der Ímbros-Schlucht

010kr wf

zur Schlucht und steigt etwa 100 m weiter bei Steinmännchen und roten Markierungen scharf rechts, also nach Nordwesten in das Trockenbett ab. Diese wird in nordwestlicher Richtung, also halb rechts, gequert und nach 2 Min. scharf links bergauf auf dem erwähnten **breiten gepflasterten Weg (5)** (Höhe 240 m) verlassen. **ca. 2 ¼ Std.**

Nach einigen Serpentinen geht man links eines Zauns und folgt ein paar hundert Meter nach einer Stallung einer Schotterstraße (parallel zu einer Stromleitung). In einer Linkskurve bei einer Viehtränke auf einem schmalen Pfad (rot markiert) durch Dornengebüsch weiter geradeaus halten. Nach Überquerung dreier kleinerer Gräben folgt man einem Zaun linker Hand, passiert ein Wohnhaus mit blauem Tor und erreicht, ca. 120 m hoch, die **Kapelle der Zwölf Apostel (6). 2 ¾ Std.**

Auf einem kurzen Asphaltstück geht es links abwärts. Ca. 200 m weiter muss man in die zweite Teerstraße scharf nach rechts, an einer zweischiffigen Kapelle vorbei und kurz darauf bei einem umzäunten Olivenbaum wieder rechts (an einer Villa entlang). Der gepflasterte Weg wird nach ca. 50 m zu einem Pfad. Man befindet sich jetzt mitten in der verfallenen Oberstadt von Chóra Sfakíon. Sie war bis Anfang des letzten Jahrhunderts eine blühende Stadt. Das heutige Sfakiá wurde damals lediglich als Hafen genutzt.

Etwa 100 m weiter gilt es, an der weißen Friedhofsmauer links einigen Stufen abwärts zu folgen. Zwischen Feigenbäumen geht es ca. 200 m später rechts an einem überdachten Brunnen vorbei und sodann links auf einem Asphaltweg bergab. Die von Kiefern umrahmte Ruine der byzantinischen Festung über Chóra Sfakíon ist nun bereits zum Greifen nahe. Nach einigen Stufen am Ende des Asphaltwegs folgt man der Zufahrtsstraße nach Sfakiá abwärts und zweigt nach 100 m rechts in eine Asphaltstraße ab. Etwa 200 m weiter biegt man nach einigen Stufen scharf links in einen Betonweg ab, überquert die Straße nach Anopólis und steigt bei einem Olivenbaum eine Treppe hinab zum Parkplatz mit der Bushaltestelle vor **Chóra Sfakíon (7).** An der Hafenpromenade laden einige empfehlenswerte Tavernen zu einer Stärkung ein. **3 Std.**

Die Kapelle der Zwölf Apostel

Die gedrungene Kapelle der Zwölf Apostel thront einsam ca. 100 m hoch über dem Hafen von Chóra Sfakíon. Zusammen mit dem frei stehenden **Glockenturm** am Rand einer Felsengruppe ist sie von einer besonderen, herben Schönheit. Es handelt sich um eine sogenannte **Festungskapelle** (erbaut im 8. Jh.), die als Trutzburg gegen die Araber, bei Piratenüberfällen und beim Einmarsch der Osmanen diente. An dieser exponierten Stelle wurden schon in byzantinischer Zeit über **Blinkfeuer** Signale nach Loutró und sogar bis Mátala gesandt. Entsprechend bietet sich ein wunderbarer Blick auf die geschwungene Küstenlinie Richtung Loutró, die Bucht von Sfakiá und die verfallene Oberstadt. Die Kapelle wurde aufwendig renoviert.

013kr wf

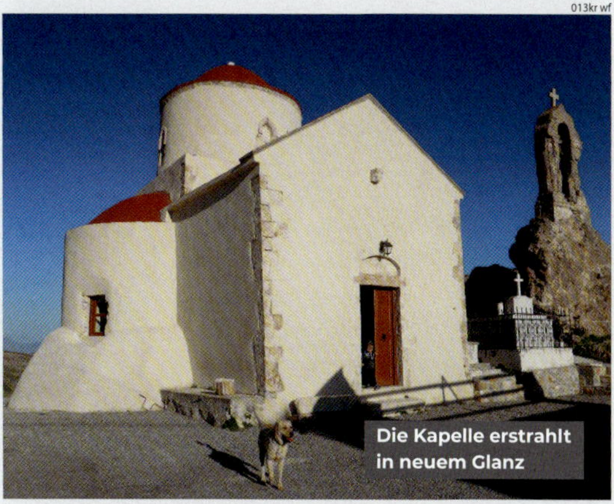

Die Kapelle erstrahlt in neuem Glanz

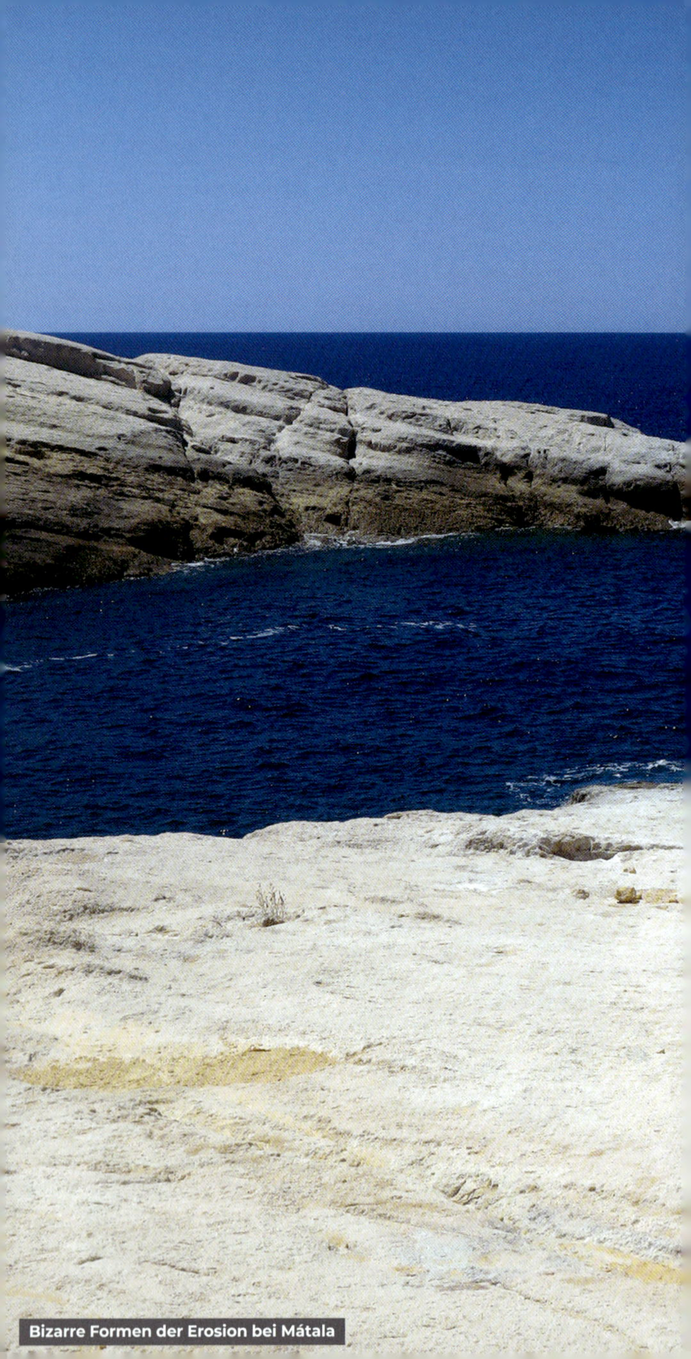

Bizarre Formen der Erosion bei Mátala

ZENTRALKRETA

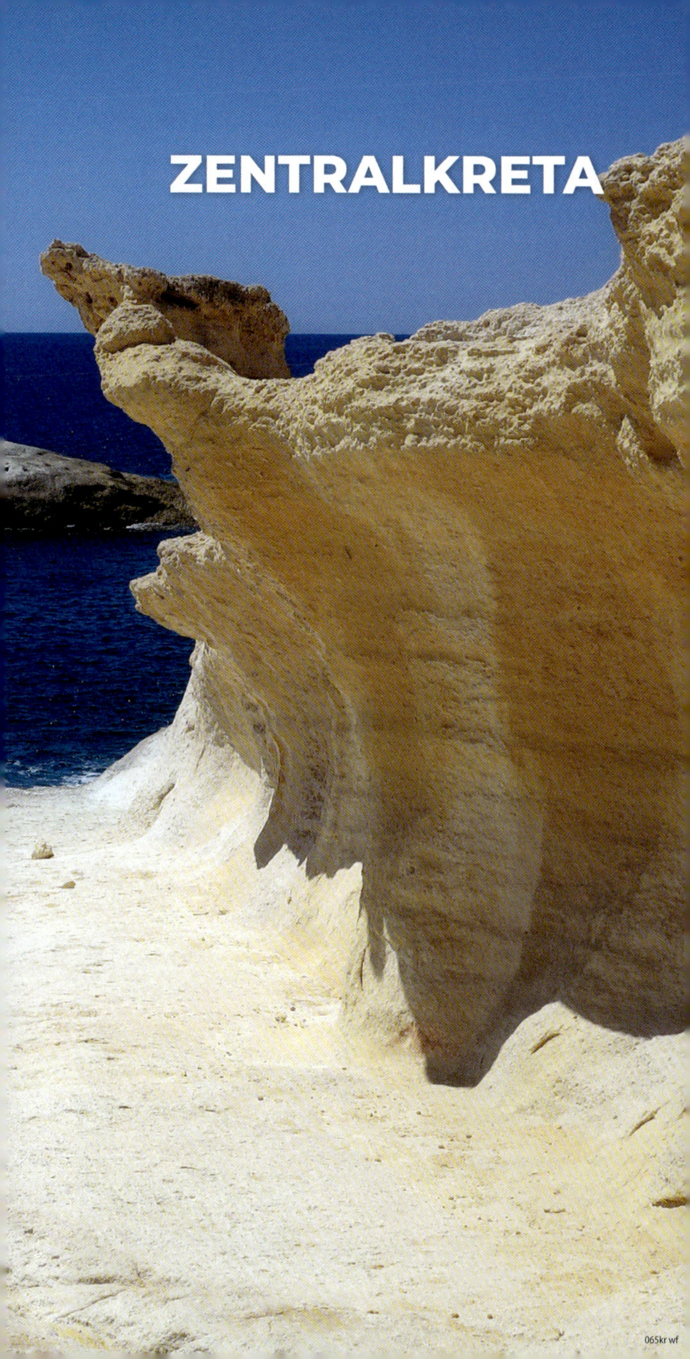

065kr wf

Tour 16
Von Argiroúpolis durch die Póros-Schlucht –
Entdeckungen im Hinterland von Réthymno

Eine alte Nekropole, Bergdörfer, Wasserfälle, die nahezu unbekannte Póros-Schlucht und üppigste Vegetation hinterlassen bleibende Eindrücke.

Das hügelige **Hinterland** von Réthymno präsentiert sich auf dieser Wanderung in überraschender Vielfalt und Ursprünglichkeit. Im Ortskern der Oberstadt von **Argiroúpolis** sind Reste der antiken Vorläufersiedlung **Lappa** zu entdecken. Wer einen Streifzug unternehmen will, sollte im Ladengeschäft *Lappa Avocado* (gleich nach dem Torbogen am Zugang zur Oberstadt) nach einem Stadtplan mit den Sehenswürdigkeiten fragen.

034kr wf

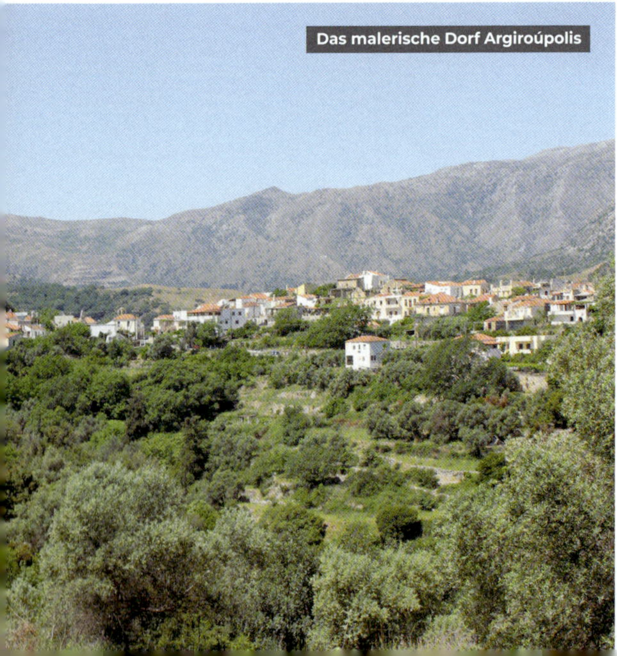

Das malerische Dorf Argiroúpolis

Kurze Informationsübersicht

Länge: 16,2 km
Gehzeit: ca. 5 Std.
Auf-/Abstieg: je 590 m
MITTELSCHWER

Ausgangspunkt: Dorfplatz in Argiroúpolis
Wegeigenschaften: Fahrwege und Pfade, in der Schlucht auch felsig, nach einer guten halben Stunde immer wieder E4-Markierungen sowie blaue und rote Punkte, die letzte Dreiviertelstunde ohne Markierungen
Einkehrmöglichkeiten: mehrere lauschige Tavernen an den Wasserfällen
Bademöglichkeiten: keine
Anfahrt: Privatfahrzeug oder Bus von Réthymno nach Argiroúpolis um 6.15 Uhr, Fahrzeit 30 Min., 20 km
Rückfahrt: Der letzte Bus von Argiroúpolis nach Réthymno fährt vom Uhrturm um ca. 15.30 Uhr ab.

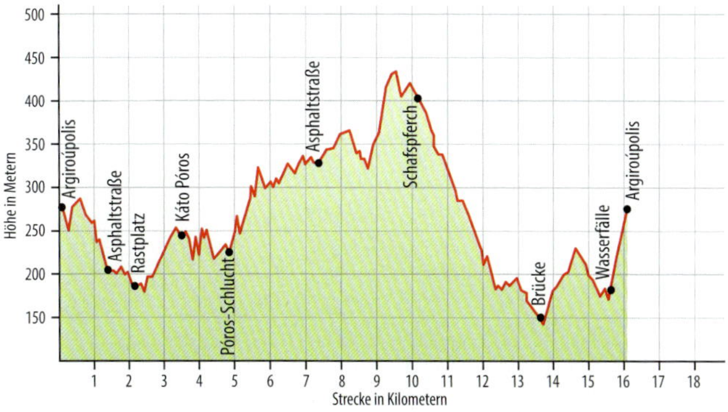

Wegbeschreibung

Der Bus hält in **Argiroúpolis (1)** am Dorfplatz mit Kapelle, frei stehendem Uhrturm und einem Torbogen, durch den es zur Oberstadt geht. Etwa 280 m ist man hier hoch. Es geht einige Meter die Straße zurück nach Nordosten (Richtung Réthymno) bis zu einem Supermarkt. Gegenüber – bei einem doppelten Strommast – zieht ein schmaler gepflasterter Pfad entlang eines Zaunes bergab. Er durchquert ein baumreiches Tal, führt auf der anderen Seite wieder aufwärts und wird zu einem breiten Maultierpfad. Bald biegt man halb links in einen Schotterweg ab. **10 Min.**

Argiroúpolis zeigt sich – aus jetzt neuer Perspektive – als malerisches Dorf. Weit voraus liegt die Halbinsel Drápanos. 5 Min. später bei einer T-Gabelung nimmt man die Schotterstraße, die nach links, also nach Nordwesten führt. Der Schotter wird bald von Beton abgelöst und es geht abwärts in Richtung eines Tals. An der **Asphaltstraße (2)** nach Káto Póros muss man scharf links abbiegen und bergab wandern (Höhe 205 m). **25 Min.**

Kurz darauf erblickt man rechts im üppig mit riesigen Platanen bewachsenen Tal eine Kapelle und Grabkammern einer

Die in die Felsen geschlagenen **Grabkammern** gehören zur Nekropole der antiken Stadt **Lappa,** die seit 220 v. Chr. nachweisbar ist und 67 v. Chr. von den Römern zerstört wurde, unter Kaiser *Augustus* aber den Status einer „Freien Stadt" erhielt.

019kr wf

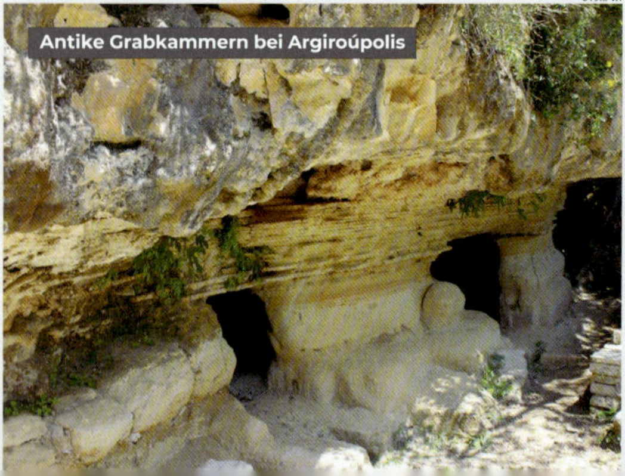

Antike Grabkammern bei Argiroúpolis

antiken Nekropole. Nach ca. 5 Min. kreuzt ein gepflasterter Weg die Asphaltstraße, und zwar bei einer Ikonostase und dem Wegweiser „Agion Pente Parthenon", der auf die Kapelle der Fünf Jungfrauen aufmerksam macht. Diesem Pflasterweg folgt man nach rechts, wandert bergab und erreicht, ca. 170 m hoch, jene Kapelle mitsamt zugehörigem Glockenturm. Etwas weiter abwärts am Bach steht eine angeblich zweitausendjährige Platane, die in zwei Hälften gespalten wurde – ein herrlich kühler und schattiger **Rastplatz (3)** mit vielen plätschernden Ausflüssen einer Trinkwasserquelle (Höhe 185 m). **35 Min.**

Danach geht es über den Bach. Auf der anderen Seite beginnt ein fast ebener, mit blauen Punkten markierter Pfad. Er zieht nach Osten – durch dichten Farn, Unterholz und unter

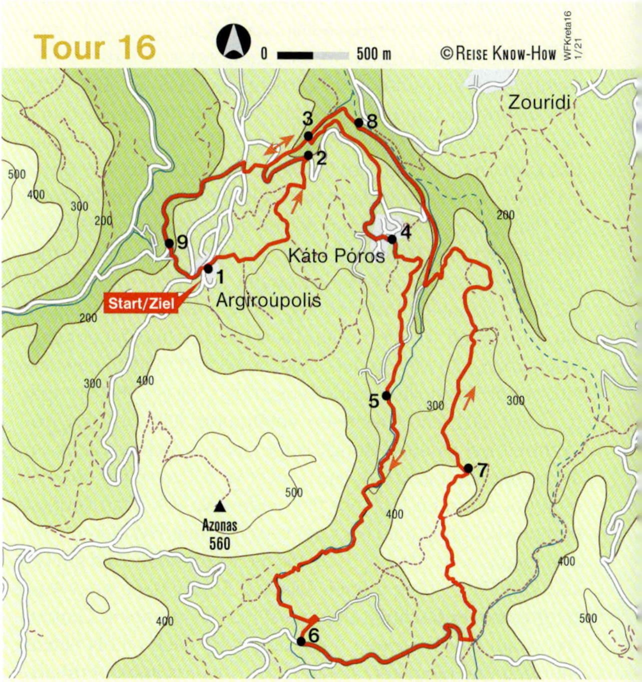

- 1 Argiroúpolis
- 2 Asphaltstraße
- 3 Rastplatz
- 4 Káto Póros
- 5 Póros-Schlucht
- 6 Asphaltstraße
- 7 Schafspferch
- 8 Brücke
- 9 Wasserfälle

Feigen und Johannisbrotbäumen an einer Steinmauer entlang. Er geht in einen Erdweg über, der etwa 5 Min. nach der Platane am Rande eines üppig grünen Tals in Richtung Süden schwenkt. Kurz nach einem Zaun überquert man eine Asphaltstraße. Der nun geteerte Weg führt zwischen saftigen Maulbeerbäumen nach Südwesten zu einer Verzweigung, bei der man sich links (nach Osten) hält und ins Dorf **Káto Póros (4)** hinabwandert. **ca. 1 Std.**

Bei einer T-Gabelung im etwa 240 m hoch gelegenen Dorf muss man rechts (nach Süden) einen Betonweg hinauf. Ca. 200 m später zweigt ein steiniger Weg bei einem E4-Wegweiser links ab. Absteigend verläuft er unter Steineichen, Johannisbrotbäumen und Platanen parallel zum Tal auf der Linken und schwenkt in einen Maultierpfad übergehend nach und nach in Richtung Süden. Man nähert sich allmählich dem Bach im Talgrund, manchmal hängen Zweige tief in den teilweise gepflasterten Pfad. 15 Min. nach Káto Póros geht man auf einem Betonweg 10 m links und sofort wieder scharf rechts, nun auf sandigem Fahrweg (ca. 205 m). Bei einer Linkskehre im Talgrund wird der Fahrweg geradeaus durch ein Tor verlassen und man betritt, ca. 220 m hoch, kurz darauf das trockene Bachbett der **Póros-Schlucht (5). ca. 1 ½ Std.**

Gleich zu Beginn verläuft nach Querung des Trockenbetts ein Pfad etwas oberhalb des Schluchtgrunds, der die Wanderung erleichtert. Halten Sie auch weiterhin nach Pfadumgehungen Ausschau! E4-Markierungen und blaue Punkte erleichtern dabei die Wegfindung. Im Schatten von prächtigen alten Platanen wandert man das schluchtartige Tal entlang. Nach knapp 30 Min. in der Schlucht gelangt man an eine faszinierende Engstelle mit überhängenden Felsen. 30 Min. später, kurz nach einer weiteren Verengung, teilt sich das Trockenbett bei einem Betongebäude auf der rechten Seite. Im linken Bachbett geht es weiter und etwa 300 m später erreicht man vor allem im Frühjahr fließendes Wasser. Man verlässt hier das Bachbett halb links bei verschiedenen Markierungen und folgt einem zusehends deutlicher werdenden Pfad am linken Rand des üppig grünen Tals. Ca. 5 Min. nach dem Ausstieg aus dem Bachbett überquert man einen tiefen Graben rechts auf einem kleinen Betonsteg, folgt nach rechts einem Fahrweg und biegt kurz darauf links/ostwärts in die **Asphaltstraße (6)** nach Velonádo ab (Höhe 330 m). **ca. 2 ¾ Std.**

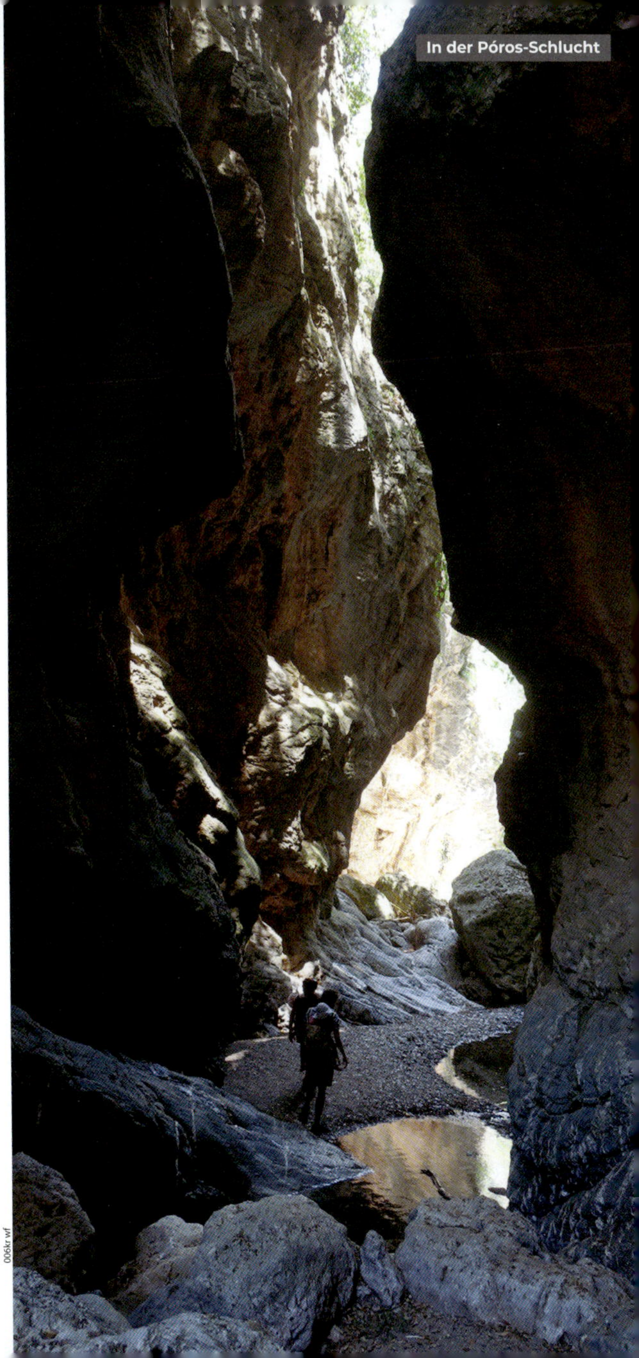

In der Póros-Schlucht

006kr wf

Nach 15 Min. geht es an einem Betonabgang zu einer Stallung vorbei. Wenig später verlässt man die Asphaltstraße wieder, und zwar vor einem größeren Stallgebäude (ca. 310 m). Es geht links/abwärts in einen steinigen Weg hinein, der ein schmales ausgetrocknetes Bachbett kreuzt. Einem Fahrweg ein paar Meter nach rechts folgend, biegt man dann scharf links in einen oberhalb verlaufenden Schotterweg ab. Gegenüber des Eingangs zur vorletzten Stallung beginnt rechts ein rot markierter Pfad. In zunehmend steilerem Anstieg muss man nun auf Ziegenpfaden, aber durchgängig markiert, nach Norden auf einen Bergkamm zuhalten.

Knapp 15 Min. nach Verlassen der Teerstraße überquert man, die Richtung haltend, den Bergkamm (ca. 425 m) und wandert etwas rechts leicht bergab zu einer ca. 100 x 200 m großen Ebene, die der Länge nach überquert werden muss. Am jenseitigen Ende ist der Pfad anfänglich wieder gut erkennbar und führt markiert nach Nord-Nordwesten. Nach einem kurzen abschüssigen, dann einem ebenen Abschnitt prägt er sich wieder deutlich aus und zieht bei einem markierten Felsen leicht bergauf. 15 Min. nach dem Bergkamm passiert man einen umzäunten Platz (ca. 440 m) mit einem **Schafspferch (7)** aus Natursteinen. **ca. 3 ½ Std.**

Man hält sich links in Richtung des lang gestreckten Gebäudes, wo ein ebener Beton-Schotter-Weg nach Nordwesten einsetzt. Es geht gemächlich bergab. In diesem Abschnitt bietet der Höhenweg vielfältige Ausblicke: Im Westen liegt das vorgelagerte Tal der Póros-Schlucht, im Osten taucht kurz das Dorf Moúndros auf, im Nord-Nordosten erkennt man Epískopi und Káto Póros, im Norden Ágios Konstantínos und etwas weiter die Pétres-Schlucht, in der Ferne zeigt sich die Küstenlinie Richtung Chaniá und bei guter Sicht der charakteristische Gipfel des Psilorítis.

Etwas später führt der Hauptweg durch ein Wäldchen von Steineichen und Eichen. Einige verfallene Häuser werden passiert und man hält sich bei der nächsten Gabelung halb links. Der Weg zieht nun steil ins Tal hinab und überquert ca. 5 Min. später den Fluss (ca. 170 m). Auf der anderen Seite folgt man einem Betonweg nach rechts, begleitet von üppigster Vegetation und dem im Frühjahr rauschenden Fluss. Nach gut 5 Min. rechts abwärts der kaum befahrenen Asphaltstraße nach Ágios Konstantínos und Zourídi folgen. Neben dem Weg plät-

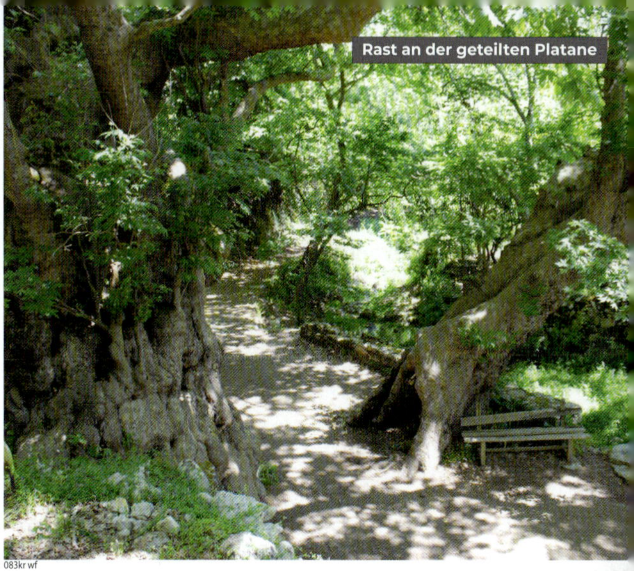

083kr wf

schert wieder der von Platanen, Zypressen und Schilf verdeckte Bach. Vor einer kleinen **Brücke (8)** verlässt man, ca. 145 m hoch, die Teerstraße geradeaus (Nordwesten) auf einem schmalen Weg in den Wald. **4 ¼ Std.**

Er führt ca. 10 Min. teilweise schattig am Bach entlang zu der schon bekannten zweiteiligen Platane am **Rastplatz (3).** Die Asphaltstraße nach Káto Póros wird auf dem gepflasterten Weg gekreuzt und man erreicht die Zufahrtstraße nach Argiroúpolis. Hier muss man ca. 100 m rechts und dann links in Richtung Así Goniá gehen. Die Unterstadt kommt nach ein paar Minuten in Sicht, und kurz darauf erreicht man die **Wasserfälle (9)** von Argiroúpolis auf 180 m Höhe. Gestaffelt durch verschiedene Terrassen und Becken, fällt das Wasser mehrere Meter tief. Einige schattige Tavernen laden zur Rast ein und bieten Forellengerichte. **4 ¾ Std.**

Vor der ersten Taverne führt eine breite Treppe aufwärts, vorbei an einer sehenswerten Höhlenkapelle, durch die ein Teil des Wassers fließt. Der Treppe bis zum Wasserfall der Taverne *Kastro* folgen. Hier führt links ein Betonweg in Serpentinen steil bergauf zum Dorf. Etwa 10 Min. nach den Wasserfällen erreicht man die Unterstadt und schließlich, weiter auf einem Betonweg aufwärts wandernd, den frei stehenden Uhrturm am zentralen Platz von **Argiroúpolis (1)** mit der Bushaltestelle. **5 Std.**

Tour 17
Von Plakiás durch den Fluss Kotsifós nach Mírthios –
Abenteuer „Canyoning“

Das Plätschern des Baches, schmale Wasserläufe, die sich schäumend ihren Weg durch die Felsen bahnen, alles überdacht von Oleander und Laubbäumen, die fast die Sonne verdunkeln.

Diese einzigartige Tour verläuft überwiegend in einem Wasser führenden Bachbett und wird jedem Wanderer als ein kleines Abenteuer in Erinnerung bleiben. Gerade im Hochsommer verschafft der kniehohe Fluss mit kleinen **Wasserfällen** und **Badegumpen** angenehme Kühlung. Eine Einkehr im **Bergdorf Mírthios** rundet diese Wanderung ab.

066kr wf

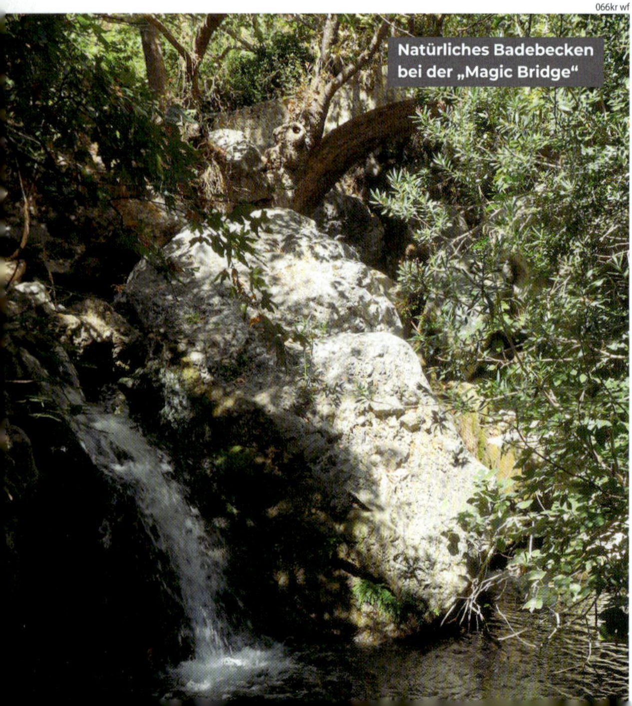

Natürliches Badebecken bei der „Magic Bridge“

Kurze Informationsübersicht

Länge: 6,7 km
Gehzeit: ca. 3 Std.
Auf-/Abstieg: je 210 m
SCHWER

Ausgangspunkt: Parkplatz in Plakiás
Wegeigenschaften: unschwere Pfade und Schotter/Betonwege außerhalb des Flusses, im Bachbett häufige kurze, ungefährliche Kletterpassagen; zusätzliche Ausrüstung: Treckingsandalen, wasserdichte Schatulle für Utensilien wie Handy, Fotoapparat und Geld, evtl. Badekleidung
Einkehrmöglichkeiten: in Mírthios kleine Läden und zwei empfehlenswerte Tavernen mit Panoramablick
Bademöglichkeiten: mehrere Stellen im Canyon
Anfahrt: Bus von Réthymno nach Plakiás um 8.15 Uhr und 10 Uhr, Fahrzeit 1 Std., 40 km
Rückfahrt: Bus von Plakiás nach Réthymno um 15 Uhr und 18 Uhr

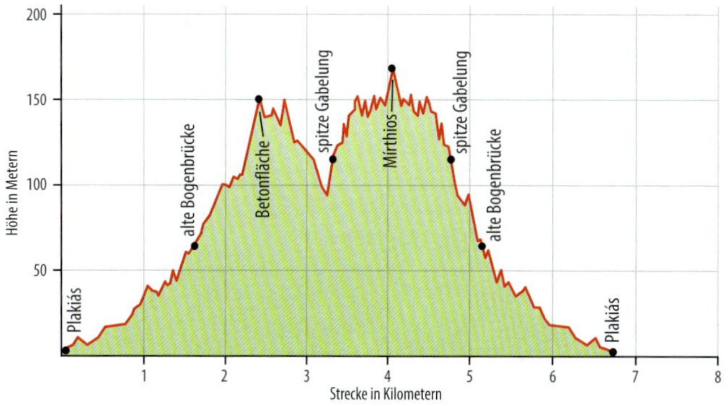

Wegbeschreibung

Von der Bushaltestelle geht es weiter nach Westen ins Zentrum von **Plakiás (1).** Man überquert eine Brücke und biegt nach ca. 100 m am Ende des Parkplatzes rechts ab in eine schmale Asphaltstraße. Nach einer scharfen Rechtskurve wird, etwa 5 Min. nach der Bushaltestelle, eine weitere Brücke überquert. Bei der nächsten Gabelung folgt man halb links dem Schild zur Jugendherberge und passiert dieses beliebte Hostel. Nach einer ersten Mühlenruine (ca. 50 m) verläuft der Fahrweg weiter auf der rechten Talseite oberhalb des Flusses. **15 Min.**

Man folgt dem Hauptweg, bei einem Abzweig senkt sich der Weg halb links zum Bach ab. Noch 100 m dem Bachlauf folgend, überquert man ihn schließlich auf größeren Steinen und folgt auf der anderen Seite einem Schotterweg nach rechts. Nach etwa 300 m wird dieser zu einem schmalen Pfad. Begleitet vom Rauschen des Baches wandert man durch dschungelartige Vegetation, erreicht bei einer weiteren Mühlenruine (ca. 60 m) eine **alte Bogenbrücke (2)** und überquert sie. Die alten Mühlen bestanden übrigens aus einem Wasserzulaufskanal auf einer hohen Mauer, einem tiefen Schacht am Ende des Zulaufs, durch den das fallende Wasser das Mahl-

112kr wf

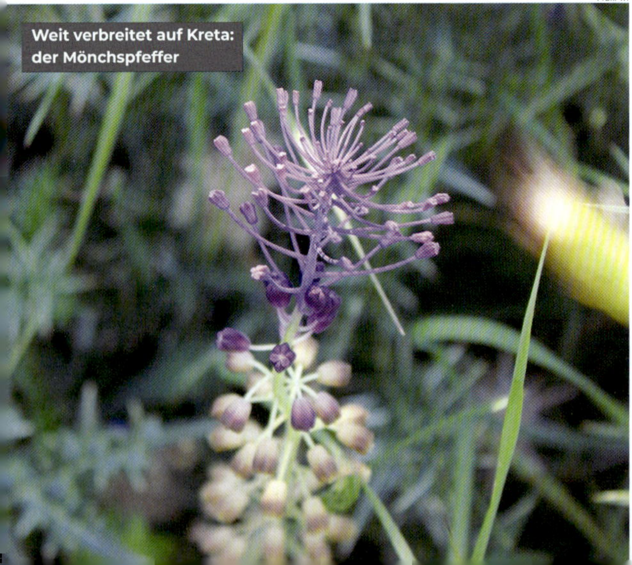

Weit verbreitet auf Kreta: der Mönchspfeffer

werk antrieb, einem Wasserauslauf und dem Mühlengebäude selbst. Von beiden Mühlen sind heute nur noch die hohen Mauern mit Resten der Schächte erhalten. **25 Min.**

Abstecher

Folgt man dem schmalen Pfad geradeaus, gelangt man nach 100 m zu einer malerischen Felsenkapelle.

Auf der anderen Seite der Brücke ist ein problemloser Einstieg in den Bach möglich. An dieser Stelle können in aller Ruhe kurze Hosen (Badekleidung) und Trekkingsandalen oder dergleichen angezogen werden. Man wandert fluss- bzw. bach-

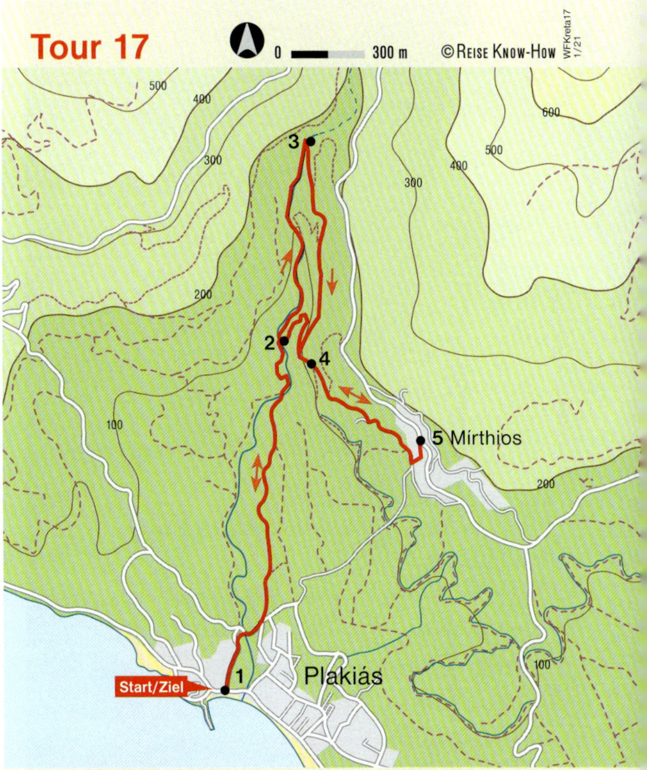

- 1 Plakiás
- 2 alte Bogenbrücke
- 3 Betonfläche
- 4 spitze Gabelung
- 5 Mírthios

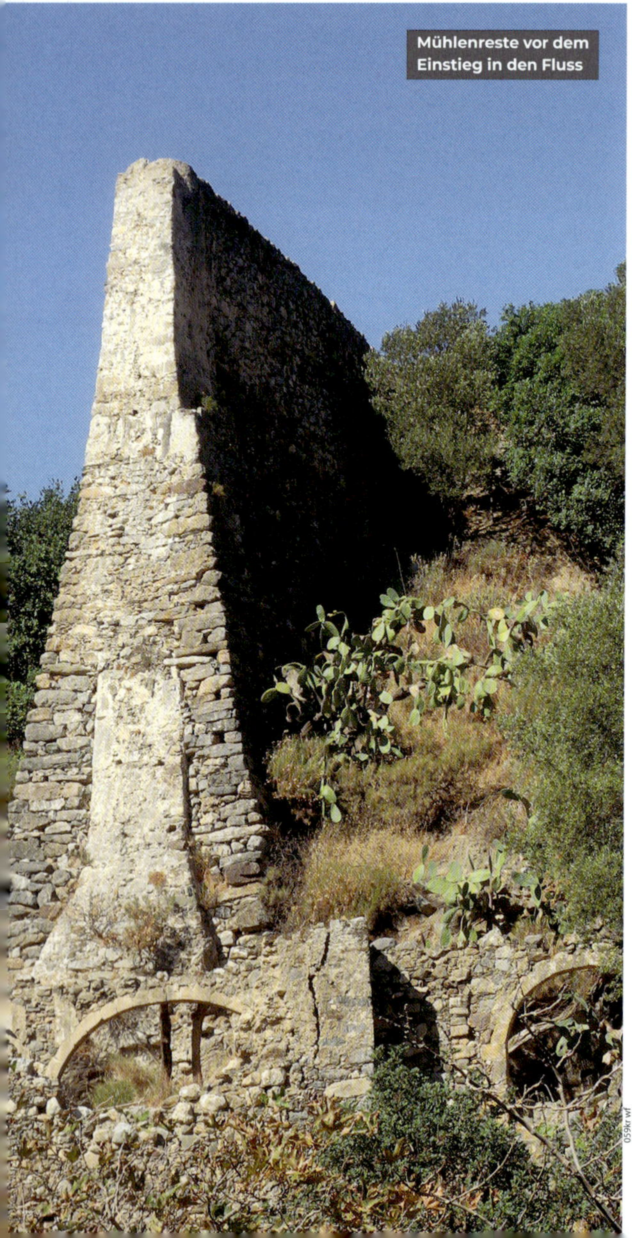

Mühlenreste vor dem Einstieg in den Fluss

aufwärts – meist im Wasser, gelegentlich am Ufer. Oft müssen kleinere Felsen überwunden und wucherndem Oleander ausgewichen werden. Manchmal klettert man neben kleinen Wasserfällen aufwärts. Üppige Vegetation lässt kaum einen Sonnenstrahl durch. Nach 1 ¼ Std. im Wasser überspannt bei einem zum Baden einladenden natürlichen Becken eine kleine, alte Brücke („Magic Bridge") den Bach, der hier ca. 130 m hoch ist – ein herrlich schattiger, romantischer Platz. Man steigt links hoch aus dem Bach und geht an der Brücke vorbei (sie wird nicht überquert) und anschließend wieder zurück ins Wasser. Wenig später verlässt man nur kurz den Bach bei einem Neubau und erreicht – wieder im Wasser – knapp 15 Min. nach der „Magic Bridge" eine ca. 10 x 4 m große **Betonfläche (3)** auf 160 m Höhe. **1 ¾ Std.**

Hier endet die „Wasserwanderung". Vor der Betonplatte scharf rechts halten. Es geht zurück Richtung Meer. Man folgt einem Pfad, der direkt an einer Zisterne vorbei in Richtung Plakiás führt, also parallel zum Tal verläuft. Man wandert leicht abwärts mittlerweile auf einem Schotterweg und lässt alle Abzweige unberücksichtigt. Die Ruine der alten Mühle lässt sich bald von oben bewundern. 15 Min. nach der Betonfläche wird der Abstiegspfad zur alten Mühle ignoriert und man wählt 100 m weiter bei einer **spitzen Gabelung (4)** (bei einer Steinpyramide) den unscheinbaren linken Pfad aufwärts (Höhe 120 m). **2 Std.**

Wenige Minuten später stößt der Pfad nach einem Zaun auf einen Fahrweg (ca. 160 m), dem nach rechts im Anstieg gefolgt wird. Nochmals etwa 5 Min. später, nach einem hübsch renovierten Brunnenhaus, geht es scharf links Stufen hinauf und bei einer Gabelung nach ca. 100 m halb links zur Hauptstraße in **Mírthios (5).** Hier kann man bei einer Rast in den 170 m über dem Meer gelegenen Tavernen *Panorama* oder *Platia* einen einzigartigen Ausblick auf die Bucht von Plakiás genießen. **2 ¼ Std.**

Um nach Plakiás zurückzukehren, steigt man wieder hinunter zum Brunnenhaus und geht auf der Hinwegroute dort nach rechts. Gut 10 Min. nach Mírthios, 100 m nach der **spitzen Gabelung (4)** des Hinwegs, muss man dann jedoch nach links zur alten Mühle absteigen. Zwischen verfallenen Gebäuden erreicht man die **alte Bogenbrücke (2),** überquert sie und wandert auf dem Hinweg zurück nach **Plakiás (1). 3 Std.**

Tour 18

Am Rande des Megalopótamos-Canyons zum Palmenstrand von Préveli –

Ein Traumstrand mit Klosterbesuch

Einer der wenigen ganzjährig Wasser führenden Flüsse auf Kreta ist ständiger Begleiter: in einem engen Canyon verlaufend und schließlich von Palmen gesäumt ins Libysche Meer mündend.

Diese reizvolle Rundwanderung führt am Rande des Flusses Megalopótamos durch eine anmutige **Berglandschaft.** Der einzigartige **Palmenstrand** von Préveli und ein Besuch des **Klosters Préveli** machen die Tour zu einem Erlebnis.

067kr wf

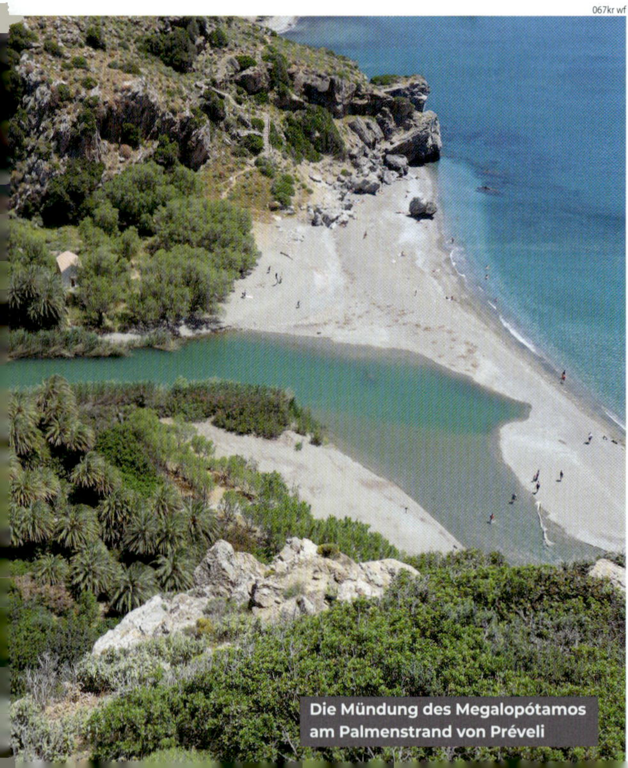

Die Mündung des Megalopótamos am Palmenstrand von Préveli

Kurze Informationsübersicht

Länge: 10,3 km
Gehzeit: ca. 3 ¼ Std.
Auf-/Abstieg: je 380 m
LEICHT

Ausgangspunkt: osmanische Bogenbrücke 2,5 km vor dem Kloster Préveli
Wegeigenschaften: überwiegend schmale Pfade mit moderaten Steigungen, markiert mit roten Punkten bis zum Strand von Préveli
Einkehrmöglichkeiten: Cafeteria am Strand und eine lauschige Taverne bei der Bogenbrücke
Bademöglichkeiten: Strand von Préveli, einige Tamarisken spenden ausreichend Schatten
Anfahrt: am besten mit dem Pkw, alternativ Bus von Plakiás zum Kloster Préveli (Mai–Okt.) um 11.00 Uhr, zum Fahrer „Stási Jéfira" (Haltestelle an der Brücke) sagen, Fahrzeit 20 Min., 10 km
Rückfahrt: mit dem Pkw oder alternativ mit dem Bus vom Kloster Préveli nach Plakiás um 17.30 Uhr

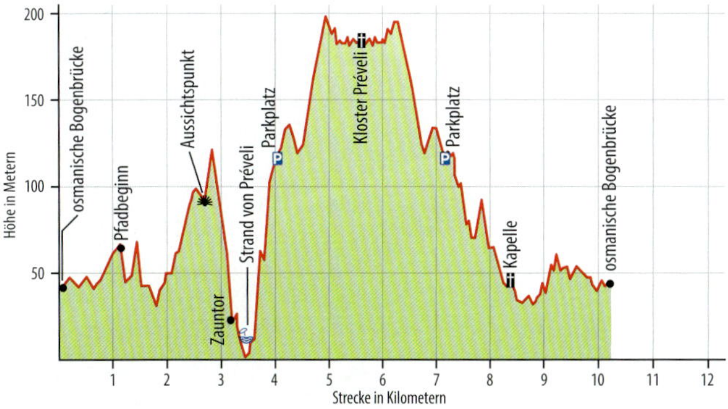

Wegbeschreibung

Ausgangspunkt ist auf ca. 40 m Höhe ein beliebtes Fotomotiv, die **osmanische Bogenbrücke (1)** aus der Mitte des 19. Jh. an der Straße zum Kloster Préveli. Sie schwingt sich elegant über den Fluss Megalopótamos („großer Fluss"), der am Strand von Préveli ins Libysche Meer mündet – einer der wenigen ganzjährig Wasser führenden Flüsse auf Kreta.

Nach der Flussquerung wendet man sich nach rechts an der gemütlichen Taverne *I Jefira* („die Brücke") vorbei, am plätschernden mit Schilf bedeckten Fluss entlang. Nach ein paar Minuten links des Schotterwegs sieht man einen imposanten Olivenhain mit alten, knorrigen Bäumen. Über eine alte, gepflasterte Brücke schwenkt man nach rechts und lässt einen Linksabzweig außer Acht. Rechts unten entfaltet sich das Flusstal in seiner ganzen Üppigkeit mit Platanen, Zypressen und Johannisbrotbäumen. Die Zufahrt zu einer Kapelle wird ignoriert und man biegt 50 m weiter halbrechts in einen überwachsenen Feldweg ab. Nach ein paar Metern beginnt ein abwärts führender **Pfad (2)** (60 m). **15 Min.**

026kr wf

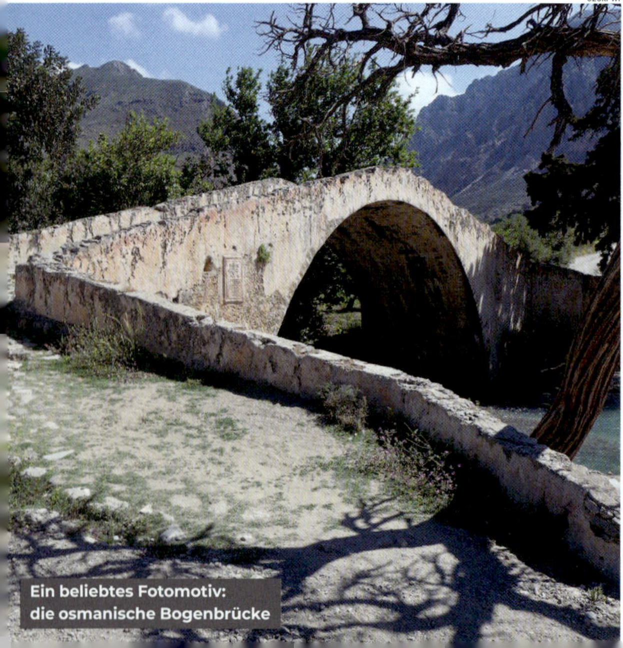

Ein beliebtes Fotomotiv: die osmanische Bogenbrücke

Er quert einen Bach und verläuft parallel zum Megalopótamos Richtung Küste. Vor allem im Frühjahr ist man umgeben von üppigster Phrygana mit Disteln, Brandkraut, Stechginster und Thymian. Der Canyon, der den Fluss kurz vor der Küste einzwängt, lässt sich nun erkennen und bei einer Zaunlücke liegt rechts auf 100 m Höhe ein exponierter **Aussichtspunkt (3)** mit schwindelerregenden Ausblicken in die Schlucht mit den weit ins Inselinnere reichenden Palmen. **ca. 45 Min.**

Kurze Zeit später kann man vom höchsten Punkt die Aussicht auf die Südküste, die Paximádia-Inseln und die Insel Gáv-

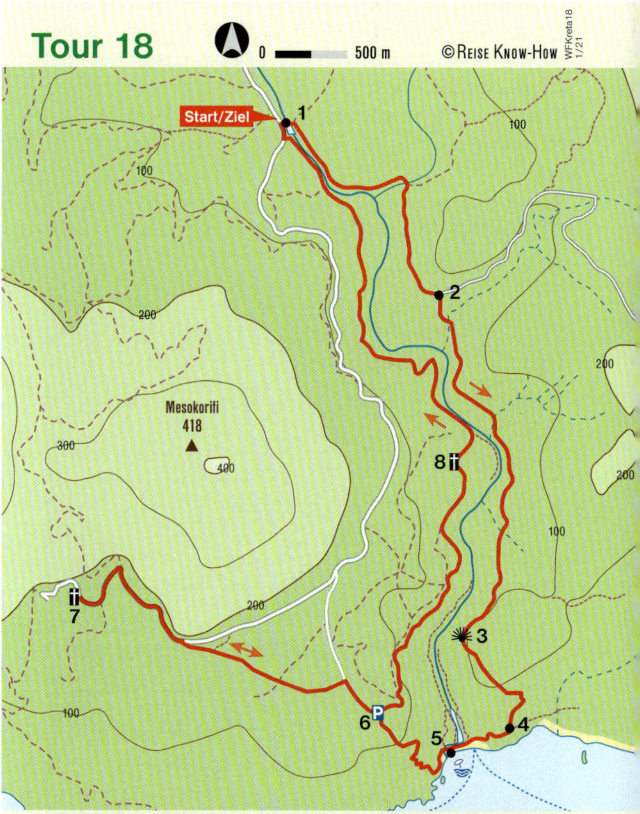

- 1 osmanische Bogenbrücke
- 2 Pfadbeginn
- 3 Aussichtspunkt
- 4 Zauntor
- 5 Strand von Préveli
- 6 Parkplatz
- 7 Kloster Préveli
- 8 Kapelle

Die Paximádia-Inseln

Die Paximádia-Inseln („Zwieback-Inseln"), zwei benachbarte Eilande im **Golf von Messará,** sehen von der Ferne oft wie eine Insel aus. In der Antike gehörten die Inseln zur minoischen Stadt **Festós.** Der Legende nach wurden hier der Gott *Apóllo* und die Göttin *Artémis* geboren.

Der Name entstand durch die Ähnlichkeit ihrer Form mit dem kretischen **Zwieback** („Paximádi"), dem traditionellen, haltbaren Nahrungsmittel der Berghirten. Die westliche der beiden Inseln erreicht eine Höhe von immerhin 252 m und misst 1,1 km², die östliche ist nur 166 m hoch und bedeckt eine Fläche von 0,6 km². Es gibt einige kleine **Strände,** die mit Ausflugsbooten von Agía Galíni oder Kókkinos Pírgos erreichbar sind.

Die Inseln spielen eine zentrale Rolle in dem 2003 erschienenen Roman „Der kretische Gast" von *Klaus Modick.*

106kr-wf

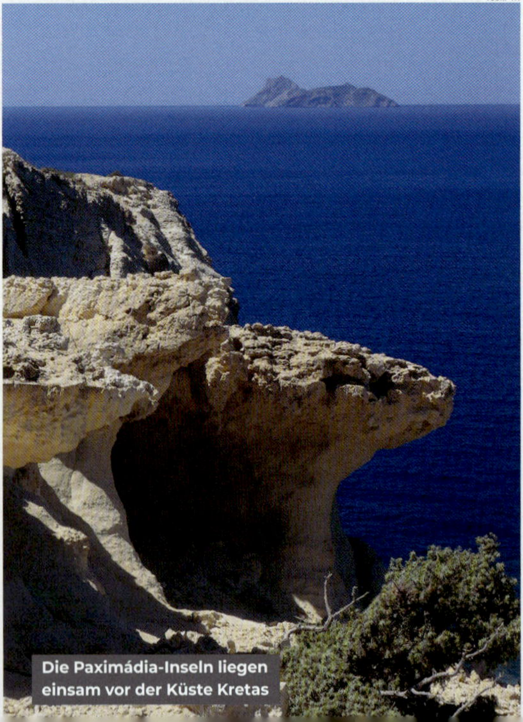

Die Paximádia-Inseln liegen einsam vor der Küste Kretas

dos genießen. Nach einem kurzen steilen Abstieg wendet man sich nach links und 100 m weiter nach rechts in Richtung Westen. Im Osten liegt eine wunderschön gelegene Pension am weiten Strand. Man steigt nun schräg in Serpentinen zum sichtbaren Sandweg zu einem **Zauntor (4)** ab (Höhe 30 m). **ca. 1 Std.**

Ein paar Minuten nach dem Tor eröffnet sich ein umwerfender Ausblick auf den Strand, wohl einer der schönsten der Insel. Dunkelgrün mündet der Megalopótomos in einem Bogen im Meer. Tamarisken und Felsen spenden am feinen Kiesstrand Schatten und die Palmen deuten den Verlauf des Canyons an. Am Westzipfel des Strandes liegen eine Cafeteria und der Weg, der die Fortsetzung der Tour andeutet. Über einen Stufenweg erreicht man den einladenden **Strand von Préveli (5).** Bis 1990 war der Strand ein beliebtes Ziel von Rucksacktouristen, die hier längere Zeit wild zelteten. Seit 1994 wurde der Strand zu einer geschützten Zone mit Übernachtungsverbot erklärt. **1 ¼ Std.**

Der knöcheltiefe Fluss wird passiert und man kann beschildert rechts für ein paar Minuten in den faszinierenden Palmenhain mit den kretischen Dattelpalmen eintauchen. Ein Dschungel aus Mastix, Palmen, Oleander und Eukalyptus erwartet einen. Wundern Sie sich nicht über die verkohlten Stämme der Palmen: Sie überlebten glücklicherweise einen Brand im Jahre 2010.

An der Cafeteria vorbei führt rechts der Stufenweg aufwärts. Nach 10 Min. erreicht man eine Aussichtsplattform mit einem umwerfenden Blick in den Canyon mit dem von den Palmen gesäumten Megalopótamos. Nach weiteren Stufen erreicht man einen großen **Parkplatz (6),** ca. 120 m hoch. **1 ½ Std.**

Das Kassenhäuschen wird passiert und der asphaltierten Zufahrt aufwärts gefolgt. Zur Orientierung: Das nächste Ziel ist am Bergkamm der Strommast rechts neben einem Kreuz. 200 m nach dem Parkplatz geht es links durch eine Pforte zu einer Taverne, man passiert sie und folgt einem breiten Pfad. 15 Min. später erreicht man am Strommast die Zufahrtsstraße zum **Kloster Préveli (7),** welches in wenigen Minuten erreicht ist (Höhe 180 m). **2 Std.**

Nach dem Besuch des Klosters geht es zurück zum **Parkplatz (6)** und halb links aufwärts zu einem Metalltor. Hinter dem Tor beginnt links ein schön angelegter Pfad mit einzigar-

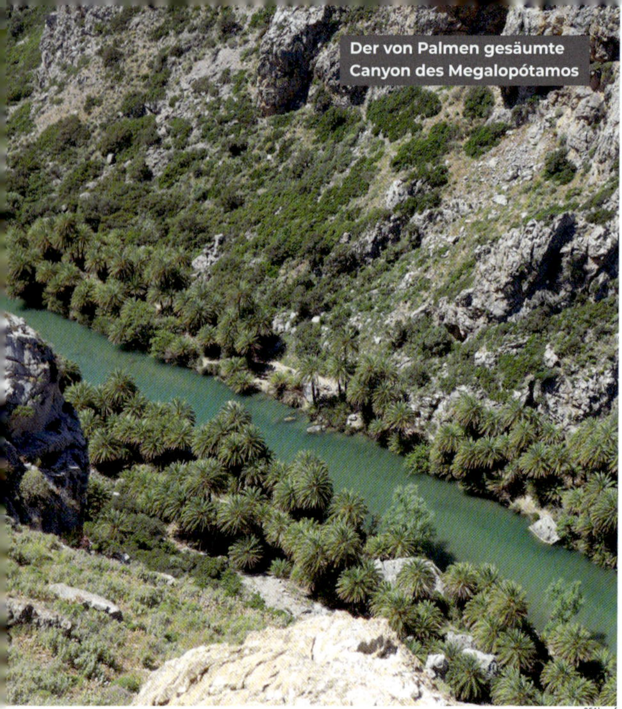

Der von Palmen gesäumte Canyon des Megalopótamos

051kr wf

tigen Ausblicken in den Canyon. 15 Min. nach dem Parkplatz scheint der Pfad in Richtung Canyon zu führen, er setzt sich aber geradeaus über eine niedrige Felsbarriere fort und führt in knapp 15 Min. zu einer einsamen **Kapelle (8)** (50 m hoch), die mit einer schattigen Sitzbank zur Rast einlädt. **3 Std.**

Der nun einsetzende Schotterweg führt zwischen Disteln, Brandkraut und Olivenbäumen entlang des plätschernden Megalopótamos zurück zur **osmanischen Bogenbrücke (1). ca. 3 ¼ Std.**

Abstecher

Ca. 500 m ab der Bogenbrücke in Richtung Píso Moní Préveli liegen die Ruinen des **Klosters Káto Préveli** (unteres Kloster). Es war früher ein Nebenkloster des eigentlichen Klosters und diente Mönchen und Landarbeitern als Unterkunft. Die Türken brannten es Anfang des 19. Jh. nieder, heute ist lediglich die Klosterkirche restauriert.

Das Kloster Préveli

Píso Moní Préveli („hinteres Kloster Préveli") wurde Ende des 17. Jh. erbaut und ist heute ein beliebtes Ausflugsziel. Es besaß große Ländereien und erreichte Wohlstand durch Landwirtschaft. Im 18. und 19. Jh. war es ein wichtiges **Zentrum des Widerstands** gegen die türkische Herrschaft, diente als Treffpunkt für den Nachrichtenaustausch und war für die Widerstandskämpfer Versorgungszentrum mit Waffen und Lebensmitteln.

Auch im **2. Weltkrieg** diente das Kloster als Unterschlupf für alliierte Soldaten bis zu ihrer Evakuierung vom Strand von Préveli – an die 5000 wurden von britischen U-Booten nach Ägypten gebracht. Die Deutschen beschlagnahmten daraufhin den gesamten Besitz, beschädigten das Kloster und nahmen die Mönche gefangen.

Gleich nach der Eingangspforte befindet sich rechts ein moderner Brunnen, der von zwei Australiern aus Dankbarkeit gestiftet wurde. Die Klosterkirche, 1836 erbaut, beherbergt ein kostbares **Reliquienkreuz** mit einem Splitter des Kreuzes Jesu. Jedes Jahr werden am 8. Mai, dem höchsten Feiertag des Klosters, mit diesem Kreuz Augenkranke gesegnet. Die vielen Dankesgaben in der Vitrine des Kreuzes zeugen von dem Glauben an die Heilwirkung. Sehenswert sind auch die prunkvolle Altarwand aus Zypressenholz, die reich verzierte Kanzel und der geschnitzte Bischofssitz.

Ein **Museum** mit sakralen Schätzen, ein **Wildgehege** und ein restaurierter Brunnen unterhalb der Klosterkirche vervollständigen einen Rundgang. Der griechische Sinnspruch am Brunnen lautet übersetzt „Reinige nicht nur dein Äußeres sondern auch deine Seele" und ist ein Palindrom, kann also in beiden Richtungen gelesen werden.

Öffnungszeiten: Ende März–Mai 9–19 Uhr, Juni–Okt. Mo–Sa 9–13.30 und 15.30–18 Uhr, So 8–19 Uhr. Eintritt: 2,50 Euro.

014kr wf

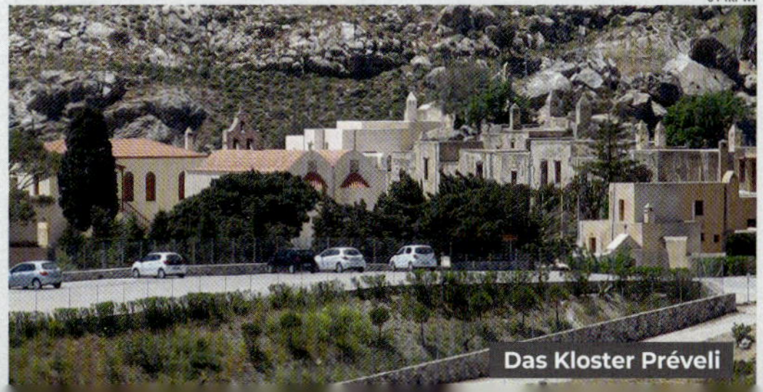

Das Kloster Préveli

Zentralkreta

Tour 19
Die Überschreitung des Vríssinas –
Auf den Hausberg von Réthymno

Von der Gipfelkapelle eröffnet sich ein fantastischer Blick hinweg über verstreute Bergdörfer zur fernen Küste mit dem Häusermeer der drittgrößten Stadt Kretas.

Der **Vríssinas,** Hausberg von Réthymno, wirkt aus der Ferne fast unscheinbar, besitzt aber, nur wenige Kilometer von der Küste entfernt, mit **858 m** eine beachtliche Höhe. Sein langgestreckter Gipfel lässt sich vortrefflich von zwei Seiten erklimmen und somit auch queren.

Adobe Stock © tauav

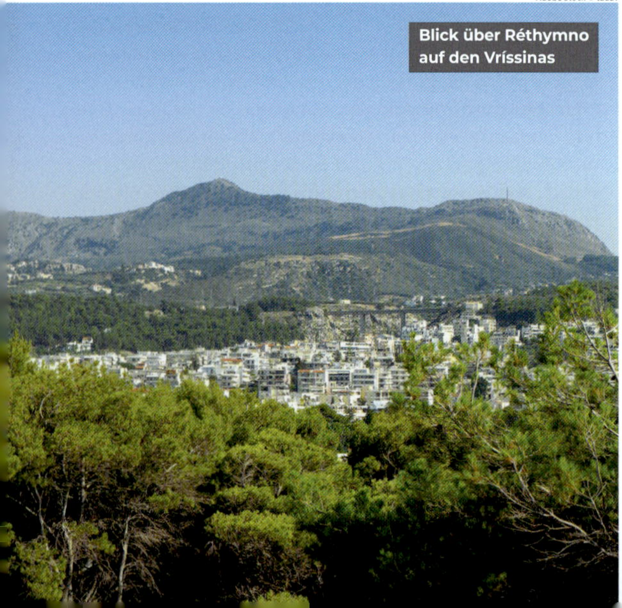

Blick über Réthymno auf den Vríssinas

Kurze Informationsübersicht

Länge: 10 km
Gehzeit: ca. 3 ¾ Std.
Auf-/Abstieg: je 600 m
MITTELSCHWER

Ausgangspunkt: Sportplatz am Rande des Bergdorfs Chromonastíri
Wegeigenschaften: Fahrwege und Pfade, teils felsig und leicht verwachsen durch Macchia, gelegentlich blaue oder rote sowie E4-Markierungen
Einkehrmöglichkeiten: Familientaverne (mit Hausmannskost) und Kafeníon am Dorfplatz von Chromonastíri, etwa eine halbe Stunde nach/vor Chromonastíri ein Brunnenhaus mit Trinkwasser
Bademöglichkeiten: keine
Anfahrt: Privatfahrzeug von Réthymno, alternativ Bus von Réthymno nach Chromonastíri um 6.50 Uhr (Mo–Fr), Fahrzeit ca. 30 Min.
Rückfahrt: Privatfahrzeug, alternativ Bus von Chromonastíri nach Réthymno um 14.40 Uhr (Mo–Fr)

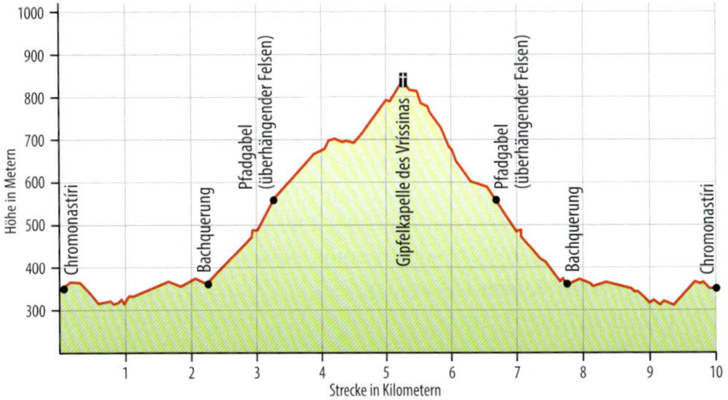

Wegbeschreibung

Von dem ca. 345 m hoch gelegenen Sportplatz am Ortsrand von **Chromonastíri (1)** geht man die Asphaltstraße weiter hinauf. Nach ca. 100 m einen Abzweig nach rechts nehmen. Man folgt dem Schild „Taverna Athiboles", biegt wenige Meter weiter links ab, stößt auf einen schönen Platz mit zwei Lokalen und geht hier nach rechts. Hinter einem Maulbeerbaum öffnet sich ein schmales Gässchen. Etwa 100 m weiter muss man sich rechts, bei einer T-Gabelung dann links und sofort wieder links/bergab halten. Bei der nächsten Gabelung geht es scharf rechts über ein Betonsträßchen abwärts. Der breite Kegel des Vríssinas ist bereits gut erkennbar. Eine Asphaltstraße wird überquert und ein wunderschöner schattiger Pflasterpfad führt bergab in ein fruchtbares Tal, das bei Orangenhainen und Platanen auf einer kleinen Brücke überschritten wird. **ca. 10 Min.**

Auf einem Betonweg wandert man auf der anderen Seite des Tals aufwärts, bei der nächsten T-Gabelung auf einem Schotterweg scharf links und weiter bergauf. Und bergauf geht es auch wenig später bei einer Spitzgabelung, wo man sich, inzwischen ca. 330 m hoch, halb rechts halten muss. Zur Linken liegt ein saftig grünes Tal. Gut 15 Min. nach der Brücke biegt man vor der Kapelle von Kapedianá nach links ab und ignoriert wenig später zwei Rechtsabzweige in das Dorf. Die Straße quert ca. 100 m später auf ca. 360 m Höhe einen **Bach (2). ca. 30 Min.**

Hier wird der Schotter nach links verlassen, man wandert parallel zum Bach ca. 30 m in Richtung eines Brunnenhauses und wendet sich dahinter (rot markiert) nach links. Es geht den Hang hinauf und wenig später auf einem Beton-Schotterweg nach rechts. Bei der nächsten Gabelung rechts gehen. Etwa 5 Min. später verlässt man den Fahrweg nach halb rechts (ca. 405 m). Auf einem erodierten Schotterweg (rote Markierung) geht es bergwärts. Nach gut 10 Min. überquert man geradeaus einen breiteren Fahrweg. Der hier beginnende Pfad zieht rot markiert wenige Minuten aufwärts zu einem überhängenden **Felsen (3)** auf ca. 550 m Höhe. An dieser Stelle gabelt sich der Pfad: rechts halten. Hier beginnt die eigentliche Rundwanderung. Nach der Überschreitung des Vríssinas wird man an diese Stelle von links zurückkehren. **ca. 1 Std.**

Man wandert nun einsam durch Macchia und quert 15 Min. nach dem Felsen einen Zaun (Gatter). Danach geht es sofort ein kurzes Stück halb links zu einem Schotterweg (ca. 640 m) hinauf, dem nach links gefolgt wird, aber nur für ca. 3 Min. Dann geht es halb links ab auf einen Bergpfad (rote Markierung), der mit weiteren Markierungen für wenige Minuten bergauf, dann kurz bergab führt und wieder in die Schotterstraße (ca. 680 m) einmündet. Auf ihr wandert man nach links, um kurz darauf, ca. 50 m nach einem E4-Schild, links in einen Schotter-Beton-Weg abzubiegen. Bis zum Gipfel folgt man nun den schwarz-gelben E4-Zeichen und blauen Punkten. Vor einer Linkskurve kürzt man auf einem Pfad die Serpentinen des Fahrwegs ab. 15 Min. nach dem ersten E4-Schild

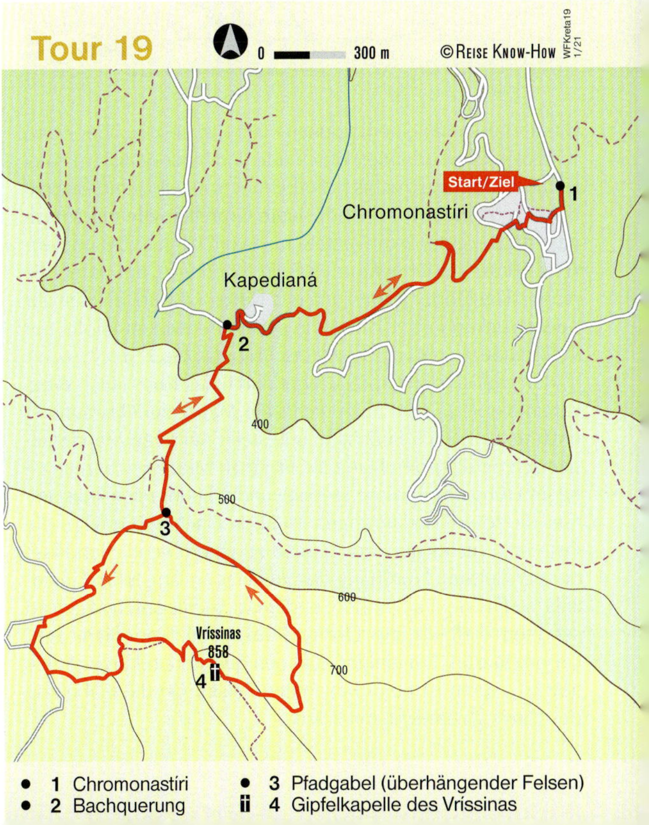

Die Gipfelkapelle des Vríssinas

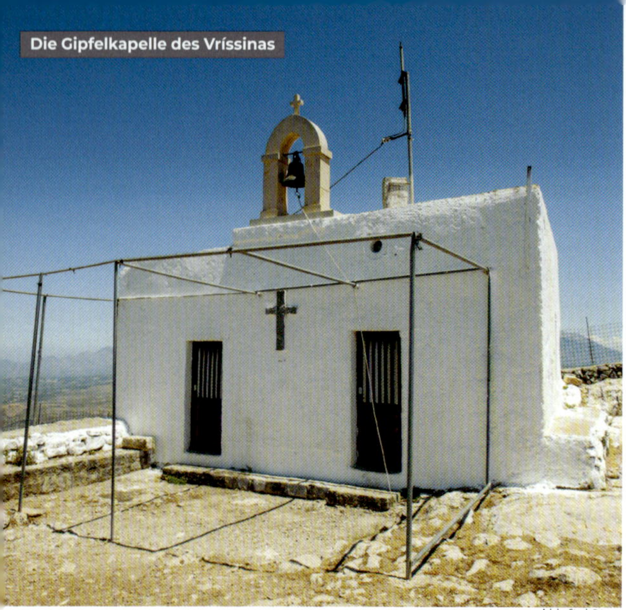

Adobe Stock © tauav

wandert man bei einem ebenen Platz (ca. 780 m) über einen schmalen Pfad, orientiert durch rote und blaue Markierungen, ziemlich steil nach rechts in Serpentinen aufwärts und erreicht bald nach einem Tor die umzäunte **Gipfelkapelle des Vríssinas (4).** Bei guter Sicht genießt man vom Gipfel (858 m) herrliche Blicke auf Réthymno und die Nordküste, tief unten die pittoresken Dörfer Kapedianá und Chromonastíri. Im Frühjahr beeindrucken in der Ferne die schneebedeckten Gipfel der Weißen Berge und der Kegel des Psilorítis. **ca. 2 Std.**

Man verlässt den Gipfel wieder durch das Tor (s. auch Wegvariante unten), geht nach rechts die Mauer der Umzäunung entlang, d. h. nach Südosten, und steigt bei roten Markierungen schräg über den Hang ab. Nach 10 Min. erreicht man eine im Frühjahr begrünte Erdpiste und folgt ihr nach links, immer die roten Markierungen im Blick. Nach 150 m wird die Piste halb rechts abwärts führend zu einem deutlichen Pfad, der parallel zum Nordhang des Vríssinas entlang führt. Geradlinig voraus steht ein hoher Sendemast, rechts unten liegen im schönen Tiefblick die Dörfer Roussospíti, Kapedianá und Chromonastíri. Bei einigen Bäumen geht es ein kurzes Stück abwärts, dann ist beim bekannten **Felsen (3)** die Gabelung des Hinwegs erreicht. **ca. 3 Std.**

Wegvariante

Rückkehr vom Gipfel auf dem Hinweg, die Tour ist dann eine leichtere Zielwanderung. Dann geht es weiter auf der Hauptroute.

Man folgt dem schattigen Pfad bergab, der ersten Schotterpiste geradeaus, der zweiten nach links und schwenkt bei der T-Gabelung nochmals nach links. Etwa 50 m nach Unterquerung einer Telefonleitung verlässt man den Fahrweg links auf einem schmalen Pfad und gelangt zum **Bach (2)** mit Brunnenhaus. **ca. 3 ¼ Std.**

Chromonastíri (1) lässt sich nun nicht mehr verfehlen. Der hübsche Dorfplatz mit Taverne und Kafeníon bietet sich zur Rast an. Man kann die Zeit bis zur Abfahrt des Busses aber auch mit einem Spaziergang durch die engen Gässchen verbringen. **3 ¾ Std.**

Adobe Stock © tauav

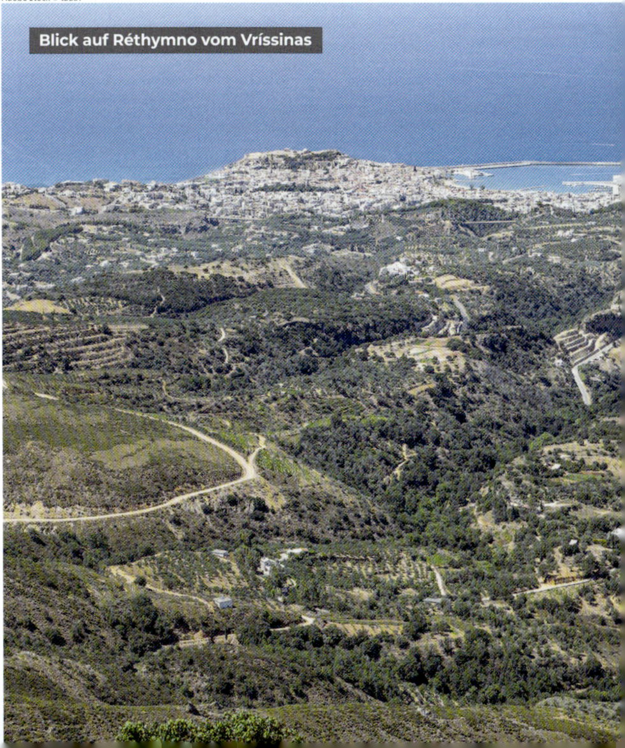

Blick auf Réthymno vom Vríssinas

Tour 20
Von Perivólia durch die Míli-Schlucht –
Ein verlassenes Dorf

In einer Schlucht mit Platanen und einem ganzjährig Wasser führenden Bach finden sich alte Reste von Mühlen und Ruinen eines früheren Dorfs.

Ein Ausflug in die idyllische **Míli-Schlucht** südöstlich von Réthymno bietet sich auch an hochsommerlichen Tagen an. Die überaus üppige Vegetation, der plätschernde Bach und eine schattige Taverne schenken Kühlung. Nach dem **Bergdorf Chromonastíri** leitet ein entspannender Feldweg zurück zum Ausgangspunkt.

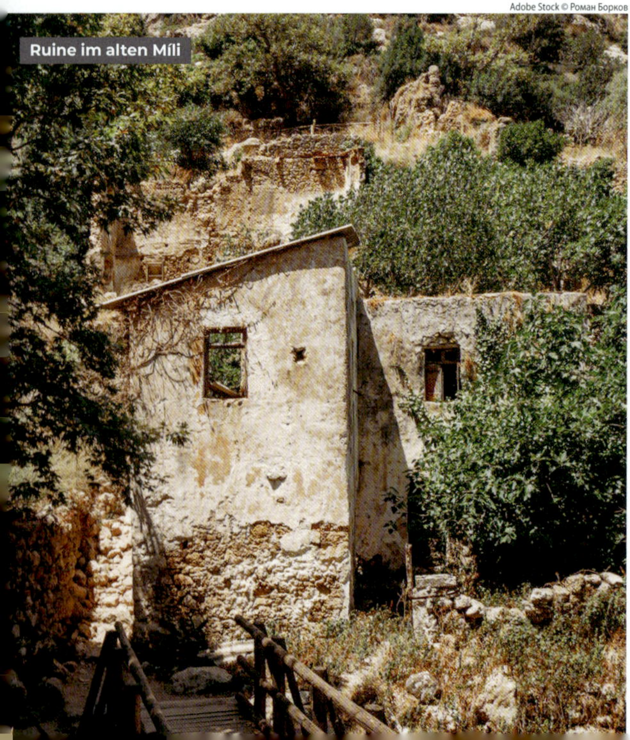

Ruine im alten Míli

Kurze Informationsübersicht

Länge: 12,7 km
Gehzeit: ca. 3 ¾ Std.
Auf-/Abstieg: je 390 m
LEICHT

Ausgangspunkt: Abzweig zur National Road in Perivólia
Wegeigenschaften: Fahrwege und Pfade ohne große Steigungen
Einkehrmöglichkeiten: Taverne in der Schlucht und in Chromonastíri
Bademöglichkeiten: keine
Anfahrt: mit dem Hotelbus – Abfahrt halbstündlich vom Bushof in Réthymno – in Richtung Plataniás/Skaléta bis Perivólia, Fahrzeit 10–15 Min., 5 km; alternativ entlang der Strandpromenade zu Fuß nach Perivólia (eine knappe Stunde)
Rückfahrt: in Perivólia an einer Bushaltestelle am Straßenrand auf Hotelbusse nach Réthymno warten; alternativ auf der Strandpromenade zu Fuß zurück ins Zentrum

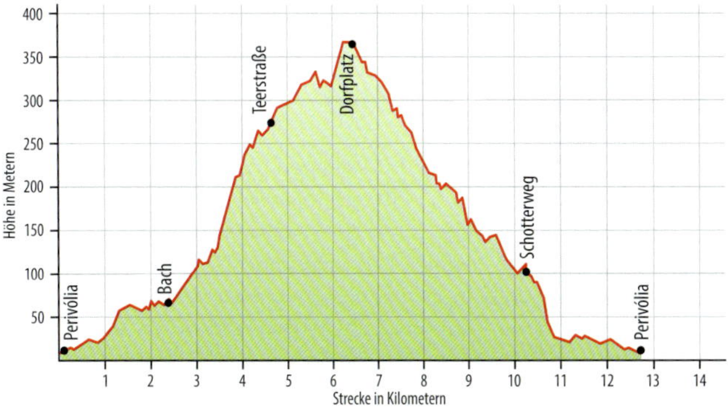

Wegbeschreibung

Perivólia (1) ist ein Stadtteil ca. 4 km östlich des Zentrums von Réthymno. Bei der Anfahrt mit dem Hotelbus sollte man in Perivólia auf die Kreuzung zum Strand (nach links) und zur National Road (nach rechts) achten. Nach dem Ausstieg nach Südosten in Richtung National Road gehen. Zu Fuß: Von Réthymno aus immer der Strandpromenade nach Osten folgen. Wo sie nach ca. 3,5 km endet, führt eine Asphaltstraße nach rechts, also vom Meer fort. Nach ca. 400 m überquert man versetzt die Hauptstraße in Richtung National Road.

So oder so muss man sich nach wenigen Minuten bei einer Gabelung in Richtung Chromonastíri rechts halten. Ca. 100 m weiter wird die Autobahn unterquert, der unmittelbar folgende Rechtsabzweig nach Roussospíti und Míli ignoriert. 200 m weiter führt rechts eine Asphaltstraße bergauf. **ca. 10 Min.**

Wenige Minuten später hält man sich bei einer T-Gabelung rechts, ebenso nochmals gut 5 Min. später bei einer weiteren T-Gabelung (ca. 45 m). Vor einem breitet sich nun das üppig grüne Míli-Tal aus. **25 Min.**

Der Weg wird nach der T-Gabelung zum unbefestigten Weg. Linker Hand wachsen Olivenbäume und links unten liegt das Tal mit seinen mannigfaltigen Laubbäumen. Man verlässt den Feldweg nach ungefähr 200 m (direkt unter einer ersten Hochspannungsleitung) nach rechts durch ein Gatter und geht an einem Erdabbruch entlang (an einer Stelle etwas Gestrüpp). Der Pfad verläuft fast eben ca. 50 m über dem Tal und schlängelt sich durch einen Olivenhain. In der Ferne sieht

Das Míli-Tal

Die Bezeichnung **Míli,** zu übersetzen mit „Mühlen", leitet sich von den früheren Wassermühlen im Tal ab. Der Pfad im **Mühlental** wurde früher zum Abtransport des Mehls nach Réthymno benutzt. Das ursprüngliche **Dorf Míli** am Rande der Schlucht ist verfallen, nachdem es von Überschwemmungen heimgesucht wurde und durch Steinschlag Schaden nahm. Das neu erbaute Míli liegt höher am Hang als die alte Siedlung.

man links den breiten Gipfel des Vríssinas (858 m), auf der anderen Seite des Tals das kleine Dorf Xirohorió. Nach wenigen Minuten trifft man auf einen breiteren Schotterweg, der die Richtung beibehaltend immer dem Talverlauf folgt. Am Wegesrand sieht man prächtige Agaven, kurz darauf links unten

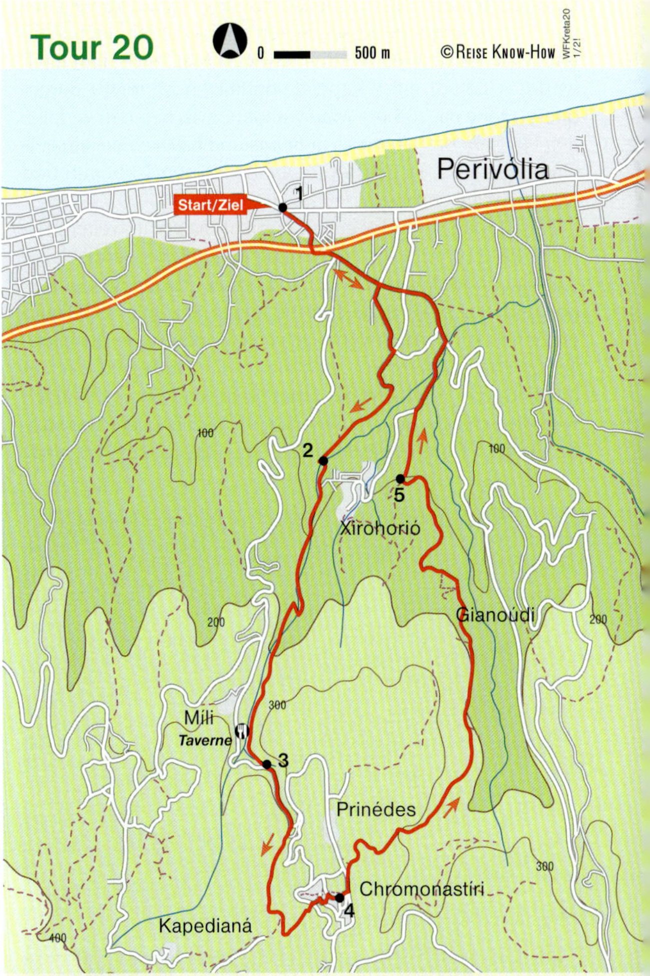

- **1** Perivólia
- **2** Bach
- **3** Teerstraße
- **4** Dorfplatz
- **5** Schotterweg

die Ruine einer alten Mühle. Beim Schild „Mili-Gorge, Xirohorió“ biegt man links auf einen kleinen Pfad ins Tal ab und quert auf 65 m Höhe den **Bach (2).** **ca. 45 Min.**

Auf der anderen Seite geht es nach rechts einen Betonweg hinauf, doch folgt man in der ersten Serpentine einem schmalen Pfad, der sich geradeaus weiter am Bach hält. Kurz darauf entdeckt man ein altes, überwachsenes Aquädukt, welches den Bach überquert, dessen Seiten im Folgenden noch mehrere Male gewechselt werden. Etwa 20 Min. nach dem Bach wird das Tal vor einer Kapelle von links nach rechts durchquert (Höhe ca. 105 m). Man wandert zwischen den verfallenen Häusern des alten Míli aufwärts und hält sich bei einer T-Gabelung links. Es geht durch einen kleinen Torbogen und weiter das Tal entlang.

Ca. 20 Min. nach der ersten erreicht man eine weitere Kapelle (ca. 220 m). Hier bietet sich ein herrlicher Ausblick auf das Meer und das neue Míli. Etwas später folgen wieder Ruinen und eine malerische Taverne, deren Reiz man sich kaum entziehen kann. Auch von hier genießt man weite Ausblicke ins Tal. Man passiert ein restauriertes Gebäude und erreicht das Ende der Schlucht bei einer weiteren Kapelle. Danach wird die Schlucht über Stufen nach rechts hinauf zur **Teerstraße (3)** nach Chromonastíri verlassen (Höhe 270 m). **1 ½ Std.**

069kr wf

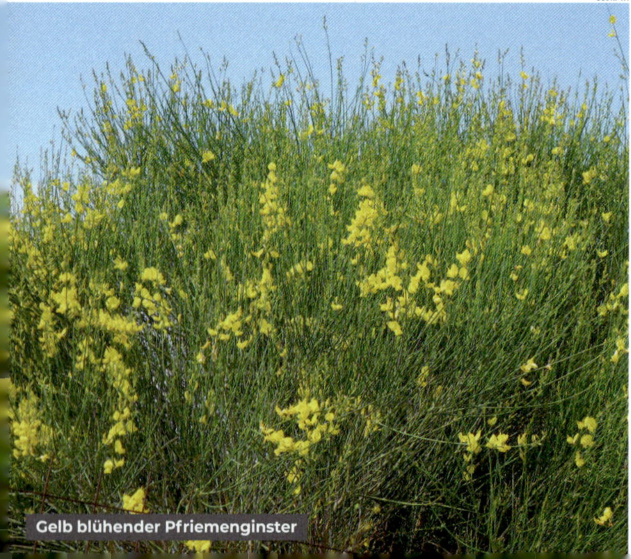

Gelb blühender Pfriemenginster

Der Teerstraße nach links folgen, vor einer Linkskurve (ca. 275 m) halb rechts in Richtung Kapetaniá halten (das Tal bleibt links) und etwa 50 m weiter, bei der folgenden Gabelung, nochmals einen Fahrweg geradeaus wandern. Man hält sich konsequent rechts des Tals, immer in Richtung Vríssinas. Wenige Minuten später geht es bei einer spitzen Gabelung halb links. Stech-, Pfriemenginster und Wolfsmilch wuchern in diesem Abschnitt ungehindert. Nach einem malerischen Brückchen führt ein typischer Maultierpfad aufwärts. Er ist begrenzt von wilden, wuchernden Sträuchern, die sich teilweise wie ein Tunnel um einen legen. Größere Rundsteine, die sich nahtlos ineinander fügen, geben Trittsicherheit im Aufstieg. Am Ortsrand überquert man auf ca. 350 m Höhe eine Asphaltstraße – der Rückblick fällt hier auf den breit gelagerten Vríssinas.

Man folgt einem Betonweg aufwärts. Dann – schon im Dorf Chromonastíri – muss man die zweite Straße scharf links entlang eines Metallzaunes nehmen, die nächste rechts und gleich nochmals rechts. Bei einer restaurierten Villa geht es dann halb links zum **Dorfplatz (4)** mit einem Kafeníon und einer Taverne (ca. 365 m). Die von einer freundlichen Familie betriebene Taverne bietet einfache Kost. Lohnend ist auch ein Gang durch die engen Gässchen des Dorfes. **ca. 2 Std.**

Man folgt dem schmalen Betonweg am östlichen Ende des Dorfplatzes links neben einem doppelten Strommast und geht bei der nächsten Gabelung halb links auf die Asphaltstraße über. Dieser 200 m folgen und beim Schild „Agía Eftichías" nach rechts in einen abschüssigen Betonweg abzweigen. Diesem Fahrweg zwischen Olivenhainen folgt man nun für ca. 1 Std. und biegt schließlich nach rechts in einen **Schotterweg (5)** ein (eine schwarze Wasserleitung überspannt hier den Weg; Höhe 100 m). **3 Std.**

Es geht leicht bergab und bei einem großen Strommast folgt man einer schmalen Teerstraße nach rechts bis zur Küstenstraße, die nur noch ca. 25 m hoch gelegen ist. Auf ihr geht man nach links bis zum Ausgangspunkt in **Perivólia (1).** Man kann, statt hier den Bus zu nehmen, auch die kurze Straße zum Strand einschlagen. Am Meer beginnen nach Osten weite, teilweise einsame Strandabschnitte, nach Westen führt die Küstenpromenade ins Zentrum von Réthymno. **3 ¾ Std.**

Tour 21
Vom Kloster Arkádi nach Píkris und Amnátos –
Bergdörfer im Hinterland

Das abgelegene **Kloster Arkádi** liegt südöstlich von Réthymno auf einer Hügelkuppe über einem schluchtartigen Tal. Idealer Ausgangspunkt für eine Rundwanderung, die die Bergdörfer **Píkris** und **Amnátos** mit der Schlucht kombiniert. Ein Besuch des Klosters bildet einen gelungenen Abschluss.

073kr wf

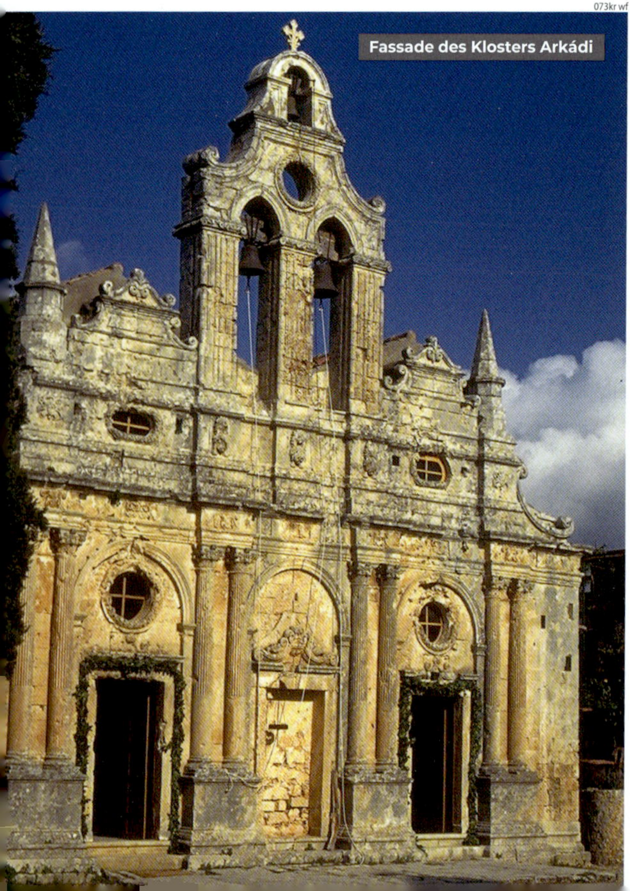

Fassade des Klosters Arkádi

Karte auf S. 195

Kurze Informationsübersicht

Länge: 14,5 km
Gehzeit: ca. 4 Std.
Auf-/Abstieg: je 500 m
LEICHT

Ausgangspunkt: Kloster Arkádi südöstlich von Réthymno
Wegeigenschaften: „verschlungene" Pfade und Fahrwege ohne größere Steigungen, rot markiert ab Amnátos bis zum Talgrund
Einkehrmöglichkeiten: einfache, familiäre Taverne in Amnátos, die aber nachmittags geschlossen hat sowie ein Touristenlokal neben dem Arkádi-Kloster
Bademöglichkeiten: keine
Anfahrt: Pkw oder Bus von Réthymno zum Kloster Arkádi Mo–Fr um 6.15 und 10.30 Uhr, Sa/So nur um 10.30 Uhr, Fahrzeit ca. 45 Min., 25 km
Rückfahrt: Busse um 11.15 Uhr (gelegentlich auch 12 Uhr oder zusätzlich um 13 Uhr) und um 16 Uhr nach Réthymno

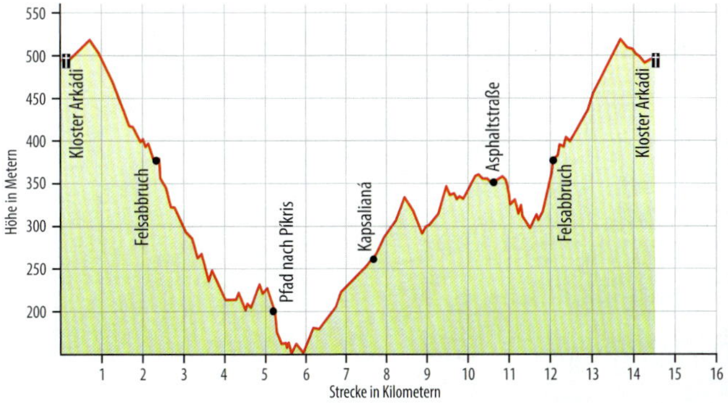

Wegbeschreibung

Die Wanderung beginnt auf ca. 500 m Höhe nahe dem **Kloster Arkádi (1)** auf der Straße nach Eléftherna. Es geht, vorbei an Klostervorplatz und Restaurant, ca. 200 m nach Norden. Man verlässt dort den Asphalt geradeaus durch ein breites Stahltor auf einer Schotterpiste. Diese Schotterpiste gabelt sich nach 5 Min., hier rechts gehen.

Abstecher

Zweigt man hier links ab, erreicht man nach 5 Min. eine **Kapelle** auf ca. 525 m Höhe. Von einem freien Platz unterhalb der Kapelle genießt man einen schönen Blick auf das Kloster.

Der Weg führt bald durch Macchia und Phrygana leicht bergab nach Norden. Nach ca. 20 Min. folgt man einem Schotterweg links/bergab. Neben dem Weg verläuft nun das tiefe Tal, an dem auch die Zufahrtstraße von Réthymno nach Arkádi entlangführt. Nur etwa 3 Min. später geht es bei einer Gabelung scharf rechts/bergab zu einem steilen **Felsabbruch (2)** auf ca. 380 m Höhe. **30 Min.**

Es geht geradeaus weiter, nach Norden also, und leicht abwärts. Knapp 15 Min. nach dem Felsabbruch geht es an einer 100 m entfernten alten Mühle vorbei. Duftender Salbei und Thymian säumen den Wegesrand. In Serpentinen wandert

070kr wf

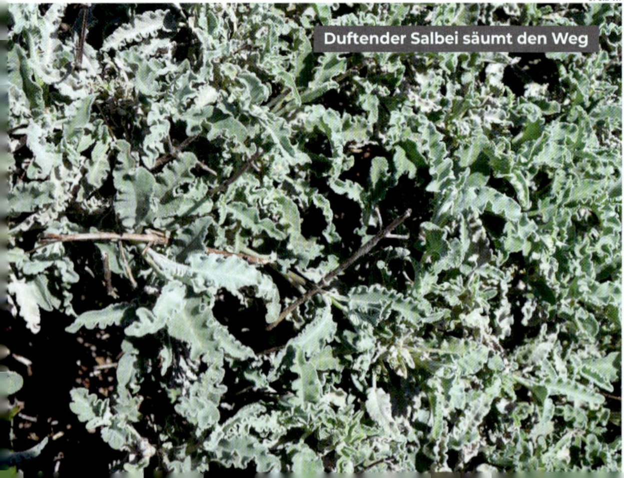

Duftender Salbei säumt den Weg

man ins Tal hinab und folgt dem Weg nach der Überquerung des Schluchtgrundes (ca. 220 m) auf der anderen Seite in der bisherigen Richtung. Unten im Tal plätschert der Fluss, versteckt unter riesigen Platanen. Gut 10 Min. später sind halb rechts die ersten Gebäude von Píkris erkennbar. Kurz vor dem Dorf – die Häuser liegen bereits unterhalb – muss man scharf rechts auf einen Betonweg abzweigen. Nach etwa 30 m geht es dann bei einem blauen Markierungspunkt links auf einem schmalen, schattigen **Pfad (3)** hinab zu den ersten Häusern von **Píkris** (Höhe ca. 200 m). **ca. 1 ¼ Std.**

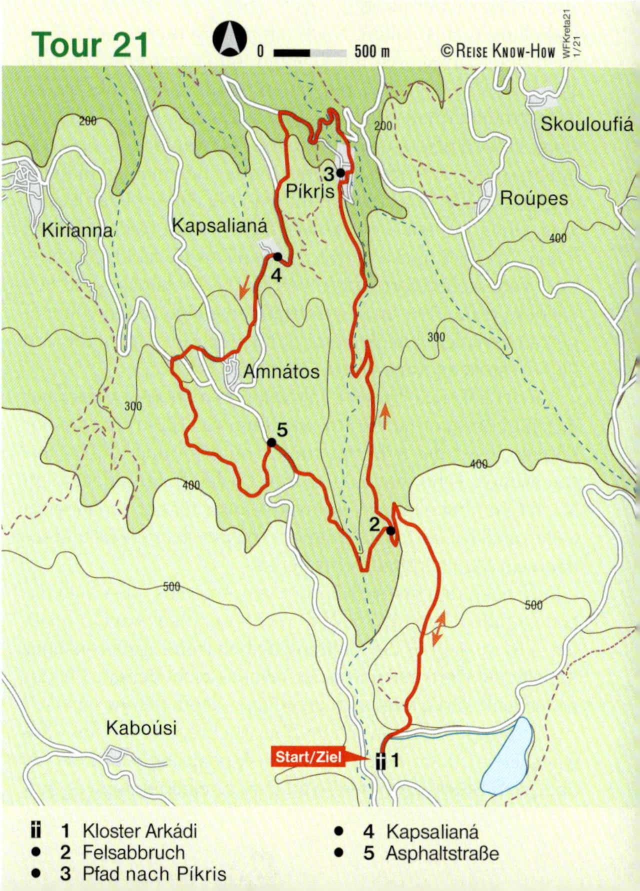

Píkris ist eines der für Kreta so typischen nahezu verlassenen Dörfer, geprägt durch viele enge Gässchen. Es geht steil bergab an einer Kapelle vorbei und unterhalb sofort scharf rechts. Man steuert auf das Eingangsportal einer ehemaligen venezianischen Villa zu. Vor dem Tor nach links gehen. Auf der rechten Seite befindet sich ein tunnelartiges Torgewölbe, durch das die Türken bei ihrem Vorrücken gegen das Kloster Arkádi zogen. Man wendet sich nach links (vom Bogengewölbe weg) und wandert nach ca. 200 m in steilem Abstieg an einem Aquädukt entlang, überquert auf einer Brücke ein Flüsschen, steigt ca. 50 m links zur Hauptstraße (ca. 130 m) hinauf und folgt ihr nach links. Die Straße windet sich nach abermaliger Überquerung des Baches aufwärts. An einer T-Gabelung rechts halten. Nach ein paar Minuten – ca. 50 m nach einer Linkskurve mit kleinem Betonwasserbecken und Trinkwasser – folgt man bei einem Strommasten links einem alten Maultierpfad, der an einer Natursteinmauer entlang zieht. Er wird bald zu einem breiten Feldweg und wenige Minuten später zu einer Schotterstraße, der man geradeaus folgt. Etwa 200 m weiter nimmt man bei einer spitzen Gabelung einen breiten Schotterweg halb rechts. Rechter Hand kommt das schmucke Dorf Kapsalianá ins Blickfeld. Das ehemals verlassene Dorf wurde von einem Architekten mit EU-Geldern restauriert und es entstanden einige Ferienwohnungen. Die mittlerweile geteerte Straße führt in einer Höhe von 260 m direkt an **Kapsalianá (4)** vorbei. **1 ¾ Std.**

Auf der linken Seite eines Tals wandert man weiter. Bei einer das Tal überquerenden Stromleitung, ca. 100 m nach einer Kapelle, wird die Schotterstraße verlassen und einem verwachsenen Fahrweg halb rechts in den Talgrund gefolgt. Nach Querung des Tals führt nach einem Tor auf der anderen Seite zunächst ein verwachsener Weg parallel zum Tal und sodann ein Maultierpfad rechts bergauf.

Kurz nach den ersten Häusern von Amnátos muss man die erste Straße (Odós Thaskaláki) rechts nehmen. Am Dorfplatz (ca. 330 m) geht es die Richtung beibehaltend vorbei an einer Kapelle mit Denkmal und einer Taverne leicht bergab. Bei der ersten Linkskurve folgt man geradeaus einem Betonweg, nach ca. 100 m Beton dann einem überwachsenen Pfad links abwärts. Etwa 200 m weiter führt eine Asphaltstraße nach rechts über eine Brücke. Anschließend geht es einen Betonweg aufwärts. Nach ca. 30 m quert man am zweiten Abzweig links ein Gatter (Südosten). Man bleibt im Folgenden immer ein paar Meter entfernt vom Tal linker Hand, passiert einen Olivenhain und zwei weitere Gatter. Links hat man schöne Blicke auf Amnátos. Ca. 10 Min. nach der Brücke steigt man der roten Markierung folgend links ein paar Meter zu einem Zauntor und anschließend zu einem erodierten Fahrweg ab, der steil bergauf nach rechts verläuft. Wenige Minuten später, 200 m nach einer Ikonostase, wird ein Linksabzweig ignoriert. Ein kurzes Wegstück führt über flache, glatte, schräg abfallende Felsen. Bei den Reifen (Unterlage für Bienenstöcke) halb rechts aufwärts halten. Weiter geht es auf dem Pfad ein kurzes Stück durch verstreutes Buschwerk. Ein Olivenhain (links Gestrüpp) wird gequert, an dessen Ende der Pfad durch ein Gebüsch zu einem Betonweg führt. Auf dem Beton nahezu eben geradeaus gehen. 45 Min. nach Amnátos biegt man rechts, ca. 350 m hoch, in eine **Asphaltstraße (5)** ein. **ca. 2 ¾ Std.**

Wenig später, bei Beginn einer Leitplanke, folgt man halb links/abwärts einem Beton-Schotterweg in die Schlucht von Arkádi. Nach 10 Min. verliert sich der Weg vor einer unbebauten, breiten Terrasse. Den roten Markierungen folgend steigt man nach links zu der tiefer liegenden Terrasse und geht sie fast eben entlang. Schon knapp über dem Talgrund passiert man ein Gatter, folgt auf einem einsetzenden Pfad dem rechts liegenden Zaun und erreicht bald den Talgrund (ca. 300 m). Auf der anderen Seite führt ein steiniger Weg, der anfangs durch das Unwetter im Frühjahr 2019 etwas verschüttet ist, hinauf zu jenem **Felsabbruch (2),** den man vom Hinweg her kennt. **ca. 3 ¼ Std.**

Es geht rechts/bergauf und etwa 2 Min. später bei einer Gabelung links, weiter im Aufstieg. Einige Minuten später geht es bei einer T-Gabelung rechts. Gut 30 Min. nach dem Felsabbruch erreicht man wieder das **Kloster Arkádi (1).** **ca. 4 Std.**

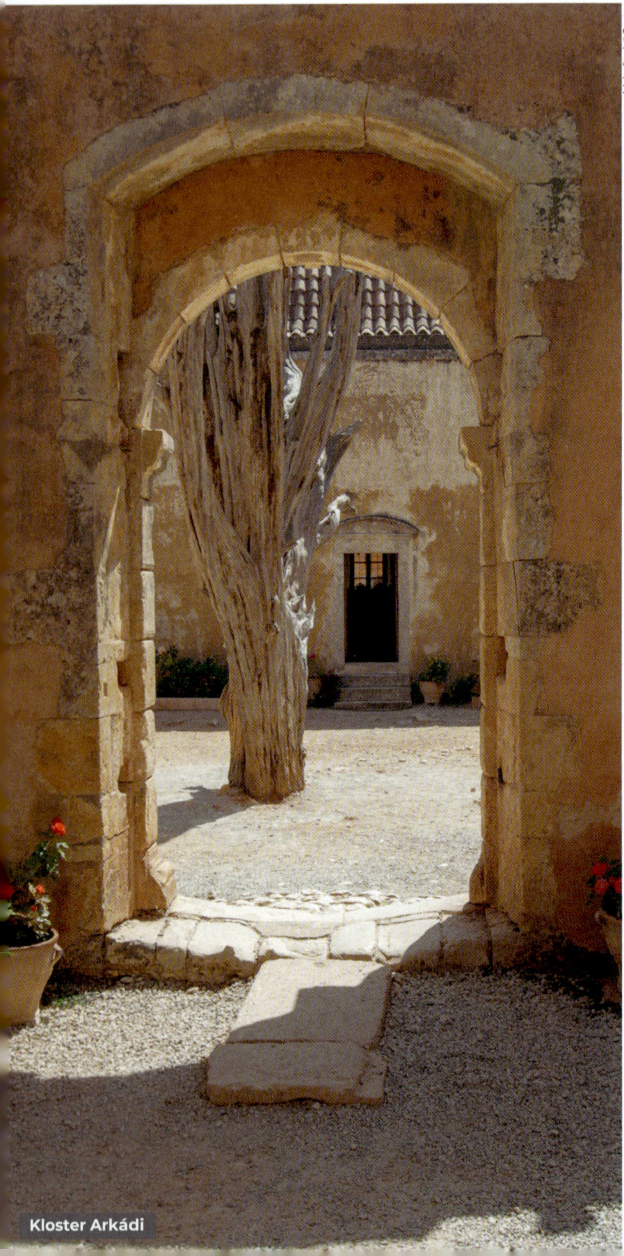

Kloster Arkádi

Tragischer Widerstandskampf im Kloster Arkádi

Das Kloster wurde weltbekannt durch die Ereignisse am 9. November 1866. Nach knapp zweihundertjähriger türkischer Herrschaft über Kreta begann hier der Widerstandskampf gegen die **osmanische Besatzungsmacht.** Die Aufständischen suchten innerhalb der Klostermauern Schutz, als am 8. November die Türken durch die Schlucht heranzogen und Arkádi zu stürmen versuchten. Zunächst konnten die Angreifer – fast 15.000 Soldaten – zurückgeschlagen werden, wobei beide Seiten schwere Verluste erlitten.

Vor der drohenden **Erstürmung** am nächsten Tag verbarrikadierten sich hunderte von kretischen Frauen, Männern und Kindern im **Pulvermagazin** des Klosters. Sie wollten lieber sterben, als den osmanischen Truppen in die Hände zu fallen. Als die türkischen Truppen ins Kloster eindrangen, feuerte ein kretischer Freiheitskämpfer, wie vorab vereinbart, einen Schuss auf ein Pulverfass ab, der eine Kettenreaktion auslöste und den gesamten im Magazin gelagerten Sprengstoff zündete. Die gewaltige **Explosion** tötete die meisten Kreter im Kloster, aber auch viele der türkischen Angreifer. Mit annähernd 1000 Toten war die Arkádi-Tragödie einer der größten Massenselbstmorde der Weltgeschichte. Die **Selbstaufopferung** machte die Weltöffentlichkeit auf die osmanische Besetzung Kretas aufmerksam, in der Folge begannen sich die europäischen Großmächte gegen das türkische Regime zu wenden.

Es sollte jedoch noch 32 Jahre dauern, bis Kreta nach zähen **Verhandlungen** endgültig von der türkischen Unterdrückung erlöst wurde. Das Kloster Arkádi ist seitdem für die Kreter Symbol ihres bedingungslosen Freiheitswillens und der 9. November bis heute ein bedeutender **Feiertag,** ja fast ein „kretischer Nationalfeiertag".

Das Kloster, bis heute von Mönchen bewohnt, wird täglich von mehreren hundert Menschen besucht. Sehenswert sind die schmucke Fassade der im 17. Jh. im kretisch-venezianischen Stil errichteten Klosterkirche und das kleine Klostermuseum. Vor den Umfassungsmauern hat man eine frühere Windmühle in ein Beinhaus umgewidmet – hier ruhen die Gebeine etlicher Kreter, die bei der Tragödie von 1866 ihr Leben verloren.

Tour 22

Über die Berghütte Toumbótos Prínos auf den Psilorítis –

Auf das „Dach" Kretas

Bereits die lange Anfahrt durch eine schroffe, waldreiche Gebirgswelt erweist sich als Erlebnis. Während des Aufstiegs zum höchsten kretischen Gipfel faszinieren die Tiefblicke auf die Berge und Dörfer im Umfeld.

Der Psilorítis, der **höchste Gipfel** (2456 m) im zentralen **Ída-Gebirge** lässt sich in verschiedenen Varianten bezwingen (s. Tour 23). Diese Route aus südwestlicher Richtung wird eher selten begangen, garantiert aber oberhalb der Baumgrenze eine **alpine felsig-geröllige Gebirgswelt.**

072kr wf

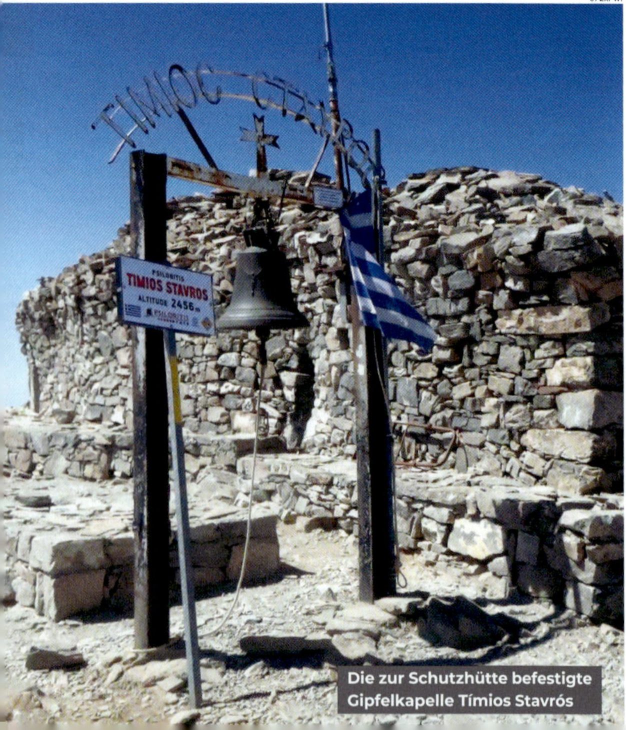

Die zur Schutzhütte befestigte Gipfelkapelle Tímios Stavrós

Kurze Informationsübersicht

Länge: 15,8 km
Gehzeit: ca. 5 ¾ Std.
Auf-/Abstieg: je 1435 m
MITTELSCHWER

Ausgangspunkt: Lichtung an der Schotterpiste in Richtung Berghütte *Toumbótos Prínos,* geöffnet Sa/So und auf Anfrage (*M. Amanákis,* Tel. 693 2034813, mihalisamanakis@gmail.com)
Wegeigenschaften: Schotterpiste bis zur Berghütte, gut begehbarer, gelegentlich steiler Pfad bis zum Gipfel, markiert mit Steinmännchen und E4-Markierungen ab der Berghütte
Einkehrmöglichkeiten: keine
Bademöglichkeiten: keine
Anfahrt: mit Privatfahrzeug bis Kouroútes; von Süden kommend hier in eine kleine Teerstraße scharf rechts einbiegen (Hinweisschild: „Katafígou 13 km"). Kurz nach einem Tor nimmt eine teilweise sehr holprige Schotterstraße ihren Anfang. Auf ca. 990 m Höhe folgt man bei einer Gabelung der scharfen Linkskurve („Katafígou") – wenig später eine Parkmöglichkeit kurz vor einer Kapelle auf einer rechts liegenden Lichtung. Die folgende kurze unebene Passage kann somit dem Fahrzeug erspart werden. Fahrzeit ab Kouroútes 30 Min.

Anfahrt für die Wegvariante (s. u.): Man hält sich 30 Min. später bei einer T-Gabelung rechts zur Berghütte.
Rückfahrt: mit Privatfahrzeug

Zentralkreta

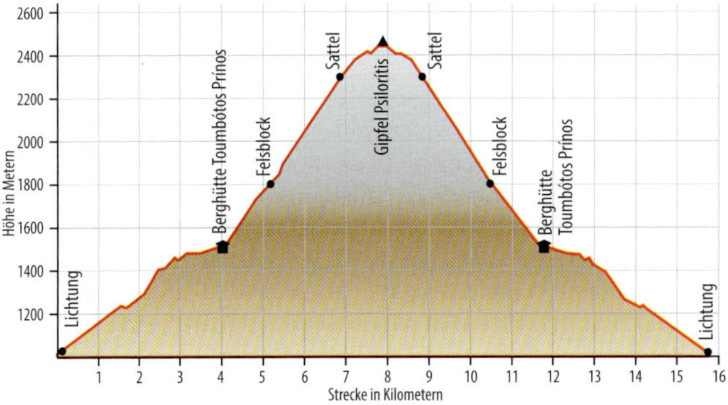

Wegbeschreibung

Startpunkt ist die **Lichtung (1)** auf dem Anfangsweg auf 1020 m Höhe (s. auch Wegvariante unten). Die verbleibende Strecke zur Berghütte mit diversen Abkürzungsmöglichkeiten der Schotterstraße – am Ende ein Rechtsabzweig bei einer T-Gabelung – erfordert gut 1 Std. Die **Berghütte Toumbótos Prínos (2)** wurde 1984 eröffnet und besitzt eine Übernachtungskapazität von 28 Betten.

Wegvariante

Beginn der Wanderung ab der **Berghütte Toumbótos Prínos (2).** Sie dauert somit gut 4 Std. mit je 920 m Auf- und Abstieg. Ab hier weiter mit der Hauptroute.

Hinter der Hütte (Höhe ca. 1530 m) wendet man sich nach Nordosten, geht an einer eingezäunten Zisterne vorbei auf eine große Eiche mit E4-Schild zu und folgt einer rötlichen Pfadspur, die parallel zum links liegenden Tal verläuft (meist etwas links versetzt neben der Reihe der E4-Stangen). Der Aufstieg durch steiniges Gelände mit vereinzelten Eichen führt schließlich auf eine Ebene mit einem einzelnen quaderförmigen **Felsblock (3)** (Höhe ca. 1780 m) hinaus. **ca. 1 ¾ Std.**

Weiter geht es am rechten Rand dieser Ebene durch niedriges Dornengestrüpp. Der Pfad führt kurz nach Osten, dann wieder nach Nordosten und steigt im folgenden felsigen Einschnitt, dabei allmählich nach Norden drehend, weiter an bis auf ca. 1970 m Höhe. **2 ¼ Std.**

Vor einer kraterartigen Vertiefung erreicht man einen **Sattel (4)** (Höhe ca. 2305 m), der rechts vom Angathiás begrenzt wird. **ca. 3 Std.**

Der Pfad schwenkt nun nach links (Nordwesten) auf einen kleinen Nebengipfel zu. Diese Felskuppe wird passiert und wenig später erkennt man in der Ferne bereits die Gipfelkapelle Tímios Stavrós. Nach Querung einer flachen Senke, in die von rechts der von der Nída-Hochebene kommende Pfad (s. Tour 23) einmündet, ist nach einem letzten kurzen Anstieg der höchste **Gipfel (5)** Kretas – auch Tímios Stavrós genannt und 2456 m hoch – erklommen. Die Rundsicht über die halbe Insel und beide Küsten ist einmalig und reicht im Südwesten über winzige Dörfer in der Amári-Ebene hin zum mächtigen

Kédros (1776 m), im Westen zu den Weißen Bergen und im Osten zum Díkti-Massiv. Im Südosten ragt der nahe Angathiás (2424 m) in die Höhe, rechts davon ist hinter dem Doppelkegel von Mávri und Dijénis (beide ca. 1980 m) in der Ferne der markante Gipfel des Kófinas (1231 m) zu erkennen, die höchste Erhebung im Asteroússia-Gebirge. **3 ½ Std.**

Der Abstieg zur **Berghütte Toumbótos Prínos (2)** erfolgt auf dem Hinweg und erfordert gut 1 ½ Std. **ca. 5 Std.**

Der Rückweg vom Gipfel zur **Lichtung (1)** dauert insgesamt knapp 2 ¼ Std. **ca. 5 ¾ Std.**

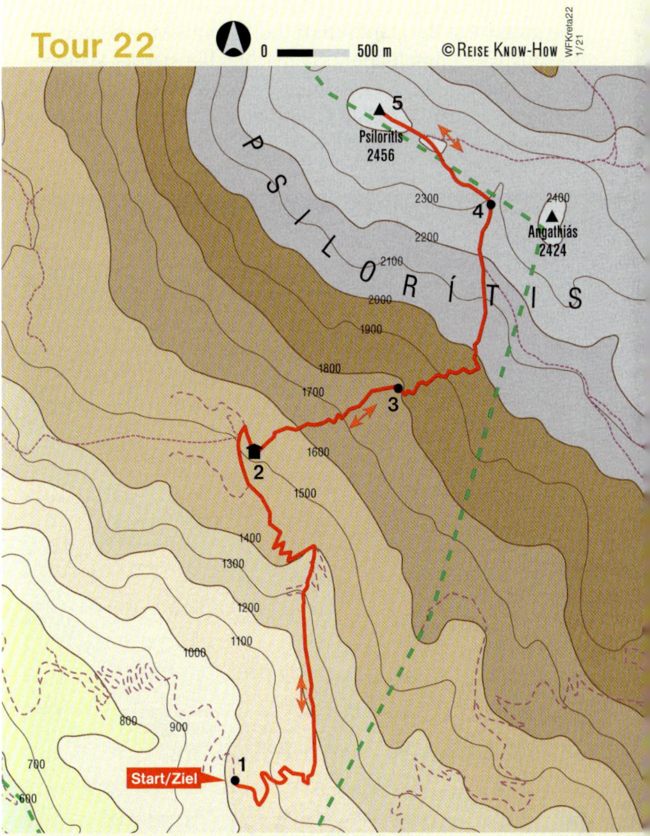

- ● 1 Lichtung
- ☗ 2 Berghütte Toumbótos Prínos
- ● 3 Felsblock
- ● 4 Sattel
- ▲ 5 Gipfel Psiloritis

Tour 23

Von der Nída-Hochebene auf den Psilorítis –

Noch einmal auf das „Dach“ Kretas

Bevor der Blick in Richtung der hochragenden 2000er Gipfel schweift, schmeichelt die Sicht auf die höchste Hochebene Kretas. Beim Aufstieg erlebt man hautnah die Wildheit der kretischen Berge.

Die großartige **Berglandschaft** des Psilorítis-Massivs und das spektakuläre **Gipfelpanorama** machen bei stabiler Wetterlage die Besteigung des Hochgipfels (2456 m) über die Nordostflanke zu einem Genuss. Harmonisch fügt sich die **Nída-Hochebene** in die Bergszenerie.

Adobe Stock © Iva

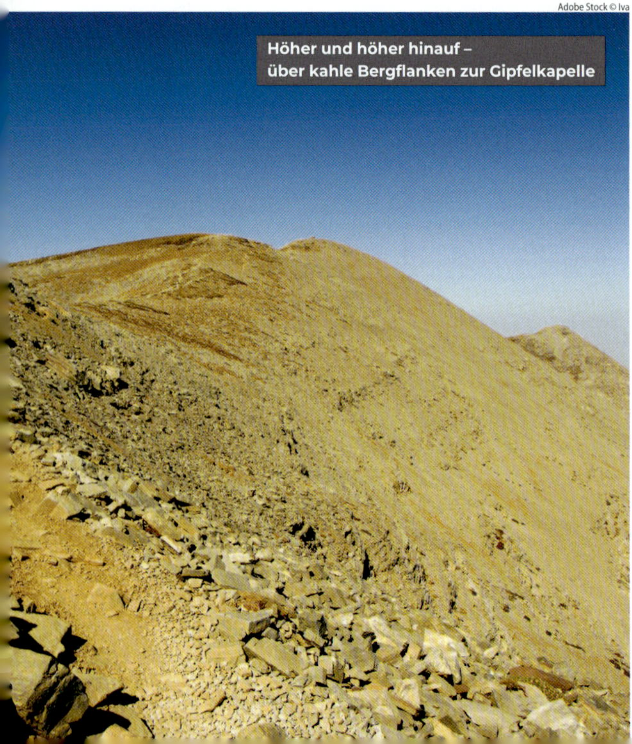

Höher und höher hinauf – über kahle Bergflanken zur Gipfelkapelle

Kurze Informationsübersicht

Länge: 17,2 km
Gehzeit: ca. 7 ¼ Std.
Auf-/Abstieg: je 1240 m
MITTELSCHWER

Ausgangspunkt: Gästehaus am Rand der Nída-Hochebene
Wegeigenschaften: gut markierter, teilweise schmaler und felsiger Pfad, mäßiger Anstieg zum Gipfel, markiert mit roten Punkten, E4-Markierungen und Steinmännchen
Einkehrmöglichkeiten: keine
Bademöglichkeiten: keine
Anfahrt: mit Privatfahrzeug von Iráklio zunächst zum Dorf Anógia, anschließend über eine aussichtsreiche Bergstraße hinauf zur Nída-Hochebene, Parkmöglichkeit am Gästehaus
Rückfahrt: mit Privatfahrzeug

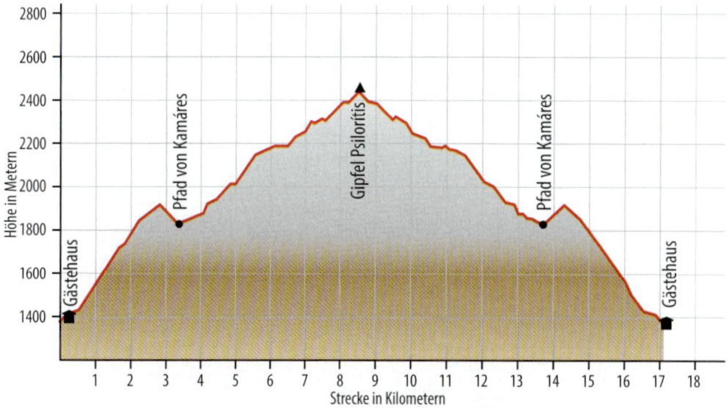

Hoch und höher hinauf ins Ída-Gebirge

Das **Psiloritis-Massiv** (auch Ída-Gebirge) liegt in Zentralkreta südwestlich der Hauptstadt Iráklio. Der höchste Gipfel, der **Tímios Stavrós** (2456 m; bekannt als „Dach" Kretas), ist umgeben von Stolistrá (2336 m), Angathiás (2424 m), Vouluoménou (2267 m) und Koússakas (2211 m) – vier weiteren Bergen mit jeweils über 2200 m Höhe. Die räumliche Ausdehnung des Massivs in West-Ost-Richtung beläuft sich auf mehr als 30 km, vom **Kloster Arkádi** bis nach **Krousonás.** Die einzige Nord-Süd-Straßenverbindung führt von Anógia Richtung Nída-Hochebene und nahe an der Sternwarte Skinakás vorbei nach Gérgeri.

Der **Aufstieg** zum Gipfel ist über vier Routen möglich: Von Fourfourás und Kouroútes jeweils über die Berghütte *Toumbótos Prínos* (Tour 22), von Kamáres über die Alm Kólita und von der Nída-Hochebene her (Tour 23).

Historisch war das Massiv bekannt für seine Zypressenforste – *Ída* bedeutet im Altgriechischen soviel wie **Waldgebirge** –, aber auch durch mehrere Erzlagerstätten. Hohe kultische Bedeutung besaß seit archaischer Zeit die **Idäische Grotte** an der Ostflanke des Massivs.

021kr wf

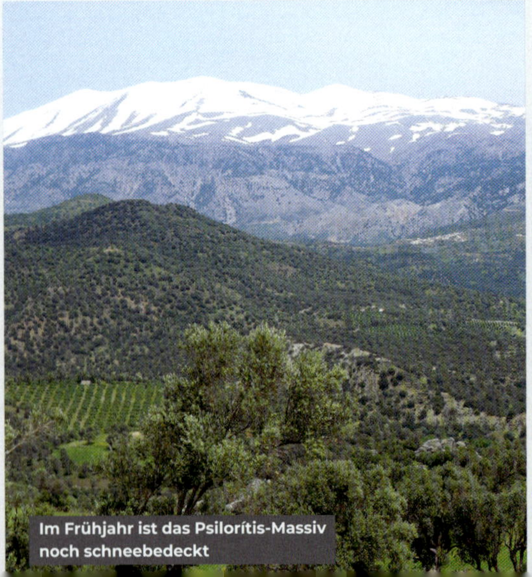

Im Frühjahr ist das Psilorítis-Massiv noch schneebedeckt

Wegbeschreibung

Die Gipfeltour beginnt auf 1380 m Höhe am **Gästehaus (1)** auf der Nída-Hochebene (2019 renoviert). Gegenüber beginnt ein mit roten Punkten markierter Pfad zur Análipsi-Kapelle mit weiten Ausblicken auf die Ebene. **ca. 10 Min.**

Vor der Kapelle folgt man einem Fahrweg in Richtung Tímios Stavrós und passiert den Abzweig zur Höhle Idéon Ándron. Schon 3 Min. nach der Kapelle geht der Weg in einer Rechtskurve in einen Pfad über, der die Richtung hält, also geradeaus führt (gelbe Markierung). Er wird bald etwas undeutlich, man bleibt am besten immer ein paar Meter unterhalb der gelb-schwarzen E4-Pfeile. Bei einer E4-Stange wird der Weg wieder eindeutig und man wandert durch Dornengewächse und zwischen Zwergeichen stetig bergauf. Bald wird man links von einem Tal begleitet, in dem man wenig später den Weg fortsetzt. Der Pfad, der klar erkennbar bleibt, verläuft schließlich links des Talgrundes und erreicht einen Sattel auf ca. 1920 m Höhe. Man steigt nun halb links binnen 15 Min. in einen breiten Kessel ab und stößt bei einer Markierungstafel (ca. 1840 m) auf den hier einmündenden **Pfad von Kamáres (2). 1 ¾ Std.**

Nun einem deutlichen Einschnitt halb rechts (nach Westen) in Richtung des breiten, mit mehreren Höhen aufgipfelnden

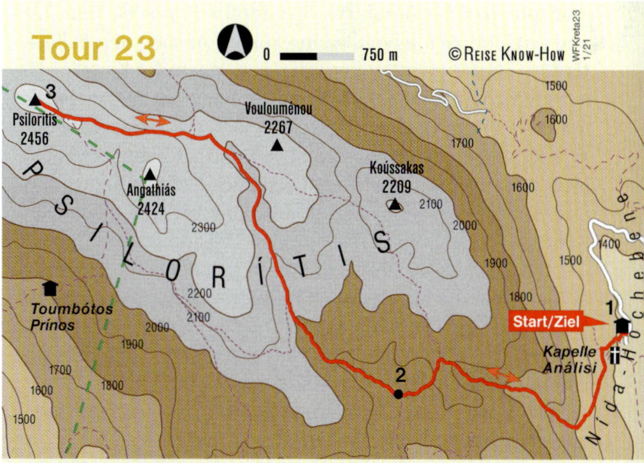

- 1 Gästehaus
- 2 Pfad von Kamáres
- 3 Gipfel Psiloritis

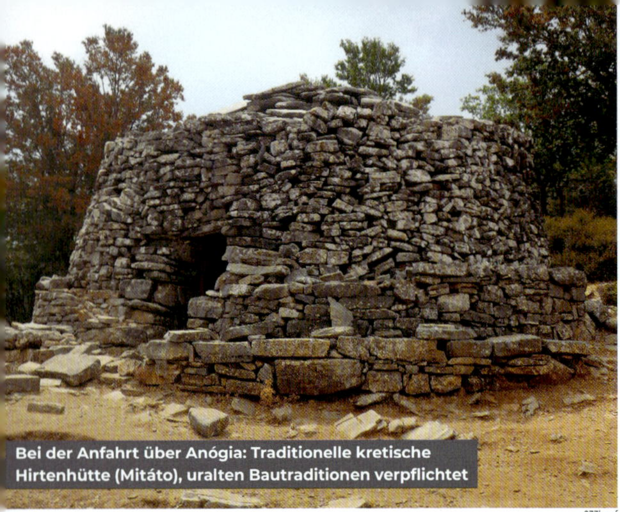

Bei der Anfahrt über Anógia: Traditionelle kretische Hirtenhütte (Mitáto), uralten Bautraditionen verpflichtet

077kr wf

Angathiás (2424 m) folgen und nach 15 Min., inzwischen wieder ca. 1870 m hoch, halb links, also nach Nordwesten halten. **2 Std.**

Gut 45 Min. später quert man einen kleinen Kessel, umgeht danach einen weiteren Kessel gegen den Uhrzeigersinn und erreicht nach einer lang gezogenen Senke auf ca. 2225 m Höhe einen Kamm, der die ersten Blicke auf die Nordküste und die Gipfelkapelle des Tímios Stavrós freigibt. **3 ½ Std.**

Deutlich erkennbar setzt sich der Pfad an der Nordostflanke des Angathiás in Richtung Gipfel fort, vereint sich mit der Pfadspur von der Berghütte Toumbótos Prínos (s. Tour 22) und erreicht nach einem letzten kurzen Anstieg den **Psiloríitis (3),** oder – genauer gesagt – den (nach der Kapelle) Tímios Stavrós genannten höchsten Gipfel des in der Antike als Ída bekannten Massivs (2456 m). Auch auf die Gefahr der Wiederholung hin (s. Tour 22): Die Rundsicht über die halbe Insel und beide Küsten ist einmalig und reicht im Südwesten über winzige Dörfer in der Amári-Ebene bis zum mächtigen Kédros (1776 m), im Westen zu den Weißen Bergen und im Osten zum Díkti-Massiv. Im Südosten ragt der nahe Angathiás in die Höhe, rechts davon ist hinter dem Doppelkegel von Mávri und Dijénis (beide ca. 1980 m) in der Ferne der markante Gipfel des Kófinas (1231 m) zu erkennen, die höchste Erhebung in den Asteroússia-Bergen. **4 ¼ Std.**

Der Abstieg zum **Gästehaus (1)** erfolgt auf dem Hinweg und erfordert gut 3 Std. Gehzeit. **7 ¼ Std.**

Die Nída-Hochebene

Die Nída-Hochebene ist ein ca. 2,5 x 1,5 km großes, inmitten des Ída-Gebirges **eingeschlossenes Plateau** auf knapp 1400 m Höhe. Im Winter liegt die eindrucksvolle Ebene oft schneebedeckt, und früher war sogar ein kleines Skizentrum in Betrieb. Nachdem im Frühjahr das Schmelzwasser abgeflossen ist, werden unzählige Schafe und Ziegen auf die dann üppig grüne **Hochweide** geführt. Bis in den Spätsommer hinein finden die Tiere auf dem – zuletzt ausgedörrten – Plateau noch Nahrung.

In der nahen **Idäischen Grotte** (Idéon Ándron) verbrachte der Mythologie nach *Zeus* seine Kindheit. Schon in minoischer Zeit war sie ein bedeutendes **Kultheiligtum** – wie ausgegrabene Funde von Opfergaben belegen, die im Archäologischen Museum von Iráklio ausgestellt sind.

Ein Erlebnis für sich ist bereits die über 22 km lange Anfahrt von Anógia. Vorbei an einigen runden Hirtenhütten aus Natursteinen *(Mitáto)* führt eine kurvenreiche Asphaltstraße über einen 1500 m hohen Pass mit großartigen Ausblicken auf die Hochebene bis zum Gästehaus.

078kr wf

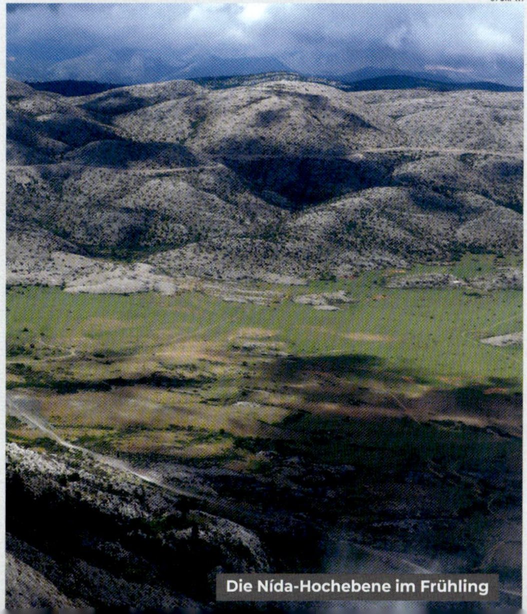

Die Nída-Hochebene im Frühling

Tour 24

Von Kamáres über die Kamáres-Höhle auf den Dijénis –

Sagenumwobene Höhle am Psiloritis

Kaum jemand wird sich der archaischen Anziehungskraft der Kamáres-Höhle hoch im Psiloritis-Massiv entziehen können.

Der Aufstieg zur Kamáres-Höhle auf gut markierten Pfaden hoch im **Psiloritis-Massiv** ist schweißtreibend trotz der schattigen Wegführung. Wer die nötige Kondition besitzt, kann in einer **wilden, bizarren Felslandschaft** „weglos“ noch den **Dijénis** hoch im Ída-Gebirge besteigen, ein unvergesslicher Gipfelerfolg.

079kr wf

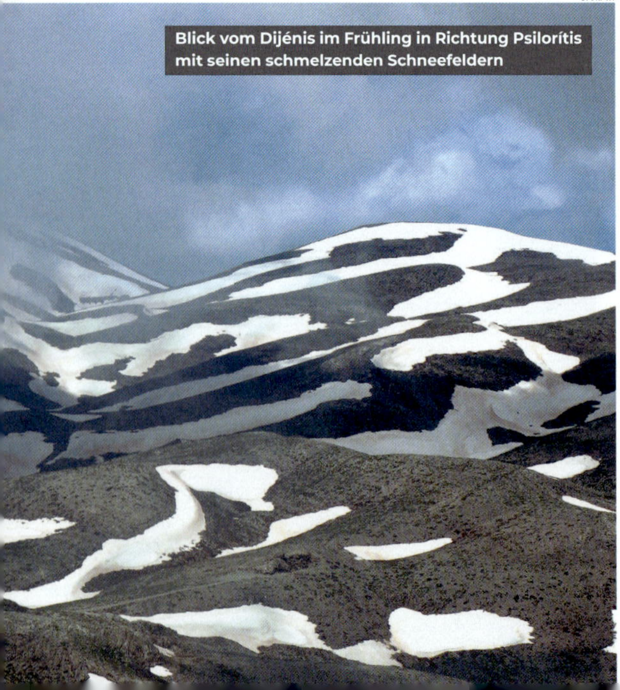

Blick vom Dijénis im Frühling in Richtung Psiloritis mit seinen schmelzenden Schneefeldern

Kurze Informationsübersicht

Länge: 10,1 km
Gehzeit: ca. 6 ½ Std.
Auf-/Abstieg: je 1360 m
SCHWER

Ausgangspunkt: etwa 200 m vor dem östlichen Ortsausgangsschild des Dörfchens Kamáres
Wegeigenschaften: ein steiler Schotterpfad führt in Serpentinen und teilweise durch Wald ins Psiloritis-Massiv, weglos aber in griffigem Gestein geht es durch schroffes Felsgelände zum Gipfel des Dijénis, rote Markierungen und Steinmännchen bis zur Kamáres-Höhle; Hinweis: Bei aufziehendem Nebel sowohl im Gipfelbereich oberhalb der Kamáres-Höhle als auch im Tal sollte die Tour abgebrochen werden (s. auch Wegvariante unten).
Einkehrmöglichkeiten: kleines Lokal direkt am Ausgangspunkt
Bademöglichkeiten: keine
Anfahrt: mit Privatfahrzeug entweder über Zarós von Westen auf breiten Straßen oder über Megarikári von Süden auf Nebenstraßen
Rückfahrt: mit Privatfahrzeug

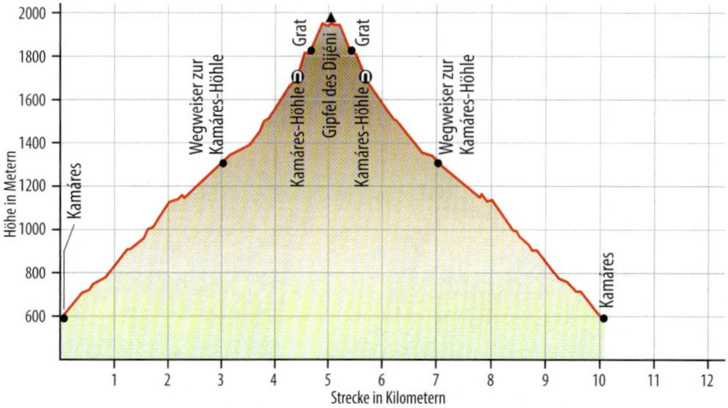

Wegbeschreibung

Etwa 200 m vor dem östlichen Ortsende des Dörfchens **Kamáres (1)** zweigt von der Hauptstraße, die hier eine Höhe von ca. 590 m hat, nach Norden ein schmaler Betonweg ab – steil zieht er bergauf. Kurz vor dem Ende des Betons muss man dann bei einem Gatter halb rechts einem Pfad folgen, der wiederum steil bergauf führt (E4-Pfosten und Markierungen). Von roten Markierungen geleitet, steigt man in Serpentinen aufwärts. Bei einer T-Gabelung hält man sich dann links entlang einer niedrigen Mauer (blaue Punkte). **ca. 10 Min.**

Wenig später geht es – vorbei an einem Wasserreservoir – durch ein Zauntor. Zur Information: Vom Reservoir führt eine alte, offene Betonwasserrinne aufwärts. Sie bleibt für ca. 1 ½ Std. eine Orientierungshilfe und wird weiter oben am Berghang dreimal gequert. Der Pfad verläuft zunächst links der Rinne in Serpentinen aufwärts (rote Punkte und E4-Pfosten) und nach wenigen Minuten bei einem E4-Pfosten nach rechts. **ca. 15 Min.**

080kr wf

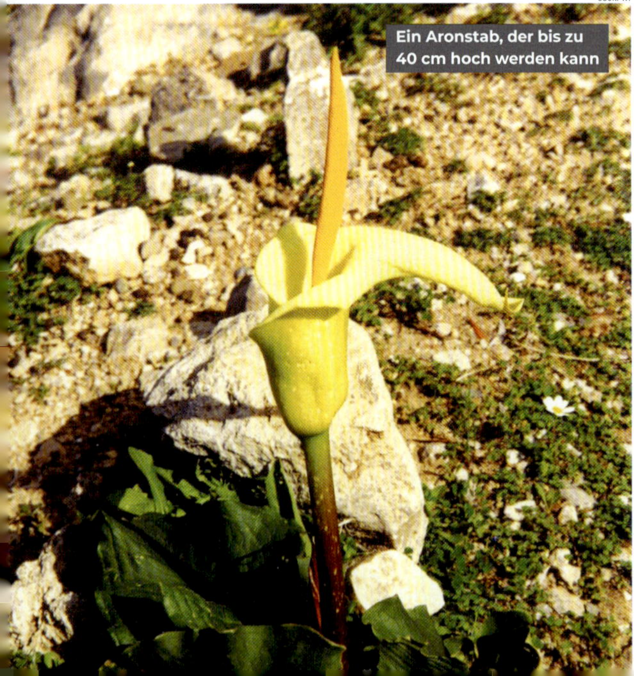

Ein Aronstab, der bis zu 40 cm hoch werden kann

Nach weiteren 15 Min. spenden die ersten Steineichen (Höhe ca. 770 m) wohltuenden Schatten. Um die 25 Min. später kann man einem Wasserverteiler auf ca. 935 m Höhe Trinkwasser entnehmen. Bald wird man rechts von einer kleinen Schlucht begleitet. Etwa 20 Min. später geht man eine Serpentine nahe der Wasserrinne (ca. 1075 m) bergauf, und nochmals ca. 15 Min. später folgt man direkt dem Aquädukt (ca. 1160 m). Kurz darauf öffnet sich der Blick auf den Kommós-Strand vor Mátala und auf die beiden Gipfel Mávri (links) und Dijénis (rechts), die sich gerade voraus zeigen. Wenige Minuten später ist auch die riesige Öffnung der Kamáres-Höhle für kurze Zeit am Hang des Dijénis zu sehen. Man wandert eben neben Steineichen und Tamarisken bis zu einer Brunnenanlage mit Trinkwasser. Nun folgt man der Betonrinne auf der linken Seite und quert sie bald – 1300 m hoch – bei einem E4-Pfosten und einem **Wegweiser zur Höhle (2).** ca. 2 Std.

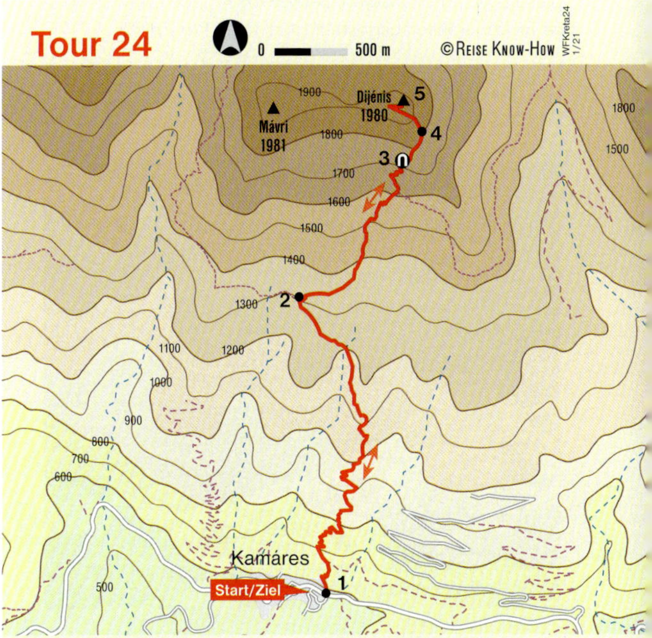

- 1 Kamáres
- 2 Wegweiser zur Kamáres-Höhle
- 3 Kamáres-Höhle
- 4 Grat
- 5 Gipfel des Dijénis

Die Kamáres-Höhle

Die Kamáres-Höhle beeindruckt durch ihre 42 m breite und 19 m hohe Öffnung in einer **überhängenden Felswand.** Der Schlund am Hang des Dijénis kann sogar von Pitsídia oder Festós ausgemacht werden. Wie unter einer überdimensionalen Kuppel kann man ca. 50 m in die Höhle hinabsteigen, bevor Gesteinsmassen den Weg versperren. Vögel flattern gespenstisch die Innenwände entlang. Vom Eingang bietet sich eine fantastische Aussicht bis zur Südküste.

Die Höhle diente in minoischer Zeit als **Kultplatz.** Hier brachte die ländliche Bevölkerung der Messará-Ebene den Naturgottheiten ihre Opfergaben in Form von Feldfrüchten dar. Nach der **Wiederentdeckung** durch einen Hirten bargen Ende des 19. Jh. Archäologen filigrane Keramikgegenstände, die ihre Vorbilder offenbar in Metallwaren hatten und als Gefäße für die Opfergaben dienten. Heute sind diese meist dreifarbigen Gefäße im Archäologischen Museum von Iráklio ausgestellt („Kamáres-Keramik").

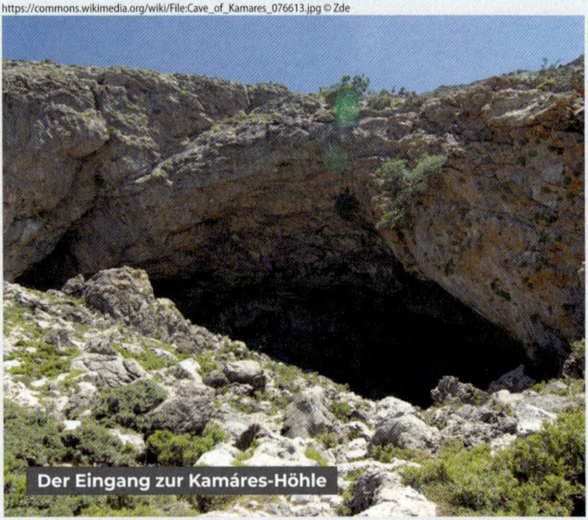

Der Eingang zur Kamáres-Höhle

Der Pfad zweigt hier rechts (ostwärts) zur Höhle ab; der Anstieg dauert fort. Bei einer weiteren Brunnenanlage nahe am Aufstiegsweg lässt sich ein letztes Mal Trinkwasser schöpfen. Kurz darauf geht man parallel zu einer schwarzen Wasserleitung. Der Pfad schwenkt allmählich nach Nordwesten und zieht nach einem Wasserbecken (ca. 1435 m; kein Trinkwasser) sehr steil an. **ca. 2 ¼ Std.**

Wenig später wird ein Brunnenhaus passiert (kein Trinkwasser) und man setzt den Weg in gleicher Richtung (Nordosten) fort. Gut 10 Min. später folgt ein sehr steiler Wegabschnitt (ca. 300 m lang) in griffigem Fels. Die dunkle Höhlenöffnung dient jetzt als Anhaltspunkt. Man geht auf undeutlichen Pfaden, gelegentlich markiert durch Steinmännchen, direkt oder in Serpentinen immer in Richtung des riesigen Mundes der **Kamáres-Höhle (3)** auf ca. 1710 m Höhe. **3 Std.**

Wegvariante

Rückkehr bereits von der **Kamáres-Höhle (3)** unter Verzicht auf den Dijénis auf der Aufstiegsroute. Die Gehzeit dieser somit mittelschweren Tour verkürzt sich um 2 Std. (insgesamt auf 4 ½ Std.), Auf- und Abstieg auf je 1110 m.

Um den Aufstieg auf den Dijénis zu bewältigen, hält man sich bei einer ebenen Fläche vor dem Höhleneingang (in Richtung Höhle blickend) weglos halb rechts, also nach Nordosten. Sehr steil geht es auf einen Felskamm oder **Grat (4)** in ca. 500 m Entfernung zu (1830 m). Nach gut 20 Min. ist der Grat erreicht. Prägen Sie sich diese Stelle – sie ist ca. 1865 m hoch – für den Rückweg ein! Auf der anderen Seite des Grats breitet sich tief unten die Nída-Hochebene aus.

Man folgt nun dem Grat halb links nach Norden, später nach Nordwesten und steht nach gut 30 Min., 1980 m hoch, auf dem **Gipfel des Dijénis (5).** Den anstrengenden Aufstieg belohnt eine überwältigende Sicht auf den Psiloritis im Nordwesten, die Nída-Hochebene im Nordosten und den nahen Mávri (1981 m) im Westen. Im Süden blickt man über Kamáres und Míres hinweg bis hin zum Kap Líthino südlich von Mátala. **ca. 3 ¾ Std.**

Für den Abstieg ins Dorf **Kamáres (1),** der auf der Aufstiegsroute erfolgt, sollte man gut 2 ¾ Std. veranschlagen. **6 ½ Std.**

Tour 25
Von Zarós in die Roúvas-Schlucht –
Durch eine Schlucht hinauf ins Ída-Gebirge

Die wildromantische Roúvas-Schlucht ermöglicht den Aufstieg zu einem lauschigen Park mit Tischen nahe eines plätschernden Bergbaches.

2 km vom **Dorf Zarós** entfernt beginnt am malerischen **See Vótamos** ein gut angelegter Pfad in die sich bald abzeichnende Roúvas-Schlucht. Abwechselnd in der Schlucht oder hoch über dem Talgrund gelangt man schließlich zu einem **Picknickplatz** im östlichen Ída-Gebirge.

045kr wf

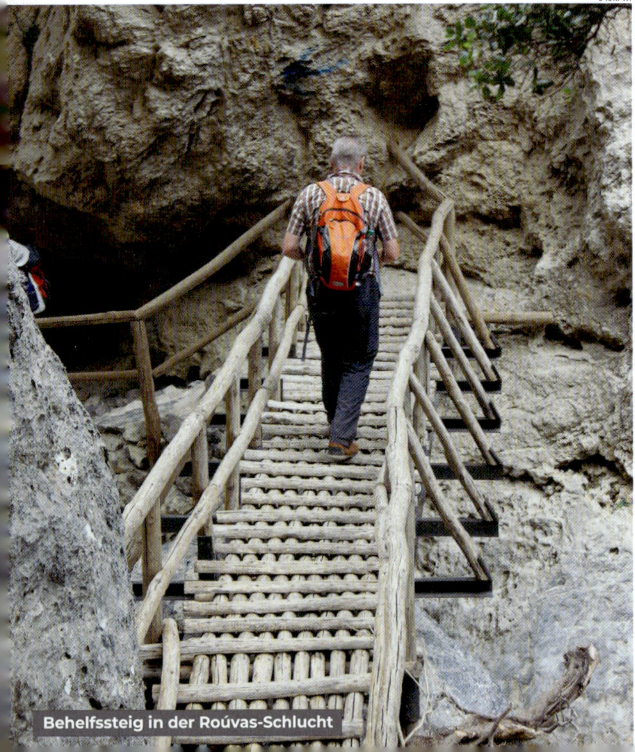

Behelfssteig in der Roúvas-Schlucht

Kurze Informationsübersicht

Länge: 12,3 km
Gehzeit: ca. 4 ¼ Std.
Auf-/Abstieg: je 690 m
LEICHT

Ausgangspunkt: Supermarkt in der Ortsmitte von Zarós
Wegeigenschaften: sicherer Pfad mit mäßiger Steigung in und entlang der tiefen, teilweise wilden Schlucht, gelb-rote Markierungen
Einkehrmöglichkeiten: Tavernen in Zarós sowie Lokale mit fangfrischen Forellen am Quellsee und auf dem Rückweg ins Dorf
Bademöglichkeiten: keine
Anfahrt: mit Privatfahrzeug über Míres oder von Iráklio kommend über Agía Varvára; alternativ: Bus nach Míres und weiter mit dem Taxi nach Zarós, 13 km
Rückfahrt: mit Privatfahrzeug; alternativ: Taxi nach Míres und weiter mit dem Bus

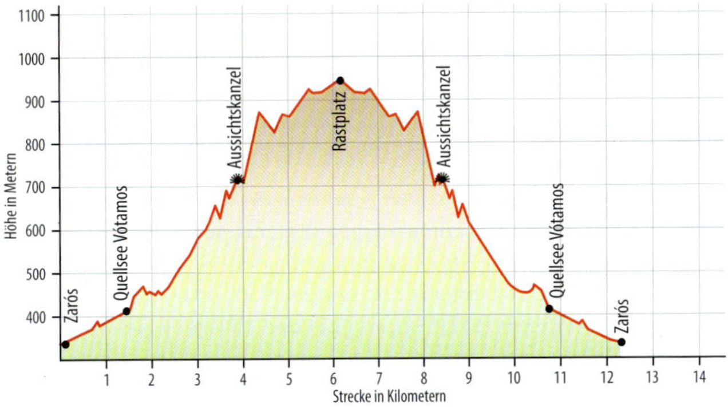

Wegbeschreibung

Im Zentrum von **Zarós (1),** welches etwa 300 m hoch gelegen ist, folgt man der Durchgangsstraße in Richtung Kamáres und zweigt nach ca. 200 m rechts in eine kleine Teerstraße ab (Hinweisschild zur Schlucht). Vorbei am Hotel *Idi* und zwei Tavernen, die frische Forellen *(Péstrofa)* gegrillt oder als Lachsforelle anbieten, endet die Straße nach gut 15 Min. am malerischen **Quellsee Vótamos (2)** (ca. 410 m). **20 Min.**

Nach dem ersten Lokal am See führt links ein Pfad in Serpentinen bergauf. Wenig später knickt er nach rechts ab in die breite Roúvas-Schlucht. Der Duft von Salbei und Thymian begleitet hier den Wanderer, der in einiger Entfernung das neue Kloster Ágios Nikólaos passiert und zwischen Johannisbrotbäumen und Kiefern das Bachbett quert (ca. 435 m). 15 Min. später führt der Pfad kurz in den von Oleander überwucherten Talgrund. Nach einem kräftigen Anstieg auf der anderen Talseite quert man die Schlucht wieder und geht ca. 100 m nach Süden, um nach einer Rechtsbiegung hoch über dem Taleinschnitt aufzusteigen. Zwei schattige Bänkchen und eine **Aussichtskanzel (3)** (ca. 710 m), die einen Blick in die Schluchttiefen gewährt, bieten Gelegenheit zu einer Verschnaufpause. **ca. 1 ¼ Std.**

In der sich nun verengenden Schlucht können zwischen den mehrere hundert Meter hoch aufragenden Felswänden riesige Felsbrocken über einen gesicherten Brettersteig und ein wackliges Brückchen umgangen werden. Im Schatten von Steineichen und Kiefern flacht das Bachbett dann zusehends ab, und kurz nach einem letzten steilen Abbruch schwenkt

Quellsee Vótamos

Das wasserreiche Zarós ist bekannt für seine **Forellenzucht,** die in den 1980er Jahren von einem findigen kretischen Landwirt begründet wurde. Vom Quellsee wird ständig Wasser in die Becken bei den Tavernen geleitet. Der See ist vor allem am Wochenende ein beliebtes **Ausflugsziel** von Einheimischen aus der näheren Umgebung.

der Pfad leicht nach rechts, begleitet von einem plätschernden Bach (ca. 905 m). Wenig später geht es in einer weiteren Rechtskehre zu einem ca. 5 Min. entfernten parkähnlichen **Rastplatz (4)** auf ca. 940 m Höhe. Das Areal unterhalb der Kapelle Ágios Ioánnis ist unter Schatten spendenden Kiefern mit Tischen und Bänken ausgestattet, eine eingefasste Quelle liefert frisches Trinkwasser. **2 ¼ Std.**

Der Abstieg, der über die Aufstiegsroute erfolgt, nimmt 2 Std. in Anspruch. **4 ¼ Std.**

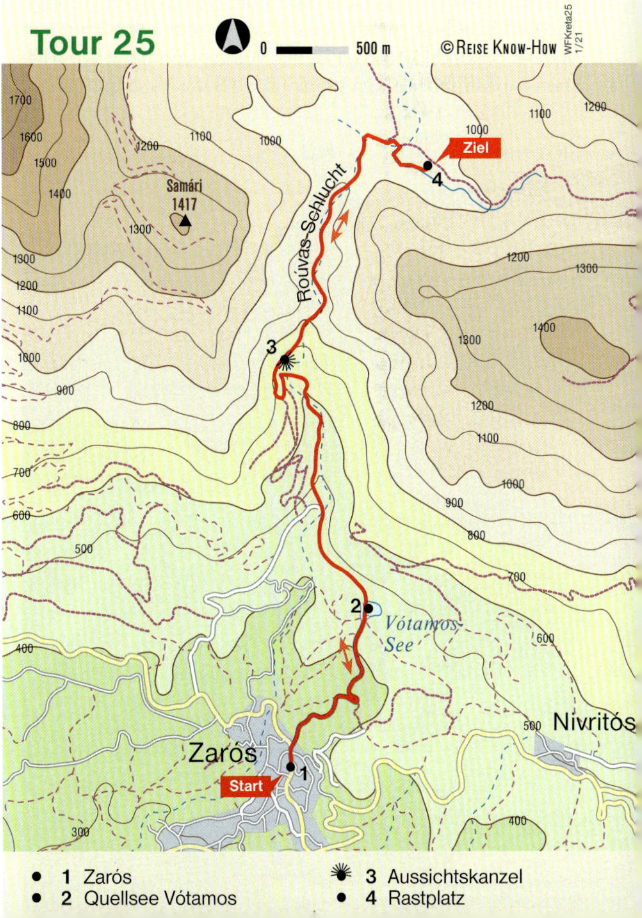

Tour 26

Von Mátala über bizarre Fjorde zum Red Beach –

Fjorde, Felsformationen, Strand

Die Umrundung des Kalksandstein-Plateaus führt zu einzigartigen Felsformationen und Fjorden.

Wer länger in Mátala verweilt, wird sich unweigerlich fragen, was sich hinter der **Felsbarriere** über den Höhlen verbirgt. Der **Red Beach** ist geradezu ein Muss für jeden Besucher von Mátala. Besonders reizvoll ist die Morgenstimmung am rötlichen Sandstrand vor den strahlend weißen Kalksteinfelsen.

061kr wf

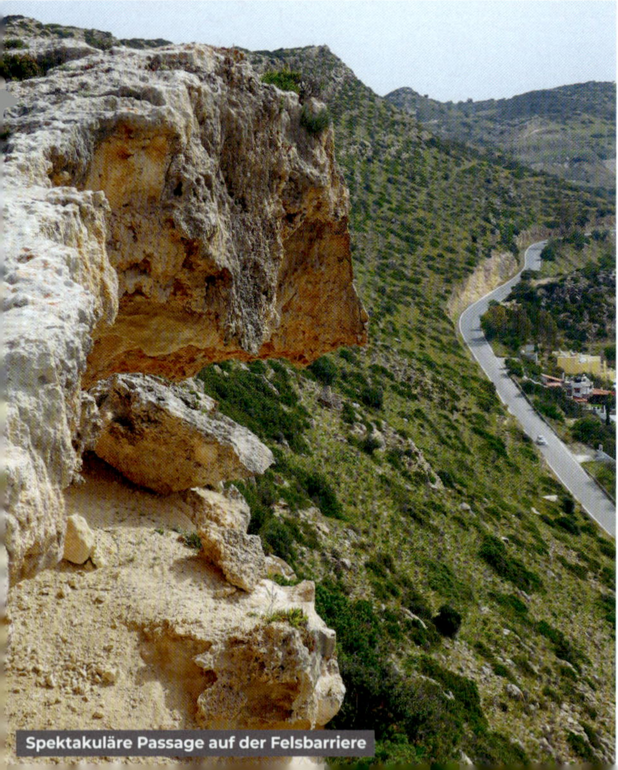

Spektakuläre Passage auf der Felsbarriere

Kurze Informationsübersicht

Länge: 8,7 km
Gehzeit: ca. 3 ¼ Std.
Auf-/Abstieg: je 360 m
MITTELSCHWER

Ausgangspunkt: Ortseingang von Mátala an der Zufahrt zum Parkplatz
Wegeigenschaften: steinige Pfade, teilweise schwach ausgeprägt, vereinzelt rot markiert und Steinmännchen beim Aufstieg zu den Klippen über Mátala
Einkehrmöglichkeiten: mehrere Tavernen über dem Kommós-Strand, Strandtavernen in Mátala und eine einfache Taverne am Red Beach
Bademöglichkeiten: in den Fjorden, in der Traumbucht von Mátala und am feinsandigen Red Beach
Anfahrt: mit Privatfahrzeug; von Iráklio mehrmals am Tag Busse nach Mátala
Rückfahrt: mit Privatfahrzeug oder mit dem Bus nach Iráklio

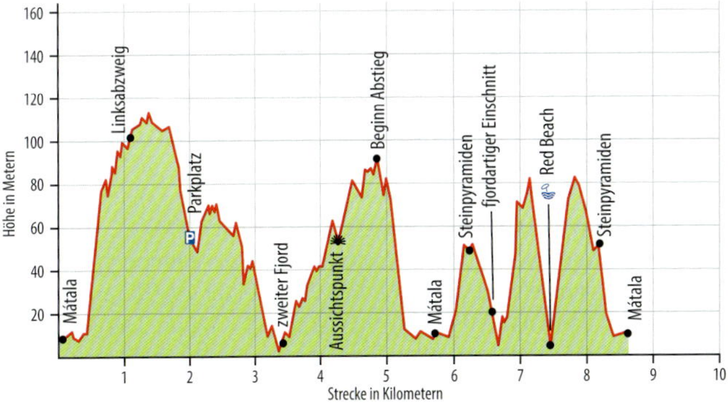

Wegbeschreibung

Der erste Teil der Wanderung beginnt am Ortseingang von **Mátala (1)** an der Zufahrt zum Parkplatz und zum Campingplatz (s. auch Wegvariante unten). Man betritt den Campingplatz durch die Einfahrt, durchquert ihn und verlässt das Areal am anderen Ende rechts der ehemaligen Sanitäranlagen durch ein offenes Zauntor. **5 Min.**

Nach nur 2 Min. auf dem folgenden Schotterweg zweigt man vor einer Hotelanlage sandig nach links in Richtung einer Gruppe von Agaven vor den Klippen ab. Am Fuß der Felsbarriere beginnt halb rechts aufwärts rot markiert ein felsiger Pfad. **10 Min.**

An der Abbruchkante angekommen, hält man sich nahe der Kante parallel zum Tal nach Nordosten. Die Aussicht ist fantastisch: herrlicher Rückblick auf die Bucht von Mátala, tief unten verläuft die Straße nach Pitsídia. Im Norden zeigen sich das Ída-Gebirge mit dem Doppelgipfel des Mávri und Dijénis (s. Tour 24) und bei guter Sicht im Nordwesten die Weißen Berge. Teilweise wandert man über atemberaubend überhängende Felsen. Nach knapp 10 Min. führt der Pfad, markiert mit Steinmännchen und roten Punkten, auf 100 m Höhe in einem leichten Linksbogen vom Felsabbruch weg (an dieser Stelle stehen unten sechs einstöckige Apartmenthäuser mit Pool). **Linksabzweig (2). 30 Min.**

Er schlängelt sich über eine Hochebene zu einer Schotterpiste (ca. 115 m), der man geradeaus folgt. Mit fesselnden Weitblicken auf den langen Kommós-Strand mit dem Dorf Kalamáki steigt man in Serpentinen abwärts. Ein Pistenabzweig bleibt links liegen. Etwa 100 m oberhalb einer Teerstraße steigt man, den roten Markierungen folgend, links auf Pfadspuren den Hang hinab zum steinigen **Parkplatz (3)** links der Taverne *Mystical View,* die auf einer Höhe von 60 m über dem langen Kommós-Beach thront. Schon an dieser Stelle kann man den Blick auf das ferne Agía Galíni vor dem mächtigen Kédros im Nordwesten schweifen lassen. **ca. 45 Min.**

Man wendet sich nach Westen parallel zur atemberaubenden Steilküste und passiert den Zaun einer Weide an der rechten Seite nahe der Abbruchkante der Klippen. Der seltene Zedernwacholder mit seinen spitzen Nadeln fühlt sich in diesem Küstenabschnitt heimisch.

Ein beginnender Pfad führt nun schräg links aufwärts und kurz darauf fast eben entlang der Küstenlinie. Wenig später mündet der Pfad in eine steinige Piste, die 100 m weiter halbrechts auf einem Pfad verlassen wird. In der Ferne deutet eine Steinpyramide die Richtung an. Nach dem letzten großen Steinmännchen bleibt man weglos noch ein Stück am Klippenrand bis zu einem Felsenkap und kann das schäumende Meer unterhalb der zerklüfteten Steilküste bestaunen. Nach kurzem Weg zurück geht es rechts auf Pfadspuren abwärts in Richtung eines sichtbaren schmalen ersten Fjords. **ca. 1 Std.**

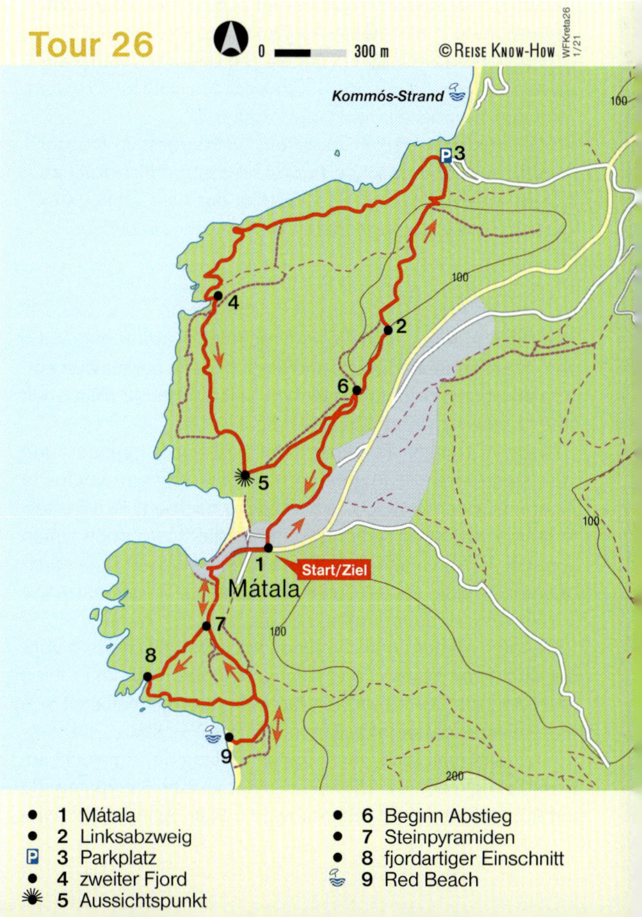

Die Höhlen von Mátala

Mátala liegt malerisch an einer feinsandigen Badebucht, die von Felsbarrieren aus aufgeschichteten **Sandsteinschollen** begrenzt wird. Das nördliche Sandsteinmassiv ist durchsetzt mit den dunklen Öffnungen **jungsteinzeitlicher Höhlenwohnungen.** Steinbänke, Herdstellen und Durchgänge vermitteln einen Einblick in die damalige Lebensweise. Während der Römerzeit wurden die Höhlen teilweise als **Grabstätten** genutzt.

In den 1960er Jahren entdeckten Hippies die Traumbucht von Mátala und quartierten sich während der Sommermonate in den Höhlen ein. Auch *Cat Stevens* und *Bob Dylan* lebten kurzzeitig in Mátala. Die Behörde veranlasste nach einigen Jahren die Räumung der Höhlen – heute können sie jederzeit besichtigt werden.

Die **Mythen** erzählen, dass *Zeus* (in Stiergestalt) mit der entführten phönizischen Prinzessin *Europa* in Mátala an Land ging. In Górtis (Gortyn) zeugte das Paar, so heißt es weiter, *Minos*, den legendären Stammvater der Minoer.

Auf der anderen Seite dieses Einschnitts wandert man nahe dem Meer schräg aufwärts und erreicht nach kurzer Zeit entlang von bizarren überhängenden Kalksandsteinformationen einen breiten **zweiten Fjord (4).** **ca. 1 ¼ Std.**

Die zwei Trockenläufe über dem Fjord werden gequert und man steigt steil die folgenden Kalksteinterrassen weglos in Richtung Süden aufwärts. Während der nächsten 15 Min. sollte man – fast eben gehend – immer die Küste noch sehen können. 15 Min. nach dem zweiten Fjord passiert man einen breiten Talkessel auf der linken Seite, auf ca. 50 m Höhe etwa 300 m vom Meer entfernt.

Der hier wieder deutliche Pfad endet urplötzlich 55 m über der Bucht von Mátala. Man steht genau oberhalb der Höhlen und kann die fast kreisrunde Bucht in ihrer Einmaligkeit von diesem **Aussichtspunkt (5)** erfassen. **ca. 1 ½ Std.**

Jetzt folgt man Pfadspuren immer entlang der Abbruchkante und steigt nach ca. 10 Min bei einer großen Steinpyramide auf 90 m Höhe scharf rechts abwärts. Man befindet sich wieder auf dem Pfad des Aufstiegs, der einzige Zugang von Mátala auf die Klippen. **Abstieg (6).** **1 ¾ Std.**

Auf dem Hinweg erreicht man wieder die Hauptstraße am Ortseingang von **Mátala (1).** **ca. 2 Std.**

Wegvariante

Die Tour besteht aus zwei unabhängigen Wanderungen, die Reihenfolge ist beliebig. Es ist möglich, mit dem folgenden Abschnitt zu beginnen.

Für den zweiten Abschnitt der Tour geht man rechts Richtung Ortsmitte und passiert den Hauptplatz mit verschiedenen Läden auf der rechten Seite. Bei der Taverne *Giánnis,* 50 m nach dem Platz, geht es links/bergauf, den Schildern „Red Beach" folgend. Nach wenigen Metern halb links halten. Der beginnende steinige Pfad schlängelt sich den Hang hinauf und entfernt sich vom Dorf. Nach gut 5 Min. biegt man nach der letzten von einigen **Steinpyramiden (7)** rechts (nach Südwesten) in einen breiten weißsandigen Pfad ab und überquert nach etwa 50 m eine Kuppe (Höhe ca. 50 m). **ca. 2 ¼ Std.**

Der Pfad wird schmaler und führt leicht abwärts in Richtung eines markanten, ausgewaschenen Sandsteinfelsens an der Küste. Unmittelbar neben diesem Felsen steht man am Steilabfall zu einem faszinierenden **fjordartigen Einschnitt (8),** in dem das Meer gegen die Felswände brandet.

Man wendet sich nach links und folgt bergauf der Abbruchkante der Steilküste, belohnt durch fantastische Blicke hinab ins glasklare Wasser und auf den Red Beach. Nach ca. 10 Min. stößt man auf einen Zaun, folgt ihm etwa 50 m nach rechts abwärts und durchschreitet links ein Zauntor. **ca. 2 ½ Std.**

Man steigt in Serpentinen hinab zum **Red Beach (9).** Der braun-rötliche Sandstrand ist malerisch eingebettet in die Steilküste. In der fast schattenlosen Bucht kann auch nackt gebadet werden. Eine provisorische Taverne bietet Getränke und einfache Gerichte an. **ca. 2 ¾ Std.**

Der Aufstieg vom Strand erfolgt auf dem bekannten Weg in 10 Min. bis zum Tor. Nach dem Zauntor rechts/bergauf halten. Etwa 100 m nach dem höchsten Punkt (75 m) links in einen schmalen Pfad abbiegen. Er führt parallel zur Abbruchkante mit Ausblicken auf die Bucht und die Ausgrabungen hinab nach **Mátala (1).** **3 ¼ Std.**

Tour 27

Vom Kloster Odigítrias durch die Agiofárango-Schlucht –

Kloster, Höhlenkirche, Schlucht und malerischer Strand

Schwer zu sagen, was während dieser Tour mehr beeindruckt – das Kloster aus dem 16. Jh. mit seinen Kunstschätzen, die zerklüfteten Felsen der Schlucht oder die wunderschöne Agiofárango-Bucht ...

Vom einsam gelegenen **Kloster Odigítrias** südöstlich von Mátala führen breite Feldwege hinab zur versteckten **Höhlenkirche der Panagía.** Pfade führen über Hügel und durch Täler bis zur zerklüfteten, von Karsthöhlen gesäumten **Agiofárango-Schlucht,** an deren Ende die von Steilwänden eingerahmte **Agiofárango-Bucht** zu einem entspannten Bad einlädt. Sie liegt in etwa am südlichsten Punkt Kretas.

087kr wf

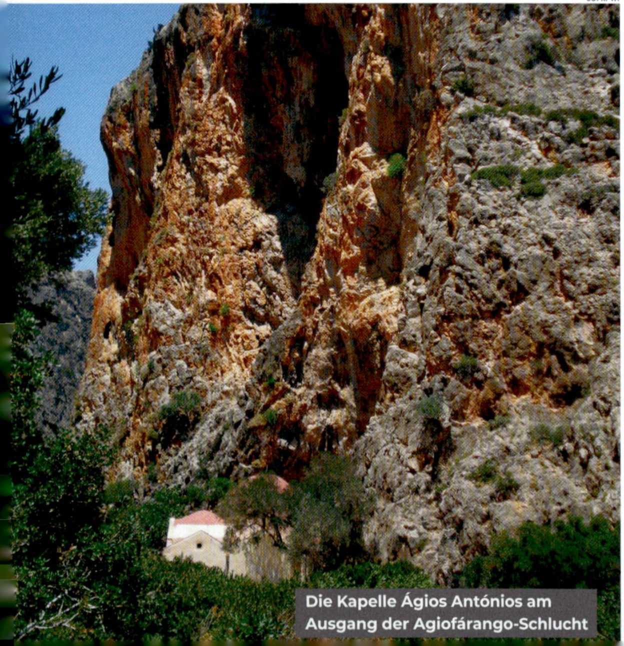

Die Kapelle Ágios Antónios am Ausgang der Agiofárango-Schlucht

Kurze Informationsübersicht

Länge: 17,2 km
Gehzeit: ca. 5 ½ Std.
Auf-/Abstieg: je 400 m
LEICHT

Ausgangspunkt: Parkplatz vor dem Kloster Odigítrias
Wegeigenschaften: Fahrwege und ausgeprägte Pfade, markiert mit roten Punkten von der Höhlenkirche der Panagía bis zur Agiofárango-Schlucht
Einkehrmöglichkeiten: keine
Bademöglichkeiten: Agiofárango-Bucht und (macht man den Abstecher, s. u.) die Bucht von Mártsalos
Anfahrt: mit Privatfahrzeug über Sívas
Rückfahrt: mit Privatfahrzeug

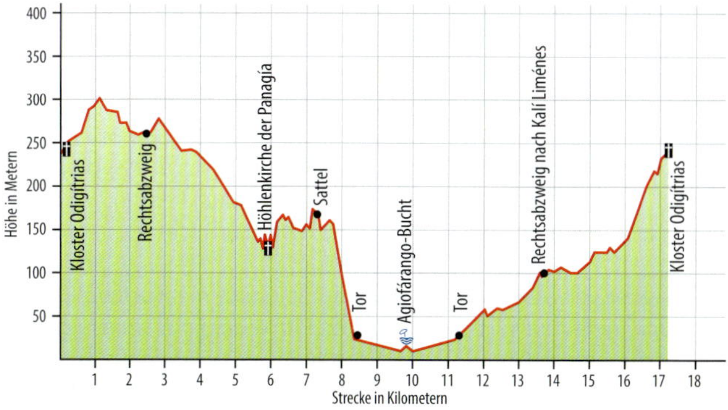

Wegbeschreibung

Die Wanderung beginnt am **Kloster Odigítrias (1)** auf ca. 240 m Höhe (s. auch Wegvariante unten). Man folgt der Schotterstraße nach Westen Richtung Mártsalos. Bei der ersten Gabelung links auf der breiten Piste bleiben. **20 Min.**

An der nächsten Gabelung nimmt man (auf 260 m Höhe) den **Rechtsabzweig (2). 45 Min.**

Der Weg führt einsam durch Mastix und Dornengewächse. Bald ragt im Südosten der Kefáli (knapp 400 m) auf dem Kap Líthino aus dem Meer empor. Nach gut 30 Min. folgt man wieder dem Hinweis nach Mártsalos ostwärts und geht nach 100 m geradeaus durch ein Metalltor. Nach knapp 10 Min. endet die Schotterpiste an einer neuen Kapelle in 165 m Höhe. **ca. 1 ½ Std.**

Wegvariante

Man kann bis zur neuen Kapelle fahren, dann folgt man der Hauptroute zur Agiofárango-Bucht und geht den gleichen Weg zurück. Die Gesamtgehzeit verringert sich um 2 Std. (auf 3 ½ Std.), der Auf- und Abstieg auf je 300 m.

Es geht steil nach links auf einem Pfad abwärts und nach der Querung eines Trockenbachbetts auf der anderen Seite des Tals entlang. Kurz vor einem Stufenweg präsentieren sich malerisch einige Palmen im Tal, welches hinab zur Bucht von Mártsalos führt. Die Stufen enden auf 110 m an der **Höhlenkirche der Panagía (3). ca. 1 ¾ Std.**

An diesem idyllischen Ort kann man die Stille genießen, die reich ausgestattete Kirche betrachten und einen Blick in die früheren Eremitagen von Mönchen werfen.

Abstecher

Wer die **Bucht von Mártsalos** besuchen will, verlässt das Kirchengelände durch ein Tor, steigt in den Talgrund ab und folgt dem Pfad im Trockenbett bis zur Bucht.

Es geht den Stufenweg zurück und einen rot markierten Pfad nach rechts aufwärts. Am höchsten Punkt des Felskamms passiert man ein Gatter. Der Pfad schlängelt sich leicht ansteigend empor zu einem **Sattel (4)** auf 170 m Höhe. **2 ½ Std.**

Tour 27

0 500 m © Reise Know-How WFKreta27 1/21

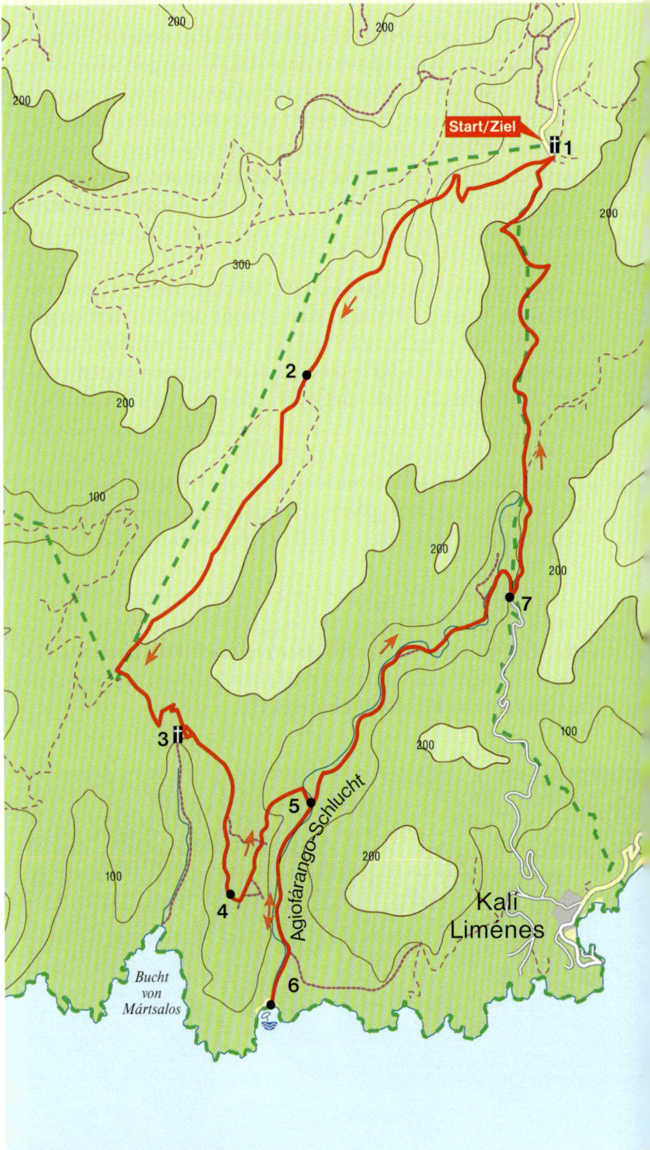

- 1 Kloster Odigítrias
- 2 Rechtsabzweig
- 3 Höhlenkirche der Panagía
- 4 Sattel
- 5 Tor
- 6 Agiofárango-Bucht
- 7 Rechtsabzweig nach Kalí Liménes

Nach Überschreiten des Hügelkamms über ausgewaschene Felsen steuert man auf einen unterhalb liegenden sichtbaren Pfad zu. Diesem Pfad folgt man scharf links – er führt nach einem Rechtsabzweig bei einem markierten Stein in Serpentinen zum Tal vor der Agiofárango-Schlucht hinab. Ein Zaun muss vorher an geeigneter Stelle überwunden werden. Am 30 m hoch gelegenen **Tor (5)**, an der die Zufahrtspiste vom Kloster Odigítrias endet, wendet man sich nach rechts (Süden). **3 Std.**

Man folgt dem breiten Bachbett, welches bald nur noch unterirdisch Wasser führt. Das Tal verjüngt sich zu einer engen Schlucht. Auf einer Strecke von nur wenigen hundert Metern ragen die Schluchtwände bis zu 200 Meter hoch in den Himmel. Rechts lassen sich einige scharfkantige Höhlen im rötlichen Kalkstein erkennen, in denen bis zum Beginn des 20. Jh. Eremiten Zuflucht suchten. Das Tal öffnet sich bei der Kapelle Ágios Antónios, die sich malerisch an die Felswand schmiegt, und endet ca. 5 Min. später am traumhaften, von Felsklippen eingerahmten Sand-Kies-Strand der **Agiofárango-Bucht (6). 3 ½ Std.**

Die Rückkehr erfolgt zunächst auf dem Hinweg bis zum **Tor (5).** Hier folgt man dem steinigen Fahrweg bergauf. Nach gut 30 Min. wird der **Rechtsabzweig nach Kalí Liménes (7)** auf 105 m ignoriert und man erreicht nach einer weiteren guten Stunde das **Kloster Odigítrias (1). 5 ½ Std.**

024kr wf

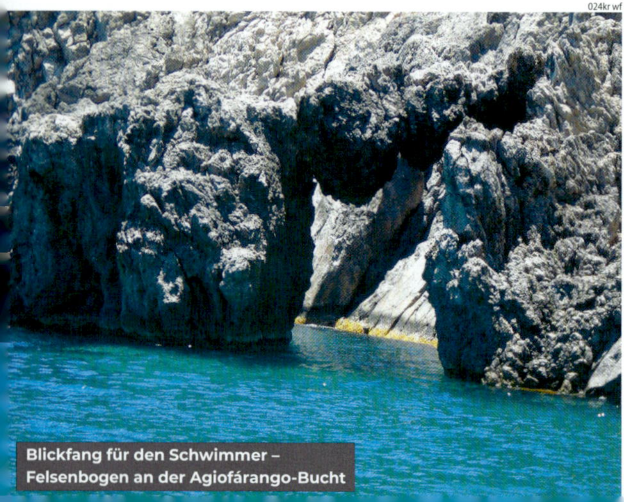

Blickfang für den Schwimmer – Felsenbogen an der Agiofárango-Bucht

Kloster Odigítrias

Das Mitte des 16. Jh. erbaute Kloster – im Haupttor findet sich die Jahreszahl 1568 – ist wegen seiner Lage in einem weiten **Hochtal** mit wehrhaften Mauern angelegt worden. Vom Fluchtturm, der den Mönchen Schutz vor Piraten bot und während der türkischen Besatzung Freiheitskämpfern als Unterschlupf diente, genießt man einen guten **Ausblick** auf die einsame Bergwelt und den mit Bougainvillea und Zitronenbäumen bepflanzten Innenhof der Klosteranlage. In der mehrfach erneuerten, reich ausgestatteten **Klosterkirche** sind freigelegte, ca. 350 Jahre alte Fresken und drei wertvolle Ikonen aus dem 15. Jh. (vom kretischen Maler *Pater Angelos*) sehenswert. Der 2005 renovierte Komplex strahlt eine heitere Atmosphäre aus und wird von fünf Mönchen betreut. Ein kleines Museum zeigt u. a. eine alte Olivenpresse.

Adobe Stock © Brad Pict

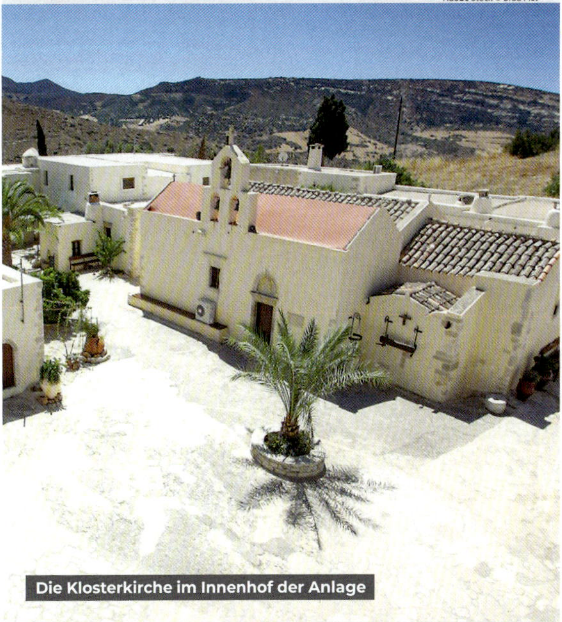

Die Klosterkirche im Innenhof der Anlage

Tour 28
Von Kapetanianá auf den Kófinas –
Hoch hinauf ins Asteroússia-Gebirge

Ein einsamer, karger Höhenzug im zentralen Süden Kretas verläuft nahe des Libyschen Meeres und formt eine einzigartige Steilküste.

Die Asteroússia-Berge ganz im Süden Kretas sind ein ganz **einsamer Höhenzug.** Der Kófinas (1231 m), die höchste Erhebung, beherrscht die Küstenlinie zwischen Léntas und Tris Ekklisiés. Vom aufragenden Gipfel hat man eine grandiose Aussicht auf die fast senkrecht darunter verlaufende Küste und die Messará-Ebene.

032kr wf

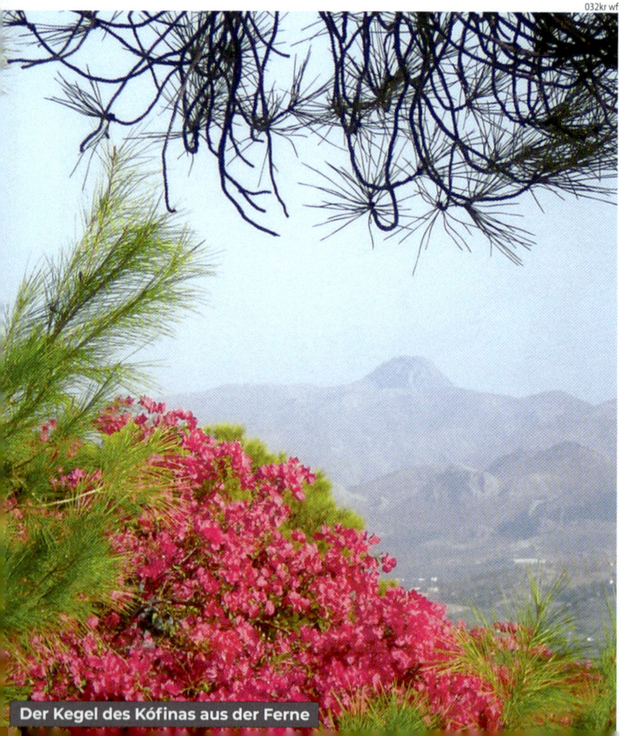

Der Kegel des Kófinas aus der Ferne

Kurze Informationsübersicht

Länge: 11,6 km
Gehzeit: ca. 3 ¾ Std.
Auf-/Abstieg: je 470 m
MITTELSCHWER

Ausgangspunkt: Parkplatz am Ortseingang von Áno Kapetanianá
Wegeigenschaften: Fahrwege und ausgeprägte Pfade, die letzten Minuten vor dem Gipfel ziemlich steil, markiert mit roten Punkten beim finalen Gipfelaufstieg und auf dem Rückweg von der Panagía-Kapelle bis zum Plateau
Einkehrmöglichkeiten: keine
Bademöglichkeiten: keine (Option: Fahrt über die befahrbare Schotterpiste hinab nach Ágios Ioánnis zu einer kleinen Badebucht mit einer einfachen Taverne, s. Tour 29)
Anfahrt: mit Privatfahrzeug über Vagoniá nach Loúkia, zuletzt auf der aussichtsreichen, gut befahrbaren Serpentinenstraße hinauf nach Kapetanianá
Rückfahrt: mit Privatfahrzeug

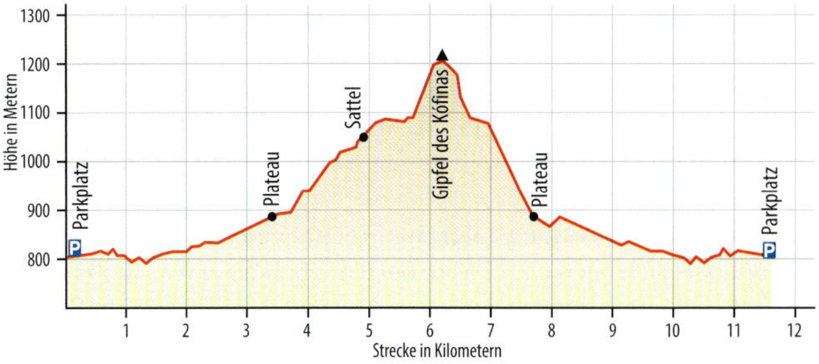

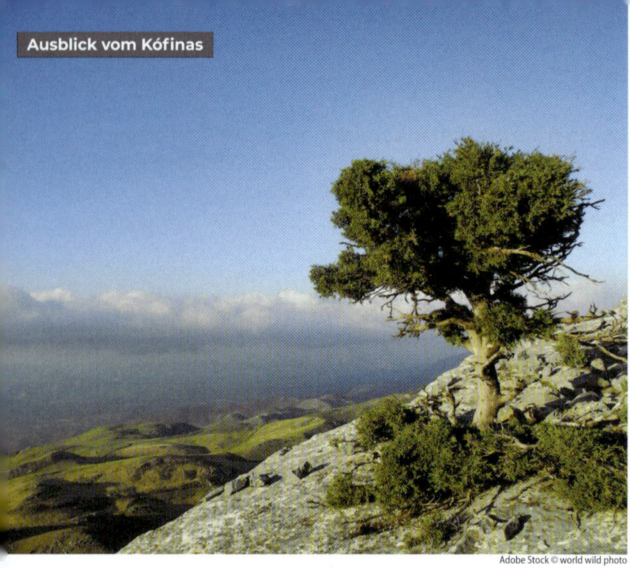

Ausblick vom Kófinas

Adobe Stock © world wild photo

Wegbeschreibung

Kapetanianá gliedert sich in die Ortsteile Áno Kapetanianá und Káto Kapetanianá. Vom **Parkplatz (1)** (ca. 810 m) vor Áno Kapetanianá folgt man der oberen Schotterstraße nach Osten. Sie führt zum Kloster Koudoumá und wird einen für etwa 1 ¼ Std. begleiten. Bei der ersten Gabelung links halten (rechts geht es hinab nach Ágios Ioánnis, einem Dörfchen an der Küste), bei der nächsten Abzweigung auf ca. 785 m geht es rechts leicht bergab. **10 Min.**

Der Fahrweg schlängelt sich nun durch ein Weidegebiet – gelegentlich kann man weite Blicke hinab zur Küste erhaschen – und erreicht nach gut 30 Min. ein **Plateau (2)** mit einem Schafspferch (ca. 890 m). **45 Min.**

Der mächtige Gipfel des Kófinas scheint inzwischen schon sehr nahe. Er ist fast durchgehend von einem Felsgürtel abgeschirmt, der den Aufstieg ausschließlich auf der Nordseite möglich macht. Man folgt der Schotterstraße weiter bergauf und erreicht nach 30 Min. einen **Sattel (3)** auf ca. 1050 m Höhe. **ca. 1 ¼ Std.**

In leichtem Anstieg folgt man rechts einem Schotterweg und hält sich nach ca. 15 Min. bei einer Schranke (ca. 1060 m) halb links, und zwar in weiterem Aufstieg. Die Zufahrt zur Panagía-Kapelle bleibt zunächst unberücksichtigt. Wenige Minuten später endet die Schotterpiste auf ca. 1110 m Höhe, und man folgt, durch einen roten Pfeil geleitet, einem steinigen, steilen Pfad durch zerklüftete Felslandschaft aufwärts. Er ist durchgängig markiert und teilweise durch Holzgeländer gesichert. Gut 15 Min. später erreicht man den **Gipfel des Kófinas (4)** mit Gipfelkreuz und der Kapelle Tímios Stavrós aus Naturstein (1231 m). Hier oben befand sich einst ein minoisches Heiligtum und eine im 7. Jh. v. Chr. erbaute Tempelanlage. Wunderbare Blicke auf die Messará-Ebene im Nordwesten, nach Kapetanianá, das glitzernde Meer mit der Steilküste, das Kloster Koudoumá mit seiner Zufahrtstraße und weiter westlich Ágios Ioánnis belohnen den Aufstieg. Bei klarer Sicht kann im Westen sogar der vorgelagerte Fels „Weinender Löwe“ bei Léntas ausgemacht werden. **2 Std.**

Der Rückweg erfolgt zunächst auf dem Hinweg. An der Schranke folgt man jetzt aber nach links dem Zufahrtsweg zur Panagía-Kapelle. Vor dem Eingang steigt man, den roten Markierungen folgend, einen Pfad nach Nordwesten schräg abwärts. Nach 100 m hält man auf eine eingefasste Quelle zu und folgt der Wasserleitung Richtung Bach. Nach einem Linksschwenk geht man nahezu eben auf Pfadspuren parallel zum Bach, der teilweise von wahren Oleanderwäldern überwuchert ist. Nach der Querung des Baches (rot markiert) auf einen überhängenden Felshang mit dem Schafspferch des Hinwegs zuhalten. Wenig später trifft man auf die Schotterstraße am **Plateau (2). 3 Std.**

Der Rückweg zum **Parkplatz (1)** beansprucht noch 45 min. **3 ¾ Std.**

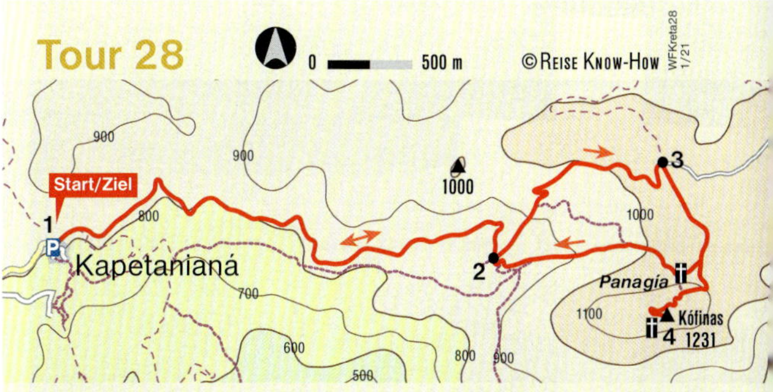

P 1 Parkplatz
• 2 Plateau
• 3 Sattel
▲ 4 Gipfel des Kófinas

Tour 29

Von Kapetanianá zum Kloster Koudoumá –

Die zerklüftete Südflanke des Asteroússia-Gebirges

Das dünn besiedelte Asteroússia-Gebirge ist noch zu entdecken und kaum ein Wanderer erwägt den atemberaubenden Abstieg in einer hochalpinen Bergwelt zum Kloster Koudoumá.

Nach dem Besuch von zwei **Felsenkapellen** in herrlicher Lage an der Küste rundet der einsame Aufstieg auf einem alten **Hirtenpfad** nach Kapetanianá die Tour ab.

088kr wf

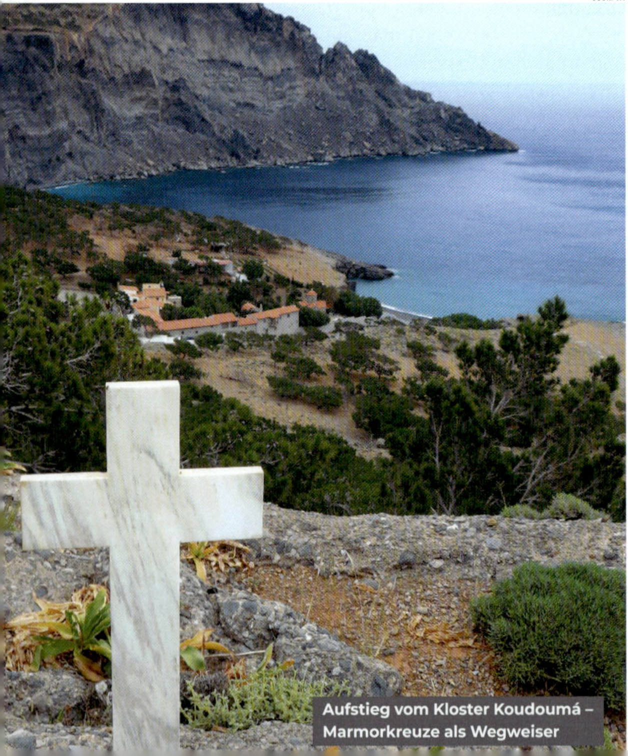

Aufstieg vom Kloster Koudoumá – Marmorkreuze als Wegweiser

Kurze Informationsübersicht

Länge: 21,1 km
Gehzeit: ca. 8 ¼ Std.
Auf-/Abstieg: je 1210 m
MITTELSCHWER

Ausgangspunkt: Parkplatz am Ortseingang von Áno Kapetanianá
Wegeigenschaften: Fahrwege und felsige Gebirgspfade, teilweise steil hinab zum Kloster, markiert mit Farbpunkten auf allen Pfaden
Einkehrmöglichkeiten: Cafeteria mit einfachen Gerichten am Strand von Ágios Ioánnis
Bademöglichkeiten: Strand am Kloster Koudoumá, Kiesbucht hinter Wanderpunkt 5 und die Bucht in Ágios Ioánnis
Anfahrt: mit Privatfahrzeug über Vagoniá nach Loúkia, zuletzt auf der aussichtsreichen, gut befahrbaren Serpentinenstraße hinauf nach Kapetanianá
Rückfahrt: mit Privatfahrzeug

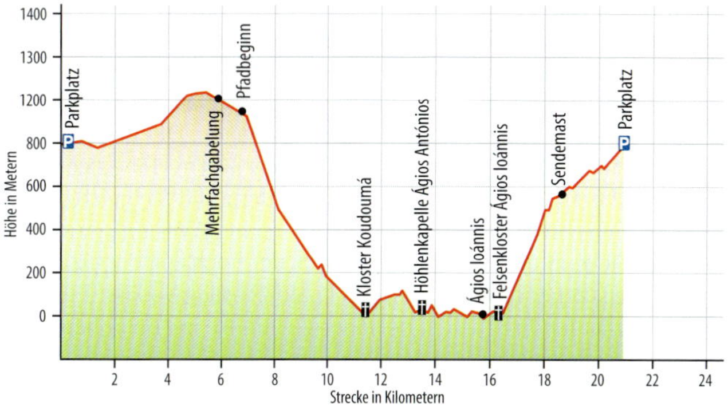

Wegbeschreibung

Kapetanianá gliedert sich in die Ortsteile Áno Kapetanianá und Káto Kapetanianá. Vom **Parkplatz (1)** (ca. 810 m) vor Áno Kapetanianá folgt man der oberen Schotterstraße nach Osten. Sie ist zum Kloster Koudoumá ausgeschildert und wird für etwa 1 ½ Std. verfolgt. Bei der ersten Gabelung links halten (rechts geht es hinab nach Ágios Ioánnis, einem Dörfchen an der Küste), bei der nächsten Abzweigung geht es rechts leicht bergab. **10 Min.**

Der Fahrweg schlängelt sich nun durch ein Weidegebiet – gelegentlich kann man weite Blicke hinab zur Küste erhaschen – und erreicht nach gut 30 Min. ein Plateau mit einem Schafspferch (ca. 890 m). **45 Min.**

Der beherrschende Gipfel des Kófinas thront rechts. Man folgt der Schotterstraße weiter bergauf und erreicht nach 30 Min. einen Sattel auf ca. 1050 m Höhe. **ca. 1 ¼ Std.**

Über den Schotterweg nach rechts ließe sich der Kófinas (1231 m) besteigen (s. Tour 28). Es geht aber halbrechts weiter. Die nächsten Minuten kann man die weiten Ausblicke in die Messará-Ebene und das Ída-Gebirge genießen. Bei der folgenden **Mehrfachgabelung (2)** auf 1020 m Höhe wählt man den unscheinbaren Feldweg scharf nach rechts. **ca. 1 ½ Std.**

Er endet nach 15 Min. nahe einer Stallung, ca. 970 m hoch. Hier beginnt bei einem roten Pfeil ein spektakulärer **Pfad (3)** hinab zum Kloster Koudoumá. Der Pfad ist durchgehend rot markiert. Eine ganze Weile deutet auch eine schwarze Wasserleitung den Verlauf an. Ein tief abfallender Schluchtarm wird zu Beginn links liegen gelassen. Die nächsten 1 ½ Std. werden jedem Wanderer unvergessen bleiben: Das breite, zerklüftete schluchtartige Tal, am Anfang begrenzt durch den bedrohlichen Kófinas, fällt abenteuerlich steil ab zur Küste – das Kloster Koudoumá wirkt wie eine Miniatur. Der unerwartet gut angelegte Pfad bringt einen auf ca. 300 m Höhe sicher in flacheres, lieblicheres Terrain mit Kiefern und Steineichen. Das Tal schwenkt hier deutlich nach rechts (Westen). Auch rückblickend überwältigt der Anblick der hochalpinen, bizarren Felsszenerie. Nach knapp 2 ½ Std. Abstieg verlässt man die auslaufende Schlucht bei einer Viehtränke mit Betonhäuschen nach links und erreicht über einen kurzen Fahrweg das **Kloster Koudoumá (4). 4 Std.**

Etwa 30 m vor der Klosterpforte setzt am Wegweiser zur Kapelle Ágios Antónios ein Pfad in östlicher Richtung ein. Er quert ein Bachbett, führt in Serpentinen unter Schatten spendenden Kiefern an einigen Höhlen vorbei aufwärts und gewährt dabei herrliche Blicke auf das zurückbleibende Kloster. Auf einem kleinen Plateau weisen Holztafeln auf die verbleibende Wegstrecke hin. Nach 15 Min. überquert man einen Sattel (ca. 125 m) und einige Minuten später folgt man dem Wegweiser (ca. 65 m) zur genannten Kapelle. Kurz darauf bei einer Pfadgabelung nach links zur ca. 5 Min. entfernten **Höhlenkapelle Ágios Antónios (5)** abbiegen. Die kleine Kapelle (Höhe ca. 40 m) wurde in die riesige Öffnung einer Tropfsteinhöhle hineingebaut, die schon in vorchristlicher Zeit als Kultstätte diente. Gleich nach dem schmalen Eingang bieten vier große Becken angeblich heilkräftiges Wasser. **ca. 4 ¾ Std.**

Zurück an der Pfadgabelung, muss man sich nun links halten und nach etwa 20 Min. in ein Tal unweit einer Kiesbucht absteigen. Wer einsame Strände sucht, findet hier eine ungestörte Badegelegenheit. Nach der Querung des Bachbetts nahe einem turmförmigen Gebäude führt der Pfad auf der anderen Seite kurz bergauf und trifft nach einem kleinen Plateau

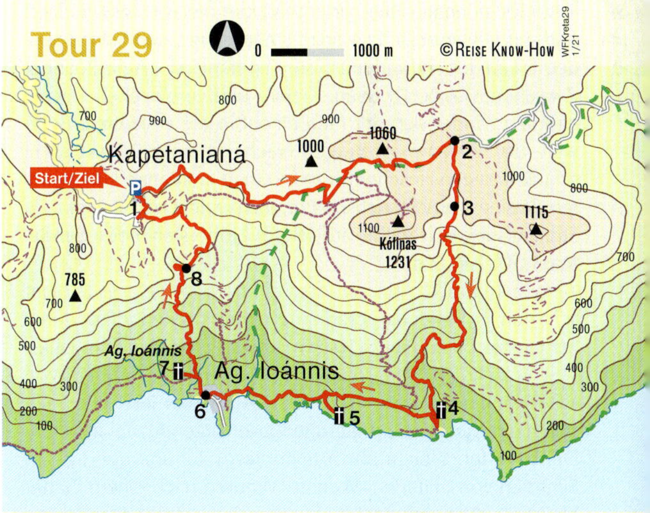

- P 1 Parkplatz
- 2 Mehrfachgabelung
- 3 Pfadbeginn
- 4 Kloster Koudoumá
- 5 Höhlenkapelle Ágios Antónios
- 6 Ágios Ioánnis
- 7 Felsenkloster Ágios Ioánnis
- 8 Sendemast

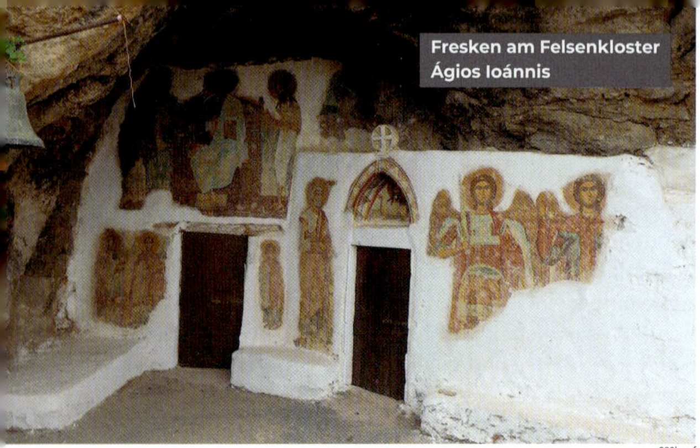

Fresken am Felsenkloster Ágios Ioánnis

089kr wf

auf eine Schotterstraße, die in wenigen Minuten hinab ins Dörfchen **Ágios Ioánnis (6)** führt. **ca. 5 ¼ Std.**

Jenseits eines Minimarkts geht man dort rechts, passiert den Linksabzweig zum einladenden Strand (mit Einkehrmöglichkeit) und folgt am westlichen Ortsende einer Schotterstraße rechts aufwärts, die in ca. 5 Min. am verlassenen **Felsenkloster Ágios Ioánnis (7)** endet (Höhe ca. 50 m). An der Außenwand der von einem überhängenden Felsen fast verborgenen Kapelle sind einige Fresken noch gut erhalten und auch innen sind Reste von Malereien zu entdecken. **5 ½ Std.**

50 m vor dem Zufahrtstor zu Ágios Ioánnis beginnt in nördlicher Richtung ein alter Hirtenpfad, der neu rot-weiß markiert und gut gewartet ist. Die erste Etappe führt zum fernen Sendemast an der Verbindungspiste Kapetanianá – Ágios Ioánnis. Zwischen Mastix, Thymian, Kiefern und vereinzelten Olivenbäumen windet sich der Pfad hinauf in die zerklüftete Bergwelt der Asteroússia-Berge. Nach einem spektakulären, schluchtartigen Einschnitt wandert man am Rande eines wahren „Waldes" aus Mönchspfeffer und erreicht nach knapp 1 ¾ Std. Aufstieg den rechts auf 580 m Höhe stehenden **Sendemast (8). 7 ¼ Std.**

Nach knapp 10 Min. auf der Schotterpiste geht es in einer scharfen Linkskurve geradeaus einen breiten Pfad durch Schiefergeröll zu einem Kamm aufwärts. Nach einem Linksschwenk wird 10 Min. später die Schotterstraße gequert. Von Káto Kapetanianá (unterer Ortsteil) ist man jetzt nur noch durch ein wie eine üppig grüne Oase wirkendes Tal getrennt. Der Pfad führt leicht abwärts in dieses Tal und quert es im Schatten von Platanen. Wenige Minuten nach einem Gatter bleibt ein Abzweig nach links unberücksichtigt. Danach erreicht man eine kleine betonierte Gasse in Káto Kapetanianá. Die wenigen Einwohner des zweiteiligen Örtchens sind in der Regel Selbstversorger und leben von ihren Ziegen und vom Gemüseanbau im eigenen Garten. Olivenhaine und die Schafzucht verschaffen ein zusätzliches Einkommen.

Man folgt dem Betonweg nach links, geht an der nächsten Gabelung halb rechts und biegt bei einer Mehrfachgabelung scharf nach rechts in einen gepflasterten Weg ab. Jenseits einer Kapelle folgt man einem Pfad nach links bergauf. Nach einem letzten Rechtsabzweig bei einer T-Gabelung vollzieht der schmale Weg eine Linkskehre und führt im oberen Dorf an der Pension *Kofinas* vorbei. Nach einem Rechtsschwenk endet der folgende Pflasterweg am **Parkplatz (1)** von Áno Kapetanianá auf 810 m Höhe. **8 ¼ Std.**

Kloster Koudoumá – Prinzip Beten und Baden

Der Besuch des Klosters am Fuß des 1231 m hohen Kófinas erschließt eine abgeschiedene und ursprüngliche Region Kretas. Der Sakralbau wurde im 10. Jh. begründet, von dalmatinischen Piraten zerstört, im späten 19. Jh. wieder aufgebaut und wird fortlaufend mit Spendengeldern renoviert. Heute wird er von drei Mönchen und einigen Hilfskräften bewirtschaftet und gewährt einfache **Übernachtungsmöglichkeiten.** In einem kleinen Klosterladen kann man Andenken erwerben. Mehrere Innenhöfe laden zum Verweilen ein und unterhalb der Klostermauer erlaubt ein von schroffen Felsen begrenzter **Kiesstrand** ein einsames Badevergnügen im kristallblauen Wasser. Jeden Morgen um 7 und jeden Abend um 19 Uhr hat man die Gelegenheit, der Messe beizuwohnen, die vom Mesner mit rituellen Glockenschlägen eingeleitet wird. Viele Kreter nutzen das Wochenende, um nach dem Motto „Beten und Baden" im Kloster zu nächtigen. (Beachten Sie also bitte, dass Sie sich zusammen mit Gläubigen in einer Sakralanlage aufhalten!)

Bemerkenswert ist die Gastfreundschaft der Mönche: Im unteren Hof mit der teilweise in den Fels gebauten Klosterkirche ist eine Küche mit Getränken und Gebäck frei zugänglich, und es kann durchaus sein, dass Sie zum Mittag- oder Abendessen in den Speisesaal eingeladen zu werden.

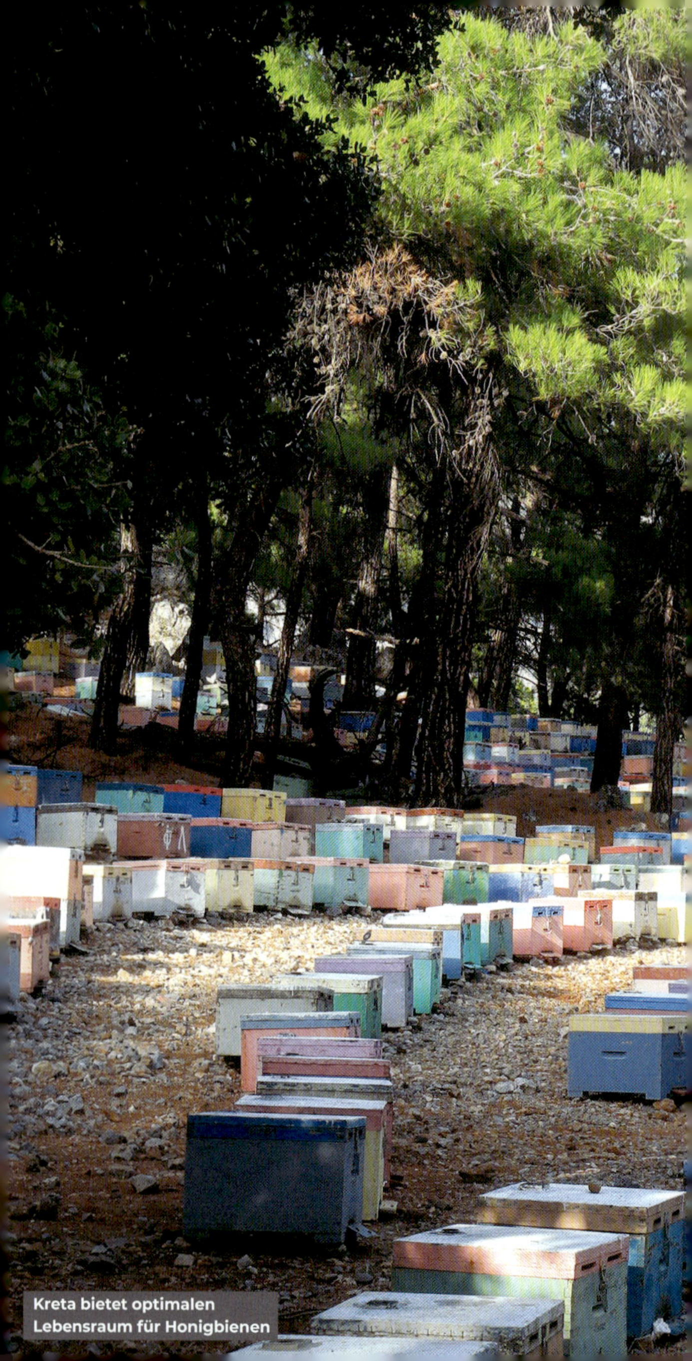

Kreta bietet optimalen Lebensraum für Honigbienen

OSTKRETA

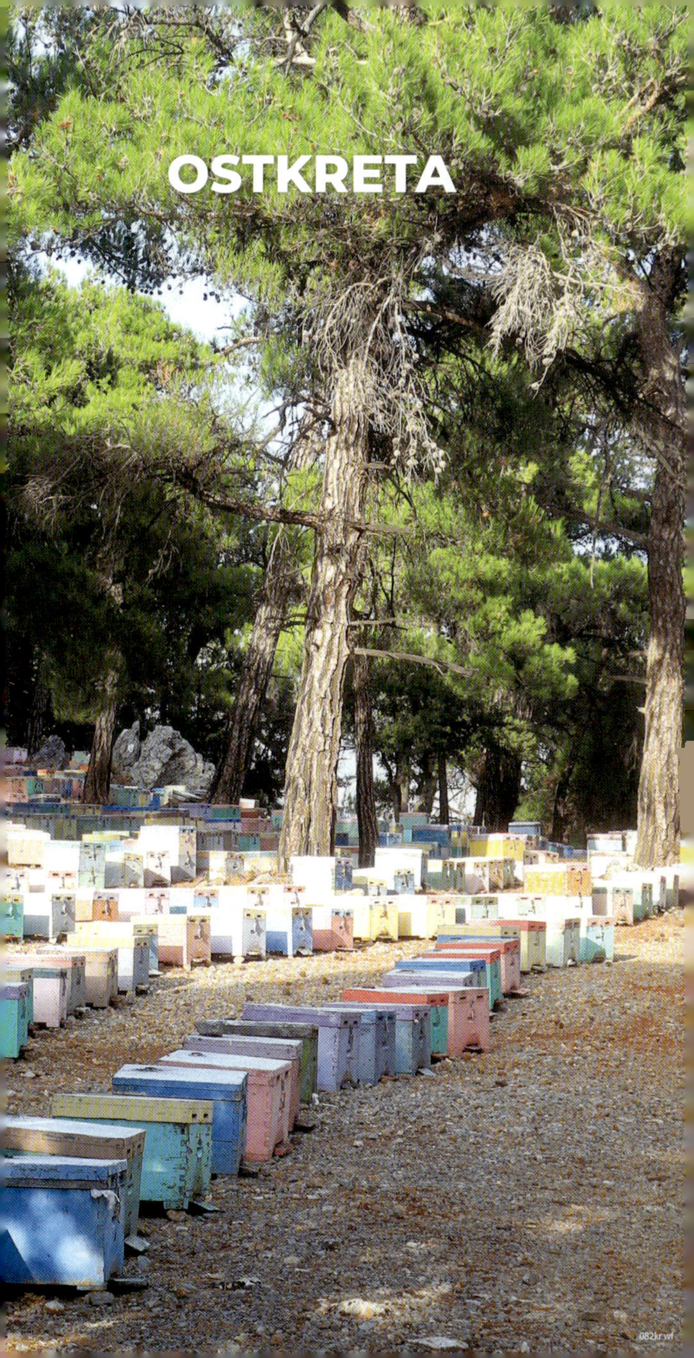

Tour 30
Im Westen der Lassíthi-Hochebene –
Die Überschreitung des Aféndis

Bereits vor dem eigentlichen Aufstieg eröffnen sich fantastische Ausblick auf die Lassíthi-Hochebene und hinab zur Nordküste. Im Anschluss lohnt ein Besuch der riesigen Tropfsteinhöhle (Zeushöhle).

Der **Aféndis** ist mit einer Höhe von **1578 m** der dominierende Berg, der die Lassíthi-Hochebene im Westen begrenzt. Der Aufstieg über die Nordflanke zeigt erneut die **zerklüftete Bergkulisse** Kretas. Der wesentlich leichtere Abstieg vom Gipfel klingt aus auf einem der schönsten Maultierpfade der Insel.

099kr wf

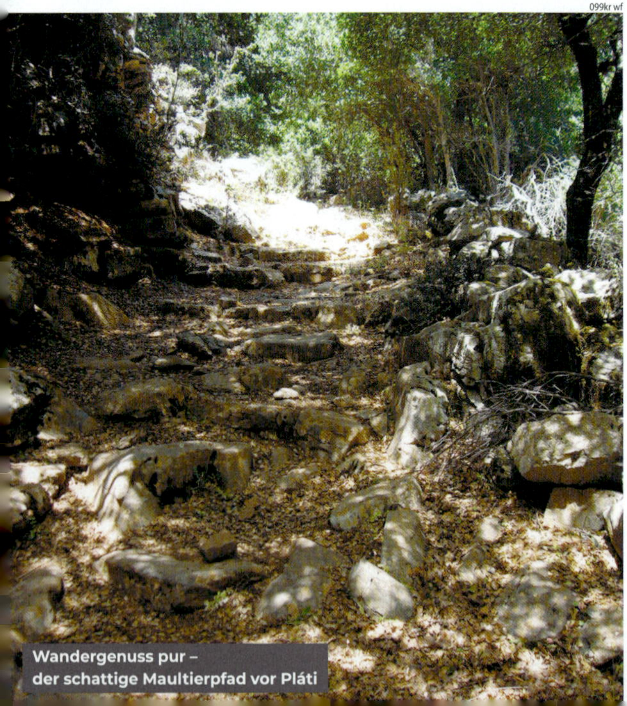

Wandergenuss pur –
der schattige Maultierpfad vor Pláti

Kurze Informationsübersicht

Länge: 17,4 km
Gehzeit: ca. 5 Std.
Auf-/Abstieg: je 780 m
MITTELSCHWER

Ausgangspunkt: markante Linkskurve der Ringstraße 6 km westlich von Tzermiádo (s. Karte S. 259)
Wegeigenschaften: Fahrwege und felsige Gebirgspfade, rote Markierungen am ersten Maultierpfad, ebenso von der Schäferhütte durchgehend bis kurz vor dem Gipfel sowie auf dem Abstiegspfad ab dem Strommast; Hinweis: Der ständige Blickkontakt mit den roten Punkten ist unverzichtbar für eine gelungene Tour, bei starkem Wind ist von der Tour abzuraten.
Einkehrmöglichkeiten: Taverne und Kafeníon am Dorfplatz von Pláti, ferner die Familientaverne *Metochi* in Káto Metóchi, in Tzermiádo die empfehlenswerte Taverne *Kronio*
Bademöglichkeiten: keine
Anfahrt: mit Privatfahrzeug
Rückfahrt: mit Privatfahrzeug

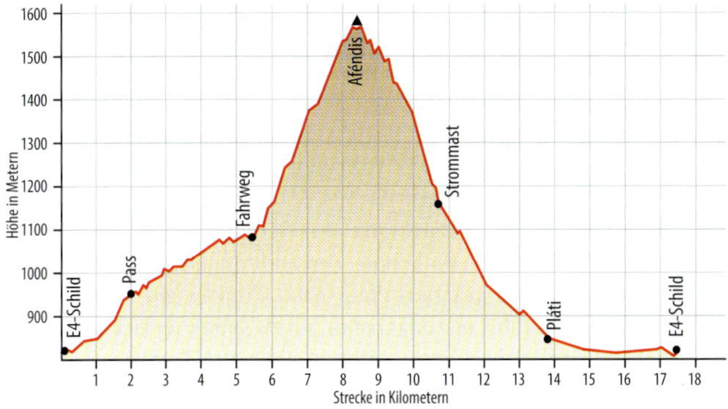

Wegbeschreibung

Ungefähr 6 km westlich von Tzermiádo zweigt auf ca. 810 m Höhe vor einer Linkskurve der Ringstraße geradeaus ein Fahrweg bei einem **E4-Schild (1)** in ein Tal ab. Dies ist der Ausgangspunkt der Wanderung. Prachtvolle Steineichen bilden einen attraktiven Kontrast zu den das Tal begrenzenden Felstürmen. In einer Linkskurve dem Schotterweg geradeaus folgen (ca. 860 m). **ca. 10 Min.**

Inmitten von Obstbäumen passiert man die Zufahrt zu einer Stallung rechter Hand. Der Weg zeigt sich zunehmend von Gras überwachsen und schwenkt kurz darauf nach rechts. Man wandert jedoch geradeaus entlang einer Steinmauer (rote Markierung zur Orientierung) und passiert ein Gatter. Hier, auf ca. 870 m Höhe, setzt ein breiter, gepflasterter Maultierpfad ein. **15 Min.**

Er führt zwischen Eichen und, im Frühsommer blühendem, Buschwerk stetig aufwärts. Nach gut 10 Min. wird der Weg nach einer Rechtskurve halb links verlassen (rote und E4-Markierung) und man steigt ca. 20 m die Böschung hinauf zu einem Fahrweg, folgt ihm nach rechts und erreicht nach wenigen Minuten auf ca. 950 m Höhe einen **Pass (2). ca. 30 Min.**

Nach rechts führt hier der E4 weiter nach Tíchos. Man folgt jedoch dem Fahrweg nach links. Nach ein paar Minuten bietet sich eine beeindruckende Aussicht auf einen riesigen Stausee, etwas weiter links im Nord-Nordwesten an der Küste liegt der Ferienort Liménas Chersónissos und im Westen präsentiert sich der frühere Militärflugplatz von Kastélli. Bei guter Sicht kann man im Nordwesten das Häusermeer von Iráklio ausmachen. Wenig später kommt der Sendemast des Aféndis zum ersten Mal ins Blickfeld. Nach weiteren 15 Min. wird ein Abzweig nach links außer Acht gelassen und man folgt etwa 10 Min. später in einer Rechtskurve bei einem kleinen Gebäude (ca. 1075 m) links einem **Fahrweg (3),** der nach Süd-Südosten weiter aufwärts zieht. **ca. 1 ¼ Std.**

Nach ca. 2 Min. passiert man eine Schäferhütte mit Scherplätzen und Parzellen für Schafe. Am anderen Ende des Areals geht es rechts ab in einen Pfad (roter Punkt). Mit weiteren Markierungen führt er zunächst deutlich, später jedoch kaum noch erkennbar in einem Seitental über alte Terrassen aufwärts. Nach knapp 15 Min. ist auf ca. 1190 m Höhe ein klar ausgeprägter, querender Pfad erreicht. Diesem Pfad folgt man nach rechts, wandert in einer weiten Linkskurve über aufgegebene Terrassen aufwärts und passiert nach einigen Minuten einen markanten Felsen (ca. 1250 m) auf der rechten Seite. **ca. 1 ¾ Std.**

Nun steuert man auf den Sattel linker Hand eines großen Felshügels zu, der nach 15 Min. in einem schmalen Durchlass überschritten wird (ca. 1340 m). Wenig später ist rechts bei klarem Wetter wieder der nahe gerückte Aféndis-Sendemast zu sehen. An dieser Stelle folgt man einem Pfad, der in einem schmalen Tal nach rechts in Richtung Gipfel zieht. Nach knapp 10 Min. scheint der Pfad zu enden, beschreibt aber

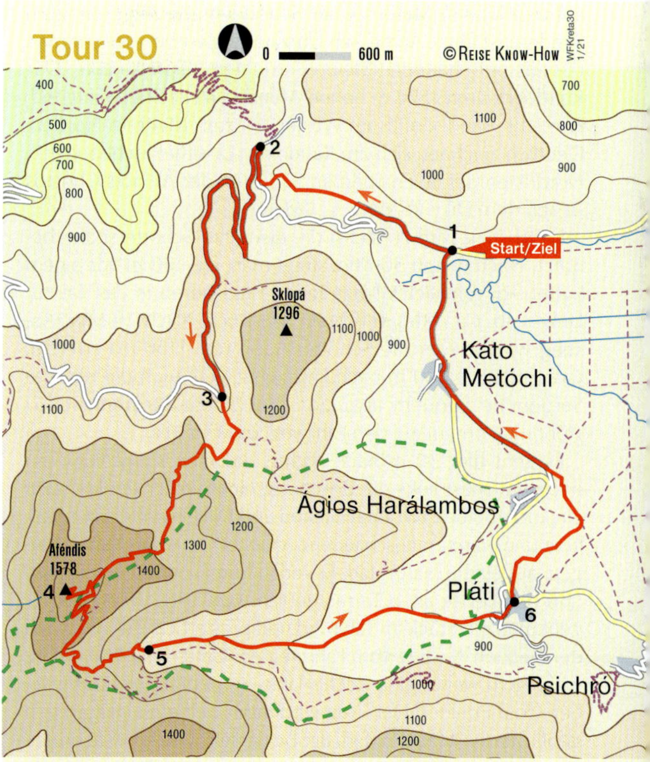

- 1 E4-Schild
- 2 Pass
- 3 Fahrweg
- ▲ 4 Aféndis
- 5 Strommast
- 6 Pláti

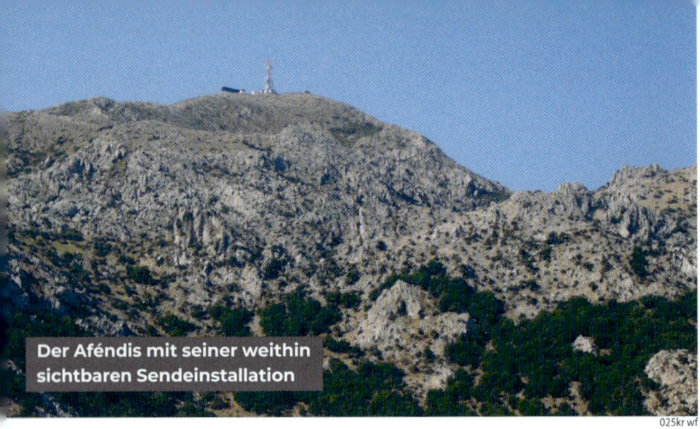

Der Aféndis mit seiner weithin sichtbaren Sendeinstallation

025kr wf

über Felsen eine Links-Rechts-Kehre. Etwa 1430 m ist man hier hoch, und der Gipfel liegt plötzlich offen vor einem.

Am besten, man hält weglos geleitet von zwei letzten Steinpyramiden über felsiges Gestein direkt auf ihn zu, wobei man auf den letzten Metern einer Schotterstraße folgt, die zum Sendemast führt. An dessen Umzäunung vorbei erreicht man die aus unbehauenen Steinen errichtete Gipfelkapelle. Der Rundblick vom 1578 m hohen **Aféndis (4)** ist überwältigend. Er reicht vom Psilorítis im Westen bis zum Meer im Norden. Deutlich zeichnen sich am Rande der Lassíthi-Hochebene im Nordosten der Seléna und im Südosten der Aféndis Christós neben dem Díkti ab. **ca. 2 ½ Std.**

Im Abstieg wird zunächst die erwähnte Schotterstraße benutzt. Nach knapp 30 Min. steigt man, ca. 100 m vor einem Sattel, auf reichlich vorhandenen Pfadspuren in das Tal zur Linken ab. Ca. 1360 m ist man hier hoch. Nach 20 Min. Abstieg wird wieder die Schotterstraße (ca. 1160 m) erreicht. Geht man sie 100 m nach links, lässt sich auch die nächste Serpentine bequem abkürzen. Bei einem **Strommast (5)** stößt man erneut auf den Fahrweg. **ca. 3 ½ Std.**

Es geht hier 30 m nach rechts und man steigt vor dem nächsten Mast links die Böschung hinab (roter Punkt), geht ein kurzes Stück zwischen Eichen und Disteln nahe einer Stallung und wandert anschließend, geleitet von roten Markierungen, auf einem Naturpfad. Er verläuft im Schatten von Eichen und parallel zu alten Terrassen sanft abwärts. Wenig später geht man ein Stück im Talgrund und passiert ca. 20 Min. nach dem letzten Abstieg vom Fahrweg ein Gatter (ca. 980 m). Etwa 200 m weiter eine Rechts-Links-Serpentine nicht übersehen (rote Punkte)! Der Weg wird nun zu einem einzigartigen gepflasterten Maultierpfad, der beiderseits von Legesteinmauern begrenzt ist und unter Steineichen schattig bergab führt. Nach insgesamt 45 Min. passiert man bei einer Stallung ein letztes Gatter. Nach der Einmündung eines Fahrwegs (kommt von links) hält man sich am Ortsrand bei einer T-Gabelung links und bei der folgenden spitzen Gabelung halb rechts. Kurz darauf ist nahe dem Dorfplatz von **Pláti (6)** mit Taverne auf ca. 850 m Höhe die Ringstraße erreicht. **ca. 4 ¼ Std.**

Um zurück zum Ausgangspunkt der Wanderung zu gelangen, muss man sich in Pláti auf der Ringstraße links halten, kurz vor dem Ortsende rechts in einen Betonweg abzweigen und an einer T-Gabelung nach links gehen in Richtung eines Strommastes. Nach einer Fahrwegkreuzung geht es weiter auf einer schmalen Schotter-/Teerstraße zur Ringstraße kurz vor Káto Metóchi. Dieser nach rechts in den Ort folgend, erreicht man in ca. 15 Min., vorbei an der Taverne *Metochi,* den Startpunkt am **E4-Schild (1). 5 Std.**

Wo Zeus geboren wurde

In der wohl berühmtesten Höhle Kretas, der **Diktäischen Grotte** oder „Zeushöhle", soll der Mythologie nach Göttervater *Zeus* geboren worden sein. Seine Mutter *Rhea* wählte diesen abgeschiedenen Ort, um ihn vor den Nachstellungen ihres unberechenbaren Gemahls *Kronos* zu schützen. Die 150 m über Psichró gelegene **Tropfsteinhöhle** wurde 1886 entdeckt und um das Jahr 1900 vom englischen Archäologen *David G. Hogarth* systematisch erforscht. Seine Ausgrabungen lassen darauf schließen, dass die Höhle eines der bedeutendsten **Heiligtümer** mittelminoischer Zeit war. Ein Großteil der zahlreich gefundenen Weih- und Opfergaben wie Bronzefiguren, Doppeläxte, Kupferwerkzeuge, Pfeilspitzen und Schmuck sind im Archäologischen Museum von Iráklio ausgestellt. Ausgrabungen jüngerer Zeit haben ergeben, dass die Höhle bis in römische Zeit bewohnt war.

200 Steinstufen führen in das schwach beleuchtete, von prachtvollen Stalagmiten und Stalaktiten beherrschte, kühle Höhleninnere. In ca. 40 m Tiefe bildet ein kleiner **See** den Abschluss der gewaltigen Grotte.

Öffnungszeiten: April bis Okt. 8–20 Uhr; Eintritt 6 Euro.

Tour 31
Von Koudoumaliá auf den Díkti –
Auf den höchsten Berg Ostkretas

Herrliche Tiefblicke, tief eingeschnittene Täler und die ungewöhnliche Wildheit der Region machen den Reiz der alpin anmutenden Gebirgstour aus.

Der **Díkti** ist mit **2148 m** der höchste Berg Ostkretas. Abwechslungsreiche Pfade führen von **Koudoumaliá,** einem Dorf am Rande der **Lassíthi-Hochebene,** zum exponierten Gipfel. Man kommt unterwegs dem Aféndis Christós und dem Lázaros nahe, den beiden anderen Bergriesen des Díkti-Gebirges.

086kr wf

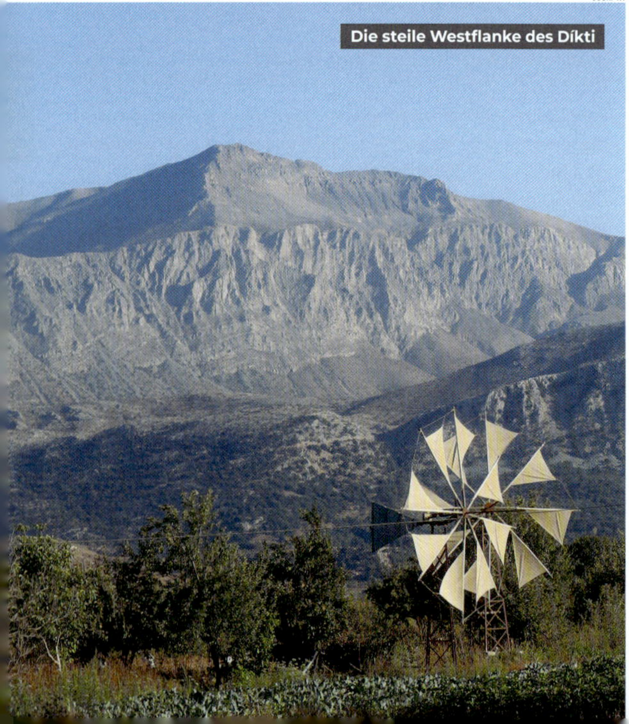

Die steile Westflanke des Díkti

Kurze Informationsübersicht

Länge: 19,7 km
Gehzeit: ca. 8 Std.
Auf-/Abstieg: je 1380 m
MITTELSCHWER

Ausgangspunkt: Betonweg in Koudoumaliá oder die Kapelle Ágios Pnévma in der Limnarakoú-Hochebene (s. auch Wegvariante unten)
Wegeigenschaften: überwiegend steinige und felsige Gebirgspfade, E4-Markierungen und Steinmännchen bis zum Pass, rote (selten auch gelbe) Markierungen und Steinmännchen hinauf zum Gipfel
Einkehrmöglichkeiten: nach der Tour die Taverne *Kronio* in Tzermiádo (s. Karte S. 259)
Bademöglichkeiten: keine
Anfahrt: mit Privatfahrzeug
Rückfahrt: mit Privatfahrzeug

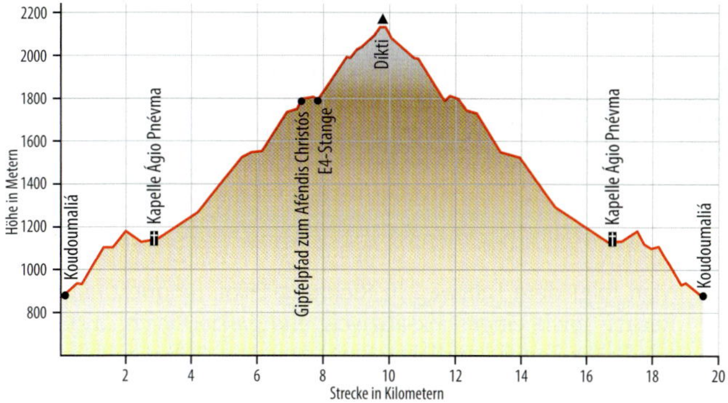

Wegbeschreibung

Kommt man von Ágios Geórgos (s. auch Wegvariante unten), zweigt im 870 m hoch gelegenen Dörfchen **Koudoumaliá (1)** vor einer Rechtskurve neben einem geschlossenen Kafeníon ein Betonweg nach links ab. Er berührt nach ca. 200 m eine schmale Teerstraße. Hier gabelt sich der Weg, man nimmt den oberen, durch E4-Stangen markiert. Vor einer Stallung geht es rechts zur 100 m entfernten Straße zur Limnariakoú-Hochebene. **10 Min.**

Man folgt ihr nach links und nach der ersten Rechtskurve scharf links dem wieder einsetzenden E4-Pfad. Nach 5 Min. tangiert man die Teerstraße und folgt ihr 100 m aufwärts. Hier setzt sich wieder scharf links deutlich markiert der Pfad fort. Der breite Pfad bietet herrliche Ausblicke auf die Lassíthi-Hochebene mit ihren Dörfern. Macchia und Zwergeichen säumen den Pfad, der nach knapp 15 Min. eine erste Ebene quert (ca. 1095 m). **1 Std.**

Auf der anderen Seite stößt man auf einen Schotterweg, geht diesen wenige Meter nach links bis zur Fortsetzung des Pfades und kreuzt erneut den Fahrweg (ca. 1155 m). Vor einem breitet sich nun die anmutige Limnakaroú-Hochebene aus, deren Weiden, Felder (Gemüse) und Gärten (Nuss- und Obstbäume) in wohltuendem Kontrast zum dunklen Díkti-Massiv stehen. Beim Abstieg in diese Ebene lässt sich die Straße zweimal auf E4-Pfaden abkürzen. Man folgt schließlich einem Feldweg, der geradeaus zur 1125 m hoch gelegenen **Kapelle Ágio Pnévma (2)** führt. **1 ¼ Std.**

Wegvariante

Anfahrt bis zur **Kapelle Ágio Pnévma (2).** Hierzu von Ágios Geórgos kommend in Avrakóndes nach links in eine schmale Straße Richtung „Oropédhio Limnarakoú" einbiegen. Die Tour verkürzt sich damit auf 5 ¾ Std. mit je 1030 m Auf- und Abstieg. Ab hier weiter mit der Hauptroute.

Man folgt dem Fahrweg in Richtung Díkti, ignoriert einen Rechts- sowie einen Linksabzweig und passiert leicht ansteigend zwei Betonviehtränken kurz vor einem Gebäude (eventuell Trinkwasser aus dem Schlauch). Gut 15 Min. nach der

Tour 31

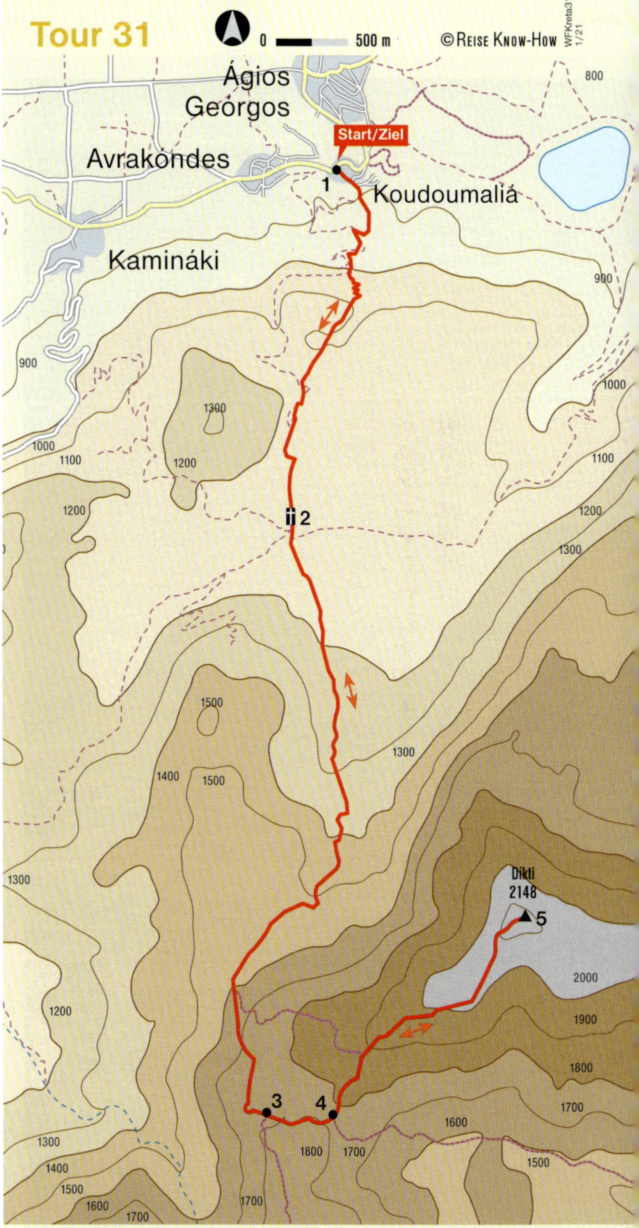

- ● 1 Koudoumaliá
- ⅱ 2 Kapelle Ágio Pnévma
- ● 3 Gipfelpfad zum Aféndis Christós
- ● 4 E4-Stange
- ▲ 5 Díkti

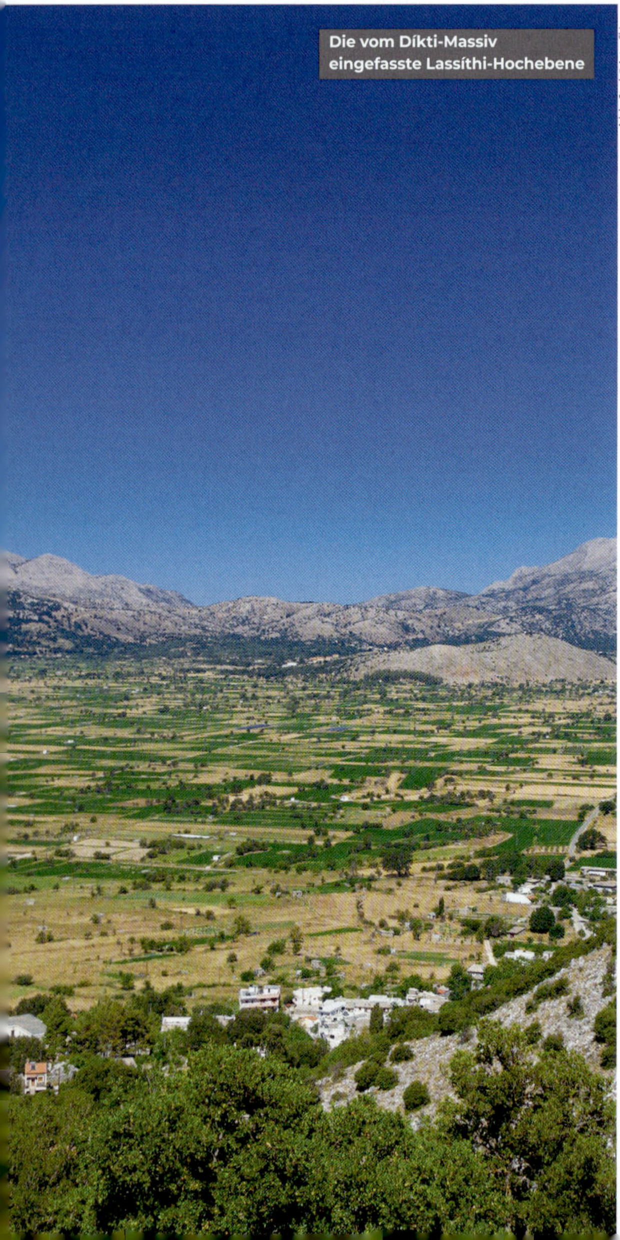
Die vom Díkti-Massiv
eingefasste Lassíthi-Hochebene

Kapelle geht der Schotterweg an einem langen Geröllfeld in einen undeutlichen Pfad über (markiert mit gelben Punkten und Steinmännchen), der nach etwa 10 Min. einen kleinen Graben quert (ca. 1255 m) und wenig später am linken Rand der Geröllzunge entlangführt. Zur Orientierung: Er wird über den Kamm zwischen den zwei vorausliegenden Tälern ziehen. Kurz vor diesem Kamm oder Bergrücken quert der Pfad das Geröllfeld von links nach rechts. **ca. 2 Std.**

In steilem Anstieg, der Richtung nach parallel zum rechten Tal, geht es nun hinauf zu einem Plateau auf ca. 1525 m Höhe. **ca. 2 ½ Std.**

Man wandert eine kurze Weile eben dahin, erreicht nach 30 Min. eine weitere kleine Hochebene (ca. 1700 m) und jenseits eines schmalen Geländeeinschnitts 15 Min. später den lang gestreckten Pass zwischen Díkti (links) und Aféndis Christós (rechts). Zur Information: Kurz nach einer E4-Stange zweigt auf 1785 m Höhe bei einem Felsen mit der Aufschrift „Afendis" rechts der **Gipfelpfad zum Aféndis Christós (3)** ab. **3 ¼ Std.**

Es geht weiter geradeaus. Der Pfad führt zum höchsten Punkt des Passes (ca. 1800 m) und danach kurz abwärts, wo er sich auf ca. 1785 m Höhe hinter einer **E4-Stange (4)** erneut verzweigt. Halb rechts zieht der E4-Weg durch einen Geländeeinschnitt abwärts Richtung Selákano. **ca. 3 ½ Std.**

Man wandert jedoch halb links/aufwärts (Nordosten) und folgt dabei einem undeutlichen, aber markierten Schotterpfad in Richtung eines Vorgipfels. Nach 30 Min. Anstieg passiert man ihn fast eben auf seiner rechten Seite, wandert parallel zum Kamm linker Hand, nähert sich diesem allmählich und steigt ca. 200 m vor dem Gipfel links steil zum Grat empor (oben zwei größere Steinmännchen). Die trigonometrische Gipfelsäule vor Augen, werden die letzten Meter zum Gipfel (2148 m) auf dem schmalen Grat zurückgelegt. Der grandiose Weitblick vom **Díkti (5)** (auch *Spathí* genannt) erfasst die Nord- und Südküste, im Osten den Lázaros, im Südwesten den Aféndis Christós und im Norden die Lassíthi- und Katharó-Hochebene. **4 ½ Std.**

Für den Abstieg, der auf der Anstiegsroute erfolgt, sind bis **Koudoumaliá (1)** knapp 3 ½ Std. zu veranschlagen. **8 Std.**

Tour 32

Über den Karfí zum Dorf Krási –

Ein Aussichtsberg und ein malerisches Dorf

Die zwei Gipfel des unscheinbaren Karfí (1148 m) im westlichen Ausläufer des **Seléna-Gebirges** erweisen sich als wunderbare Aussichtspunkte mit weitem Blick über Dörfer und Hochebenen. Bevor der Rückweg beginnt, empfiehlt sich eine Rast unter der berühmten **Platane von Krási.**

100kr wf

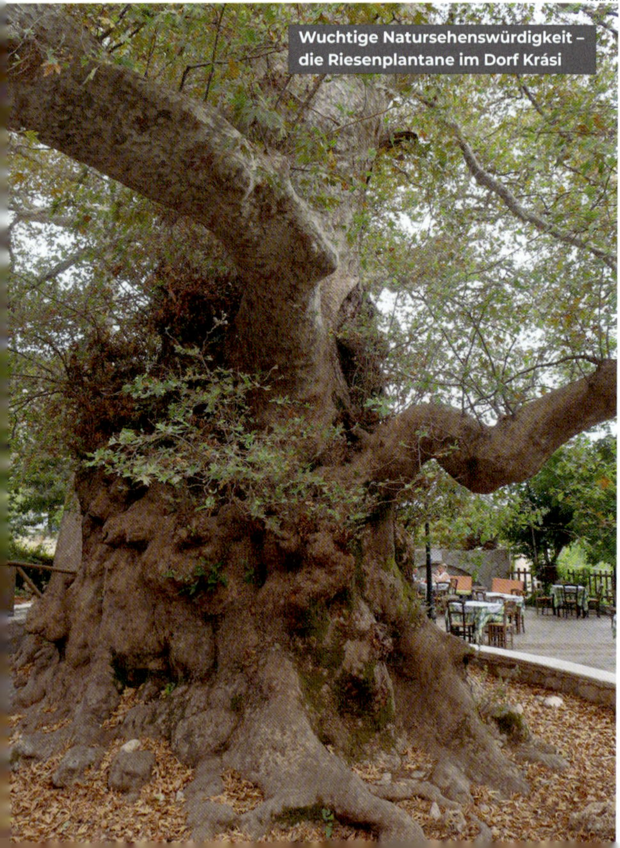

Wuchtige Natursehenswürdigkeit – die Riesenplantane im Dorf Krási

Kurze Informationsübersicht

Länge: 15,2 km
Gehzeit: ca. 5 Std.
Auf-/Abstieg: je 790 m
MITTELSCHWER

Ausgangspunkt: Restaurant *Kronio* im Hauptort der Lassíthi-Hochebene, Tzermiádo
Wegeigenschaften: überwiegend Pfade in allen Varianten, nur selten steil, markiert mit roten Punkten ab den Windmühlen-Ruinen, gelegentlich rote Markierungen und Steinmännchen beim Abstieg vom Karfí nach Krási und auf dem Rückweg bis zur Níssimos-Hochebene
Einkehrmöglichkeiten: Tavernen und ein Café in Krási
Bademöglichkeiten: keine
Anfahrt: mit Privatfahrzeug von Iráklio oder Ágios Nikólaos
Rückfahrt: mit Privatfahrzeug

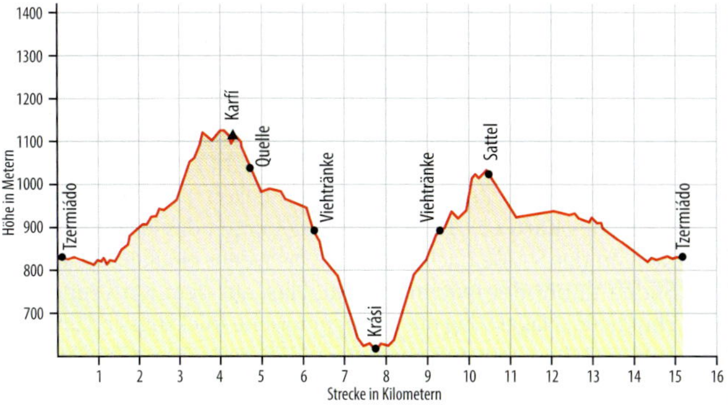

Wegbeschreibung

Die Tour beginnt am Restaurant *Kronio* im 820 m hoch gelegenen **Tzermiádo (1).** Man folgt der Hauptstraße nach Iráklio (Schild) und passiert nach etwa 7 Min. einen Rechtsabzweig mit Hinweisen auf die Kirche Tímios Stavrós und einen „Archeological Site". Gut 5 Min. später verlässt man die Teerstraße halb rechts auf einem steinigen Feldweg (ca. 820 m). Jenseits einiger Gärten mit Obstbäumen beginnt hinter einer Stallung halb links ein überwachsener Feldweg, der nach einem Tor in einen malerischen Maultierpfad übergeht. Teilweise schattig zieht dieser Pfad zwischen Steineichen aufwärts. **ca. 15 Min.**

Ein Links-Abzweig nach Lagoú wird ignoriert. Wenn man bei Überresten von alten Windmühlen auf einen Fahrweg stößt, ist man schon etwas zu weit. Bereits 20 Meter vorher (!) muss man bei einer E4-Stange und roter Markierung (Höhe ca. 970 m) einen unscheinbaren Pfad rechts bergauf nehmen. **ca. 45 Min.**

Er verläuft einige Minuten parallel zu einem Zaun und wird zunehmend steiler. Nach rechts hat man herrliche Ausblicke auf die Lassíthi-Hochebene und das Díkti-Massiv. Nach einem kurzen ebenen Abschnitt schlängelt sich der Pfad halb rechts einen Hang hinauf, und bald liegt der Doppelgipfel des Karfí vor einem. Nach einer kleinen Senke hält man auf die rechte Höhe zu und gelangt zu einem E4-Schild. Rechts führt hier der Pfad der Abkürzung zur Níssimos-Hochebene (s. auch Wegvariante unten). Man geht ein paar Meter nach links und dann rechts in wenigen Serpentinen auf den voraus liegenden ersten Gipfel des **Karfí (2)** (mit einer trigonometrischen Säule), der eine herrliche Aussicht auf die reizvolle Lassíthi-Hochebene mit ihren kleinen Dörfern gewährt. **ca. 1 ¼ Std.**

Zurück am E4-Schild geht man rechts zu einem Felsen mit zwei Zacken, quert eine Senke und erreicht über die rechte Flanke in kurzer Zeit den markanten linken 1148 m hohen Gipfel des **Karfí (2).** Friedlich liegt tief unten das kleine Dorf Kerá an der Straße nach Iráklio, etwas weiter ein Stausee. Im Süden thront der mächtige Díkti. Hier auf dem Karfí (griechisch für „Nagel") lag die letzte minoische Rückzugssiedlung auf Kreta, bewohnt zwischen etwa 1150 und 750 v. Chr. Zwischen anderen Gebäuderesten ist heute von der damaligen

Siedlung außer einigen Grundmauern allerdings kaum noch etwas zu erkennen. **1 ½ Std.**

Wegvariante

Wer auf den Besuch von Krási verzichten möchte, wendet sich nach dem Abstieg vom ersten Gipfel des **Karfí (2)** beim E4-Schild nach links (Osten). Hier beginnt ein Pfad (Steinmännchen, rote Markierung), der sich immer deutlicher ausprägt und durch niedriges Buschwerk in 15 Min. hinab zur Níssimos-Hochebene zieht. Gelegentlich passiert man Schilder, die (in Gegenrichtung) zum Karfí wei-

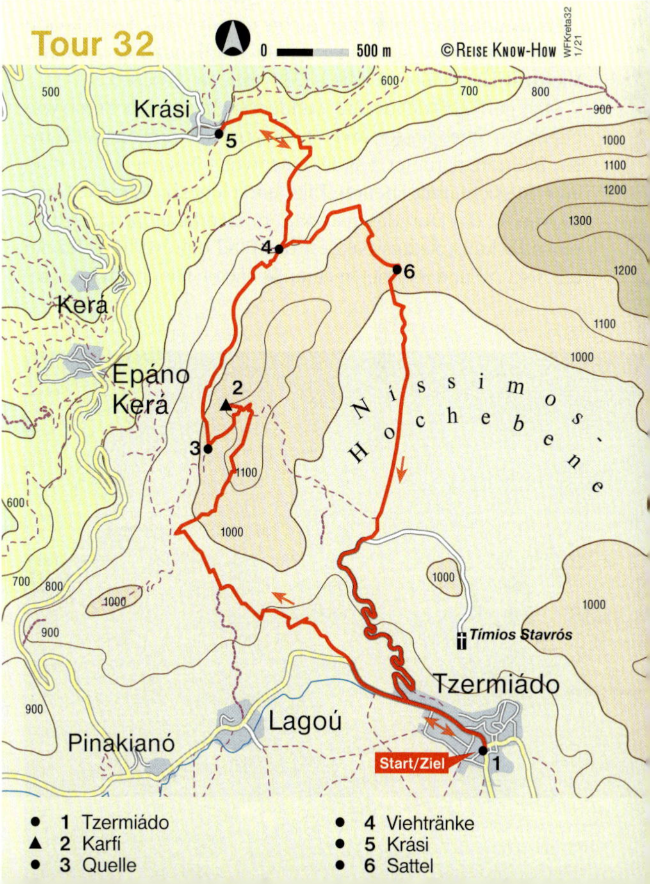

sen. Der Pfad geht in einen Fahrweg über, der in ca. 30 m Entfernung eine Kapelle (ca. 920 m) zurücklässt. Ca. 5 Min. später muss man bei einer T-Gabelung rechts gehen. Der Fahrweg führt am Linksabzweig zur Kirche Tímios Stavrós vorbei und senkt sich betoniert in knapp 30 Min. hinab zur Hauptstraße, auf der man in wenigen Minuten zum Restaurant *Kronio* in **Tzermiádo (1)** gelangt.

Der direkte Abstieg vom Karfí nach Tzermiádo verkürzt die Gehzeit auf 2 ½ Std. mit je 350 m Auf- und Abstieg.

Es geht wieder hinunter in die Senke. Man hält sich bei Mauerresten rechts und erreicht auf einem Pfad nach ca. 10 Min. bei 1040 m Höhe eine eingefasste **Quelle (3). 1 ¾ Std.**

Etwas unterhalb folgt man rechts einem Pfad, der in knapp 30 Min. teilweise schattig zu einer Pfadkreuzung bei einer **Viehtränke (4)** führt (Höhe ca. 890 m). **ca. 2 ¼ Std.**

Man geht geradeaus und wandert leicht abwärts durch wuchernden Stechginster, im Frühjahr auch die unterschiedlichsten Blumen, darunter z. B. Drachenwurz. Nach links hat man eine Aussicht über Ebenen, Täler und Hügel bis Kastélli. Nach 15 Min. ist das Dorf das erste Mal im Tal erkennbar. Unterhalb eines Picknickplatzes passiert der Pfad eine weitere Tränke (ca. 645 m) und mündet in einen Feldweg. Hier nach links ge-

101kr wf

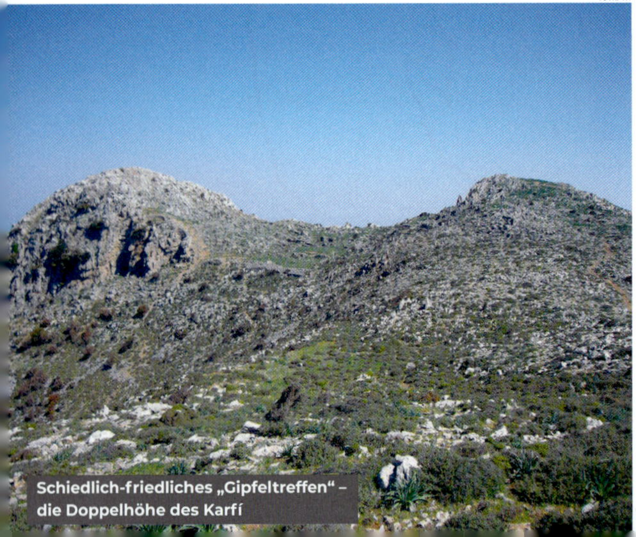

Schiedlich-friedliches „Gipfeltreffen“ – die Doppelhöhe des Karfí

hen. Nach ca. 30 m folgt man einem Betonweg halb rechts/abwärts, ignoriert einen Rechtsabzweig und erreicht eine schattig gelegene zweischiffige Kapelle. Nach dem Abstieg in der prallen Sonne wird man hier unter Zypressen und Eichen von wohltuender Kühle empfangen. Hinter der Kapelle führt ein schmaler Betonweg zwischen den ersten Gebäuden hinab zur Plátia von **Krási (5).** **ca. 2 ¾ Std.**

Der schattige Dorfplatz (ca. 605 m) wird beherrscht von der wohl größten Platane der Insel mit einem Stammumfang von 18 Metern. Gegenüber sprudelt aus einem venezianischen Brunnenhaus mit zwei Becken frisches Quellwasser. Eine Taverne lädt an diesem lauschigen Platz zur Rast ein. Man könnte hier z. B. den Rakí von Krási probieren (oder kaufen), hergestellt aus den süßen Trauben der Region.

Der Rückweg nach Tzermiádo verläuft zunächst auf dem Hinweg: Nach der Kapelle geht es auf dem Betonweg halb rechts aufwärts, und etwa 50 m nach einem Holztor beginnt rechts der Pfad, der wieder hinauf zur **Viehtränke (4)** auf ca. 890 m Höhe führt. **3 ½ Std.**

Hier nun scharf nach links einem Pfad folgen. Man passiert bald unter schattigen Eichen ein Geröllfeld und zweigt 10 Min. nach der Tränke rechts in einen rot markierten Pfad ab (Höhe ca. 930 m; geradeaus geht es nach Vrahási). Ein steiler Anstieg beginnt. Nach 15 Min. ist ein Bergkamm erklommen und man erreicht ohne größeren weiteren Anstieg einen **Sattel (6)** auf ca. 1025 m Höhe. **4 Std.**

Bei einer spitzen Pfadgabelung nimmt man den rechten Pfadabzweig (links geht es auf den Seléna). Vor einem breitet sich bald die kleine Níssimos-Hochebene aus, das nächste Ziel. Der Pfad führt anfangs etwas undeutlich, dann sich immer klarer ausprägend in 15 Min. hinab zum Rand der Hochfläche (ca. 920 m). Die unbewohnte Níssimos-Ebene wird in südlicher Richtung überquert und nach 15 Min. folgt man einem Betonweg bergab, dabei alle Abzweige ignorierend. Im Abstieg lässt sich die Lassíthi-Hochebene mit ihren Windmühlenstümpfen und den vielen grünen Parzellen mit Muße betrachten. Der mächtige Díkti ist oft noch bis in den Mai hinein mit Schneeteppichen bedeckt. Nach knapp 30 Min. stößt man auf die Hauptstraße und folgt ihr wenige Minuten nach links bis zum Restaurant *Kronio* in **Tzermiádo (1).** **ca. 5 Std.**

Tour 33
Von Tzermiádo auf den Seléna –
Ein Panoramagipfel im Díkti-Gebirge

Auf dem Seléna (1559 m) genießt man einen hervorragenden Blick über das **Díkti-Massiv** und die **Lassíthi-Hochebene.** Unterwegs blickt man zudem auf die einsame **Níssimos-Ebene,** eine weitere einsame Hochfläche wie sie für Kreta charakteristisch sind.

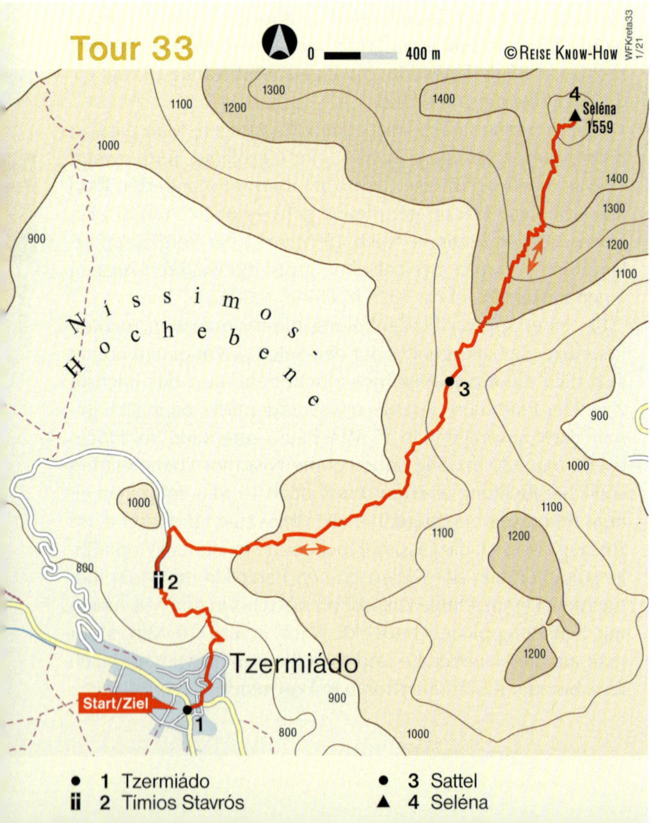

Kurze Informationsübersicht

Länge: 11,3 km
Gehzeit: ca. 4 ¾ Std.
Auf-/Abstieg: je 800 m
MITTELSCHWER

Ausgangspunkt: Restaurant *Kronio* in Tzermiádo, dem größten Ort an der Ringstraße
Wegeigenschaften: alte, durch Markierungen „wiederbelebte" Verbindungspfade bis zum Sattel, eine geröllige Pfadspur bis zum Gipfel, durchgängig markiert mit orangenen und roten Punkten, gelegentlich mit Steinmännchen
Einkehrmöglichkeiten: nach der Tour Restaurant *Kronio* in Tzermiádo
Bademöglichkeiten: keine
Anfahrt: mit Privatfahrzeug von Iráklio oder Ágios Nikólaos
Rückfahrt: mit Privatfahrzeug

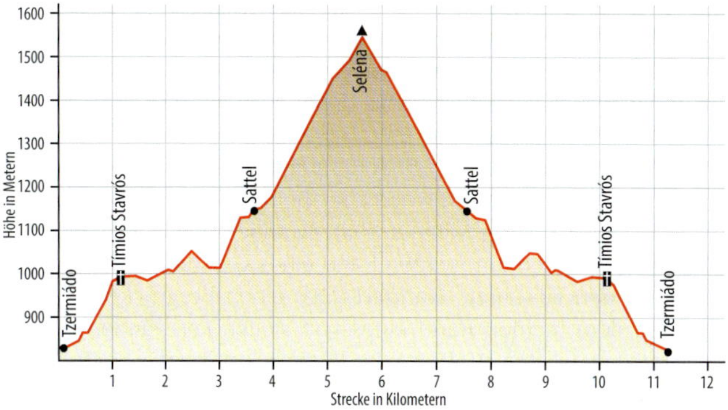

Wegbeschreibung

Man folgt beim Restaurant *Kronio* in **Tzermiádo (1)** (ca. 830 m) der Straße nach Iráklio (Schild), biegt aber schon nach wenigen Metern halb rechts in eine schmale Straße ab, die zur Trápeza-Höhle führt (Wegweiser). Bei einem Strommast muss man dem zweiten abzweigenden Sträßchen nach links folgen und nach ca. 100 m rechts in eine kleine gepflasterte Straße einschwenken. Nur eine Minute später biegt man bei einer Kapelle links in eine Teerstraße ab, die auf einen markanten Felsblock zuführt. Bis hierher sind es insgesamt nur etwa 3–4 Min. Ca. 300 Meter nach der Überquerung einer Asphaltstraße (100 m nach einer Rechtskurve) scharf links in einen Feldweg abzweigen. **ca. 10 Min.**

Nur eine Minute später steigt man vor einer Stallung halbrechts einen Zaun entlang aufwärts. Eine rötliche Spur führt über halb verfallene Terrassen aufwärts. Nach einem Metalltor ist auf der Anhöhe bereits das Kreuz der Kirche Tímios Stavrós greifbar nahe. Die letzten Meter führen auf Pfadspuren auf die Kirche zu. Unterhalb des Kreuzes führen zwei Tore zum Hof von **Tímios Stavrós (2),** der am Haupteingang wieder verlassen wird (Höhe ca. 1000 m). Von der exponiert gelegenen Kirche bietet sich eine faszinierende Rundsicht auf die Níssimos-Hochebene, den Doppelgipfel des Seléna und die Lassíthi-Hochebene mit Díkti und Lázaros. **ca. 30 Min.**

Nach 2 Min. auf dem Zufahrtsweg zur Kirche wird ein Metalltor passiert. Wenig später geht es rechts durch ein Gatter. Links neben einer Betontränke setzt nach einer offenen Zaunlücke ein rötlicher Pfad ein. Er nähert sich in einem leichten Rechtsbogen in wenigen Minuten einem Zaun (ca. 980 m), an dem entlang es weiter geht. Unter den beiden fernen Gipfeln des Seléna lässt sich links dreier kleiner Gebäuderuinen ein deutlich ausgeprägter Sattel erkennen, das nächste Ziel.

Nach kurzer Zeit biegt der Zaun nach rechts weg (ca. 985 m) – die Richtung wird aber beibehalten (orange-rote Markierung). Einige Minuten später wandert man nach verfallenen Terrassen am rechten Rand eines Geländeeinschnitts, quert den Einschnitt, wandert über einen Bergrücken und folgt dem rechten Rand eines von steilen Felswänden begrenzten Tals (ca. 1040 m). Im Rückblick präsentiert sich Tímios Stavrós malerisch vor der Kulisse der Lassíthi-Hochebene. Wenig später wird das Tal in leichtem Abstieg gequert, bis der tiefste Punkt (ca. 990 m) erreicht ist. **ca. 1 ¼ Std.**

Der steinige Pfad – Salbei und die im Herbst blühende Weiße Meerzwiebel am Wegrand – führt nun in zunehmend steilerem Anstieg durch reichen Steineichenbestand hinauf zu einem ersten vorgelagerten Sattel. Voraus liegt, schon sehr nahe, der Vor- und Hauptgipfel des Seléna, linker Hand unten die kleine unbewirtschaftete Níssimos-Hochebene. Nach ca. 5 Min. auf dem ebenen Pfad erreicht man den eigentlichen **Sattel (3),** 100 m von einer Kapelle entfernt. Von drei Windmühlen, die nahebei standen, sind nur Mauerreste geblieben (ca. 1140 m). **1 ¾ Std.**

Hier beginnt links ein deutlicher Pfad (Steinmännchen, orange-rote Markierung), der in Serpentinen in gut 1 Std. über die felsige Südflanke zur Höhe des **Seléna (4)** führt. Der anstrengende Aufstieg wird am Gipfel (1559 m) durch eine grandiose Rundsicht belohnt: im Südosten die Straße nach Ágios Nikólaos mit den Dörfern Mésa und Éxo Potamí, im Südwesten die Níssimos- und Lassíthi-Hochebene, im Süden das Díkti-Massiv, bei guter Sicht im Osten das Thriptí-Gebirge und im Westen das Psilorítis-Massiv. **2 ¾ Std.**

Die Rückkehr nach **Tzermiádo (1)** erfolgt in etwa 2 Std. auf dem Hinweg. **4 ¾ Std.**

102kr wf

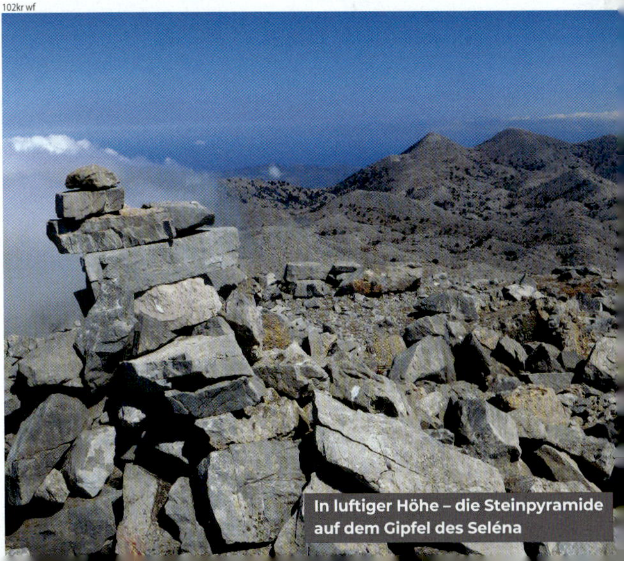

In luftiger Höhe – die Steinpyramide auf dem Gipfel des Seléna

Tour 34

Wälder am Fuße des Lázaros –

Eine Runde um die Alm Selákano

Eines der wenigen zusammenhängenden Waldgebiete Kretas, eingebettet in eine wild-romantische, von Schluchten durchzogene Berglandschaft, bestimmt auf über 1000 m den Charakter dieser Tour.

Selákano liegt, integriert in einen **Hochwald,** am Fuß des Lázaros (2085 m). Ein Teil der weit verstreuten Häuser gruppiert sich um die kleine Platía mit der Kirche Panagía Selekaniótissa. In der überwiegend während des Sommers **bewirtschafteten Almsiedlung** werden Wein, Gemüse, Äpfel, Walnüsse und Oliven angebaut, dazu Schafe gehalten. Ein weiterer Erwerbszweig ist die **Imkerei.** Der umgebende Wald besteht hauptsächlich aus Kiefern (daneben Eichen, Platanen und Zypressen) und bildet ein wichtiges **Öko-System,** zu dem mehrere Arten von Raubvögeln gehören.

035kr wf

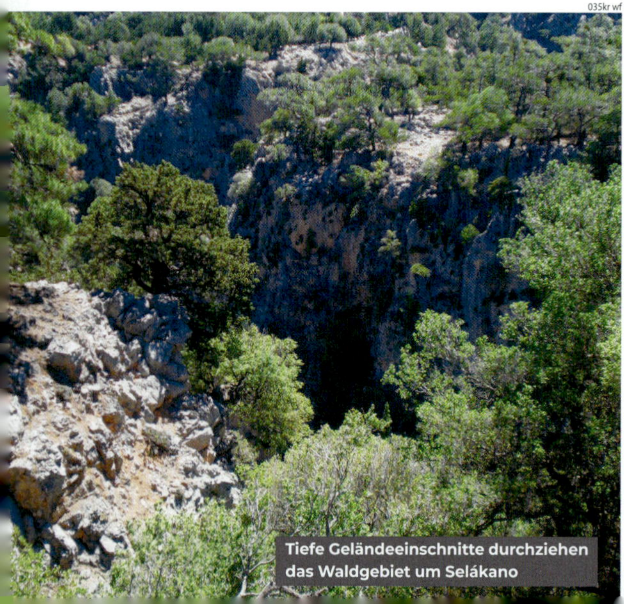

Tiefe Geländeeinschnitte durchziehen das Waldgebiet um Selákano

Kurze Informationsübersicht

Länge: 9,5 km
Gehzeit: ca. 3 ¼ Std.
Auf-/Abstieg: je 440 m
LEICHT

Ausgangspunkt: Ortsrand von Selákano
Wegeigenschaften: gut angelegte Pfade, fast durchgängig markiert mit roten Punkten und Pfeilen, während der letzten 45 Min. zudem E4-Markierungen
Einkehrmöglichkeiten: Café in Selákano, an der Straße von Hristós nach Máles links eine urige Taverne, die größtenteils von Einheimischen besucht wird
Bademöglichkeiten: keine
Anfahrt: mit Privatfahrzeug über die Dörfer Anatolí und Máles; am Ortsanfang von Hristós zweigt eine Betonpiste rechts nach Selákano ab, dieses Sträßchen ist problemlos befahrbar aber teilweise etwas schmal, nach 5 km Parkmöglichkeit am Ortsrand
Rückfahrt: mit Privatfahrzeug

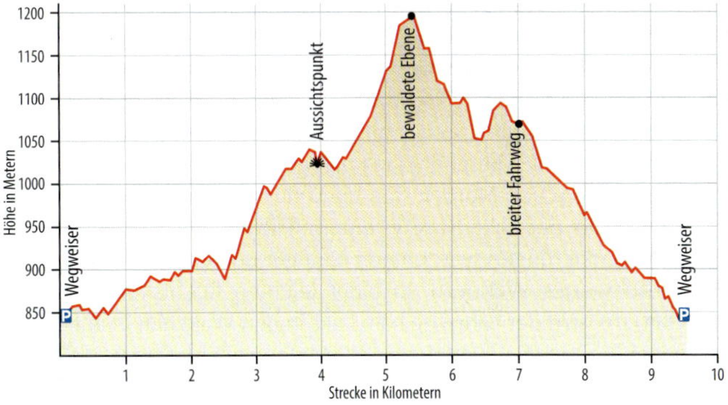

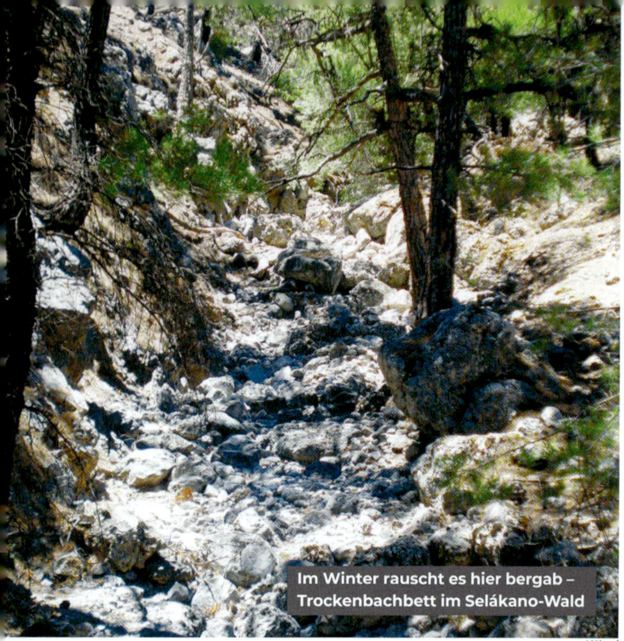

Im Winter rauscht es hier bergab – Trockenbachbett im Selákano-Wald

Wegbeschreibung

Kurz vor Selákano lässt sich das Fahrzeug bei einem **Wegweiser (1)** am Ortseingang von Selákano parken (ca. 845 m). Man folgt dem Schotterweg neben dem Wegweiser nach Südwesten, und bereits während der ersten Minuten künden Eichen und Kiefern vom reichen Baumbestand im Umfeld der Alm. Bei einer Gabelung nach etwa 10 Min. rechts halten. Man wandert leicht bergauf entlang eines von bizarren Felsen begrenzten Tals. Oleander und Zypressen ergänzen die üppige Vegetation. An der nächsten T-Gabelung (ca. 870 m) muss man sich links halten. **20 Min.**

Wenige Minuten später geht es bei der folgenden Gabelung dann links/bergab. Ganz nah erscheint hier der Lázaros im Norden. Von Nordwesten bis Südwesten ragen die anderen Gipfel des Díkti-Massivs empor. Die anfangs seltenen roten Markierungen werden nun häufiger und erlauben ein unbeschwertes Wandern. In einer leichten Rechtskurve (ca. 880 m) wird der Fahrweg halb links in den Wald hinein auf einem breiten Weg verlassen. 100 Meter weiter beginnt rechts ein Pfad in Richtung Metaxohóri. **30 Min.**

Im Kiefernschatten führt dieser Pfad ein schmales Tal entlang und quert nach wenigen Minuten das ausgetrocknete Bachbett, auf dessen anderen Seite sich bald schöne Blicke in das jetzt schluchtartige Tal eröffnen. Nach ca. 10 Min. quert man ein weiteres tief eingeschnittenes Tal (ca. 860 m). Wenig später muss man bei einer Pfadkreuzung (und einem Brunnen mit Trinkwasser) halb rechts dem Schild nach Karídi auf einem schmalen Pfad folgen. Einige Minuten nach Querung eines kleinen Bachlaufs erreicht man dann auf ca. 980 m Höhe einen Fahrweg. **ca. 1 Std.**

Hier den roten Pfeilen nach rechts folgen. In der Ferne erkennt man einige Gebäude von Selákano. Der Fahrweg geht bald wieder in einen Pfad über (halb links bergauf) und führt nach etwa 5 Min. an einem **Aussichtspunkt (2)** auf ca. 1025 m Höhe vorbei. Von diesem Platz unter einer Schatten spendenden Kiefer lässt sich die Ausdehnung des Hochwaldgebiets gut erschließen; zudem genießt man einen weiten Ausblick nach Selákano sowie in ein Tal vor den Ausläufern des Lázaros. **ca. 1 ¼ Std.**

5–6 Min. später geht es über einen schluchtartigen Bachlauf (ca. 1000 m) hinweg, und nach der Querung eines nach rechts ziehenden Tals ist nach gut 30 Min. auf 1200 m Höhe eine **bewaldete Ebene (3)** erreicht. **2 Std.**

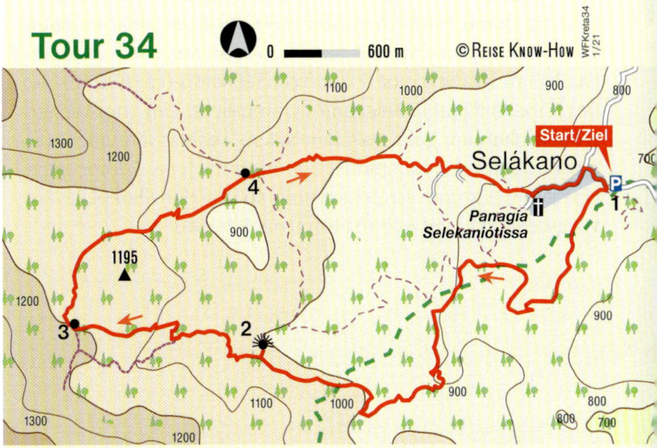

- P 1 Wegweiser
- 2 Aussichtspunkt
- 3 bewaldete Ebene
- 4 breiter Fahrweg

Hier hält man sich halb rechts – und kurz darauf bei einer Pfadverzweigung nochmal rechts. Es geht bergab, parallel zu einem ausgetrockneten Bachlauf. Nach wenigen Minuten passiert der Pfad eine sprudelnde Trinkwasserquelle. Das Flussbett wird bald zu einer wild-romantischen Miniaturschlucht und in der Folge mehrere Male gequert. Nach der letzten Querung folgt man für ca. 50 m einem Seitenarm, überquert auch diesen nach rechts und wandert nun wieder parallel zum Hauptbachbett, und zwar bis zum Ende des Pfades am Beginn eines **breiten Fahrwegs (4)** auf ca. 1070 m Höhe. **ca. 2 ½ Std.**

Den roten Farbsignalen folgend, wandert man bei der nächsten Mehrfachkreuzung halb rechts und ca. 50 m weiter bei einer weiteren Kreuzung geradeaus/bergab. Der rot markierte Rundwanderweg hat sich jetzt mit dem E4-Weitwanderweg vereint (gelbe Punkte und E4-Schilder). Wenig später wird der Fahrweg halb rechts/bergab auf einem Pfad verlassen, der nach ca. 100 m einen Fahrweg kreuzt und bald breit und steinig wird. Er trifft auf einen Schotterweg, der auf ein Metalltor zuführt (ca. 970 m). Der hier beginnende Pfad zieht kurz darauf an einem früheren Campingplatz vorbei und stößt nach dem ehemaligen Restaurant nach ein paar Stufen auf einen weiteren Fahrweg, dem man nach links folgen muss. Vor einem Gebäude geht es dann auf einem Pfad halb links, also abwärts, doch ist schon nach kurzer Zeit der nächste Fahrweg aus Beton erreicht. Auf ihm nach links gehen. Er führt bald schattig durch Felder mit Gemüse und Wein, geht in einen Pfad über und wird wieder zu einem Fahrweg. Nach weiteren ca. 200 m ist die kleine Platía von Selákano (ca. 890 m) mit der Kapelle Panagía Selekaniótissa erreicht. Um zum Wagen zurückzukehren, geht man hier links – rechts wäre nach wenigen Metern das Kafeníon –, ignoriert nach ca. 5 Min. einen Linksabzweig und erreicht wenig später den Parkplatz am **Wegweiser (1)** auf 840 m Höhe. **ca. 3 ¼ Std.**

Kretischer Honig

Kreta ist geradezu prädestiniert für die Gewinnung von exzellentem Honig, dessen Ruf weit über die Landesgrenzen reicht – besonders der des **Thymian-Honigs.** Feldblumen, Wildkräuter und Nadelbäume bieten optimalen Lebensraum für die Honigbienen. Gerade in ländlichen Gebieten ist die Imkerei eine **traditionelle Erwerbsquelle,** die bereits im Altertum zu jedem bäuerlichen Vollbetrieb gehörte. So findet man Bienenstöcke oft an den entlegensten Stellen der Insel.

Honig ist neben der Olive eines der archaischen Produkte Kretas. Er gehörte in der griechischen Antike zu den wertvollsten Nahrungsmitteln und galt zudem als universales **Heilmittel** – gegen Haarausfall ebenso wie gegen Sommersprossen.

In der **griechischen Mythologie** ist *Melissa* (= Biene) eine der beiden Töchter des kretischen Königs *Melisseus.* Die „Goldenen Bienen", ein Schmuckanhänger aus reinem Gold aus dem minoischen Zeitalter, sind im Archäologischen Museum von Iráklio zu bewundern.

Aber auch im **Kultus** spielte Honig als „Himmelstau" *(Aristoteles)* und Gottesgabe schon früh eine Rolle, so beim Opfer, mit dem man die Toten verabschiedete. Auf Kreta begründete diese rituelle Bedeutung eine auch heute noch gültige **Tradition** mit religiösem Charakter: So reicht der Papás bei der Trauung dem Brautpaar einen Löffel mit Honig und Nüssen. Diese Gabe soll das gemeinsame Leben versüßen und Kraft spenden.

Bei Touristen und Einheimischen gleichermaßen beliebt ist die einmalige Geschmackskombination von fetthaltigem Joghurt mit Honig. Sollten Sie unbedingt probieren.

081kr wf

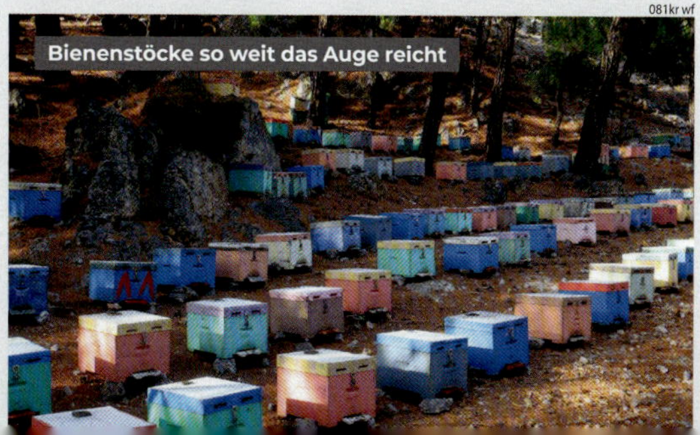

Bienenstöcke so weit das Auge reicht

Tour 35

Durch die obere und untere Sarakínas-Schlucht –

Schluchten am Rande des Díkti-Massivs

Eine wenig begangene, ganzjährig Wasser führende Schlucht ist wegen ihrer Wildheit ein kleines Abenteuer für sich. Sie steht in reizvollem Kontrast zu den vorher durchwanderten pittoresken Bergdörfern.

Vom **Bergdorf Míthi** führen durch dichten Wald Pfade zum fast ausgestorbenen Dorf **Metaxohóri.** Nach diesem morbiden Charme hoch in den Bergen folgen zwei einzigartige **Schluchten.** Vor allem die untere **Sarakínas-Schlucht** ist zwischen Wasserbecken und gurgelnden Wasserläufen eine kleine Herausforderung.

104kr wf

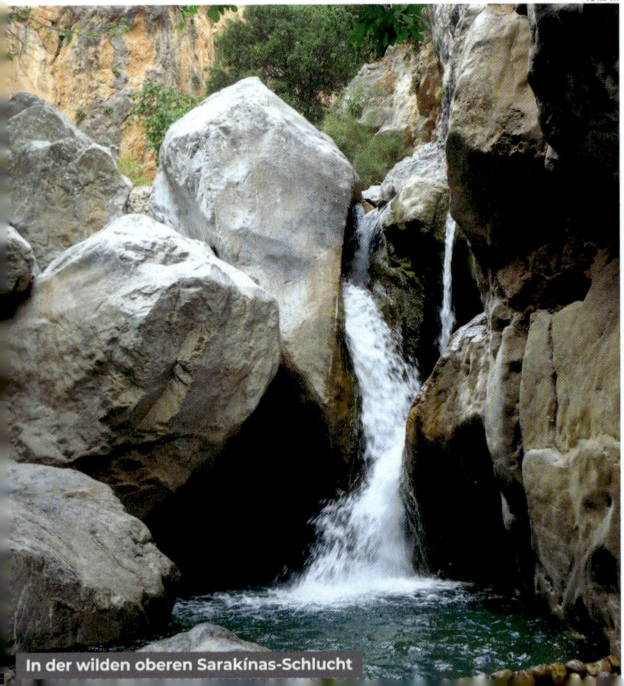

In der wilden oberen Sarakínas-Schlucht

Kurze Informationsübersicht

Länge: 18,3 km
Gehzeit: ca. 5 ½ Std.
Auf-/Abstieg: 400 m / 600 m
SCHWER

Ausgangspunkt: Dorfplatz von Míthi
Wegeigenschaften: überwiegend Erdwege und Waldpfade, Kletterstellen in der oberen, Wasser führenden Sarakínas-Schlucht (Treckingsandalen sind hier von Vorteil), rote Markierungen und Steinmännchen ab dem Olivenhain bis kurz vor Metaxohóri
Einkehrmöglichkeiten: keine
Bademöglichkeiten: keine
Anfahrt: Bus von Ierápetra nach Mírtos Mo–Fr um 6.30 und 10.30 Uhr, Fahrzeit knapp 30 Min., ca. 15 km; Taxi von Mírtos nach Míthi, 7 km (das Taxi steht oft in der Dorfmitte von Mírtos, sonst Tel. 693 8840424)
Rückfahrt: Bus von Mírtos nach Ierápetra Mo–Fr um 15, 17.30 und 20.45 Uhr

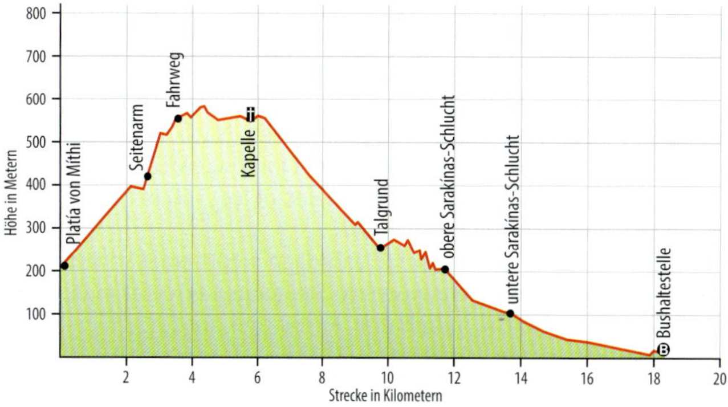

Wegbeschreibung

Kurz vor der **Platía von Míthi (1)** (ca. 205 m) biegt man vor dem ersten Kafeníon links in einen Betonweg ein und folgt nach einem kurzen Stück zwischen Zypressen, Kiefern, Palmen und Olivenbäumen bei einer Mehrfachgabelung dem mittleren Weg, der weite Blicke ins Mírtos-Tal freigibt (ca. 225 m). Bei der nächsten Verzweigung nimmt man einen Betonweg halb links, der aufwärts durch üppige Vegetation mit Salbei, Olivenbäumen und Kiefern führt. Gut 15 Min. nach Míthi schwenkt der Fahrweg bei zwei offenen Wasserreservoirs nach links (ca. 280 m). Man wandert jetzt hoch über der Sarakínas-Schlucht, deren steile Felswände zwischen den Eichen und Kiefern gelegentlich auszumachen sind. Nach kurzem Blick in die obere Sarakínas-Schlucht endet der Fahrweg wenig später neben einem Olivenhain auf ca. 320 m Höhe. **ca. 30 Min.**

Nun folgt man den roten Markierungen geradeaus in Richtung eines Metalltors (ca. 385 m). Der wunderschöne Pfad verläuft jetzt schattig in einem Mischwald über der Sarakínas-Schlucht und quert einen **Seitenarm (2)** dieser Kluft (ca. 430 m). **45 Min.**

Abstecher

Ein Gang in die **Nebenschlucht** lohnt unbedingt. Begrenzt von senkrecht aufsteigenden hohen Felswänden, windet sich das mit Oleander bedeckte felsige Trockenbett in knapp 15 Min. zu einer sehenswerten **Engstelle.** Danach geht es auf demselben Weg zurück. Man sollte ca. 30 Min. zusätzlich für den Abstecher veranschlagen.

Zurück an der Stelle der Querung folgt man weiter dem Pfad, der in Pflasterserpentinen kräftig ansteigt. Nach 15 Min. verläuft er durch ein ebenes Feld von Dornengewächsen, passiert ein Metalltor und endet kurz darauf, ca. 550 m hoch, an einem **Fahrweg (3). ca. 1 ½ Std.**

Man folgt ihm nach rechts und dann sofort einer scharfen Linkskehre. Ohne nennenswerte Steigungen erreicht man in gut 30 Min. mit wunderbaren Ausblicken auf Christós und Máles die ersten verfallenen Häuser von Metaxohóri. Die Friedhofskapelle mit klaffenden Mauerrissen bezeugt den

Tour 35

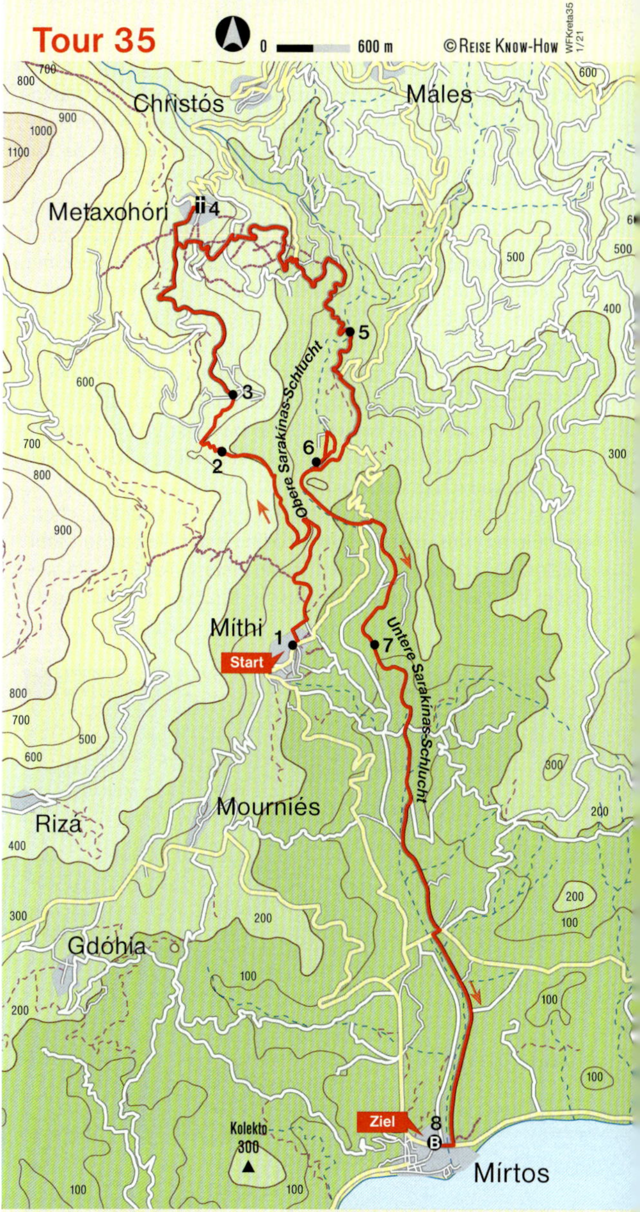

- 1 Platía von Míthi
- 2 Seitenarm
- 3 Fahrweg
- 4 Kapelle
- 5 Talgrund
- 6 obere Sarakínas-Schlucht
- 7 untere Sarakínas-Schlucht
- 8 Bushaltestelle

fortschreitenden Niedergang. Doch wohnt noch eine Handvoll Leute im Dorf. Etwas weiter gelangt man, nach rechts abbiegend, zu einer nahen zweischiffigen **Kapelle (4)** in 545 m Höhe, deren Vorhof zu einer Rast einlädt. **2 Std.**

Aus dem Dorf geht es nun wieder auf dem Hinweg zurück und nach ca. 5 Min. muss man scharf links in einen schmalen Fahrweg abbiegen. Jenseits einer Kreuzung geht es bei einer T-Gabelung auf ca. 485 m Höhe links abwärts. Wenig später hält man sich bei einer Verzweigung halb links (rote Markierung) und geht kurz darauf, scharf rechts abzweigend, in den Abstieg. In der Folge bleiben alle Abzweige nach links unberücksichtigt. Man folgt dem wunderschönen, schattigen Naturweg inmitten von Eichen, Olivenbäumen und Kiefern hinunter ins Tal. Nach insgesamt 3 Std. (ab Míthi) wird der Bach im **Talgrund (5)** gequert. **ca. 3 Std.**

Von Schilf und Kiefern umgeben, begleitet vom Plätschern des Bachs, trifft man nach einer Minute auf die Straße Míthi-Máles. Nach knapp 10 Min. führt in einer Linkskurve ein steiniger Weg rechts abwärts ins Flusstal. Kurz vor dem Bach geht

105kr wf

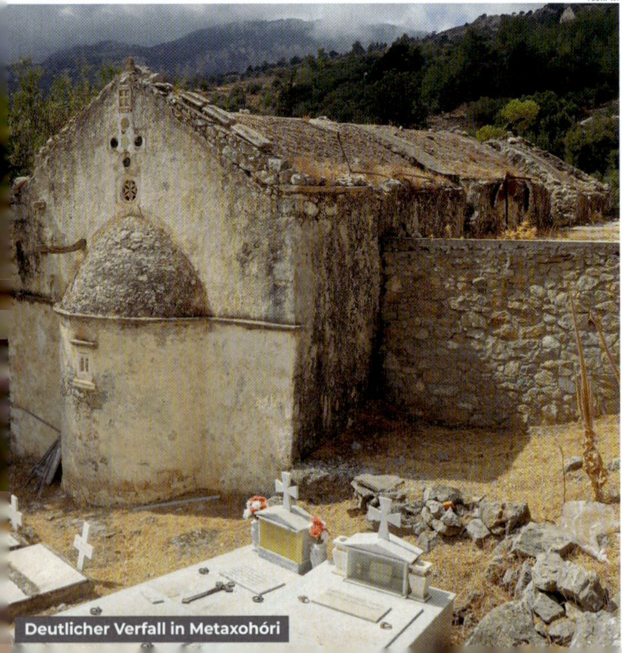

Deutlicher Verfall in Metaxohóri

man nach links ohne Pfad am Bach entlang. Nach 10 Min. steht man auf ca. 200 m Höhe vor der riesigen Öffnung der **oberen Sarakínas-Schlucht (6). ca. 3 ½ Std.**

Kleine Felsabbrüche und glatte Felsbrocken machen die dunkle Schlucht - besonders bei fließendem Schmelzwasser - zu einer kleinen Herausforderung. Am Ende der Klamm folgt man einer Betonrinne ca. 45 Min. nach Wegpunkt 6 bis zum Parkplatz nahe der Straße nach Míthi.

Man geht sie nach links und steigt bei einer niedrigen Brücke wieder ins breite, flache Bachbett (ca. 140 m). Auf dem kiesigen Grund ist es zunächst relativ leicht, sich zwischen Kiefern und Steineichen sowie durch Schilf und Oleander den Weg zu bahnen. Der Fluss verläuft jetzt ein kurzes Stück in unterirdischen Karsthöhlen. Gelegentlich muss man allerdings Wasserlöchern ausweichen. Nach einer Weile setzt im nun mit Felsen bedeckten, schluchtartigen Bachbett auf ca. 100 m Höhe die kurze **untere Sarakínas-Schlucht (7)** ein. **4 ¾ Std.**

Um die 50 m ragen in der nur zwei Meter breiten, aber 150 m langen Kluft die dunklen Felswände in den Himmel. Nach einem sanften Links- und Rechtsschwenk verlässt man nach knapp 10 Min. bei einigen mächtigen Agaven das felsige Bachbett halb links, folgt einem Fahrweg am Rande des Tals und geht die nächsten 30 Min. abwechselnd innerhalb des nun bis 100 Meter breiten Flussbettes oder auf Wegen knapp links davon. Kurz vor einer beeindruckenden weiten Bogenbrücke setzt ein von Kiefern, Schilf und Weinreben gesäumter geteerter Fahrweg ein, der in etwa 20 Min. zur Küstenstraße nahe dem Ortsschild von Mírtos führt. Nach der Überquerung der Straßenbrücke ist links an der Straße in den Ort die **Bushaltestelle (8). ca. 5 ½ Std.**

Tour 36
Von Mardáti über Kroústas nach Kritsá –
Wilde Täler, alte Maultierpfade

Tief eingeschnittene Täler und fruchtbare Anbauflächen wechseln am Saum des Díkti-Gebirges mit reizvollen Bergdörfern und einsamen Kapellen. Landschafts- und Kulturerlebnis verbinden sich mit dem Besuch einer byzantinischen Kirche.

Vom Dorf Mardáti schlängeln sich zunächst fast ebene Feldwege durch die **hügelige Landschaft.** Eine unerwartet einsetzende **Schlucht** erfordert etwas Geschick und Konzentration. Die Fortsetzung der Tour auf einem wunderschön angelegten Panoramapfad ins **Bergdorf Kroústas** ist der Höhepunkt der Wanderung. Vielleicht hat ein Kafeníon für eine Rast geöffnet. Nach dem Abstieg auf versteckten Pfaden zur **Wehrkirche Panagía i Kerá** wartet das malerische Dorf Kritsá auf eine Erkundung.

107kr wf

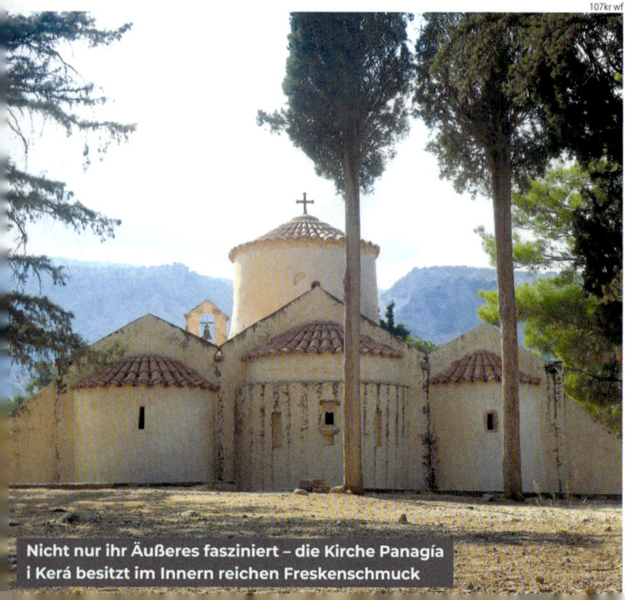

Nicht nur ihr Äußeres fasziniert – die Kirche Panagía i Kerá besitzt im Innern reichen Freskenschmuck

Kurze Informationsübersicht

Länge: 14,1 km
Gehzeit: ca. 4 ¼ Std.
Auf-/Abstieg: 600 m / 500 m
SCHWER

Ausgangspunkt: Bushaltestelle in Mardáti
Wegeigenschaften: Fahrwege und Maultierpfade, in der Schlucht eine Kletterpassage, rote Markierungen und Steinmännchen von Mardáti bis Kroústas, während des Abstiegs von Kroústas einige rote Markierungen
Einkehrmöglichkeiten: zwei Kafeníons und eine Taverne in Kroústas
Bademöglichkeiten: keine
Anfahrt: Busse von Ágios Nikólaos bis Mardáti Mo–Fr um 6, 8, 10.15, 12.15 und 13.15 Uhr, Sa–So um 6, 8, 11.15 und 13.15 Uhr, Fahrzeit 10 Min., 6 km
Rückfahrt: Busse von Kritsá nach Ágios Nikólaos Mo–Fr um 10.45, 12.30, 13.45, 15, 16.30 und 18.30 Uhr, Sa–So um 11.30, 13.30, 14.45 und 16.30 Uhr, Fahrzeit 15 Min., 10 km

Ostkreta

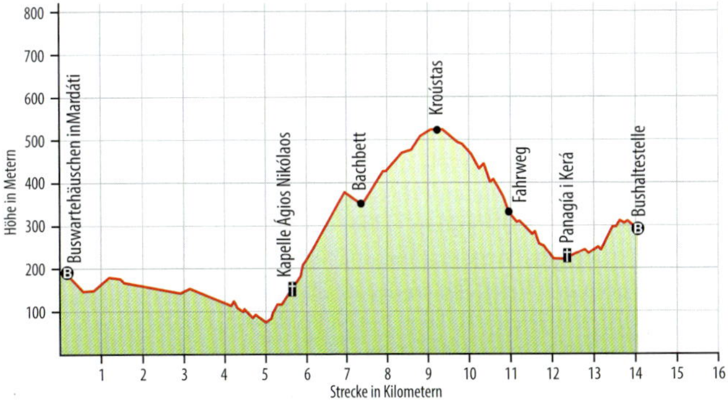

Wegbeschreibung

Vom **Buswartehäuschen in Mardáti (1),** etwa 190 m hoch, folgt man der Straße nach Kritsá noch für ca. 50 m und biegt dann halb links in einen Betonweg ab, der sich zwischen Olivenbäumen durch den unteren Ortsteil von Mardáti schlängelt. Nach nur 3 Min. folgt man kurz nach einer Linkskurve rechts einem Beton-Schotter-Weg bergab, lässt zwei Linksabzweige und einen Abzweig nach rechts außer Acht und folgt nach der Überquerung einer Beton-Wasserrinne an der nächsten Weggabelung dem Hauptweg halb rechts. Bei der folgenden T-Gabelung (ca. 130 m) rechts halten. **ca. 10 Min.**

Inmitten unzähliger Olivenbäume wandert man nun bergauf. Nach knapp 10 Min. geht es vor einer Betonmauer links ab in einen Schotterweg (ca. 170 m). Bei der nächsten Kreuzung links, aber sofort wieder rechts halten. Der Fahrweg, auf dem man nun wandert, überquert das ausgetrocknete Bachbett, welches von Kritsá bis Ístro an der Küste reicht, und zieht im Schatten von Eichen und Olivenbäumen am Flussbett entlang. Nach einem dritten Ziegelhüttchen überquert man, der roten Markierung folgend, den ausgetrockneten Bach nach links – auf der anderen Seite findet sich ein schwach ausgeprägter Fahrweg. Auf ihm geht es nach rechts. Kurz darauf muss man sich bei einem T-Stück wieder rechts halten. Man wandert nun mehr oder minder eben zwischen Johannisbrotbäumen dahin, immer am Bachbett entlang, vorbei an vereinzelten Stallungen und Viehtränken. Etwa 5 Min. später quert der Fahrweg das Trockenbett. Auf der anderen Seite geht es unter Eichen und Kiefern weiter am Flussbett entlang. Oleander kündigt bereits die nahe Schlucht an. Schließlich endet der Fahrweg auf ca. 150 m Höhe im Bachbett. **ca. 30 Min.**

Auf der linken Seite kann man noch etwa 5 Min. einem schattigen Pfad folgen, der an einem Zaun entlang führt, dann geht es ins Trockenbett hinein. In unberührter Natur steigt man zwischen Oleanderbüschen, Kiefern, Steineichen und Mönchspfeffer die immer wilder werdende Schlucht abwärts. Die Höhe des Wasserstands nach starken Regenfällen lässt sich an manchen Relikten der Zivilisation erkennen. Nach 30 Min. ist eine Kletterstelle in der Mitte des Bachbetts zu bewältigen (ca. 100 m). **ca. 1 ¼ Std.**

Etwa 10 Min. später muss man sich dann links des Bachbettes halten, denn hier erleichtern Pfadspuren das Fortkommen (rote Markierungen). Man überquert schließlich das Bachbett und folgt einem Schotterweg vor einer Natursteinmauer nach rechts bergauf. Nach ca. 50 m wird der Linksabzweig nach Kaló Chorió ignoriert und man folgt, weiter ansteigend, dem Betonweg, der ein dicht mit Steineichen bestandenes Tal entlang zieht. Blickt man zurück, erkennt man Kaló Chorió vor der Kulisse des mächtigen Thriptí-Gebirges. Nach etwa 10 Min. weist ein Schild zur **Kapelle Ágios Nikólaos (2),** die schon nach wenigen Metern erreicht ist. **ca. 1 ¾ Std.**

Hier, auf ca. 150 m Höhe, bietet sich eine letzte Rast vor dem Aufstieg nach Kroústas an. An der Kapelle beginnt ein wunderschöner alter Maultierpfad (Richtung Nordwesten, rote Markierung), der zunächst schattig unter Johannisbrotbäumen aufwärts führt. Später säumen Olivenbäume, Steineichen und Kiefern den teilweise gepflasterten und von Legesteinmauern gesäumten Pfad. Nach 30 Min. überwiegen am Weg Dornengewächse, rechts prägt sich immer deutlicher eine Schlucht aus, und neben dem bereits erkennbaren Dorf Kroústas zeichnet sich in der Ferne der mächtige Katharó Tsí-

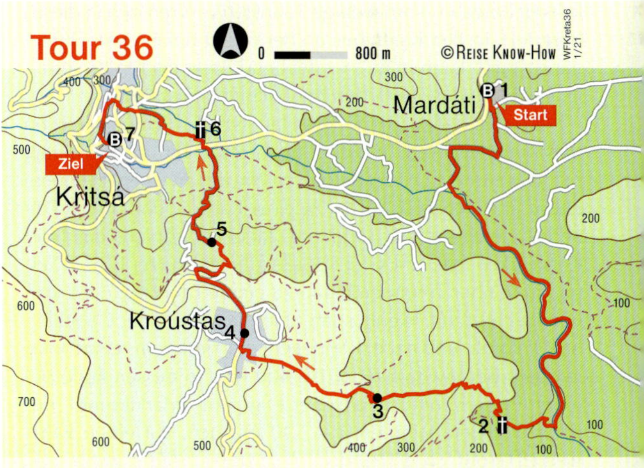

Ⓑ 1 Buswartehäuschen in Mardáti
⛪ 2 Kapelle Ágios Nikólaos
● 3 Bachbett
● 4 Kroústas
● 5 Fahrweg
⛪ 6 Panagía i Kerá
Ⓑ 7 Bushaltestelle

vi (1664 m) ab. Nach Erreichen des höchsten Punktes (ca. 380 m) senkt sich der Pfad in die Schlucht und quert nach 10 Min. das hier etwa 350 m hohe **Bachbett (3).** **ca. 2 ¼ Std.**

Auf der anderen Schluchtseite auf einem gut erhaltenen Maultierpfad wieder aufsteigend, stößt man nach knapp 15 Min. auf einen Fahrweg (ca. 400 m) und folgt diesem nach links. Mandel- und Olivenbäume künden das nahe Dorf an. Etwa 10 Min. später zweigt nach einem Johannisbrotbaum vor einer Linkskurve (ca. 450 m) dann rechts ein Maultierpfad in Richtung Kroústas ab. Er stößt wieder auf den Betonweg, dem man geradeaus folgt, wobei ein Abzweig nach rechts ignoriert wird. Gegenüber einer ummauerten Steineiche (sie war bis 2014 fast dreimal so groß, wurde aber von einem Blitzschlag getroffen) geht es neben einem alten Dreschplatz rechts in einen schmalen Betonweg ab (rote Markierung), der zwischen Gemüseparzellen, Maulbeer-, Oliven-, Mandel- und Zitronenbäumen die ersten Häuser von Kroústas passiert. Kurz darauf biegt man nach einem Strommast links/bergauf in eine Gasse ein, geht in der Folge noch zweimal links und überquert nach rechts den Hof der Dorfkirche. Auf der von Maulbeerbäumen beschatteten Durchgangsstraße erreicht man (rechts haltend) in wenigen Minuten das ca. 520 m hohe Zentrum von **Kroústas (4)** mit einem Kiosk, einer Taverne und zwei Kafeníons. Kroústas hat sich noch seine Ursprünglichkeit bewahrt – nur wenige Touristen verirren sich in dieses Bergdorf. In den Kafeníons an der wenig befahrenen Durchgangsstraße kann man – weitgehend unter älteren Kretern – in aller Ruhe das Dorfleben beobachten. **ca. 3 Std.**

Man verlässt den Ort auf der Hauptstraße Richtung Norden und biegt nach ca. 10 Min., noch etwa 450 m hoch, halb rechts/abwärts in einen Betonweg ein, der an einem Brunnenhaus mit Trinkwasser vorbei zu einer Kapelle führt. In der Ferne ist, gleichsam am Berghang „klebend", bereits das Dorf Kritsá erkennbar. Links der Kapelle führt ein kurzer Pfad in Serpentinen über Terrassen hinab zu einem Fahrweg, dem man nach rechts folgt. Wenig später biegt man an einer Gabelung halb links ab, und nach 3 Min. geht es, wiederum scharf links, in einen Betonweg hinein (ca. 400 m). An dessen Ende beginnt links ein naturbelassener Pfad (rote Markierung), der nach wenigen Minuten, ca. 530 m hoch, auf einen **Fahrweg (5)** stößt. **ca. 3 ½ Std.**

Panagía i Kerá – Besuch bei der Gottesmutter

Panagía i Kerá („Gottesmutter, die Herrin"), eine 600 bis 700 Jahre alte Kirche, liegt unter schlanken Zypressen am Rande von Olivenhainen nahe der Hauptstraße bei Kritsá. Der dreischiffige **Kreuzkuppelbau** mit bis zum Boden reichenden Stützmauern wirkt äußerlich unscheinbar.

Berühmt wurde Panagía i Kerá vor allem durch das prachtvolle Innere mit **byzantinischen Fresken,** welche die Wände der drei Schiffe bedecken. Die farbenfrohen Malereien zeigen alle Stile der kretischen Kirchenmalkunst. Im Mittelschiff befinden sich die ältesten Fresken (13. Jh.), ausgeführt im orthodoxen byzantinischen Stil und geprägt durch feste Formen, Linearität und dunkle Farben. Das Nordschiff, das dem **Heiligen Antónios** geweiht ist, bietet eine schon fortgeschrittene Farbabstimmung, die Gesichter sind aber noch relativ ausdruckslos. Die Fresken im Südschiff aus dem frühen 14. Jh. stehen im Zeichen der sogenannten **Kretischen Schule,** die durch die italienische Renaissance beeinflusst ist. Die Wandmalereien sind hier frischer, lebendiger, überzeugender.

Öffnungszeiten: ganzjährig 8.30–15.30 Uhr

Es geht links und man erreicht, alle Abzweige ignorierend, nach etwa 20 Min. die Straße nach Kritsá (ca. 220 m), und zwar direkt an der Bushaltestelle gegenüber der Kirche **Panagía i Kerá (6)** (Hinweis: Wer Kritsá nicht mehr besuchen will, kann schon hier die Rückfahrt nach Ágios Nikólaos antreten). **3 ¾ Std.**

Neben dem Eingang zur Kirche führt zwischen zwei Souvenirshops ein Feldweg in die Olivenhaine und Weinfelder. Dies ist der richtige Weg. Bei der folgenden T-Gabelung geht man rechts, durchwandert bald darauf eine Linkskurve (hier also nicht geradeaus!), überquert nach ca. 10 Min. die Straße nach Lató und hält sich bei einer Spitzgabelung rechts/bergauf. Der folgenden Teerstraße muss man einige Meter nach rechts folgen, ehe es dann links auf breiten Betonstufen hoch zur Kirche geht. Die Gasse gegenüber dem Kircheneingang führt in wenigen Minuten durch das Dorf Kritsá zur **Bushaltestelle (7)** auf ca. 280 m Höhe. **4 ¼ Std.**

Tour 37

Durch die Kritsá-Schlucht nach Lató – Eine schattige Schlucht, eine historische Bergfestung

Die antike Stadt Lató liegt in traumhafter Lage auf einem einsamen Aussichtshügel. Dass man sich diesem Hügel durch die wilde Kritsá-Schlucht nähert, macht den besonderen Reiz der Tour aus.

Kritsá ist eines der schönsten und größten Bergdörfer Kretas. Es schmiegt sich malerisch an einen felsigen Berghang. Die vielen Geschäfte mit Webarbeiten und teilweise hochwertigen Kunstgegenständen locken in der Saison zwar Ausflugsbusse und Touristengruppen an, doch hat das dem Ort bislang nicht seine **Ursprünglichkeit** nehmen können.

111kr wf

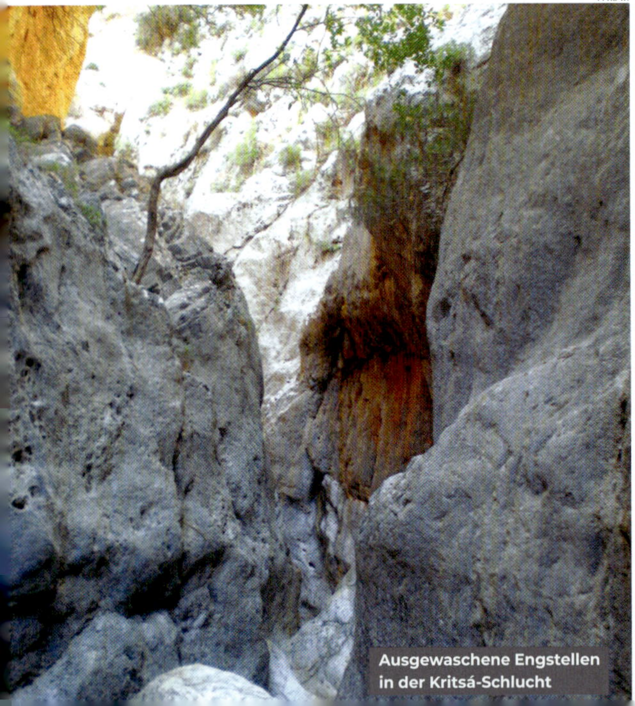

Ausgewaschene Engstellen in der Kritsá-Schlucht

Kurze Informationsübersicht

Länge: 13,1 km
Gehzeit: ca. 3 ¾ Std.
Auf-/Abstieg: je 390 m
MITTELSCHWER

Ausgangspunkt: Bushaltestelle im Bergdorf Kritsá
Wegeigenschaften: Fahrwege, Pfade, in der Schlucht zwei leichte, gesicherte Kletterstellen in der Engstelle, markiert mit roten Punkten und Steinmännchen während des Abstiegs über einen alten Pfad nach Kritsá
Einkehrmöglichkeiten: Tavernen und Cafés in Kritsá
Bademöglichkeiten: keine
Anfahrt: Busse von Ágios Nikólaos nach Kritsá Mo–Fr um 6, 8, 10.15, 12.15 und 13.15 Uhr, Sa–So um 6, 8, 11.15 und 13.15 Uhr, Fahrzeit 15 Min., 10 km
Rückfahrt: Busse von Kritsá nach Ágios Nikólaos Mo–Fr um 10.45, 12.30, 13.45, 15, 16.30 und 18.30 Uhr, Sa–So um 11.30, 13.30, 14.45 und 16.30 Uhr, Fahrzeit 15 Min., 10 km

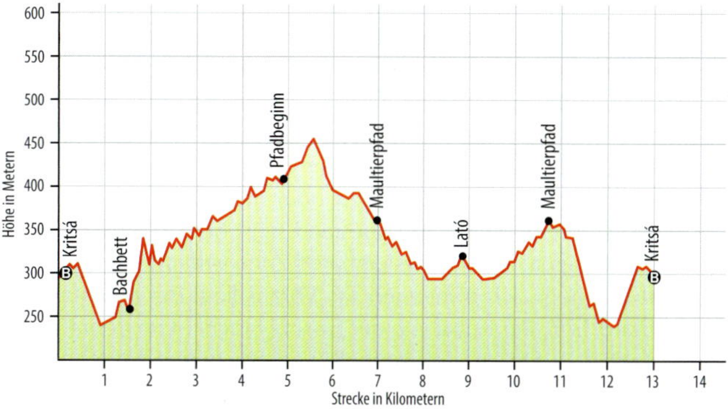

Wegbeschreibung

Der Bus hält auf ca. 280 m Höhe in der unteren Ortshälfte von **Kritsá (1).** Man folgt der zunächst breiten Straße bergauf und schlendert an einer Kirche vorbei ins obere Dorf, wo einen nach wenigen Minuten ein schattiger Platz mit Kafeníon und Tavernen erwartet. Nach der Überschreitung des oberen Platzes von Kritsá hält man sich an der Gabelung zum ausgeschilderten „Plateau of Katharó" geradeaus. Die enge Gasse schlängelt sich weiter durch das Dorf. Bei einer Gabelung (mit großem Strommast) geht es halb rechts/bergab auf die große Pfarrkirche des oberen Ortsteils zu. Vor der Kirche links halten und sofort rechts einen gestuften Betonweg hinabgehen.

Nach der – nach rechts versetzten – Überquerung einer Teerstraße setzt sich die Route in Gestalt eines hübschen Pflasterwegs fort, der von Kakteen, Steineichen, Oliven- und Johannisbrotbäumen gesäumt wird und sogleich in ein Betonsträßchen übergeht. Ca. 3 Min. nach der Teerstraßenquerung bei einer Gabelung halb links halten. Noch ca. 100 m, dann verlässt man Kritsá beim Ortsausgangsschild nach links auf der Straße nach Lató (Höhe ca. 240 m). **ca. 15 Min.**

Nach der Überquerung einer Brücke biegt man nach links in einen aufwärts ziehenden Schotterweg ein (Schild: „To the Gorge"). Wenig später folgt man dann bei einer Gabelung abermals einem entsprechenden Schild und wandert somit links/bergab. Vor einem Tor führt ein kurzer schmaler Pfad in das mit Kies bedeckte, hier etwa 250 m hohe trockene **Bachbett (2). ca. 30 Min.**

Im Trockenbett nach rechts aufsteigend, erreicht man ca. 10 Min. später eine faszinierende, nur 1,50 m breite Engstelle (ca. 280 m), deren Wände um die 200 Meter emporragen. Es folgen einige vom Wasser ausgewaschene Passagen, bei denen im weiteren Anstieg die Hände zu Hilfe genommen werden müssen. Gut 15 Min. nach der Engstelle weitet sich die Schlucht. Im steinigen Bachbett oder auf Pfaden daneben geht es durch reichen Baumbestand sanft bergauf. Nach einem niedrigen, leicht übersteigbaren Zaun verläuft das Bachbett in einem sich öffnenden Tal. Voraus liegt der mächtige Katharó Tsívi, der Kritsá von der Lassíthi-Hochebene trennt.

Nach 1 ¼ Std. im Trockenbett wird vor einem Maschendrahtzaun das Flussbett verlassen (hier endet ein von Tápes heranziehender Fahrweg hinter einem Tor; Höhe 410 m) und man wendet sich scharf rechts zum Ansatz eines steinigen **Pfads (3).** **1 ¾ Std.**

Er geht bald in einen Maultierpfad über, der schöne Blicke in das Tal des Aufstiegs freigibt. Man wandert zwischen Olivenbäumen, Ginster, Buschwerk und Thymian und erreicht nach 15 Min. mit ca. 460 m den höchsten Punkt der Tour. Der jetzt rötliche, steinige Pfad windet sich durch Macchia nun ab-

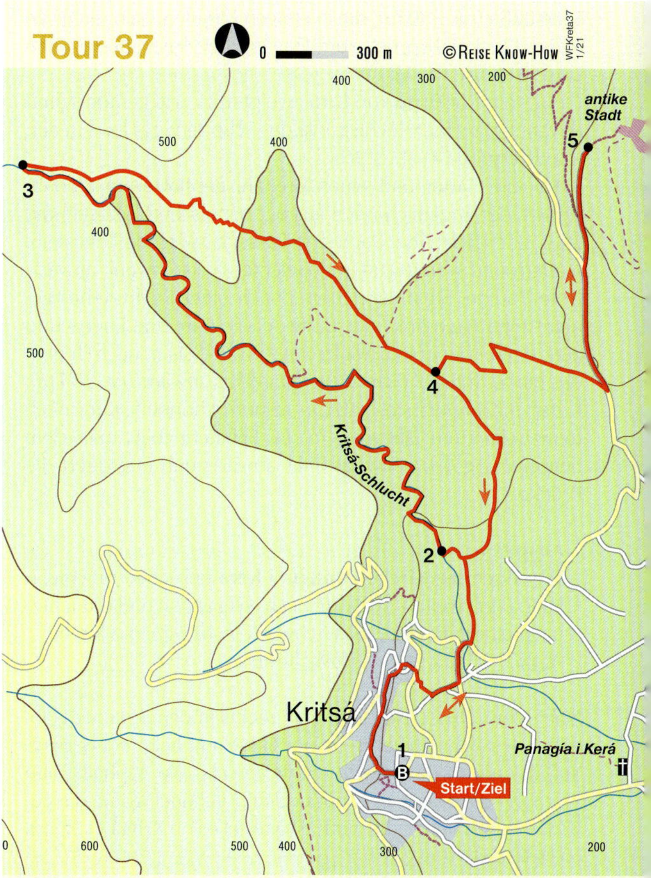

- Ⓑ 1 Kritsá
- 2 Bachbett
- 3 Pfadbeginn
- 4 Maultierpfad
- 5 Lató

wärts und stößt nach wenigen Minuten bei einem Schafspferch auf einen Schotterweg (ca. 405 m). Man geht ihn geradeaus, wandert leicht bergab und ignoriert knapp 10 Min. später einen Linksabzweig. Zur Information: Ein paar Minuten später, in einer Linkskurve der Schotterstraße, beginnt geradeaus ein **Maultierpfad (4),** der parallel zu einem Maschendrahtzaun verläuft (Höhe 360 m). **ca. 2 ¼ Std.**

Auf diesem Pfad kehrt man nach dem Besuch von Lató nach Kritsá zurück. Jetzt aber folgt man zunächst der Schotterstraße weiter abwärts und nach einer Weile links einer Teerstraße (ca. 290 m), die in einigen Minuten, halb rechts an einem Denkmal vorbei, zum Eingang der Ausgrabungsstätte **Lató (5)** führt. **ca. 2 ¾ Std.**

Auf dem Rückweg von Lató zweigt man, wie gerade schon erwähnt, vor einer Rechtskurve des Schotterwegs links in den **Maultierpfad (4)** ab. **3 Std.**

Auf ein Gatter und einen breiten, gepflasterten Pfadabschnitt, der angeblich noch aus der minoischen Zeit stammt, folgt eine leicht überwachsene Passage zwischen Legesteinmauern und wenig später ein leichter Linksschwenk abwärts (rote Punkte, Steinmännchen). Nach einer Rechtskehre genießt man nach links die weite Aussicht in eine Ebene und kurz darauf die ersten Blicke auf Kritsá. 15 Min. nach Beginn des Pfades führt ein Fahrweg halb rechts abwärts (ca. 285 m). Kritsá präsentiert sich jetzt in seiner Schönheit. Kurz nach dem bekannten Abzweig in die Schlucht folgt man dem Schotterweg des Hinwegs links abwärts und überquert die Brücke.

Abstecher

Wer noch die **Kirche Panagía i Kerá** besuchen möchte, kann den zweiten Abzweig nach links gehen und erreicht nach einem Rechts-Links-Schwenk in 10 Min. die Kirche. Auch dort gibt es eine Bushaltestelle.

Nach dem Ortsschild biegt man rechts in den Betonweg ab, hält sich 2 Min. später bei einer Gabelung halb rechts/bergauf, überquert dann nach rechts versetzt die Asphaltstraße und folgt der Gasse gegenüber dem Kircheneingang, die zurück ins Dorf und somit zur Bushaltestelle von **Kritsá (1)** führt. **ca. 3 ¾ Std.**

Lató – eine alte Bergfestung

Lató wurde im 8. Jh. v. Chr. von den Dorern gegründet. Lange nach der minoischen Zeit erbaut, war die Siedlung im Gegensatz zu den unbefestigten Palästen der Minoer eine fast uneinnehmbare **Bergfestung.** Da Touristenströme ausbleiben, liegt heute die Stille der Bergwelt über den erhaltenen Ruinen, die sämtlich aus archaischer, klassischer und hellenistischer Zeit stammen.

Geht man vom Eingang zwischen den starken Grundmauern der Wohnhäuser aufwärts, gelangt man zur Agora (Marktplatz), dem Zentrum der antiken Stadt. In der Platzmitte ist neben einer großen Zisterne auch das **Hauptheiligtum** von Lató noch gut erhalten, ein der Göttin *Eileithyia* geweihter Tempel. Steigt man auf den Hügel gegenüber der breiten Schautreppe, lässt sich an der Küste das etwa 15 km entfernte Ágios Nikólaos ausmachen, wo sich früher der **Hafen von Lató** befand. In späthellenistischer Zeit verlor die Höhensiedlung ihre Bedeutung, seit frühchristlicher Zeit liegt sie verlassen.

Lató gehört seit 1901, als hier französische Archäologen den Spaten ansetzten, zu den am gründlichsten erforschten antiken Stätten Kretas.

048kr wf

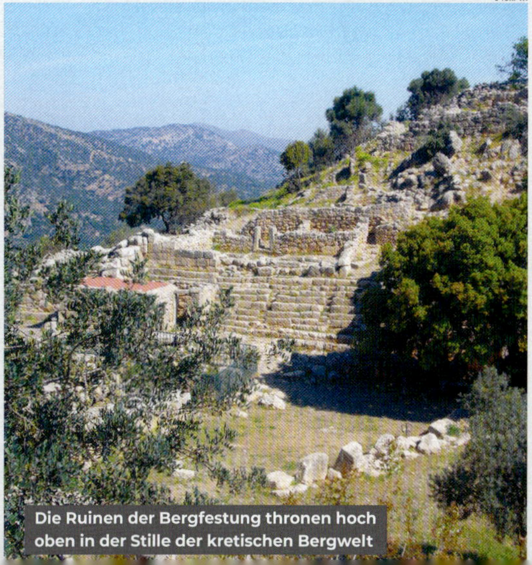

Die Ruinen der Bergfestung thronen hoch oben in der Stille der kretischen Bergwelt

Tour 38

Von Thriptí auf den Aféndis Stavroménos –

Ein Aussichtsgipfel zwischen den Meeren

Eine abgeschiedene Alm, die Gegensätzlichkeit der Landschaftsformen im alpin anmutenden Thriptí-Gebirge und der traumhafte Rundblick von der höchsten Erhebung dieses Gebirgszugs reizen.

Die scheinbar unbewohnte, hoch gelegene **Alm Thriptí** ist der Ausgangspunkt dieser Gipfeltour. Nach der Baumgrenze setzt ein überraschend steiler Pfad ein, der sich über die felsigen Hänge des **Thriptí-Gebirges** emporschlängelt. Der erhabene **Aféndis Stavroménos** (1476 m) ist in jedem Fall diese Mühe wert.

050kr wf

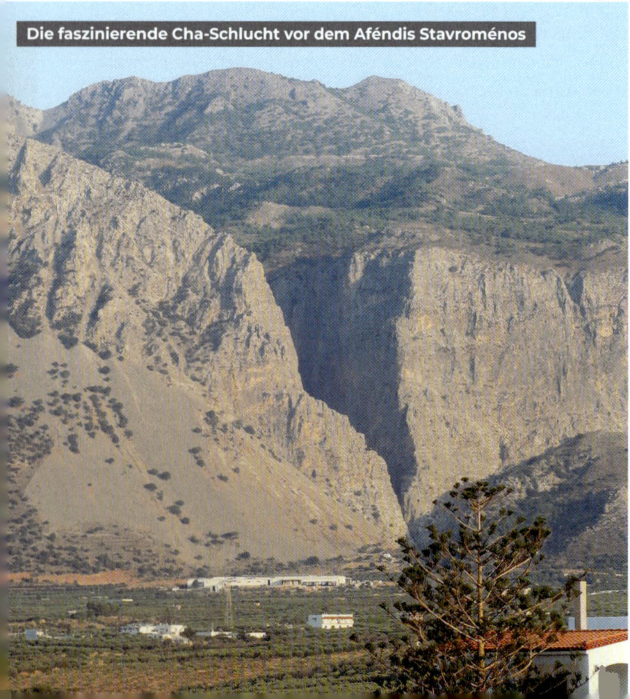

Die faszinierende Cha-Schlucht vor dem Aféndis Stavroménos

Karte auf S. 293

Kurze Informationsübersicht

Länge: 6,6 km
Gehzeit: ca. 3 ¼ Std.
Auf-/Abstieg: je 630 m
MITTELSCHWER

Ausgangspunkt: Ortseingang der Alm Thriptí
Wegeigenschaften: Fahrwege und ein felsiger Bergpfad, markiert mit Wegweisern, roten Punkten und Steinmännchen bis zum Waldweg sowie Steinmännchen und orange-grünen Punkten bis zum Fahrweg unterhalb des Gipfels
Einkehrmöglichkeiten: die empfehlenswerte, ursprüngliche Taverne *To Probarma* auf der Alm Thriptí mit schönem Blick auf den Aféndis Stavroménos; wird überwiegend von Einheimischen besucht
Bademöglichkeiten: keine
Anfahrt: mit Privatfahrzeug über eine schmale Beton-Teer-Straße von Káto Chorió; auf diesem Panorama-Sträßchen sollte man sich Zeit nehmen und die Ausblicke genießen
Rückfahrt: mit Privatfahrzeug

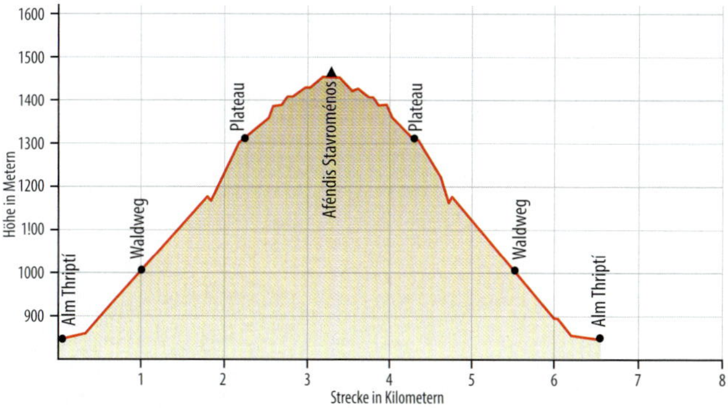

Wegbeschreibung

Vom Platz am westlichen Ortseingang der **Alm Thriptí (1)** folgt man, ca. 845 m hoch, einer schmalen beschilderten Teerstraße nach Südosten (von Káto Chorió kommend halb rechts). Bei einer roten Markierung und einem Steinmännchen zweigt nach ca. 5 Min. ein Schotterweg scharf rechts ab. Dies ist der richtige Weg. Hinweis: Die folgenden Abzweigungen bis zum Kiefernwald sollte man sich für den Rückweg einprägen! Bei der nächsten Gabelung hält man sich rechts und nach wenigen Metern auf einem Betonweg links. Gelegentlich weisen verlassene Gebäude darauf hin, dass auch Thriptí unter dem Wegzug der Jugend leidet. Der Weg wird vorübergehend schmal und überquert einen Fahrweg. Nach einem kurzen Steilstück beginnt rechts bei einer breiten Treppe ein Pfad, dem man folgt. **15 Min.**

Einige Minuten lang wandert man schattig durch die saftig grünen Weinfelder oberhalb von Thriptí. Der Pfad mündet in einen Fahrweg. Hier links und ein paar Meter weiter nach einem verfallenen Häuschen halbrechts ein kurzes, steiles Pfadstück aufwärts gehen. Wieder auf dem Fahrweg trifft man, sich links haltend, nach 50 m auf ca. 1000 m Höhe (bei Steinmännchen und orangenen Markierungen) auf einen rechts abzweigenden **Waldweg (2)**. **30 Min.**

Kiefern, Steineichen, üppig grüne Lichtungen und der von Kiefernnadeln bedeckte Pfad vermitteln dem Wanderer das Gefühl unberührter Natur. Nach 15 Min. wird das Gelände

108kr wf

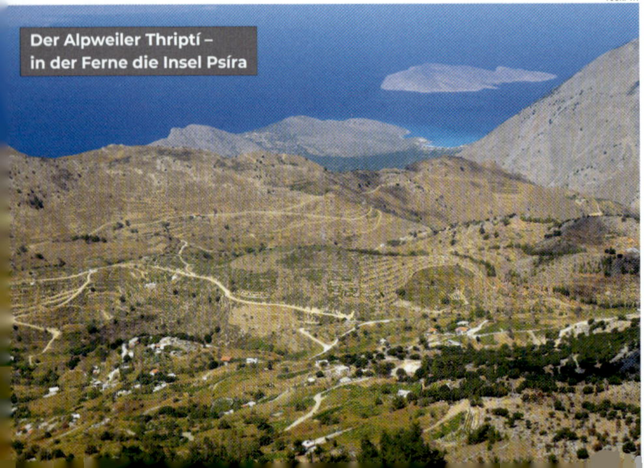

Der Alpweiler Thriptí – in der Ferne die Insel Psíra

kahler und felsig. Der Pfad schraubt sich über Geröll in Serpentinen aufwärts und bietet immer wieder faszinierende Ausblicke hinab nach Thriptí, auf die Insel Psíra und Ágios Nikólaos. Oberhalb erheben sich bedrohlich die Felswände des Thriptí-Massivs. Der steile Anstieg endet an einem weiten, leicht abschüssigen **Plateau (3)** (ca. 1310 m). **ca. 1 ½ Std.**

Den Gipfel bereits vor Augen, kreuzt man nach ca. zehnminütiger Passage des Plateaus auf schotterigem Pfad durch Macchia und an zerzausten Steineichen vorbei das Schottersträßchen zum Gipfel. Diesem folgt man 5 Min. später bergwärts nach links. Bequem führt es in knapp 15 Min., vorbei am Sendemast, zum 1476 m hohen Gipfel des **Aféndis Stavroménos (4).** Am Betonsockel neben der Gipfelkapelle genießt man einen grandiosen Ausblick hinunter zur Nordküste mit Ágios Nikólaos und der Insel Kalidón/Spinalónga, aber ebenso zur Südküste mit der Insel Koufonísi und auf die „Wespentaille" im Westen – die schmalste Stelle Kretas. **2 Std.**

Der Abstieg erfolgt auf der Aufstiegsroute. Nach etwa 1 ¼ Std. ist **Thriptí (1)** wieder erreicht. **ca. 3 ¼ Std.**

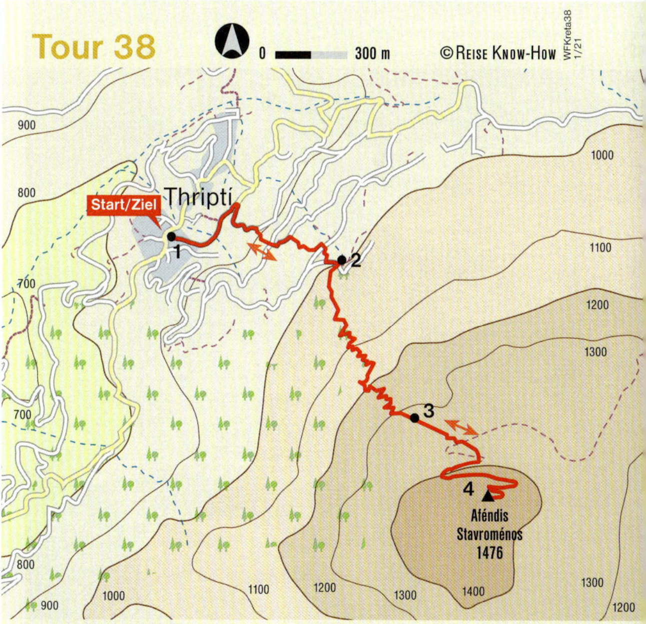

- 1 Alm Thriptí
- 2 Waldweg
- 3 Plateau
- ▲ 4 Aféndis Stavroménos

Tour 39

Von Kavoúsi entlang der Thriptí-Schlucht –

Altes Aquädukt, eine wilde Schlucht

Der atemberaubende Verlauf dieses Aquädukts über einer wilden Schlucht sucht auf Kreta seinesgleichen. Der älteste Olivenbaum der Insel liegt als Rarität am Schluss direkt am Weg.

Diese Tour erschließt weitere Facetten des **Thriptí-Gebirges.** Das von der Imkerei lebende Dorf **Mélisses** ist die erste Etappe des Aufstiegs. Weiter aufwärts im Gebirge folgt der abenteuerliche Abstieg entlang eines sprudelnden Wasserlaufs oberhalb der **Thriptí-Schlucht** zurück nach Kavoúsi, dem Ausgangspunkt.

036kr wf

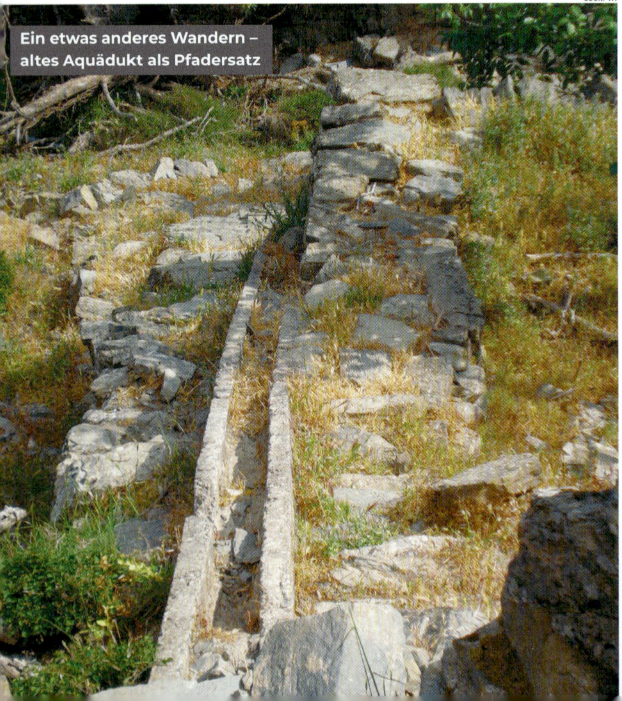

Ein etwas anderes Wandern – altes Aquädukt als Pfadersatz

Kurze Informationsübersicht

Länge: 12,9 km
Gehzeit: ca. 4 Std.
Auf-/Abstieg: je 670 m
MITTELSCHWER

Ausgangspunkt: Bushaltestelle in Kavoúsi
Wegeigenschaften: Fahrwege und ursprüngliche Pfade, kurzer, steiler Abstieg in die Thriptí-Schlucht, Panoramapfad über der Schlucht, markiert mit roten Punkten und Steinmännchen an manchen kritischen Abzweigungen
Einkehrmöglichkeiten: eine idyllisch gelegene, einfache Taverne vor dem ältesten Olivenbaum, ein Kafeníon an der Platía in Kavoúsi und Tavernen an der Hauptstraße
Bademöglichkeiten: keine
Anfahrt: Sitía-Bus von Ágios Nikólaos nach Kavoúsi Mo–Sa um 6.15, 8.30 und 12 Uhr, So um 8.30 und 12 Uhr, Fahrzeit knapp 30 Min., 25 km
Rückfahrt: Bus von Kavoúsi nach Ágios Nikólaos täglich um ca. 13, 15.15, 17.30 und 20.30 Uhr

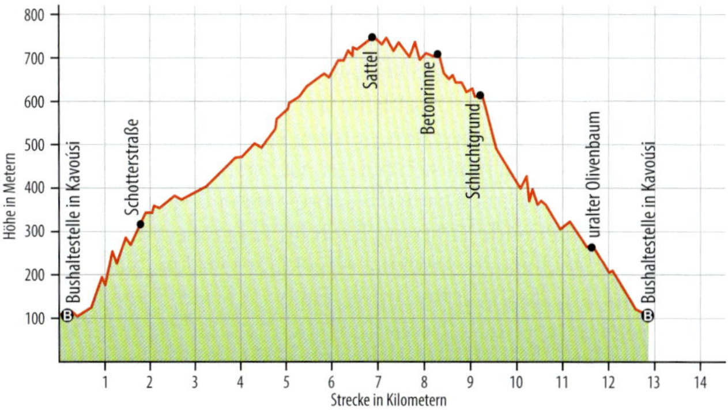

Wegbeschreibung

Von der **Bushaltestelle in Kavoúsi (1)** folgt man der Hauptstraße (Höhe ca. 110 m) für 2 Min. in Richtung Sitía, und zwar bis zum Schild „Archeological Site". Hier rechts in eine schmale Teerstraße abzweigen. Das Thriptí-Massiv und den Schluchteinschnitt vor Augen, biegt man nach ca. 100 m von der Teerstraße links in einen Feldweg ab, verlässt ihn aber jenseits eines Olivenhains kurz vor dem Schluchteingang links auf einem hier einsetzenden und aufwärts ziehenden Maultierpfad (Steinmännchen). **ca. 10 Min.**

Während des Aufstiegs richtet sich die Aufmerksamkeit immer wieder auf die senkrechten Wände der unteren Thriptí-Schlucht. Linker Hand erheben sich die schroffen Berge des Ornó-Gebirges. Blickt man zurück, erkennt man Ágios Nikólaos – nur noch eine kleine Ansammlung von weißen Punkten in der Ferne. Der Pfad endet auf ca. 310 m Höhe bei einer **Schotterstraße (2). ca. 45 Min.**

Man folgt ihr geradeaus/aufwärts und erkennt am Rand der oberen Thriptí-Schlucht bereits die – für später wesentliche – Beton-Wasserrinne als feine Linie über dem Schluchtrand. Nach knapp 15 Min. wandert man zwischen Schilf, Eichen, Olivenbäumen und Anbauparzellen an einigen Gebäuden des Streuweilers Mélisses (ca. 350 m) vorbei, der von der Landwirtschaft und – wie der Name schon andeutet – von der Imkerei lebt. Wenig später hält man sich bei einer Gabelung der Schotterstraße rechts, umgeben von Schilf und Weinfeldern, aus denen Zypressen aufragen – Natur pur. Nach gut 5 Min. folgt ein Rechtsabzweig. Eine Kapelle aus Naturstein wird passiert, man ignoriert nach knapp 10 Min. einen Weg nach rechts und folgt dem Hauptweg für 20 Min. **ca. 1 ½ Std.**

Die sich weitenden Ausblicke auf die Nordküste und auf Ágios Nikólaos machen den Aufstieg kurzweilig. Schon hoch über Mélisses hält man sich bei der nächsten Gabelung scharf rechts, d.h. aufwärts. Der in weit auseinander liegenden Spitzkehren verlaufende Fahrweg kann im Folgenden durch Salbei und Stechginster zweimal abgekürzt werden. Nach gut 45 Min. auf der Schotterstraße bietet sich am Saum einer Linkskehre (ca. 660 m) eine herrliche Aussicht hinab auf Kavoúsi. Nicht lange darauf ist, ca. 740 m hoch, ein flacher **Sattel (3)** erreicht. **2 ¼ Std.**

Im Blick liegt der schroffe Aféndis Stavroménos (1476 m), der höchste Berg des Thriptí-Massivs. Man umrundet am Fuß des Klíros (1331 m) das Tal zur Rechten langsam in einer weiten Rechtskehre – im Talgrund erkennt man Gebäudereste und aufgegebene Terrassen, halb überwuchert von Steineichen, Mandel- und Feigenbäumen. Knapp 15 Min. nach dem Sattel verlässt man die Schotterstraße 200 m nach einer Linkskurve, steigt auf und neben einer sie querenden **Betonrinne (4)** halb rechts ins Tal zu jenen verfallenen Gebäuden wieder ab (Höhe 710 m). **2 ½ Std.**

Das alte, trockene Aquädukt verläuft auf der anderen Talseite weiter, wird hier aber nur zur Führung eines dicken Wasserschlauchs verwendet. Man folgt seiner Linie. 15 Min. nach

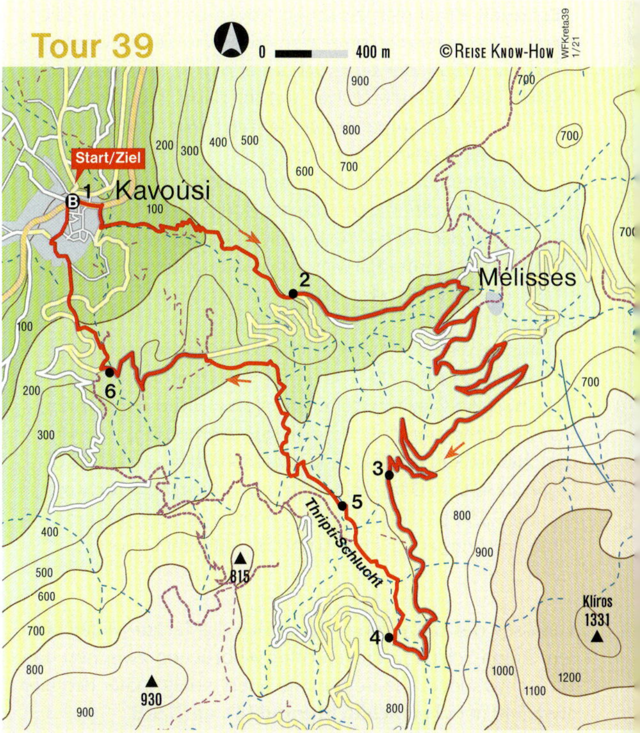

- Ⓑ 1 Bushaltestelle in Kavoúsi
- 2 Schotterstraße
- 3 Sattel
- 4 Betonrinne
- 5 Schluchtgrund
- 6 uralter Olivenbaum

Oliven und Olivenöl

Der **Olivenbaum** ist eine der ältesten Kulturpflanzen der Welt. Allein im Mittelmeerraum unterscheidet man über tausend Varietäten. Die Bäume können, lässt man ihnen Freiheit, bis zu 20 m Höhe erreichen, werden in der Regel aber kräftig gestutzt – weil dies den Ertrag fördert –, sodass man in den kretischen Olivenhainen selten Exemplare findet, die höher als etwa 10 oder 12 m aufragen.

Auf Kreta werden Oliven seit etwa 4000 Jahren angebaut. Der anspruchslose Baum wächst auch auf kargen Böden und vermag Trockenperioden gut zu überstehen, denn die Wurzeln reichen 5 oder sogar 6 m tief in den Grund. Heutzutage wird der **Ertrag** der Olivenhaine allerdings meist durch künstliche Bewässerung gesteigert. **Erntezeit** ist jährlich zwischen November und März (die erste Ernte eines neu gesetzten Olivenbaums kann freilich erst nach fünf oder sechs Jahren erfolgen). Die meist von selbst herabfallenden Oliven werden dabei in großen Netzen am Boden aufgefangen; der Rest wird anschließend mit Rüttelmaschinen geerntet.

Die grünen Oliven unterscheiden sich von den schwarzen lediglich durch den unterschiedlichen **Reifegrad.** Pro Baum werden 60 bis 80 kg Oliven gewonnen. Der zum Verzehr bestimmte Teil wird zur Beseitigung der Bitterstoffe zwei Wochen gewässert und anschließend in Salzlake gelagert.

Aus den meisten Oliven wird jedoch **Olivenöl** hergestellt. Die hohe Qualität (90 % der kretischen Produktion erreicht die höchste Qualitätsstufe „Extra Nativ") wird durch intensive Baumpflege (z. B. Schädlingsbekämpfung) und eine möglichst kurze Zeitspanne zwischen Ernte und Mahlvorgang erreicht. Dank seiner geringen Restsäure (teilweise unter 0,5 %) ist das kretische Olivenöl eines der gesündesten und aromatischsten im ganzen Mittelmeerraum.

Verlassen des Fahrweges verengt sich das Tal zur wilden oberen Thriptí-Schlucht mit schroffen Abbrüchen zwischen den Schluchtwänden. Die Betonrinne quert wenig später den hier etwa 540 m hohen **Schluchtgrund (5). ca. 3 Std.**

An dem 20 m tiefen Felsabsturz an dieser Stelle lässt sich unschwer erkennen, dass die Schlucht für den Bergwanderer unbegehbar ist. Die nun mit plätscherndem, glasklarem Trinkwasser gefüllte Rinne, der weiter gefolgt wird, verläuft bald hoch über der schattigen Schlucht, und fast mit Bedauern verlässt man 30 Min. später das Aquädukt, das hier ca. 350 m Höhe hat, auf einem schmalen Pfad, der halb rechts/bergab führt (Steinmännchen, rote Markierung). Sogleich stößt man auf einen Fahrweg, folgt ihm in leichtem Abstieg nach rechts und biegt nach ca. 100 m links in einen Schotterweg ein (Richtung „Old Olive Tree"), der zwischen Olivenhainen und Zypressen leicht abwärts führt. Linker Hand erheben sich steil die Ausläufer des Thriptí-Massivs. Nochmals zeigt sich Kavoúsi vor der malerischen Insel Psíra. Kurz darauf steht man, etwas über 250 m hoch, vor einem **uralten Olivenbaum (6),** dessen knorriger Stamm einen beeindruckenden Umfang aufweist. **ca. 3 ½ Std.**

Etwa 100 m weiter verlässt man den Schotterweg bei Steinmännchen und einer roten Markierung, und zwar auf einem Pfad, der rechts/bergab zieht, und quert nach ca. 5 Min. versetzt einen Schotterweg. Weiter über Wege und Pfade passiert man nach 10 Min. die große Kapelle des Erzengels *Michael* am Ortsrand und folgt einem Betonweg, vorbei an der Kapelle Ágios Geórgios, hinab zur hübschen Platía von Kavoúsi. Hier wendet man sich nach rechts und erreicht in wenigen Minuten die **Bushaltestelle in Kavoúsi (1). 4 Std.**

Ostkreta

109kr wf

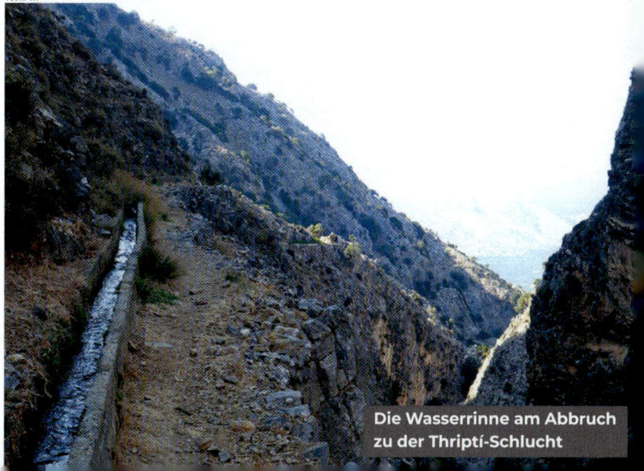

Die Wasserrinne am Abbruch zu der Thriptí-Schlucht

Tour 40
Von Sfáka nach Tourlotí –
Auf Maultierpfaden durchs Ornó-Gebirge

Vor einer imposanten Bergkulisse verläuft diese relativ kurze Tour durch Büsche von Salbei und Thymian und zwischen abgelegenen Weinfeldern über die sanften Höhenrücken des Ornó-Gebirges.

Die Wanderung führt aufwärts von Sfáka in die einsamen Berge am Rande des **Ornó-Gebirges** mit dem dominierenden Askordaliá (1238 m). Pfade und Feldwege tangieren **einzelne Gehöfte** vor dem Abstieg zunächst an einem Schluchthang und später auf abkürzenden Pfaden nach Tourlotí.

049kr wf

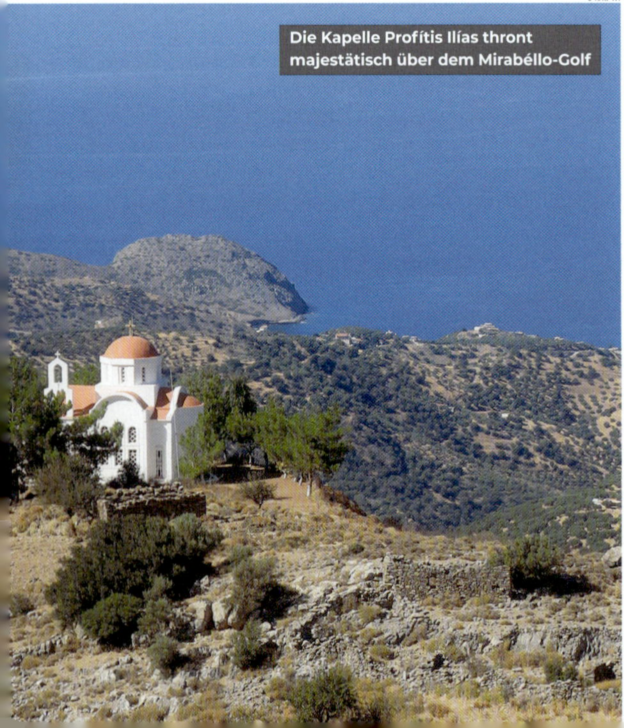

Die Kapelle Profítis Ilías thront majestätisch über dem Mirabéllo-Golf

Kurze Informationsübersicht

Länge: 13,5 km
Gehzeit: ca. 3 Std.
Auf-/Abstieg: 570 m / 520 m
MITTELSCHWER

Ausgangspunkt: Bushaltestelle in Sfáka
Wegeigenschaften: Im ständigen Wechsel von Fahrwegen und Pfaden dringt man tief ins Ornó-Gebirge vor; gelegentlich steilere Passagen, mit roten Markierungen an Stellen, wo es Orientierungsschwierigkeiten geben könnte
Einkehrmöglichkeiten: einfache Taverne in Tourlotí, hier kann man sich die Wartezeit auf den Bus verkürzen
Bademöglichkeiten: keine
Anfahrt: Sitía-Bus von Ágios Nikólaos nach Sfáka Mo–Sa um 6.15, 8.30 und 12 Uhr, So um 8.30 und 12 Uhr, Fahrzeit gut 45 Min., 37 km
Rückfahrt: Bus von Tourlotí nach Ágios Nikólaos täglich um ca. 12.15, 15, 17.15 und 20.15 Uhr, Fahrzeit 1 Std., 40 km

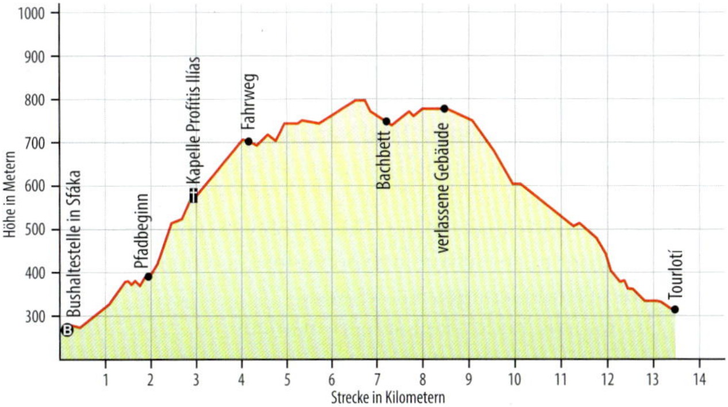

Wegbeschreibung

Von der **Bushaltestelle in Sfáka (1)** (Höhe ca. 265 m) folgt man zunächst breiten, gepflasterten Stufen gegenüber der Abzweigung nach Móchlos aufwärts ins Dorf und wandert danach auf einer Teerstraße unterhalb der Dorfkirche hinauf zum oberen Dorfteil. Am Dorfende geht die Straße nach 7–8 Min. Wanderung in einen Schotterweg über (ca. 305 m). Dieser Weg wird gesäumt von Agaven, Zypressen, Weinreben und Kiefern; Salbei und Thymian verbreiten einen würzigen Duft. Rechts wird man von einem tiefen Tal begleitet. Voraus zeigt sich am Berghang eine weiße Kapelle, und der Rückblick erfasst das Dorf Sfáka, das sich malerisch ins Tal schmiegt. Nach einer Rechtskurve der Schotterstraße zweigt halb links, auf ca. 330 m Höhe, bergwärts ein schmaler Pfad ab. **ca.15 Min.**

Diesem folgend, stößt man bald wieder auf den eben verlassenen Fahrweg, folgt ihm nach links, ignoriert einen Rechtsabzweig und geht kurz darauf am Rande des links unten liegenden Tals, in dem sich der Ort Sfáka befindet. Wenig später wird ein Linksabzweig außer Acht gelassen. Nach einer Rechtskehre des Fahrwegs (ca. 385 m; hier ein Betonbau) geht es halb rechts auf einem schotterigen **Pfad (2)** aufwärts. **ca. 30 Min.**

Dieser wunderschöne Pfad zieht – teilweise gepflastert – zwischen Salbei- und Thymianbüschen bergauf. Im Frühjahr breitet sich beiderseits der Spur zudem ein ganzes Blumenmeer aus. In der Ferne präsentieren sich malerisch die Bergdörfer Tourlotí und Mirsíni. Nach gut 15 Min. stößt man auf eine Fahrwegkreuzung (ca. 510 m). Hier muss man sich rechts halten auf einem überwachsenen Weg (im Vorblick die Kapelle Profítis Ilías), der sich bald zu einem schmalen, weiterhin aufwärts führenden Pfad verengt, der sich wiederum durch seine filigranen Stützmauern hervorhebt. Gut 5 Min. später erreicht man den Zufahrtsweg zur 100 m entfernten **Kapelle Profítis Ilías (3)** auf 570 m Höhe. Das moderne Bauwerk thront majestätisch in exponierter Lage über den Hängen des Ornó-Gebirges. **ca. 45 Min.**

Die Kapelle im Rücken steuert man auf die Zufahrt eines kleinen, 100 m entfernten Wohnhauses zu. Weiter oben am Hügel sieht man eine Hütte – das nächste Ziel. Kurz vor dem

Tour 40

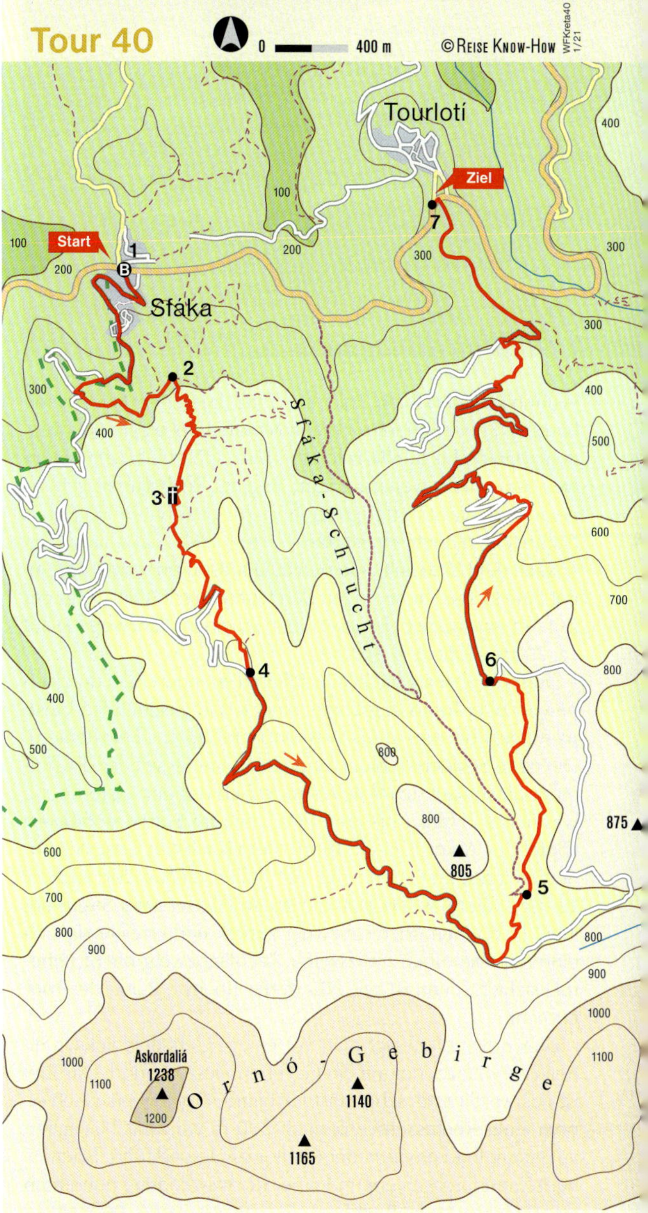

- Ⓑ **1** Bushaltestelle in Sfáka
- • **2** Pfadbeginn
- **3** Kapelle Profítis Ilías
- • **4** Fahrweg
- • **5** Bachbett
- • **6** verlassene Gebäude
- • **7** Tourlotí

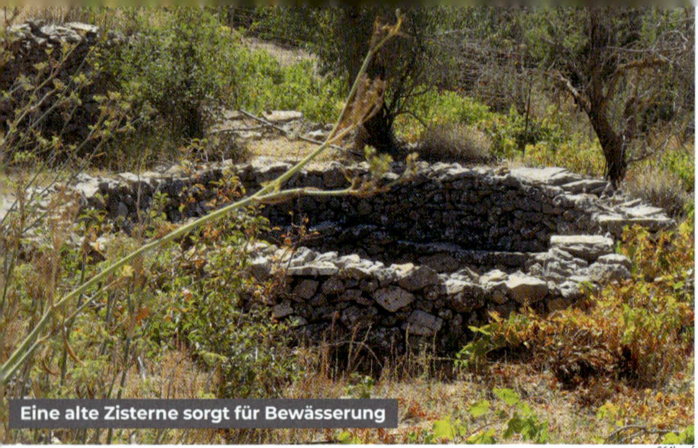

Eine alte Zisterne sorgt für Bewässerung

064kr wf

Wohnhaus führt halb links ein Pfad zwischen Feldsteinen bergauf. Er endet nach wenigen Minuten bei einem Feldweg, dem man rechts aufwärts folgt. 5 Min. später führt ein Betonweg scharf links weiter bergauf. In einer Rechtskurve geht es geradeaus die schotterige Zufahrt zur erwähnten Hütte aus Natursteinen hoch. **ca. 1 Std.**

Nach der Hütte hält man sich auf Pfadspuren rechts, umrundet eine kleine Ebene gegen den Uhrzeigersinn und folgt der Zufahrt eines Doppelhauses hinab zu einem **Fahrweg (4)** auf ca. 700 m Höhe. **1 ¼ Std.**

Diesem Fahrweg nach links folgend, wandert man durch eine von zwei Toren begrenzte, einer Oase gleichenden Obstplantage (mit drei alten Wasserreservoirs aus Feldsteinen). Die nahe Schlucht rechter Hand zieht immer wieder die Aufmerksamkeit auf sich – sie erstreckt sich von der Küstenstraße westlich von Sfáka bis kurz unter den im Süden sichtbaren Gipfel des Askordaliá (1238 m), dem höchsten Berg des Ornó-Gebirges. Im Osten zeigt sich malerisch das Dorf Lástros. Wenig später passiert man die ersten Häuser einer Streusiedlung, lässt einen Rechtsabzweig zurück und erreicht danach eine Kapelle. Noch ein zweiter Rechtsabzweig bleibt unberücksichtigt, dann ist mit 780 m der höchste Punkt der Tour erreicht.

Gleich darauf zweigt man vor einem Geröllfeld links in einen Fahrweg ab, der auf einige Ferienhäuser zuführt. Das Ziel ist das westlichste, schon fast im Talgrund gelegene. Nach einem Links-Rechtsschwenk nach 200 m wird das Häuschen auf einem Pfad passiert, der Richtung Talgrund führt. Nach einem Zaundurchschlupf und einer Rechtswendung quert man das ausgetrocknete **Bachbett (5)** (ca. 740 m). **ca. 1 ¾ Std.**

Auf der anderen Talseite setzt sich der jetzt gepflasterte Maultierpfad hoch über der baumbestandenen Sfáka-Schlucht fort. Ein Gatter zurücklassend, folgt man nach knapp 30 Min. bei **verlassenen Gebäuden (6),** nun ca. 770 m hoch, einem Betonweg nach links. **2 ¼ Std.**

Er führt in vielen Kehren, die sich aber auf kurzen Pfadstücken abkürzen lassen, durch Olivenhaine und Weinfelder hinab ins Dorf Tourlotí. Die Abkürzer en detail: In der ersten Linkskehre nach ca. 2 Min. geradeaus auf einem schmalen Pfad mit Stützmauern bis zum Betonweg nahe einer weiteren Linkskehre (ca. 685 m); am Ende der Kehre rechts abwärts bis zur Talkante, dann links hinab zum Fahrweg vor einer Linkskehre (ca. 650 m); etwa 10 m nach der Kurve rechts hinab zum Betonweg unterhalb einer runden Steinmauer (ca. 620 m); diesem Weg bergab eine ganze Weile folgen und schließlich scharf rechts in einen kleinen Fahrweg abzweigen (ca. 490 m); nach einer verwachsenen Passage einem Schotterweg nach links zum Hauptweg folgen. **2 ¾ Std.**

Der Fahrweg zieht sich nun zwischen Weinfeldern, Zypressen, Oliven- und Mandelbäumen dahin. Rechter Hand befindet sich das kleine Dorf Mirsíni. Nach etwa 15 Min. überquert man die Küstenstraße am Ortseingang von **Tourlotí (7)** mit der Bushaltestelle am etwa 310 m hoch gelegenen großen Parkplatz. Am Friedhof vorbei gelangt man zur Platía mit einer einfachen Taverne. **3 Std.**

110kr wf

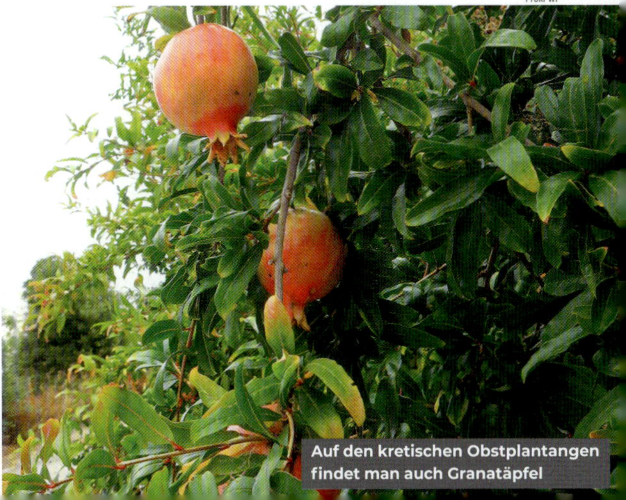

Auf den kretischen Obstplantangen findet man auch Granatäpfel

Tour 41
Von Zákros durch das „Tal der Toten“ nach Káto Zákros –
Antiker Palast mit Traumstrand

Die Höhlen im rötlichen Sandstein der Wände eines tiefen Canyons versetzen den Wanderer in die Antike, als sie als Gräber dienten. Nach dem Schluchtende beeindrucken die Ausgrabungen des viertgrößten minoischen Palastes auf Kreta.

Von Höhlen zerfurcht sind die Schluchtwände der **Zákros-Schlucht** („Tal der Toten“), durch die man absteigt. Am Ende des Canyons im äußersten Osten Kretas lässt sich ein Besuch des antiken **Káto Zákros** mit einem geruhsamen Strandaufenthalt in der gleichnamigen Küstensiedlung verknüpfen.

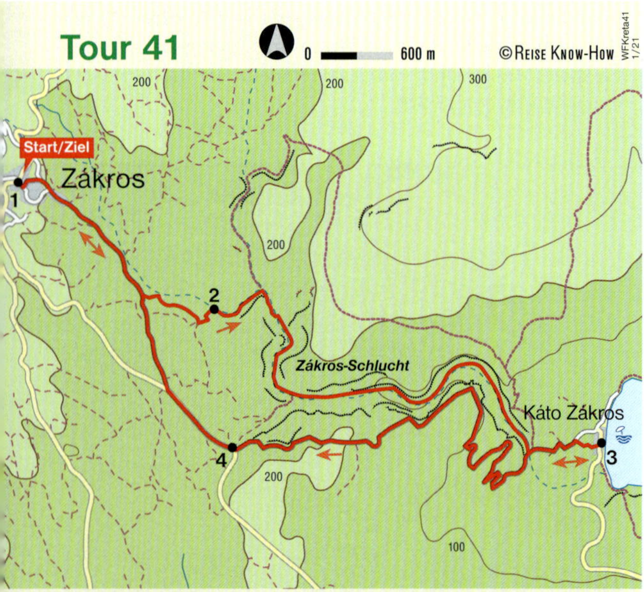

- 1 Zákros
- 2 Talbeginn
- 3 Káto Zákros
- 4 Asphaltstraße nach Zákros

Kurze Informationsübersicht

Länge: 12,7 km
Gehzeit: ca. 3 ¾ Std.
Auf-/Abstieg: je 400 m
LEICHT

Ausgangspunkt: Dorfplatz von Zákros
Wegeigenschaften: Fahrwege und ein angenehmer, leicht abschüssiger Pfad in der schattigen, baumreichen Schlucht, E4-Markierungen und rote Punkte bis Káto Zákros
Einkehrmöglichkeiten: Tavernen am Strand von Káto Zákros und in Zákros
Bademöglichkeiten: Kiesstrand in der malerischen Bucht von Káto Zákros
Anfahrt: Bus von Palékastro nach Zákros Mo–Fr um 6.30 und 11.30 Uhr, Sa–So um 11.30 Uhr, Fahrzeit 30 Min., 20 km
Rückfahrt: Bus von Zákros nach Palékastro Mo–Fr um 12.40 und 15.40 Uhr, Sa–So um 15.40 Uhr

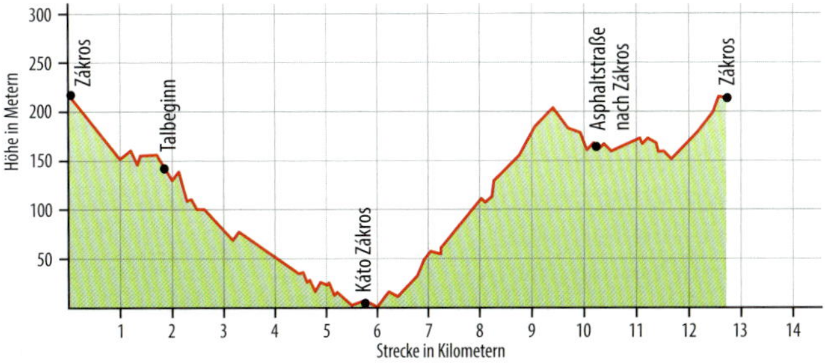

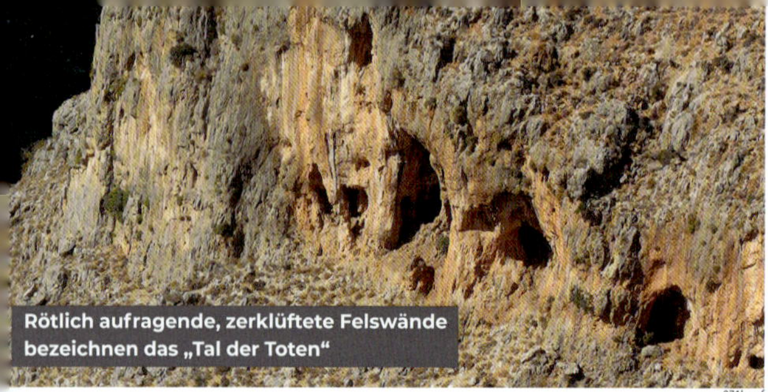

Rötlich aufragende, zerklüftete Felswände bezeichnen das „Tal der Toten"

071kr wf

Wegbeschreibung

Am Dorfplatz (ca. 220 m) von **Zákros (1)** folgt man links dem Schild nach Káto Zákros, beachtet nach ca. 50 m einen Linksabzweig und geht die Teerstraße in einem weiten Rechtsbogen schließlich nach Südosten. Man wandert zwischen Weinfeldern und Gemüseparzellen an den letzten Häusern vorbei und etwas später durch Olivenhaine, Schilf, Palmen und Oleander oberhalb eines üppig grünen Tals. Etwa 20 Min. nach Zákros bleibt ein Linksabzweig unberücksichtigt. Man hält sich über dem Taleinschnitt und gewinnt erste Eindrücke von der Zákros-Schlucht, die vor einem liegt. Nach einem – wiederum unberücksichtigten – Rechtsabzweig führt der E4-Weg in wenigen Minuten links hinab ins **Tal (2).** **ca. 30 Min.**

Im Bachbett (ca. 140 m) beginnt ein gut markierter Pfad. Er passiert ein Tor und verläuft teilweise über dem im Sommer trocken liegenden Talgrund. Steineichen, Platanen und Oleander spenden wohltuenden Schatten. Die Schluchtwände werden zunehmend steiler und nehmen bizarre Formen an, gelegentlich lässt sich eine Höhle in den rötlichen Felswänden ausmachen. Die Schlucht ist auch als „Tal der Toten" bekannt, da solche Felshöhlen in minoischer Zeit (und wohl schon früher) zur Bestattung Verstorbener genutzt wurden. Wenig später (Höhe ca. 70 m) kann man aus einem Betonwasserschacht frisches, fließendes Trinkwasser schöpfen. **ca. 45 Min.**

Für die Tour irrelevant, führt ein Abzweig nach rechts zu einem Parkplatz über der Schlucht. Man durchwandert weiter das „Tal der Toten" durch wuchernden Mönchspfeffer und passiert 45 Min. nach der Wasserstelle ein Tor. Die Schluchtwände treten allmählich zurück und ein Betonplatz markiert das Ende des Tals. Man folgt nun dem Schotterweg nach links und gelangt – vorbei an Weinparzellen, Zitronenbäumen und Bananenstauden – nach ca. 5 Min. zu den archäologischen

Ausgrabungen und wenig später einem Schild nach rechts folgend zum weiten Kiesstrand von **Káto Zákros (3),** wo es einige Fischtavernen gibt. Tipp: Folgt man dem Betonweg über dem Strand nach links/Norden, erreicht man eine idyllische, wenig besuchte Bucht. **ca. 1 ¾ Std.**

Der Rückweg beginnt am Schluchtausgang auf der alten Schotterstraße nach Zákros. Sie windet sich in Serpentinen zwischen traumhaften Apartmentanlagen hinauf zum linken/ südlichen Schluchtrand, wo bei einer Bank (ca. 130 m) ein letzter Tiefblick in den Canyon möglich ist. **2 ½ Std.**

Nach Erreichen des höchsten Punkts (ca. 195 m) sieht man bereits Zákros im Tal liegen. Es geht bergab, bis auf ca. 160 m Höhe die **Asphaltstraße zum Dorf (4)** erreicht ist. **3 Std.**

Hier lässt sich bei einem eingefassten Wasserhahn Trinkwasser abfüllen. Man folgt der Teerstraße ca. 10 Min. nach rechts, biegt dann rechts in einen Schotterweg (Schild „Old Road to Zakros") ab, wandert durch einen Olivenhain und stößt nach etwa einem halben Kilometer auf die Hinwegroute. Halb links führt der bereits bekannte Fahrweg in 30 Min., dabei etwa 60 m ansteigend, zurück nach **Zákros (1). 3 ¾ Std.**

Der Palast von Káto Zákros

Káto Zákros, etwa um 1600 v. Chr. errichtet und etwa um 1450 v. Chr. zerstört, gehörte mit Knossós, Festós und Mália zu den vier **wichtigsten minoischen Palästen** auf Kreta. Die Anlage – der ursprüngliche Name ist unbekannt – umfasste einst 8000 m² mit 150 Räumen. Um den Zentralhof gruppierten sich Werkstätten, die Gemächer des Königspaares, ein Festsaal und Küchen. An den Palast schloss sich eine **Wohnstadt** an.

Geschützt vor den gefährlichen Winden am Kap Sideró im äußersten Nordosten Kretas und versorgt durch drei Quellen, war Káto Zákros auf Grund seiner Lage ideal geeignet für den **Handel** mit Kleinasien und Ägypten. Da der Palast nie geplündert wurde, konnten wertvolle Schätze geborgen werden (heute im Archäologischen Museum von Iráklio), dazu Utensilien des täglichen Lebens. Zudem fanden wegen der späten Entdeckung nach dem Zweiten Weltkrieg modernere Ausgrabungsmethoden Anwendung. Der Palast ist heute vollständig ausgegraben.

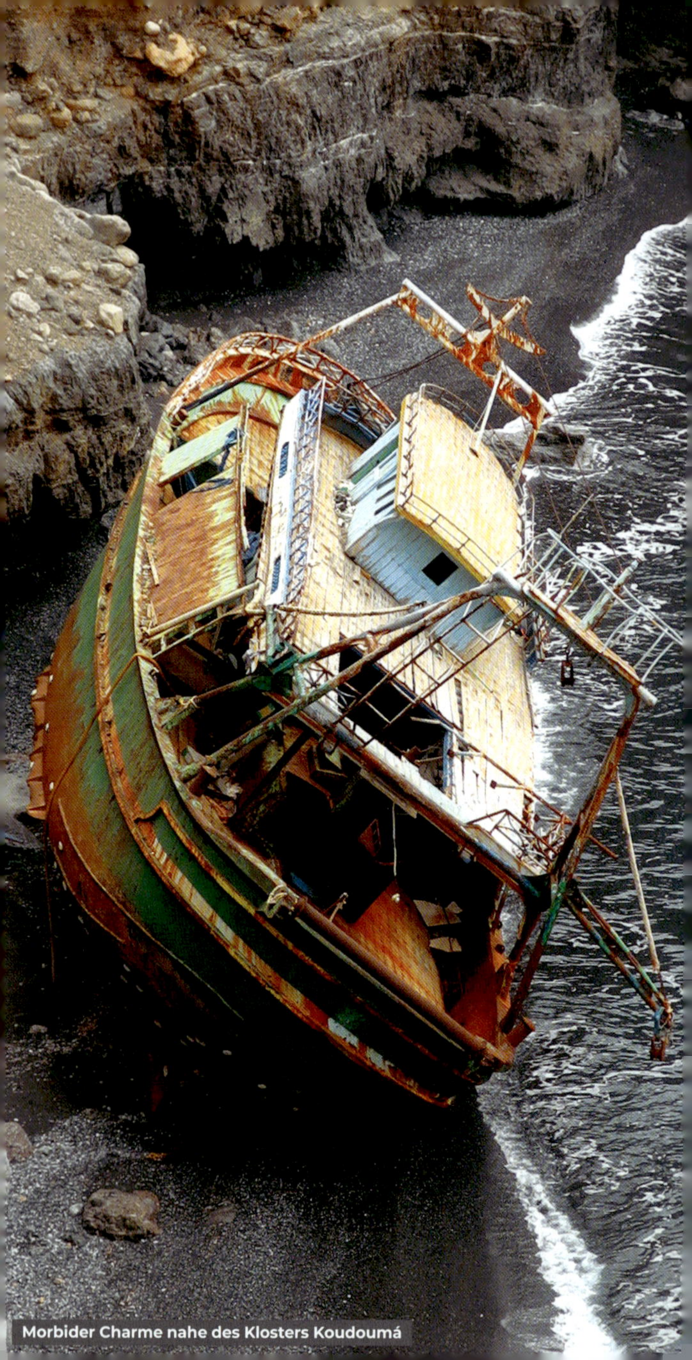
Morbider Charme nahe des Klosters Koudoumá

ANHANG

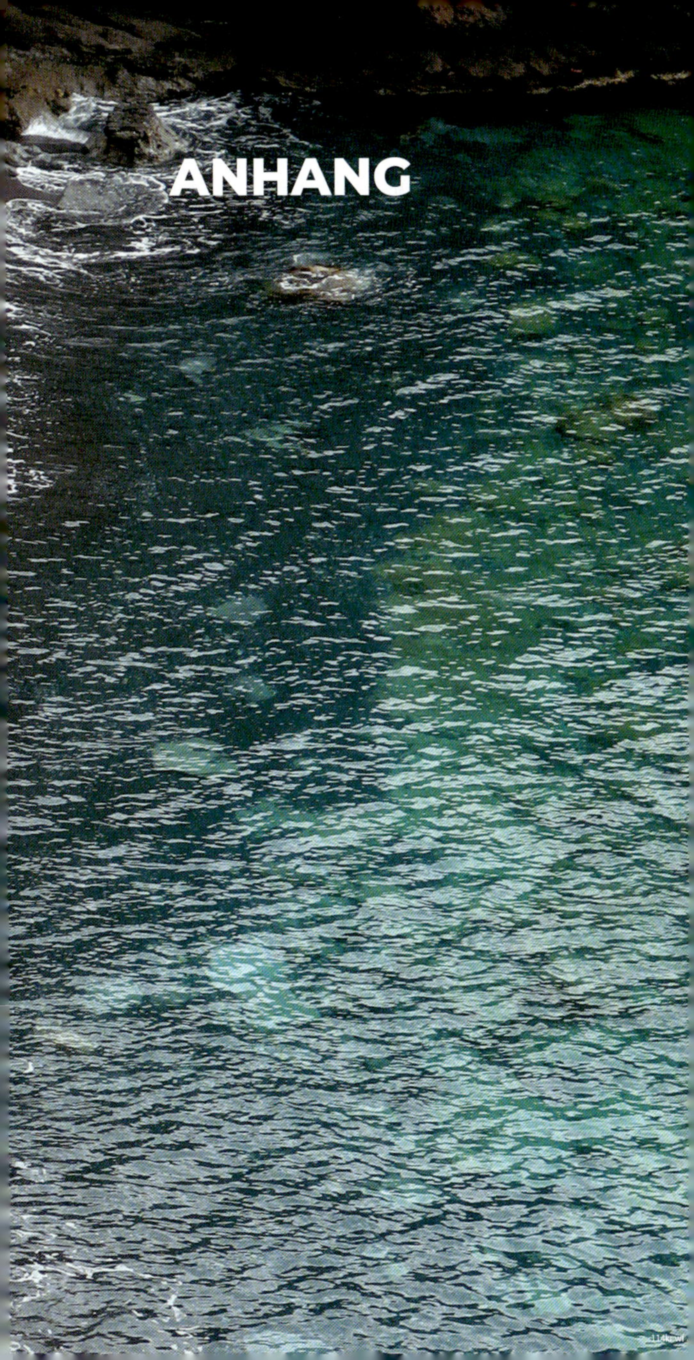

Literaturtipps

- *Karystiani, Ioanna:* **Schattenhochzeit.** Suhrkamp Verlag 2005, nur noch antiquarisch erhältlich. Eine fesselnde belletristische Reise in das archaische Kreta der Blutrache und traditioneller Rituale.

- *Kazantzakis, Nikos:* **Alexis Sorbas.** Piper Taschenbuch Verlag 2001. Der Roman wurde durch seine Verfilmung weltberühmt. In der dramatischen Handlung um den urtümlichen, dionysischen Sorbas manifestiert sich kretische Denkweise, vermischt mit den nietzscheanischen Konzepten des Autors.

- *MacNeil Doren, David:* **Wind auf Kreta.** Efstathiadis Group 1995, nur noch antiquarisch erhältlich. Lebendig beschriebene Erlebnisse und Alltagsprobleme eines Ehepaares während eines von 1960 bis 1966 währenden Aufenthalts auf Kreta. Die Facetten der kretischen Mentalität werden humorvoll geschildert.

- *Modick, Klaus:* **Der kretische Gast.** KiWi-Taschenbuch Verlag 2017. Bewegender Roman aus der Zeit des Zweiten Weltkriegs auf Kreta während der deutschen Besatzung und Partisanenkämpfe. Die kretische Landschaft und Mentalität werden realitätsnah und mitreißend dargestellt.

- *Scheunemann, Egbert:* **Rebellen auf Kreta.** Books on Demand 2017. Geschichten aus den kretischen Freiheitskämpfen von mykenischer Zeit bis 1974, vermischt mit Anekdoten aus dem griechischen Alltag von heute.

- *Tzermias, Pavlos:* **Kreta von Knossos bis Kazantzakis.** Balistier Verlag 2003. Wanderung durch eine faszinierende Kultur. Aspekte des kretischen Beitrags zur Kulturgeschichte. Das Buch des griechisch-schweizerischen Autors hat vier Schwerpunkte: die minoische Kultur, den Maler *El Greco* und die Dichter *Vitsentzos Kornaros* und *Nikos Kazantzakis.*

Kleine Sprachhilfe

Alphabet und Aussprache

Α, α wie a
Β, β wie w
Γ, γ wie g (j vor ι, ε)
Δ, δ wie dh (wie in *this*)
Ε, ε wie e
Ζ, ζ wie z (wie in *Zorbas*)
Η, η wie i
Θ, θ wie th (wie in *throne*)
Ι, ι wie i
Κ, κ wie k
Λ, λ wie l
Μ, μ wie m
Ν, ν wie n
Ξ, ξ wie x, ks
Ο, ο wie o
Π, π wie p
Σ, σ(ς) wie s
Τ, τ wie t
Υ, υ wie i, f, w
Φ, φ wie f
Χ, χ wie ch
Ψ, ψ wie ps
Ω, ω wie o

Buchstabenverbindungen

οι, ει wie i
ου wie u (geschrieben ou)
αι wie e (offen, fast ä)
μβ wie b
ντ wie d (am Wortanfang)

Betonte Silben werden durch einen **Akzent** gekennzeichnet. Die richtige Betonung ist ein wichtiges Element der korrekten Aussprache.

Allgemeines

hallo, tschüss	*ja, sas*	γεια, σας
Wie geht es dir (Ihnen)?	*Ti kánis (kánete)?*	τι κάνεις (κάνετε)?
guten Tag, guten Abend	*kaliméra, kalispéra*	καλιμέρα, καλισπέρα
gute Nacht	*kaliníchta*	καληνύχτα
danke, bitte	*efcharistó, parakaló*	εφχαριστώ, παρακαλώ
bitteschön!	*oríste!*	ορίστε!
ja, nein	*nä, óchi*	ναι, όχι
Gibt es (hier) ...?	*Ipárchi (edhó) ...?*	υπάρχει (εδώ) ...?
vielleicht	*ísos*	ίσως
Entschuldigung!	*Signómi!*	συγγνώμη!
kein Problem	*kanéna prówlima*	κανένα πρόβλημα
Einen Augenblick!	*Mía stigmí!*	μία στιγμή!
was?	*ti?*	Tι?
wann?	*póte?*	Πότε?

Wochentage, Tageszeiten

Montag	*Dheftéra*	Δευτέρα
Dienstag	*Tríti*	Τρίτη
Mittwoch	*Tetárti*	Τετάρτη
Donnerstag	*Pémpti*	Πέμπτη
Freitag	*Paraskewí*	Παρασκευή
Samstag	*Sáwato*	Σάββατο
Sonntag	*Kiriakí*	Κυριακή
Tag, Woche	*méra, ewdhomádha*	μέρα, εβδομάδα
Stunde, Minute	*óra, leptó*	ώρα, λεπτό
Morgen, Mittag	*proí, mesiméri*	πρωί, μεσημέρι
Nachmittag, Abend	*apójewma, wrádhi*	απόγευμα, βράδυ
heute, morgen, gestern	*símera, áwrio, chtes*	σήμερα, αύριο, χτες
früh, früher	*norís, norítera*	νωρίς, νωρίτερα
spät, später	*argá, argótera*	αργά, αργότερα

Im Lokal

Frühstück	*proinó*	πρωινό
Brot	*psomí*	ψωμί
Besteck	*macheropírouna*	μαχαιροπίρουνα
Messer, Löffel	*machéri, koutáli*	μαχαίρι, κουτάλι
Gabel	*piroúni*	πιρούνι
Flasche, Glas	*boukáli, potíri*	μβουκάλι, ποτήρι
Salz, Pfeffer	*aláti, pipéri*	αλάτι, πιπέρι
Öl	*ládhi*	λάδι
Die Karte, bitte!	*Ton katálogo parakaló!*	τόν κατάλογο παρακαλώ!
Die Rechnung, bitte!	*To logariasmó parakaló!*	το λογαριασμό παρακαλώ!

Einige Zahlen

1, 2, 3	*éna, dhío, tría*	ένα, δίο, τρία
4, 5, 6	*téssera, pénde, éxi*	τέσσερα, πέντε, έξι
7, 8, 9	*eftá, ochtó, enniá*	εφτά, οχτό, εννιά
10, 11, 12	*dhéka, éndeka, dhódheka*	δέκα, έντεκα, δώδεκα
20, 30	*íkosi, triánda*	είκοσι, τριάντα
40, 50	*saránda, penínda*	σαράντα, πενήντα
60, 70	*exínda, efdhomínda*	εξήντα, εβδομήντα
80, 90	*ogdhónda, enenínda*	ογδόντα, ενενήντα
100	*ekató*	εκατό

Unterkunft

Zimmer	*dhomátio*	δωμάτιο
Wieviel kostet es?	*Póso kostízi?*	πόσο κοστίζει?
eine Nacht, zwei Nächte	*mía níchta, dhío níchtes*	μία νύχτα, δίο νύχτες
teuer, billig	*akriwós, ftinós*	ακριβός, φτηνός
Dusche	*dus*	ντους
Toilette	*tualéta*	τουαλέτα
Toilettenpapier	*chartí ijías*	χαρτί υγείας
Handtuch	*petséta*	πετσέτα
heiß, kalt	*zestós, kríos*	ζεστός, κρύος

Unterwegs

Wo ist ...?	*Pou íne ...?*	που είναι ...?
Ist es weit?	*Íne makriá?*	είναι μακριά?
nah	*kondá*	κοντά
links, rechts	*aristerá, dhexiá*	αριστερά, δεξιά
geradeaus	*efthía*	εφθεία
Straße, Pfad	*dhrómos, monopáti*	δρόμος, μονοπάτι
Kap	*akrotíri*	ακρωτήρι
Berg, Schlucht	*wounó, farángi*	βουνό, φαράγγι
Strand	*paralía*	παραλία
Dorf, Dorfplatz	*chorió, platía*	χωριό, πλατεία
Kiosk	*períptero*	περίπτερο
Bäcker	*foúrnos*	φούρνος
Geld, Euro, Bank	*chríma, ewró, trápeza*	χρήμα, ευρό, τράπεζα
Brief	*grámma*	γράμμα
Briefmarken	*grammatóssima*	γραμματόσσιμα
Briefkasten	*grammatokiwótio*	γραμματοκιβώτιο
Auto	*aftokínito*	αυτοκίνητο
Tankstelle	*wenzinádhiko*	βενζινάδικο
Schiff, Hafen	*plío, limáni*	πλοίο, λιμάνι
Bus, Haltestelle	*leoforío, stási*	λεωφορείο, στάση
Wo ist der Bushof?	*Pou íne o stathmós leoforíon?*	που είναι ο σταθμός λεωφορείων?
Wann fährt der Bus?	*Póte féwji to leoforío?*	πότε φεύγει το λεωφορείο?
Eine Fahrkarte nach ...	*Éna isitírio ja ...*	ένα εισιτήριο για ...
Flughafen	*aerodhrómio*	αεροδρόμιο
Deutschland, Österreich, Schweiz	*Germanía, Afstría, Elwetía*	Γερμανία, Αυστρία, Ελβετία

Kleines kulinarisches Wörterbuch

Frühstück

avgá	Eier
tiganitá avgá	Spiegeleier
woútiro	Butter
tirí	Käse
omeléta (skéti, me zambón, me lachanikó)	Omelett (natur, mit Schinken, vegetarisch)
yaoúrti (me méli, me frúta)	Joghurt (mit Honig, mit Früchten)

Suppen

psarósoupa	Fischsuppe
fakés	Linsensuppe (Tipp!)
soúpa lachanikón	Gemüsesuppe

Vorspeisen, kleine Gerichte, Salate

piperiés	Paprika und Peperoni, in Essig eingelegt
eliés	Oliven
graviéra	harter Schafskäse
gigántes	kleiner Teller mit weißen Bohnen
pantzária	Rote Beete in Olivenöl; am besten mit Knoblauch *(skórdho)* bestellen **(Tipp!)**
dákos	Zwieback mit Tomatenstückchen und Féta
melitzánosaláta	Püree aus Auberginen mit Olivenöl, Knoblauch, Schafskäse und Kräutern
skordaliá	Knoblauch-Kartoffel-Püree **(Tipp!)**
kolokithákia tiganitá	frittierte oder gebratene Zucchinischeiben
dolmádes	mit Reis gefüllte Weinblätter
chtapódi xidáto	Oktopus eingelegt in Essig, Zitrone, Olivenöl und Kräutern
tirópita, spanatópita, loukanikópita	pikante Käse-, Spinat-, Würstchentaschen (auch in Bäckereien erhältlich)

choriátiki saláta	Bauernsalat (der klassische kretische gemischte Salat mit Tomaten, Gurken, Paprika, Féta, Zwiebeln und Oliven)
tonosaláta	Thunfischsalat

Vegetarische Gerichte

bríam	verschiedene Gemüse und Kartoffeln, im Ofen geschmort
imám	mit Zwiebeln, Tomaten, Knoblauch und Petersilie gefüllte Auberginen
bouréki	Kartoffel-Gemüse-Auflauf **(Tipp!)**
bámmies	Okraschoten (ähnlich grünen Bohnen) mit Tomatensauce
fasolákia	grüne Bohnen mit Tomatensauce
chórta	kretisches Wildgemüse; muss vor dem Essen mit Zitrone, Olivenöl, Salz und Pfeffer verfeinert werden **(Tipp!)**
jemistá	mit Reis gefüllte Tomaten und Paprikaschoten

Fleisch

biftéki	gut gewürzte Frikadellen, oft gefüllt mit Schafskäse
keftédes	Hackfleischbällchen, mit Kräutern gebraten
stifádo	Rind oder Kaninchen, gekocht mit vielen Schalotten, in Tomatensoße **(Tipp!)**
pastízio	Auflauf aus Schichten von Hackfleisch, Makkaroni mit gewürzten Tomaten, Eiern und Käse
mousaká	Auberginenauflauf mit Hackfleisch
kléftiko	Kartoffeln mit Rind oder Hammel
giouwétzi	Reisnudeln mit Hammelfleisch, Tomaten und Gewürzen
papoutsákia	mit Hackfleisch gefüllte Auberginen und Béchamelsoße

kotópoulo	Hähnchen
arní, arnáki	Hammelfleisch, Lammfleisch
kíma	Hackfleisch
moschári	Kalbfleisch

Fisch, Meeresfrüchte

marídhes, gópa, atherína	kleine, nur wenige Zentimeter lange Fische, die man ganz essen kann **(Tipp!)**
sardélles	Sardinen
chtapódi psitó	gegrillter Oktopus **(Tipp!)**
barboúni	Rotbarbe
glóssa	Seezunge
xifías	Schwertfisch
mídhia	Muscheln
garídes	Garnelen

Nachspeisen

baklavá	Blätterteig mit Honig und Nüssen
bougátsa	Blätterteig mit gesüßtem und mit Zimt bestreutem Quark
kataífi	Honig-Nusskuchen aus dünnen Teigfäden
loukoumádes	frittierte Teigkugeln mit Honig
pagotó	Eiscréme

Getränke

krasí (chíma, kókino, áspro)	Wein (offen, rot, weiß)
retsína	geharzter Weißwein
bíra	Bier
(metallikó) neró	(Mineral-)Wasser
elinikós kafés (métrios, glykós, skétos)	griechischer Kaffee (mittel, süß, ungesüßt)
frapé	kalter, aufgeschäumter Nescafé
me/chorís gála, sáchari	mit/ohne Milch, Zucker
tsái, kakáo	Tee, Kakao
chimós (portokáli, mílo)	frischer (Orangen-, Apfel-) Saft
oúzo (me págo)	Traubenschnaps mit Anis (mit Eis)
rakí, tsikoudiá	hochprozentige Traubenbranntweine

Register

Impressum

Wolfgang Fischer
Wanderführer Kreta

erschienen im
Reise Know-How Verlag Peter Rump GmbH
Osnabrücker Str. 79, 33649 Bielefeld

1. Auflage 2021

Gestaltung
Umschlag: G. Pawlak (Layout), der Verlag (Realisierung)
Inhalt: G. Pawlak (Layout), der Verlag (Realisierung)
Karten: Dimitrios Gavrides, der Verlag
Fotonachweis: der Autor (wf); Adobe Stock (Autorennachweis jeweils am Bild); wikimedia (Autorennachweis jeweils am Bild)
Titelfoto: Zerklüftete Küste im Süden Kretas (wf)
S. 2/3: Einsame Kapelle vor dem Amári-Becken mit dem Psilorítis (wf)

Lektorat: der Verlag

Druck und Bindung: mediaprint solutions GmbH, Paderborn

ISBN 978-3-8317-3435-1

Bibliografische Information der Deutschen Nationalbibliothek
Die Deutsche Nationalbibliothek verzeichnet diese Publikation in der Deutschen Nationalbibliografie; detaillierte bibliografische Daten sind im Internet über http://dnb.dnb.de abrufbar.

Dieses Buch ist erhältlich in jeder Buchhandlung Deutschlands, der Schweiz, Österreichs, Belgiens und der Niederlande. Bitte informieren Sie Ihren Buchhändler über folgende Bezugsadressen:

Deutschland
Prolit GmbH, Postfach 9, D-35461 Fernwald (Annerod)
sowie alle Barsortimente

Schweiz
AVA Verlagsauslieferung AG, Postfach 27, CH-8910 Affoltern

Österreich
Freytag-Berndt und Artaria KG, www.freytagberndt.com

Niederlande, Belgien
Willems Adventure, www.willemsadventure.nl

Wer im Buchhandel trotzdem kein Glück hat,
bekommt unsere Bücher auch über unseren
Büchershop im Internet: www.reise-know-how.de

Der Autor

Wolfgang Fischer, 1955 in Nürnberg geboren, war von Beruf Diplom-Ingenieur Elektrotechnik. Zahlreiche Urlaubsreisen führten ihn in die Länder Südamerikas, Europas, die USA – und immer wieder nach Kreta. Während der letzten 40 Jahre durchwanderte er die Insel, dabei oft auf eigene Faust neue Wege erkundend. *Wolfgang Fischer* arbeitete bis 2018 über Jahre auch als freiberuflicher Wanderführer in den Alpen, auf den Kanalinseln und auf Kreta.

Danksagung

Ich danke vielen Kretern, Freunden und Bekannten für ihre direkte und indirekte Unterstützung.

113kr wf

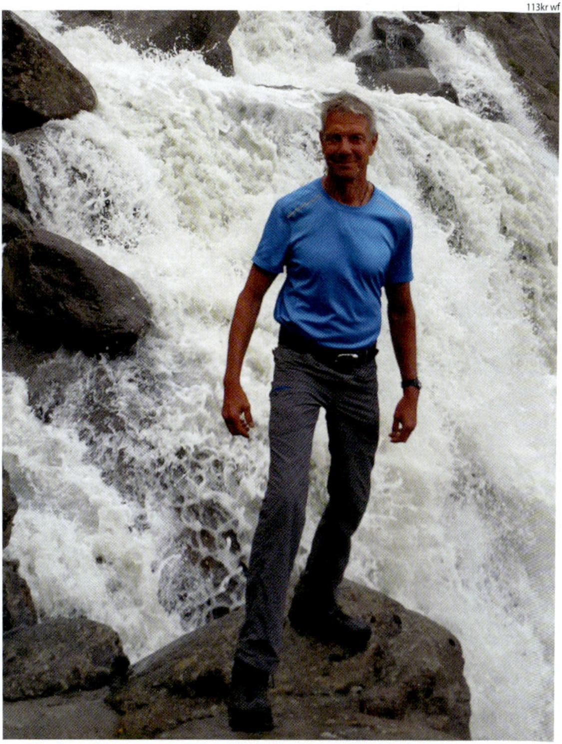

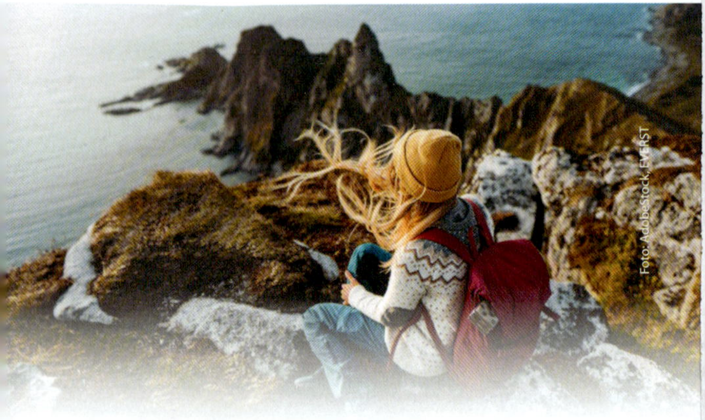

Schreiben Sie uns!

Wir hoffen, dass Ihnen dieser Wanderführer gefällt – und wir sind an Ihrer Rückmeldung interessiert: Hat sich ein Wegverlauf verändert? Haben Sie etwas Neues entdeckt, das in dieses Buch aufgenommen werden sollte? Dann schreiben Sie uns! **Wir nehmen jeden Hinweis und jede Kritik ernst und arbeiten kontinuierlich daran, die Bücher aktuell zu halten und immer weiter zu verbessern.** Auch wenn wir nicht jeden Wunsch erfüllen können, machen wir uns immer Gedanken über Ihre Anmerkungen.

Schreiben Sie uns:
per Mail an info@reise-know-how.de oder an
Reise Know-How Verlag Peter Rump GmbH, Postfach 140666,
33626 Bielefeld

Wenn sich Ihre Infos direkt auf das Buch beziehen, würde uns die Angabe der Seitenzahl und der Auflagenzahl bzw. des Erscheinungsjahres Ihrer Ausgabe die Arbeit sehr erleichtern. Besonders hilfreiche Beiträge und Ergänzungen zu den Büchern belohnen wir mit einem Sprachführer Ihrer Wahl aus der über 240 Bände umfassenden „Kauderwelsch"-Reihe.

Herzlichen Dank und gute Reisen
Ihr Reise Know-How Verlag